中国人民大学经济学系列教材

演化经济学导论

贾根良 著

Introduction to Evolutionary Economics

中国人民大学出版社
· 北京 ·

中国人民大学经济学系列教材

编辑委员会

迎接中国经济学时代的到来（总序）

自改革开放以来，伴随着经济体制的深刻变化和经济的快速发展，我国的经济学研究与教学也呈现出了前所未有的繁荣局面，各种中外文版的经济学教材也层出不穷。怎样在新时期编写出一套在马克思主义经济学的指导下，既与国际接轨，又具有中国特色、中国气派、中国风格的经济学教材体系是摆在我们面前的一项重要任务。

伴随着改革开放而处于不断创新中的经济学研究与教学无论在基本理论分析框架还是在经济学分析范式方面都发生了深刻的变化。首先是经济学摆脱了传统政治经济学分析范式的束缚，从只关注生产关系到同时十分关注资源配置，不断通过理论创新推动马克思主义经济学的中国化；其次是经济学从封闭式的一枝独秀到开放性的百家争鸣；再次是经济学界从纯理论推导到十分重视理论联系实际，勇于直面经济改革与发展中遇到的重大问题，并力图运用现代经济学分析方法对这些重大问题给予实事求是的解释，进而提出各种政策建议，服务于改革开放与经济发展的实践；最后是从单调的分析方法到多元化的分析方法。经济学界开始把规范分析与实证分析相结合、把定性分析与定量分析相结合、把静态分析与动态分析相结合。

时代的变迁赋予经济学创新的动力和平台。我们可以从我国经济学在最近三十多年的发展轨迹中感悟到如何始终保持经济学旺盛生命力的真谛。

第一，理论是灰色的，生命之树常青。所谓理论是指人们由实践概括出来的关于自然界和人类社会的知识的系统的结论，它对人们未来的实践活动具有重要的借鉴与参考价值，但由于实践本身是不断变化的，如果把已有的理论奉为放之四海而皆准的真理，不敢越雷池一步，那就难免要犯错误。毛泽东曾说过，真正的理论在世界上只有一种，就是从客观实际抽出来又在客观实际中得到证明的理论，没有任何别的东西可以称得起我们所讲的理论。也就是说，真正有生命力的理论并不是指那种从书本到书本、从概念到概念的纯粹思辨逻辑，而是指那种源于实践又回到实践最后被实践证明是正确的理论结晶。因此，概括自改革开放以来经济学发展的最大特点，那就是从过去的教条主义束缚中解脱出来，开始走向社会，走向实践，以问题为导向，采用实证分析方法，回答改革开放中出现的重点与疑难问题，从而推动经济学的创新。

第二，无论是照搬照抄马克思主义经典作家的个别“结论”还是西方经济学的定理都是危险的。把马克思主义经济学教条化是过去长期形成的学风，研究者遵循的是从书本到书本、从概念到概念的分析方法，只关注研究的结论与马克思主义经典作家所说过的话是否一致，从而导致理论的僵化。但近年来另一个值得注意的倾向是把西方主流经济学教条化，言必称斯密、凯恩斯、科斯等，当实践与所谓“标准”的经济学不一致时，就断言实践错了，应按照主流经济学的逻辑来设计改革路径。其实，把马克思主义经济学或者西方经济学教条化，都会导致中国经济学的发展走入死胡同。我们常常看到在有关中国问题的研究中出现了一些伪命题，其原因在于理论忽视了所探讨问题的复杂性。因此，为了准确揭示我国的经济运行特点，就需要坚持马克思主义经济学的基本立场、观点与方法，推进马克思主义经济学的中国化进程，在吸收西方经济学的过程中注意中国的国情。概言之，就是要坚持实事求是，理论联系实际的学风。

第三，推进了中国经济学研究范式和教学模式的创新。理论的生命力在于创新，但创新并非贴标签，也不是故意的标新立异，更不是胡思乱想，而是跳出原有的思维定式，突破原有的理论框框和教条，立足现实，面向实际，解放思想，通过对现象的深入剖析来检验和发展现有的理论。如果现有的理论不足以回答现象所隐含的问题，就需要我们反思理论本身。中国改革开放的伟大实践为经济学理论的发展提出了前所未有的机遇和挑战。在这种情况下，总结中国经济改革和经济发展的经验，从理论上科学地回答新的历史阶段提出的一系列新问题，推动经济学理论的创新和发展，努力建设和发展具有中国特色、中国风格、中国气派的中国特色的经济学的理论体系与教材体系，对于我国经济学学科的建设工作具有重大意义。

第四，迎接中国经济学时代的到来。改革开放的实践所提出的很多疑难问题显然无法从现成的理论著作中找到一劳永逸的解决方案。同时，我们也无法利用现有的理论分析框架清晰地从具有鲜明中国特色的改革道路、开放道路与发展模式中概括与提炼出一般的经济学理论体系。因此，无论是为了解决实际问题，还是为了实现理论创新，都首先必须直面中国的现实。改革开放以来，中国的经济改革与经济发展取得了举世瞩目的伟大成就，“中国模式”、“中国经验”、“中国道路”正在受到全世界日益广泛的关注。中国改革开放的伟大实践对经济学理论的发展提出了前所未有的机遇和挑战。总结中国经济改革和经济发展的经验，从理论上科学地回答新的历史阶段提出的一系列新问题，推动经济学理论的创新和发展是我们这一代经济学者应担负的历史使命。

坚持直面现实的研究态度和方法所强调的是，当理论与实践相冲突时，让理论服从现实，而不是让现实适应理论。直面现实式的研究并非不要理论，而是从我国经济改革和经济发展中出现的特殊现象入手，通过对现象的深入剖析来检验现有的理论。如果现有的理论不足以回答所隐含的问题，那就需要我们反思理论本身，直至根据现实修正理论。经济学的理论和教材一旦脱离现时代的经济改革与发展的实践，就成为无本之木、无源之水，甚至有可能成为阻碍生产力发展的因素。理论联系实际应该是适应时代要求的经济学创新的基本原则。为此，一方面，应反对脱离实际的理论，这会导致“老八股”式的空泛经济学；另一方面，也应排斥完全抛弃理论的经验主义，那会导致公说公有理、婆说婆有理的实用主义经济学。

直面现实的经济学分析方法要求实现经济学的现代化。学术界对经济学的现代化有不同的看法。一种极端的看法是，经济学的大厦只有一座，那就是以个体主义成本收益分析为主线的西方主流经济学。我国经济学家所做的工作就是为这座大厦添砖加瓦，实现经济学的“国际化”，不存在一个具有独立理论体系的“中国经济学”。这种把“全盘西化”等同于国际化的看法我们是不能苟同的。国际化并非经济学现代化的全部内容，特别是不等于照搬照抄西方经济学。例如，一个发展中国家到底应该选择什么样的改革发展道路才能摆脱贫困走上富裕之路，信奉新自由主义的学者提出了私有产权条件下资本与市场全面开放的“华盛顿共识”。随着我国改革开放所取得的成就日益被国际社会所公认，作为直接挑战“华盛顿共识”并建立在中国经验基础上的“北京共识”愈益被国内外学术界所广泛关注。我国学者所做的研究证明，一个国家的改革和发展模式必须依据本国的国情自主地探索与选择，任何照搬照抄外国经验或书本上的教条的做法都是注定要失败的；强调发展的包容性、兼容性，把市场机制的调节作用与政府的宏观调控结合起来，有效地处理好公平与效率之间的关系、经济高速增长与社会全面发展之间的关系；强调以人为本的发展目标与统筹兼顾的发展手段，避免发展中的严重两极分化，追求共同富裕等。这些研究成果突破了新古典主义的教条。当然，如果把中国经济学看成与已有的任何经济学流派没有血脉关系、纯粹以我国的经济运行为研究对象、完全由自己独创的理论体系，那么这样理解中国经济学则有些偏窄。任何学术流派的产生和发展总是站在前人的肩膀之上的，人们对前人丰富思想的继承和发展不仅可使后人少走许多弯路，而且使学术思想具有可交流性。这种从中国国情出发来吸收与消化西方经济学的有用成分，创立一个在马克思主义经济学的指导下，既符合国际的学术规范、又能解决中国问题的经济学，我们称之为经济学的本土化，它也构成经济学现代化的重要内容。

所谓中国经济学，实际上就是在马克思主义经济学的指导下，在充分吸收现有经济学分析体系中有价值的思想与分析方法的基础上，根据我国改革和发展中面临的实际问题，拓宽现有理论的某些假设条件，或者通过案例分析、计量检验等来检验现有经济学的某些结论和基本原理，进而使这种经过修正和发展的经济学流派打上鲜明的中国烙印，甚至创立具有中国风格和气派的经济学分析体系。我国正在进行的改革开放实践为中国经济学的诞生和发展提供了大量的案例和取之不尽的研究素材，世界上越来越多的经济学家关注和研究中国的经济问题，原因就在于此。我国经济学国际化与本土化的交互作用所推进的现代化过程将催生出中国经济学。

最近十年来，中国人民大学经济学院以“985”项目与“211”工程建设为契机，围绕中国经济学理论体系、教材体系与教学体系的建设这一核心，全面推进教学、科研，以及学科建设、队伍建设和人才培养工作，努力建设世界一流的有中国特色的经济学学科体系与教学体系。“中国经济学”建设计划的主要内容有：中国经济学的本科生与研究生的系列教材，“中国经济学”学术专著系列丛书，中国经济学系列精品课程建设计划，以《政治经济学评论》、《西方经济学评论》、《开放经济学评论》等为主体的“中国经济学”学术期刊计划，中国宏观经济分析与预测报告的定期发布以及中英文报告的出版，以“世纪经英论坛”、“人大经济讲堂”、“经济学院学术沙龙”、“研究生学术论坛”等品牌学术活动为主要内容的中国经济学系列学术讲座计划，面向全球招收硕士研究生的“中国经济”全英文硕士项目，中国经济学研究全球战略合作伙伴计划，中国经济学数据库建设与经济实验室建设计划等。

本次推出的经济学类（涵盖各个经济学专业的广义经济学）本科生与研究生教材系列就是中国经济学学科建设的成果之一，内容主要涉及中国人民大学经济学院涉及各个专业的经济学本科生及硕士研究生培养计划中的学科基础课、专业课以及主要选修课的课程，其中有一些教材已经出版了多年，这次进行了重新修订，有的则是完全重新编写。本次教材的编写者以中青年教师为主，他们大部分是在我国改革开放的大潮中成长起来的新生代经济学家，他们既系统地接受了马克思主义经济学的教育，又系统地了解现代西方经济学，并对我国改革开放与经济发展的实践有切身的经历与体会，新生代经济学家的迅速成长让我们看到了中国经济学的未来发展希望。当然，编写出一套中国经济学的系列教材并非一件容易的事情，尽管我们的每个编写者都很努力，但由于主客观原因，还是有不少不成熟的地方，我们恳切地希望得到来自我们的同行以及实际部门的指正，以便我们在今后的教材修订和教学实践中不断改进与提高，为推动中国经济学的发展做出我们的贡献。

杨瑞龙

2011 年 7 月于中国人民大学明德楼

作者简介

贾根良，中国人民大学经济学院教授、博士生导师，教育部“新世纪优秀人才支持计划”首批获得者。主要研究领域包括经济思想史、演化经济学、发展经济学、比较经济学、经济史和中国经济等。出版独立著作4部，主编和作为第一作者合著9部，在《中国社会科学》等杂志发表论文160多篇，大量论文被《新华文摘》等刊物转载。主持完成国家社会科学基金项目和教育部人文社会科学基金项目共6项，目前主持国家社会科学基金重大攻关招标项目和重点项目各一项。近年来，撰写的《成果要报》和内参曾报送政治局常委、总理和书记处书记，上报国务院办公厅等，在国家决策中发挥了重要作用。主编和合作主编的丛书有《演化经济学译丛》（2004—2007）、《经济思想史研究丛书》（2009— ）、《中国演化与创新经济学丛书》（2011—2013）、《经济史与国富策译丛》（2015— ）。社会兼职主要有中国演化经济学年会主席，中华外国经济学说研究会学术委员，中国经济发展研究会副会长，中国拉丁美洲学会常务理事，清华大学技术创新研究中心学术委员，国内多家大学兼职教授等。

内容提要

近十年来，演化经济学在我国蔚然兴起，本书就是为了适应人们了解和深入研究演化经济学的需要而编写。全书主要包括四部分内容。首先，较为系统地介绍了演化经济学的主要特征、基本假定、哲学基础和研究方法，论述了溯因法和回溯法在经济演化理论创造中的作用，探讨了历史的、比较的和解释学的具体研究方法。其次，介绍了演化经济学的发展与达尔文主义、复杂科学革命之间的关系，探讨了演化经济学在理论类型上与西方主流经济学的不同，讨论了与数学形式化模型本质上不同的型态模型的建模方法，提出了演化经济学未来发展的方向和创造本土演化经济学的问题。再次，本书删繁就简，集中讨论了演化经济学的两个主要流派——老制度主义和新熊彼特主义，提出并探讨了创建新李斯特学派演化经济学的问题。最后，为了适应解决我国重大经济问题的迫切需要，本书深入研究了我国如何扩大内需和迎接第三次工业革命挑战的问题，较为系统地阐述了内需主导型经济的演化经济学原理，探讨了“新型工业化道路”的新内涵，提出了演化经济学视角的相关战略规划和政策建议。

前　言

在西方经济学说史中，杰文斯和马歇尔是分别作为新古典经济学的创立者和综合者载入史册的。1931 年，凯恩斯在他撰写的杰文斯传记中，把杰文斯与马歇尔做了一个咄咄逼人的比较："杰文斯在岩石上刻凿，而马歇尔则用羊毛编织"，凯恩斯的这种比喻形象地刻画出了一门学科新范式的开拓者与综合者在其中所发挥的不同作用。光荣往往属于新范式、新思想和新方法的开拓者，但综合者的重要作用也不能被低估。在 19 世纪末，新古典经济学创立者的工作正是经由马歇尔之手加以整理、补充、综合和创新，才使其以较完备的知识体系得以讲授和传播，这项工作对于建立一个更完善和统一程度更高的研究纲领也具有重大意义。而且，综合者往往要比开拓者付出更艰苦的劳动。

正如本书所讨论的，演化经济学并不是经济学的一个分支学科，而是一种以达尔文革命为基础的科学新范式。这是一种既古老但又新生的科学新范式：早在 1890 年，马歇尔就已指出，"经济学家的麦加在于经济生物学而非经济力学"；现代新古典经济学家弗兰克·哈恩也曾预言，"在 21 世纪，经济学将恢复其亲生物学的马歇尔传统"。自 20 世纪 80 年代以来，演化经济学的复兴已经积累了大量文献，因此，系统地整理、综合并拓展其开拓者工作的时机已经成熟。目前，由于缺乏一种系统的知识体系，演化经济学无论是在思想的传播、理论研究的深入和对经验研究的协调上都受到了很大的制约，因此，撰写一套适合于大学本科生和研究生教学的教科书已成当务之急。

进入新世纪以来，国内外的演化经济学家们在编写演化经济学的教科书上已经做出了许多尝试。2001 年，笔者在经济思想史专业开始给博士生开设"演化经济学"课程；2005 年在调入中国人民大学后，又在经济学院开设了"演化与创新经济学专题"的硕士生课程。由于教学的需要，早在 2004 年，笔者就萌生了撰写一套五卷本的演化经济学教材的设想，这包括演化微观经济学、演化中观经济学、演化宏观经济学、演化经济学方法论和演化经济学思想史。但是，由于笔者在2004—2007年把主要精力投入到了《演化经济学译丛》的翻译上，2007年之后又加大了对经济思想史、经济史和我国实际经济问题的研究力度，因此，撰写大部头演化经济学教材的想法就只能被放弃了。

因为笔者目前研究任务繁重，没有时间按照演化经济学的“微观—中观—宏观”的框架结构对演化经济学的知识体系进行系统整理，因此，为了适应演化经济学教学的需要，笔者只能通过对自己现有研究成果的修改和拓展，改编成了这本教科书。与“用羊毛编织”撰写的教科书相比较，这本《演化经济学导论》的最大特点则在于拓宽疆域。拓宽疆域有助于扩大演化经济学综合的范围，拓展人们对新范式应用范围的认识，这在某种程度上也有利于新范式的传播。与西方演化经济学相比较，本书在“拓宽疆域”上有如下创新：首先，提出了演化经济学教科书的撰写应该对西方异端经济学中非马克思主义的所有流派的研究成果都进行系统整合，以便完成与马克思主义政治经济学和西方主流经济学并驾齐驱的第三种经济学理论体系的建构；其次，对创建中国本土的演化经济学问题进行了研究；再次，在讨论了演化经济学的两个主要流派的发展之后，提出了创建演化经济学的新李斯特主义学派的设想；最后，为了加强人们对演化经济学的了解，针对我国各界高度关注的内需主导型经济和迎接第三次工业革命的挑战问题，本书展示了演化经济学新范式的魅力所在。

相对于“用羊毛编织”的方法撰写教科书而言，笔者的“拓宽疆域”说似有避重就轻和推卸责任之嫌。确实，因为目前的中国经济面临着前所未有的挑战，笔者为解决这种挑战所吸引，不得不放弃了通过教科书形式对演化经济学已有成果进行系统整理的写作计划。“用羊毛编织”需要长期的艰苦劳作，这仍有待于马歇尔式的人物完成这一历史重任，笔者希望年轻一代的演化经济学家们勇于承担这一重担。

2011年秋，中国演化经济学年会在浙江嘉兴南湖召开秘书处会议，此次会议的主要议题之一就是如何推进演化经济学的教材建设问题，孟捷、陈劲、杨虎涛、张林、王焕祥、黄凯南和黄阳华等与会者发表的高见对笔者撰写本书起到了促进作用。2010年，笔者经过反复修改，曾按照“微观—中观—宏观”的框架拟定了一个一卷本的演化经济学教材写作大纲，杨虎涛教授对这个大纲提出了宝贵的修改意见，但遗憾的是，本书并没有按照这个大纲进行写作。书稿完成后，马国旺、陈国涛、王晓蓉、冯新舟、孙歌珊、沈梓鑫、郑春慧和朱全景通读了全书；中国人民大学经济学院教材建设委员会批准本书作为资助教材出版；中国人民大学出版社的高晓斐和潘蔚琳编辑为本教材的出版付出了辛苦的劳动，笔者在这里一并表示感谢！

贾根良

2013年4月20日

中国人民大学
经济学系列教材

目 录

中国人民大学
经济学系列教材

第一章

演化经济学的主要特征和基本假定

自纳尔逊和温特 1982 年出版《经济变迁的演化理论》以来，"演化"一词在西方经济学界越来越成为时髦的术语。在过去的三十年间，演化经济学的各种研究传统得到了很大的发展。正如霍奇逊指出的，现代演化经济学的兴起已成为 20 世纪末国际学术界主要的事件之一。2007 年，霍奇逊甚至认为，制度与演化经济学已经成为经济学的主流。① 虽然对于我国经济学专业人士来说，人们都知道政治经济学和西方经济学是经济学的专业基础课，但实际上，政治经济学讲授的是马克思主义经济学，作为演化经济学主体组成部分的西方非马克思主义政治经济学诸流派并没有被纳入其中②；西方经济学讲授的只是新古典经济学体系，虽然演化经济学也属于西方经济学，但也没有被包含于其中。在现行中国经济学教育体系下，除了极少数大学开设有演化经济学研究生课程外，绝大多数大学对演化经济学几乎没有任何介绍，仍有相当多的经济学教授和经济学专业毕业的博士对演化经济学颇感陌生。那么，什么是演化经济学？由于演化经济学与马克思主义经济学之间存在着复杂的关系，且与新古典经济学在研究纲领上泾渭分明，因此，作为一本入门性的教科

---

① 笔者并不同意霍奇逊的这种判断，因为目前的西方经济学界虽然已经出现了多元主义的迹象，但它主要是主流内部由于运用数学工具处理异端思想所出现的有限多元化状态，西方主流经济学的教条主义仍阻碍着经济学多元主义时代的到来。包括霍奇逊在内的西方一些异端经济学家都有些过于乐观了，因为只有当西方主流经济学放弃演绎主义，放弃数学形式主义作为科学的唯一标准，真正的多元主义才能出现。目前的西方主流经济学虽然发生了一些重大变化，但它却无法从根本上克服其基本的缺陷。

② 自第二次世界大战以来，西方经济学的发展明显地分裂为新古典主流经济学和异端经济学两大阵营，西方异端经济学又由马克思主义西方异端经济学流派和非马克思主义西方异端经济学流派所构成。在奥哈诺 1999 年主编出版的《政治经济学百科全书》中，所谓古典经济学解体后的政治经济学除了马克思主义西方异端经济学流派外，还囊括了非马克思主义西方异端经济学的主要流派，但把新古典主流经济学排除在外了。见 O'Hara，P. A.（ed.）（1999），*Encyclopedia of Political Economy*，2 volumes，Routledge.

书，我们首先通过与新古典经济学的比较，从主要特征和基本假定入手说明什么是演化经济学。

第一节　演化经济学的主要特征

演化经济学可以简单地定义为对经济系统中新奇的创生、扩散和由此所导致的结构转变进行研究的经济学新范式。那么，如何理解这一定义呢?

一、资源创造而非资源配置的经济学

绝大多数经济学者把新古典经济学等同于经济学，把他们对经济学的定义视作所有经济学家都会赞同的观点。例如，一本在我国曾经流行一时的西方经济学教科书这样写道，“对于经济学的定义，不同的经济学家有不同的表述方式，但它们都离不开经济学研究中的最基本问题——资源配置。简单地说，经济学就是研究如何将稀缺的资源分配于不同的用途，以满足经济主体多样化需求的科学。……社会在既定的资源条件下，不仅要在不同商品的生产中进行选择，还要在消费和投资中进行选择。”① 在这些经济学者看来，所谓经济学就是在资源既定条件下如何对已有资源进行配置的“选择科学”。钱颖一曾对这种经济学做过一种简洁的概括，“经济学家们看问题的出发点通常基于三项基本假定：经济人（给定）的偏好、生产技术和制度约束、可供使用的资源禀赋……（研究）人们如何在给定的机制下相互作用，达到某种均衡状态。”②

但在上述经济学的理论结构中，经济行为者被看作是最优地对强加给他们的假定条件做出反应，他们自身绝不会以任何方式创造这些条件，这些假定条件的新变化被看作是外生的，或者完全不给予解释，或者把它留给其他学科。因而，现代经济变迁的许多重要方面就被排除在新古典经济学之外了，如新知识的创造、企业家的作用、技术变迁和主导部门重要性的变化等，所以它不仅无法解释自产业革命以来人类生活水平的持续提高和结构转变这些最重要的经济现象，而且，它也无法为知识经济的发展提供解释。因此，演化经济学家们不会同意钱颖一的这种论断：在当今世界上被认可为主流的经济学……是唯一被经济学家们广泛接受的经济学范式。

在笔者看来，自重商主义经济学作为第一个经济学流派诞生以来，经济学界就存在着两种不同类型的经济学。一类假定技术、制度、偏好和资源禀赋不变，在均衡框架下，研究理性经济人如何按照效用最大化原则，实现资源最优配置。这类经济学家采用了把偶然因素排除在外的决定论哲学观，坚持认为存在着适用于一切时间和地点的规律，数学建模、计量经济学和预测是其方法的特征。另一类则认为，技术、制度、偏好都是处于变化之中的，这种变化的典型特征是非均衡过程，资源创造而非资源配置是经济学研究的核心，经济行为者是按照得失权衡而非效用最大化原则采取行动的，经济研究要特别注重时

---

① 黄亚均、郁义鸿主编：《微观经济学》，1、2页，北京，高等教育出版社，2003。

② 钱颖一：《理解现代经济学》，载《经济社会体制比较》，2002（2）。

间和地点的差异，比较的、制度的、历史的和解释学的是其方法的特征。① 前一种经济学就是在目前中国占绝对统治地位的新古典主流经济学，而后一种经济学则包括了反对这种经济学的所有非主流经济学流派，演化经济学是其代表之一。

正如德国经济学家威特指出的，“演化经济学的问题并不是在给定个人偏好、技术和制度条件下，经济资源如何在均衡中得到最优配置的问题，而是知识、偏好、技术和制度为什么和怎样在历史过程中发生变化，这些变化在任何时点上对经济产生怎样的影响”②，因此，演化经济学自诞生之日起就是新古典经济学持久的批评者。在演化经济学家们看来，为解释持久的经济变化过程，生产要素的投入（新古典经济学给定机制下人们通过相互作用所导致的资源配置）只是必要条件，而充分条件则要来自于新古典经济学所有假定前提的变化，即新偏好的形成、技术和制度的创新以及新生产要素的创造，简言之，来自于资源创造。资源创造是现代经济学的核心问题，目前在国内外占主流地位的新古典经济学把资源配置定义为经济学的对象不仅是片面的，而且也是落后于时代的。演化经济学是针对西方主流经济学的一种范式革命，它是在“打破新古典假定不变的所有前提条件”③下，研究生产、技术和制度的创新如何导致国民财富的创造与分配，它是知识经济时代的经济学。

对于演化经济学来说，作为研究对象的资源创造关键性地取决于“新奇的创生”。④新奇的创生是永无休止的经济变化的原因，在演化经济学的框架中它被处理为经济系统内生的。因此，如果说新古典经济学是研究存在（being）的经济学，那么，演化经济学就是研究生成（becoming）的经济学，它可以被定义为对经济系统中新奇的创生、传播和由此所导致的结构转变进行研究的科学。⑤ 至于这两种经济学之间的关系，经济学界存在着不同的看法。制度主义经济学家维诺曼（Vromen，J.）认为，演化经济学不应排除新古典经济学，它的新颖之处就在于把正统理论中处于背景状态的演化力量和机制放在了核心地位，演化理论可以被看作是经济变迁的一般理论，而新古典经济学则是其特例。⑥ 但多普菲（Dopfer，K.）却认为，两者之间的关系将由于物理—机械与制度—演化范式的不可调和而无法和谐共处。19 世纪中叶以后的 100 年间，经济学处于一种多元化发展的时期，新古典经济学只是在 20 世纪三四十年代才成为经济学的支配范式。一个有趣的问题是，我们目前是否处于与 19 世纪中叶和 20 世纪三四十年代相类似的一个转折点上？虽然经济学的多元主义越来越被接受，但未来哪一种经济学将占支配地位则是不确定的。⑦

---

① 参见贾根良：《演化经济学：经济学革命的策源地》，前言，太原，山西人民出版社，2004。

② Witt，U.，*Evolutionary Economics*，2006，Max Planck Institute of Economics，Evolutionary Economics Group，http://ideas.repec.org/p/esi/evopap/2006-05.html.

③ 贾根良：《演化经济学译丛》总序，见《演化经济学译丛》，北京，高等教育出版社，2004—2007。

④ Witt，U.，“Evolutionary Economics：An Interpretative Survey”，in：Dopfer，K.（ed.），*Evolutionary Economics：Program and Scope*，Kluwer Academic Publishers，2001，p. 49.

⑤ 演化经济学“是对现存结构的转变和新奇创生与可能传播的调查”，见 Foss，N. J.，“Realism and Evolutionary Economics”，*Journal of Social and Evolutionary Systems*，vol. 17，，no. 1，1994，p. 21。

⑥ 参见 Vromen，J. J.，“Evolutionary Economics：Precursors，Paradigmatic Propositions，Puzzles and Prospects”，in Reijnders，J.（ed.），*Economics and Evolution*，Edward Elgar Publishing Limited，1997，pp. 54-55.

⑦ 参见库尔特·多普菲主编：《演化经济学：纲领与范围》，贾根良等译，4～5 页，北京，高等教育出版社，2004。

正如威特（Witt，U.）和霍奇逊所指出的，演化经济学的不同传统在其理论体系中都把创新放在核心地位，确实或多或少明确地同意新奇在经济变化中所起的关键作用，这是演化经济学与新古典经济学在研究纲领上的基本区别。因此，威特一针见血地指出，“作为社会经济演化的一个恰当概念，正确地评价新奇的突现及其传播的关键性作用是必不可少的。”① 威特从认识论角度对此进行了深入的讨论，他认为，新奇在不同学科中具有不同的含义，如在生物学中，新奇涉及群体基因库中的随机突变和选择性复制；而在经济学中，给定这个学科集中在人类行为上，新奇就是新的行动可能性的发现，它是人类创造性的结果。如果新的行动可能性被采纳，那么这种行动就被称为创新。就新奇的性质来说，人们不可能明确地预见到它的意义和含义，这是因为，当我们对一个问题寻求新奇的解答时，我们很可能事先要假定这个解答必须被满足的基本条件，但我们不可能理解这种新奇的大部分特征，否则它就不是新奇的了。正是新奇的这种性质使演化经济学形成了与新古典经济学相当不同的研究范式。

新奇也就是创新是演化经济学的核心研究纲领，这是演化经济学不同于其他经济学流派的根本性标志。在现代演化经济学的兴起中，“新熊彼特经济学”起着主导作用，在他们看来，创新特别是技术创新是最典型也是最可见的新奇形式，而创新则包括诸如技术、组织、管理、制度和社会等所有形式在内的创新。在这种意义上，创新在演化经济学中的地位类似于价格在新古典经济学中的地位。因此，德国一位经济学家甚至指出，在演化经济学没有得到发展的情况下，经济发展的许多复杂现象是无法弄清的，因为对于其他经济学流派来说，创新现象是难以理解的。② 除了“新熊彼特经济学”，老制度主义、奥地利经济学、后凯恩斯主义经济学以及作为马克思主义经济学分支的“调节”学派等西方异端经济学的主要流派在其研究纲领中也不同程度地包含着“新奇”的假定。因此，笔者曾提出，演化经济学的诸流派可以通过新奇这个核心研究纲领实现创造性的综合。③

作为不同类型经济学的研究对象，资源创造和资源配置分别决定了创新机制和价格机制在演化经济学和新古典经济学中的核心地位。由于新古典经济学把资源配置作为其经济学研究的唯一对象，所以价格竞争是其主要的甚至唯一的竞争机制，新古典经济学所谓的市场机制实质上就是价格机制。然而，正如熊彼特指出的，“有价值的竞争不是（价格）这种竞争，而是关于新商品、新技术、新供给来源、新组织类型……的竞争——也就是占有成本上或质量上的决定性有利地位的竞争，这种竞争所打击的不是现存企业的利润和产量，而是在打击这些企业基础，危及它们的生命。这种竞争和其他竞争在效率上的差别，犹如炮击和徒手攻门间的差别。”④ 因此，我们还可以说，演化经济学是以创新竞争而非价格竞争为核心的经济学，这种经济学对于理解当代世界经济中国穷国富的原因和机制具有重大的理论和实践价值。

---

① Witt，U.，“Evolution as the Theme of a New Heterodoxy in Economics”，in Witt，U.（ed.），*Explaining Process and Change：Approaches to Evolutionary Economics*，University of Michigan Press，1992，p. 3.

② 参见 Hanusch，H.，and A. Pyka，“Principles of Neo-Schumpeterian Economics”，Discussion Paper no. 278，University of Augsburg，2005，p. 6.

③ 参见贾根良：《演化经济学：现代流派与创造性综合》，载《学术月刊》，2002（12）。

④ 熊彼特：《资本主义、社会主义和民主主义》，106～107 页，北京，商务印书馆，1979。

首先，从理论上来说，演化经济学认为，创新是经济发展的核心驱动力。我们知道，就利润的起源或经济发展的基本源泉而言，在经济学说史上出现了两种完全不同的观点。第一种观点认为，利润来自于对更低工资成本的追求，来自于通过降低中间产品价格或者提高最终产品价格所拥有的市场力量。西方主流经济学家、大多数产业经济学家和一些马克思主义经济学家都持有这种观点。第二种观点却认为，利润来自于创新，来自于人类的智慧和创造力，用古典经济学的术语来说，利润就是在生产中创造的。这是自西方文艺复兴时期以来，由重商主义、德国历史学派、马克思主义经济学、美国制度主义和熊彼特经济学等一直延续到现代演化经济学的经济学传统所持有的观点，这是一种把生产、知识、创新、协同、报酬递增和由此所引致的制度变迁看作是经济发展核心机制的“以知识和生产为基础的替代性经济学”。

其次，从国家发展战略和实际政策角度出发，演化经济学划分了两种国家类型：一种利用丰富的“自然”禀赋如廉价劳动力或自然资源参与国际竞争，而另一种则集中于通过“人为”的禀赋创造即创新或研发密集的知识积累来提高国民收入。由于报酬的递减和递增，这两种国家类型之间的贫富差距已经越拉越大。历史经验说明，选择创新机会窗口大的产业，通过创建国家创新体系推动自主创新，这不仅是从 15 世纪的英国到 19 世纪的“美国制造体系”再到日本的基本经验，而且也是战后韩国等落后国家飞跃成为创新型国家的必经之路。相反，拉美地区的许多国家由于新自由主义的改革，国家创新体系被破坏，结构升级停滞不前，陷入了“低技术、低附加值、低工资”的恶性循环之中。进入 21 世纪以来，我国以廉价劳动力和粗放式地使用自然资源参与全球分工的发展模式已经难以为继，而自主创新和创新型国家建设战略的提出则呼唤着我国经济发展模式和政策范式的根本性革新。

二、以生产而非以交换为核心的经济学

与遵循新古典主流经济学的标准西方经济学教科书、新制度经济学、演化博弈论等以交换为核心的资源配置经济学不同，演化经济学则是以生产为核心的资源创造的经济学。① 例如，在新制度经济学中，除了德姆塞茨的团队理论和威廉姆森的资产专用性涉及一点生产问题外，其他企业理论就再也没有涉及生产和创新问题了。交易成本理论、产权理论、委托—代理理论和契约理论等新制度经济学的企业理论都是围绕交换问题建立起来的，而演化经济学的企业理论如能力论、资源论、知识论、网络论和奥地利学派的企业理论都是以生产为基础建立起来的。

挪威经济学家赖纳特认为，自西方文艺复兴时期以来，西方经济思想史中就存在着这两种不同类型的经济学：一种是从重农主义、亚当·斯密和李嘉图一直到以杰文斯、门格尔和马歇尔为开端并延续至今的新古典经济学传统，另一种则是前面我们已经提到的，由重商主义、德国历史学派、马克思主义经济学、美国制度主义和熊彼特经济学等一直延续到现代演化经济学的以生产和创新为核心的经济学。前者认为，财富来源于土地、物质资本和劳动力，其积累是通过贸易或交易发生的。这种积累更多的则是相同的东西。而后者

① 参见贾根良：《演化经济学：经济学革命的策源地》，太原，山西人民出版社，2004。

则认为，财富来源于文化即人类的创造力，其积累是通过创新累积性地改变人类的知识和工具（技术）存量所发生的，这种积累更多的是某种新的东西和质上不同的东西；分析的焦点是生产和创新，分析方法基本上是整体主义的、有机的和综合性的，分析单位包括时空中的个人和他们的制度。①

赖纳特认为，在一种最基本的层面上，这两种不同类型的经济学是建立在有关人类怎样与其他动物不同的观点基础之上的。通过引述亚当·斯密和亚伯拉罕·林肯的话语，赖纳特把他们分别看作是这两种类型经济学的代表，亚当·斯密说，“分工……是人性中某种倾向的必然结果，这是一种互通有无，进行实物交换，彼此交易的倾向。……这是所有的人普遍都有的倾向，而其他动物则没有，一般动物似乎不懂这种交换或任何其他种类的契约。……没有人看到过两只狗用两根骨头彼此进行公平的有意识的交换”②；而亚伯拉罕·林肯却指出，“……水獭会建造巢穴，但它们现在建造的巢穴较之五千年前并没有一点不同或改善……人不是唯一会劳动的动物；但他是唯一会改进自己的技艺的动物。他通过发现和发明来实现这种改进……”③。在这两种不同的关于人性的假定基础之上，以生产或以交换为核心的两种类型经济学的不同特点可以简单地加以区分，如表1—1所示。

表1—1　以生产或以交换为核心的两种类型经济学的不同特点

	以交换为核心的经济学	以生产为核心的经济学
人性假定	交换性动物	具有创造力并能使用工具
财富的来源	自然、土地和劳动力	创造力、学习和文化
租金来源	自然、资本	动态不完全竞争*
财富的驱动力	自然资源	创新
市场产生机理	自发生成的	应生产和技术创新而被推动
优势来源	自然的和给定的	能力、动态创造的

* 动态不完全竞争是指在技术创新、知识产权、品牌等因素所产生的进入壁垒条件下的竞争，这类经济活动通常具有高风险和高回报的特征，这是一个与完全竞争相对应的概念。

演化经济学作为一种以生产为核心的经济学，与新古典经济学相比具有以下三个特点。首先，强调科学技术在社会经济进步中的动态作用，并已经成为科学、技术和创新经济学研究的主导力量。正如李斯特在批评亚当·斯密的经济学说时指出的，斯密只是说明了“交换、物质资本的增加和市场的扩大这些因素……而忽略了科学技术的进步才是驱动劳动分工和生产力增长的决定性力量”④。事隔一百六十多年，现代演化经济学的开拓者之一纳尔逊仍然在发出这样的感叹：“我感到惊奇的是，我那些研究技术进步对经济影响的新古典同事们（竟然）不知道《研究政策》和《产业与公司变迁》杂志。”⑤因此，赖纳特曾经简洁地指出，新古典经济学从根本上来说是一个与已生产出来的产品有关的交换理

① 参见赖纳特、贾根良主编：《穷国的国富论：演化发展经济学论文选》（上卷），2～5页，北京，高等教育出版社，2007。

② 参见亚当·斯密：《国富论》，杨敬年译，17页，西安，陕西人民出版社，2001。

③ 转引自赖纳特、贾根良主编：《穷国的国富论：演化发展经济学论文选》（上卷），7页，北京，高等教育出版社，2007。

④ 弗里德里希·李斯特：《政治经济学的国民体系》，120页，北京，商务印书馆，1981。

⑤ Nelson，*Economic Development from the Perspective of Evolutionary Economic Theory*，2004.

论，它根本就不能解释生产条件多样性的形成原因及其对定价行为的影响，而“演化经济学（则）已经变成探索技术和生产‘黑箱’的经济学分支”①。

其次，强调高质量经济活动对国穷国富的决定性作用。在新古典经济学中，所有经济活动都是同质的，也就是没有区分经济活动的不同质量，不仅没有区分生产和交易、生产性活动和非生产性活动对国民财富增进的不同作用，而且把所有的生产活动也看作是同质的。而对于演化经济学来说，生产活动的质量是理解经济体系运行的核心。不同的经济活动在质上是不同的，只有特定的经济活动才能富国裕民，就整个国家的经济发展而言，“做什么”比“怎样做”更为重要。我们可以发现，在现代经济活动中，不同的经济活动的知识含量、创造高附加值的能力存在着显著的差异。生产质量的重要性可以从赖纳特对古巴的烟草和蔗糖两个行业的比较和讨论中得出：由于烟草的种植和采摘需要专门的技能，它对应着技能、个性和富裕，创造了自由中产阶级，因此它代表着财富与智慧；而蔗糖的砍伐只需蛮力，这就意味着存在资本家监工监督下的大批奴隶劳动和雇佣工人，无知和贫穷成为这个产业的象征。②

抓住高质量生产活动是目前所有发达国家在历史上脱贫致富的必由之路。例如，1721年，英国国王乔治一世在英国议会开幕时经人授意总结了英国经过三百年摸索所获得的致富经验：“输出制成品并输入原材料，对于公共福利的促进显然是再有利也没有的。”③ 李斯特认为，英国的经济崛起就是始终不渝地坚持这个基本原则的结果。英国为什么要坚持这个基本原则呢？这是因为相对于原材料生产而言，制造业具有熊彼特所说的“历史性报酬递增（技术创新与规模报酬递增相结合）”和不完全竞争的特点，这两个特点使得制造业在当时构成了富国裕民的基础，而初级产品（原材料和农业）由于不具有这些特点，因此就无法承担国家致富的历史重任。

实际上，在古典经济学中就已经存在着大量对不同生产活动质量差别进行区分的讨论，这种讨论主要是建立在对农业和制造业的区分之上的：农业的创新机会窗口很少，对应着报酬递减；而制造业则是持续进步的来源，遵循报酬递增的规律。但在全球价值链分解的今天，笼统地说制造业具有报酬递增的特点已不再成立，相反，由于信息技术经济范式的革命，与高端制造业一样，高端农业和知识密集型服务业这些高质量经济活动也具有了历史性报酬递增和不完全竞争的特点，而制造业全球价值链的劳动密集环节已经不具备报酬递增的特点。一般而言，高质量生产性活动主要是由不断推进的科技知识前沿创造的，经济发展本质上可以看成是创新带来的新知识在生产活动中的广泛应用。因此，发展是一种高级的生产活动对低级的生产活动不断“创造性破坏”的过程：创新带来了更高知识密集程度、更高附加值的生产性活动，从而导致不同的企业、产业和地理区位在财富的创造能力上存在着根本的差异；而“高质量”的生产活动将对“低质量”的生产活动实现不断的替代，以此产生结构性变迁过程。

---

① 赖纳特、贾根良主编：《穷国的国富论：演化发展经济学论文选》（上卷），前言，北京，高等教育出版社，2007。

② 参见埃里克·S·赖纳特：《技术在富国和穷国形成过程中的作用：熊彼特体系中的欠发达问题》，见赖纳特、贾根良主编：《穷国的国富论：演化发展经济学论文选》（上卷），10页，北京，高等教育出版社，2007。

③ 弗里德里希·李斯特：《政治经济学的国民体系》，41页，北京，商务印书馆，1961。

最后，生产性制度和交易性制度的区分。演化经济学家们认为，财富的交换是以财富的创造为前提的，所谓制度建设或者制度改革应该是一个以生产和创新为核心的制度概念。总的来说，激发或者促进创新，并在新思想产生之后充分利用该思想所产生的社会经济效益，就是这种生产性制度的目的。而新古典经济学、新制度经济学、新自由主义经济学、博弈论和进化博弈论等西方主流经济学由于是以交换为核心的经济学，因此，它们所谓的制度实质上就是“交易性制度”的概念。正是因为这种迥然相异的制度观，演化经济学与这些经济学特别是新自由主义经济学在判断发展中国家制度变革的优劣以及提供政策建议上是截然不同的。对新自由主义或西方主流经济学家们来说，“判断制度机制优劣的最重要标准，是看它们是否有利于市场交易的发生与深化”①。但是，在演化经济学家们看来，“判断制度机制优劣的最重要标准”却在于是否有利于生产和创新，也就是邓小平所说的是否有利于生产力的进步。

西方主流经济学的“交易性制度”概念可以远溯到其鼻祖亚当·斯密那里。若比较一下亚当·斯密和演化经济学家弗里曼分别从交易角度和广义国家创新体系角度出发对英国工业革命前后国家制度内容的论述，我们就可以很容易发现，前者明显缺乏对知识相关的科学家与企业之间联系、国家支持科学活动等内容的关注（见表1—2）。

表1—2　　工业革命前后英国的制度

亚当·斯密《国富论》中的交易性制度框架	弗里曼的生产性制度框架
● 劳动分工建立，每个人都是靠交换而生活 ● 政府维持和平，建立一个严密的执法体系，提供教育和最低限度的公共事业 ● 水运为产业开辟了市场 ● 同业工会的建立只是国王使用特权向臣民榨取钱财，而不是为了捍卫自由 ● 学徒法律阻碍劳动从一种职业向另外一种职业自由流通 ● 阻止羊毛、纺织机械的出口和纺织工人流向国外，限制了公民自由	● 科学家和企业之间建立了牢固的联系 ● 开展科学活动成为国家制度，受到政府鼓励，并得到地方团体的推广和普及 ● 在运河、公路、铁路等基础设施的建设上，地主提供了大量的地方投资 ● 组织形式上的合伙关系，使发明人能够筹集资本并与企业家进行合作 ● 从贸易和服务业得来的利润可以用于全国和地方性的资本市场，从而对工厂的生产特别是纺织品生产进行投资 ● 对本国技术采取有力的保护措施，从而使竞争对手不能迅速赶上 ● 减少和消除对内和对外的贸易壁垒 ● 不受宗教束缚的高等专业学校和一些大学对学生进行科学教育；在新兴的工业城市，技工受到业余培训

资料来源：亚当·斯密：《国富论：国民财富的性质和起因的研究》，长沙，中南大学出版社，2003；克利斯·弗里曼、罗克·苏特：《工业创新经济学》，373页，北京，北京大学出版社，2004。转引自贾根良等：《西方异端经济学主要流派研究》，222页，北京，中国人民大学出版社，2010。

事实胜于雄辩。正是在“有利于市场交易的发生与深化”的制度观指导下，在非洲、拉美和前苏联地区及东欧的许多国家，“自由的”市场力量通过破坏这些国家的生产和学习能力，已使这些国家在20世纪80年代以前发展起来的高端制造业大幅度地减少了，又重新回归到依靠非熟练劳动力和自然资源这种静态比较优势的发展道路上。造成这种状况

① 陈志武：《中国人为什么勤劳却不富有》，21CN论坛，2006-07-18。

的根本原因就是这些国家推行“华盛顿共识”的结果。如果对华盛顿共识的内容加以分类，我们就会发现，华盛顿共识的前五条是关于宏观经济变量的，而后五条则完全是为了确保自由市场经济的运转所确立的“交易性制度”改革，完全忽视了对“生产性制度”的考虑，也就是完全忽视了为生产而创立制度的重要性，因此，它根本就不了解生产率增长最重要的根源。① 而后来的“扩展的华盛顿共识”以及“后华盛顿共识”也基本上仍沿袭了“交易性制度”改革的思路，并没有触及到“华盛顿共识”之所以失败的根本原因。

在当代世界，由于规模经济和知识产权这两种重要的进入壁垒所创造的动态不完全竞争，对于分工水平低下和知识产权处于绝对劣势的发展中国家来说，贸易和投资的自由化这种“有利于市场交易的发生与深化”的所谓全球化标准的制度只能阻碍发展中国家的生产力进步，甚至摧毁已有的生产力，使发展中国家被锁定在靠出卖廉价劳动力和自然资源参与国际分工的贫困陷阱之中。在这种情况下，一个国家的国民即使非常勤劳，那他们也永远不会富有。因此，贫富的差距是由一个国家所选择的特定生产活动所决定的，制度创造的首要任务就是要保护和推动能迅速提高技术水平和附加值的生产和创新活动。

第二节　演化经济学的基本假定

演化经济学是达尔文革命和19世纪末物理学大革命所产生的新的世界观的产物，而西方主流经济学仍是以经典物理学所产生的牛顿主义世界观为基础。或更具体地说，演化经济学是以动态的、有机的和开放的世界观为基础，而西方主流经济学则是以静态的、机械的和封闭的世界观为基础。因此，演化经济学与西方现代主流经济学在科学范式上存在着本质上的不同。正如尼古拉斯·乔治斯库-罗根指出的，“正当杰文斯和瓦尔拉斯开始为现代经济学奠基时，物理学一场惊人的革命扫荡了自然科学和哲学中的机械论教条。奇怪的是，‘效用和自私自利的力学’的建筑师，甚至是晚近的模型设计师，看来都没有及时地觉察到这种没落。”② 德国演化经济学家威特也指出，在19世纪下半叶，两个不同的学科几乎同时发生了“库恩式”的科学革命，一个是自然科学当中著名的“达尔文革命”，另一个则是经济学中作为新古典经济学先驱的“边际革命”，这种巧合确实是对历史的讽刺，因为不可能再有比这两种革命所追求的目标更对立的了，边际革命所确立的是一种倒退的、牛顿主义的和反历史的经济学主流。③ 因此，正如美国老制度学派的开创者凡勃伦试图按照达尔文主义重建经济学一样，根据威特的看法，演化经济学应该成为经济学中达尔文式的范式革命。

我们知道，经济学范式的转变实质上是世界观的根本性变化，哲学基础或者更特定地说有关实在的本体论假设不仅限定了更为具体的经济理论的构造，而且对经济实践产生了直接的影响。但是，目前的经济学教育对哲学并不重视，绝大多数经济学家也缺乏自觉的

① 参见贾根良、于占东：《自主创新与国家体系：对拉美教训的理论分析》，载《天津社会科学》，2006（6）。

② Georgescu-Roegen，N.（1971），*The Entropy Law and the Economic Process*，pp. 2-3.

③ 参见 Witt，U.（2003），*The Evolving Economy*. Cheltenham：Edward Elgar.

哲学批判意识，这是导致存在着严重缺陷的西方主流经济学被相当多的大学师生顶礼膜拜的重要原因。在演化经济学领域，自1994年福斯敦促演化经济学家加强对其哲学基础之一的批判实在论（Critical Realism）社会科学哲学进行深入研究以来①，一些经济学家开始撰文讨论其哲学基础问题，但绝大多数演化经济学家们仍忙于对具体的实际经济问题进行研究，"这意味着演化经济学在方法上和研究兴趣上存在着相当大的分裂"②，这是导致演化经济学目前发展缓慢的一个重要原因。因此，为了使演化经济学动态的、有机的、系统的和开放的世界观具体化，实现演化经济学诸流派的创造性综合，同时也是为了在哲学与经济学之间、演化经济学与其他经济学理论体系如马克思主义经济学之间进行富有成效的对话，对演化经济学的本体论假设进行深入讨论是必不可少的前提条件。

一、心智/世界二重结构本体论

正如多普菲指出的，对于建立有关实在的、基本的演化动力学来说，心智在人类社会生活中起着关键性作用，因此，何梦笔提出了演化经济学的心智/世界二重结构本体论。这种二重结构可以依据有机层级本体论的突现原则加以理解：心智本身可以被看作是外部世界特别是生物层级的突现产物，它本身不能被排斥于实在之外，但其本身又是整个实在中相对自主的领域。因此，心智和外部世界形成了一种二重结构，知识状态的变化不能化约为世界状态的变化。心智对世界的反映不仅是不完全的，而且必然存在错误，不正确的知识或"谬见"并非偶然现象。当然，这里所说的"不正确"或者"谬见"主要应从相对于心智单纯地作为外部世界的"镜像"这一角度来加以理解，换言之，它特别地与拉赫曼的主观预期以及罗斯比有关认知与决策的想象标准相关，意味着人类心智在与外部世界交互过程中所显现的创造力。

心智/世界二重结构本体论说明了演化经济学在本体论上与西方主流经济学的本质差别。西方主流经济学的理性假设意味着心智单纯是外部世界的反映，即心智产生的知识状态只是由世界实际状态和实际的因果关系所决定的，并可以化约为后者。目前，西方主流经济学已经在模型中纳入不完全信息、信息不对称、计算成本之类的赫伯特·西蒙有关有限理性假定的一些因素，但正如杨小凯和汉斯·伯杰等人指出的，这种改进仍然是在完全理性最优决策和均衡框架下进行的，它低估了行为人面对的不确定性，也没有充分认识到人类理性能力的严格局限性。实际上，有限理性的假定只是强调了环境和不完备理性对人类心智的约束作用，但没有包括人类心智所具有的主观和特异性质、"根本的无知"以及人类心智的能动作用，而如果要在理论体系中处理这些因素所导致的变化，就必须打破西方主流经济学所假定的稳定偏好、技术和制度不变等所有前提条件。与此同时，我们也必须对人类的性质做出新的假设。

二、人性假设：人性二重性与文明创造者的本性

这是一个在演化经济学中处于潜意识结构或意会性知识而尚未上升为明确意识的假

① Foss，N. J.，"Realism and Evolutionary Economics"，*Journal of Social and Evolutionary Systems*，vol. 17，no. 1，1994. 本书第二章将专门对批判实在论进行讨论。

② 库尔特·多普菲主编：《演化经济学：纲领与范围》，贾根良等译，82页，北京，高等教育出版社，2004。

定。笔者认为，演化经济学在人性的本体论假设上可以提出以下四个基本命题：第一，人类在利益的本性上同时具有利己和利他这两种倾向或性质，这充分反映了人类作为对立统一的矛盾体在人性上所具有的“二重性”。人类从一开始就是社会动物，“人皆有不忍人之心”是由这种社会关系所产生的人类原始禀赋的本能，西方主流经济学从经济学假定中预先把它排除掉是不科学的，也是不现实的。利己和利他这种人性的“二重性”彰显了善恶并不是截然可分的，具体的人性是由当时具体的社会历史关系所产生的。第二，人类还具有独立于利益关系的作为文明创造者的本性，这是完全被西方主流经济学所忽视但对人类文明的演进却更为根本的人性。正如伟大的天文学家哥白尼曾经指出的，人的天职在于勇于探索真理，同样我们可以说，人类经济活动的天职就在于发明、生产、创新或创造。第三，人性的形成受到制度和社会环境的重大影响或塑造。制度对人性的作用不仅是约束性的，更重要的是它在人性的塑造上具有能动性的作用，换言之，制度和社会环境对人性的形成具有基础性的作用，所谓“性相近，习相远”就是这个含义。第四，人性和制度的关系是互动的。对此，霍奇逊曾指出：“个人与制度是相互设定的。制度塑造了人们的行为，并由人们的行为所塑造。”①

演化经济学有关人性的本体论假设具有直接的现实意义：首先，体制改革和制度设计必须考虑到制度对人性的巨大塑造作用，考虑到如何唤起并发挥人类作为文明创造者的本性。前者的例子有：在我国的体制改革中，完全市场化的医疗保健体制改革之所以无法成功，就是因为按照“自利经济人”的“工作假设”所设计的制度解决不了医疗保健中的“老大难”问题；后者的例子则有：在国有企业改革中，按照“自利经济人”的逻辑，必然只关注于产权改革、管理层高薪和所谓资本运作，而如何通过调动广大职工的积极性和创造力实现“同舟共济”的奋斗目标就被严重忽视了。其次，文明创造者的假设在我国自主创新和创新型国家建设中应该发扬光大。目前，经济学家们太多地关注于人类的利益本性，而没有注意到作为创造者的本性。但人类文明史却说明，创造者的假设不能化简为利己或利他的利益本性，在许多情况下，创造的欢乐是利益的多寡所无法衡量的。《周易》说，“富有之谓大业，日新之谓盛德。生生之谓易”，这洋溢着还没有被囚禁在西方主流经济学的自利和物质主义牢笼之中的创造者对人类潜能的喜悦之情。为了建设创新型国家，开创一个全民创新的新时代，迎来中华文明的伟大复兴，从而为演化经济学的发展提供新的动力，笔者呼唤中国创造主义新文化的诞生。因此，笔者曾经指出，国民创造力是 21 世纪中国崛起的决定性因素，中国经济学要为这种创造力的爆炸性增长提供精神动力，建设中国创造主义新文化是五四新文化运动的延续和超越②，发明、创造和创新应该成为我们的时代精神。

三、异质性（多样性）假设

正如著名生物学思想史家迈尔指出的，达尔文革命产生了一种新的哲学体系。在这种

---

① 杰弗里·霍奇逊主编：《制度与演化经济学现代文选：关键性概念》，贾根良等译，309 页，北京，高等教育出版社，2005。

② 参见贾根良：《中国经济学革命论》，载《社会科学战线》，2006 (1)。

哲学体系中，个体群思维（population thinking）占有突出的地位，它与物理学中流行的本质论思维（typological thinking）相对立。本质论思维的实质就是把变化多端的现象化约为同质性的某种基本类型，认为世界上真实的和重要的东西就是这些基本类型的内在本质，而基本类型与它们的具体例子之间的差异可以被看作是某种可被忽视的东西。物理学是本质论思维的避难所，其基本特点就是对质点模型的追求。为了建立均衡模型并使经济学实现数学形式化，西方主流经济学明确地把经济学与物理学相类比，把丰富多彩的个人和企业行为简化为“代表性行为者”，抹杀经济活动的不同质量及其多样性，通过类似于作用与反作用力的供求力量进行原子化的质点分析，制造了市场自动创造和谐的神话。这种同质性假设不仅预先从理论体系中排除了多样性和人类的创新行为，而且否认经济活动的不同质量对国家贫富所产生的极其重要的影响。

达尔文革命的一个重要成果就是对上述本质论思维的革命。在达尔文之前，生物学家们即使承认变异，也只是停留在物种的层次上，正是达尔文把它定位到了个体层次上。在人类社会中，正是因为个体之间的差异和多样性才使创新和演化得以发生，因此，达尔文革命对演化经济学的发展是决定性的。正如彼得·M·艾伦指出的，“适应和演化来自这种事实：知识、技能和惯例在个人间从没有完全被传递，个人之间总是有差别的”①，人类心智的不完备，它所具有的主观性质，不同的制度、文化、习俗、阶级差别和其他社会因素的塑造，个人经验以及人类心智的创造性理解等等，所有这些因素使得个人即使在面对完全相同的信息和同样的想象机会的情况，认知和行为也不会完全相同。依此类推，不同的企业、地区、国家乃至不同国家或地区的同一产业都具有不同的知识基础，这就是为什么演化经济学所发展的国家创新体系和区域创新体系等分析框架受到人们欢迎的原因。以个体群思维为基础的异质性或多样性假设也构成了个体知识和意会性知识这些概念的哲学基础。

四、有机层级本体论

演化经济学深受怀特海、皮尔斯乃至马克思的有机论哲学的影响。霍奇逊在《经济学与演化》一书中，根据怀特海、克斯特勒、迈尔等人的见解，将自然科学领域的本体论上的“层级观”扩展到社会及心理领域。根据这种层级观，整个世界被看作为一个层级结构。在层级结构中每一层上的系统或亚系统具有双重特征，即它们自身既是整体又是其他整体的组成部分，每个子整体（holon）既有自主性又有依赖性，这被称为“杰纳斯效应”（Janus effect）。每个子整体拥有两个相反的极性——一个作为更大整体一部分去运作的整体倾向和一个保持其个体自主性的自我决定倾向。在这一复杂的层级结构系统中，贯彻的是突现原则。虽然一个层面上的现象以其下层的现象为基础，并受其上层的现象影响，但是每一层上作为整体运转的系统（就像是一个同质的实体）具有不能还原为其组成部分属性的新特征。

在这种层级结构中，由于每一层级都具有双重特征，这就产生了并存的向上和向下的

① 约翰·福斯特、J·斯坦利·梅特卡夫主编：《演化经济学前沿——竞争、自组织与创新政策》，贾根良、刘刚译，322页，北京，高等教育出版社，2005。

因果关系，并且在不同层级之间存在着反馈关系。① 更重要的是，每个层级的突现特征不能（甚至不能在理论中）根据其组成部分的知识演绎推出，或通过其他部分不完整的结合来割裂地理解。因此，制度、社会结构乃至宏观经济现象可以被看作个体行为的突现特征，但是，却不可以还原为个体行为进行解释。何梦笔曾以企业举例："企业是自成一类的一种实体，不能化约为一种使个人最优的合约网络。"② 进而，每个层级在解释上具有某种自主性，具有其自己的解释原则和自己的分析单位。突现原则表明了所有将复杂系统简化为共同的、简单的单位和理论规律的简化论或还原论方法的无效性。因此，合理的方法论立场必然是拒绝西方主流经济学以原子论为基础的将理性个人作为唯一的理论本原以及将描述和解释压缩到一个单一的非历史的层级，取而代之的必然是反还原论的多分析单位和多层级的分析。

有机层级本体论对演化经济学理论体系的构造产生了直接的影响。有两个例子可以说明这个问题。首先，创新体系文献的发展遵循着有机层级本体论的原理。自清华大学特聘教授伦德瓦尔于 1985 年提出创新体系的概念以来，目前它已经发展成由国家创新体系、区域（地方）创新体系、部门创新体系和创新型企业所构成的体系框架。这种在不同层级上以互补和非简单加总的方式对创新问题的研究对世界各国的经济政策制定产生了深远的影响。

其次，有机层级本体论直接指导着演化经济学有关"微观—中观—宏观"经济学体系的建构过程。在 20 世纪下半叶，西方主流经济学坚持"在微观经济学的基础上推导宏观经济理论"③。目前，"把宏观经济学建立在坚实的微观基础之上"仍是西方主流经济学流行的思路。按照这种思路，正是由于代表性家庭和代表性企业这种整齐划一的"同质性"假定使得从微观到宏观的加总成为可能。但是，由于排除了微观行为者的异质性或变异的可能，这种研究思路从根本上就不能对经济系统中所内生的宏观动态现象和发展过程进行分析。因此，作为一般均衡理论基础的原子论个体的微观模型一直"都遭到生态经济学、制度经济学、演化经济学、马克思主义经济学和后凯恩斯经济学的批判"④。

演化经济学不仅论证了宏观经济学相对自主的本体论地位，而且进一步指出，作为个量和总量的微观和宏观框架无法处理在经济系统的中观层次上所发生的结构变迁和质变过程，因此，有必要在经济分析的微观和宏观之间增加一个重要的中观层次，并在微观—中观—宏观框架的基础上重建经济学的体系结构。⑤ 在多普菲看来，企业家（在微观层次上）实现创新，而模仿者则（在中观层次上）云集，作为其结果，"创造性毁灭"（在宏观

---

① 批判实在论的社会转化模型就是对这种复杂的因果关系的一种说明：社会结构既是有意识的个人发挥其能动性的前提，所以它不能被完全化约为个人行为的产物，同时它又依赖人的能动作用，通过个人有意识的行为实现自身的再生产及演化，因而不能视为被给定的。我们可以把这种社会转化模型称作"能动性与结构互动本体论"，并从有机层级本体论中独立出来，有关讨论请参看第二章。

② 库尔特·多普菲主编：《演化经济学：纲领与范围》，贾根良等译，109 页，北京，高等教育出版社，2004。

③ 黄亚钧、袁志刚主编：《宏观经济学》，前言，北京，高等教育出版社，2000。

④ Jeroen C. J. M. van den Bergh and John M. Gowdy (2003), "The Microfoundations of Macroeconomics: An Evolutionary Perspective", *Cambridge Journal of Economics*, 27, p. 79.

⑤ Dopfer, K., J. Foster and J. Potts (2004), "Micro-Meso-Macro", *Journal of Evolutionary Economics*, 14, pp. 263-279.

层次上）“从内部”导致了经济发展，熊彼特的这一命题对传统的微观和宏观分析领域的划分具有颠覆性质，激发了演化经济学家们试图在微观—中观—宏观框架的基础上重建经济学体系。多普菲指出，在可预见的未来，目前使人惊奇的和日益增长的人们对熊彼特著作的兴趣有可能成为“中观经济学革命”的组成部分。[①] 多普菲等人相信，微观—中观—宏观框架对分散的经济演化理论具有整合的力量。2007 年，多普菲和波茨按照微观—中观—宏观框架已经撰写和出版了《经济演化通论》的教科书。[②] 熊彼特是“中观经济学革命”的先驱，我们在第七章讨论新熊彼特主义学派时再对此进行讨论。

五、时间不可逆、不确定性和历史重要

演化意味着新质要素随时间的推移而创生，因此，对于演化经济学来说，强调历史的重要性，就是突出时间不可逆在经济系统的演化中具有基本的建设性作用。技术轨道、技术经济范式、路径依赖、路径创造（path creation）和经济类型（economic style）等演化经济学的这些概念都渗透着时间不可逆的观念。正如柏格森指出的，“我们越是研究时间，就越是会领悟到：绵延意味着创新，意味着新形式的创造，意味着不断精心构成崭新的东西”[③]，演化过程的历史性是以新奇创生为特征的，演化意味着新质要素在时间进程中“不可改变”地不断突现，甚至时间可以被视为一系列有序的变异和选择的事件，因此时间进程是不会完全重复的，也就是不可逆的。

时间可逆和机械决定论的世界观是新古典主流经济学分析框架的本体论基础，但如琼·罗宾逊夫人所指出的，“一旦我们承认经济是存在于时间之中的，历史是从一去不复返的过去向着未知的将来前进的，那么，以钟摆在空间来回摆动的机械类比为基础的均衡观就站不住脚了。”[④] 多西和迈特卡夫（Metcalfe，J. S.）认为，经济社会系统的不可逆概念与这种可能性有关：个人或组织等行为者目前的行为将对未来决策过程或系统的未来结构及其变化路径产生重大影响。时间不可逆、结构转变和熵过程与“滞后”概念密切相关，即系统如果发生了变化，即使导致这种变化的力量已经消失，系统也不会回到最初状态，这体现了赫拉克里特“人不能两次踏入同一条河流”的哲学理念，这是经济社会系统的重要特征。

所谓路径依赖是指经济结果不仅受到当前活动和政策的影响，也受到过去发生的事件的影响时，该经济结果就是路径依赖的。路径依赖这个概念说明了锁定效应和次优行为可以持久存在，如相对无效的“QWERTY”打字机键盘就是众所周知的例子，历史对于解释这种无效率是非常重要的。根据保罗·大卫（Paul David）的看法，制度和组织中的路径依赖产生于三种原因。首先，因为制度解决的是合作博弈，不同的预期是可能的，它们都对初始条件

---

① 参见 Kurt Dopfer，“The Origins of Meso Economics：Schumpeter's Legacy”，The Papers on Economics and Evolution，MPI Jena，August，2006.

② 参见 Dopfer，K. and J. Potts，*The General Theory of Economic Evolution*，London and New York：Routledge，2007.

③ 昂利·柏格森：《创造进化论》，肖聿译，16 页，北京，华夏出版社，2000。

④ 转引自 William K. Tabb，*Reconstructing Political Economy：The Great Divide in Economic Thought*，Routledge，1999，p. 203。

或事件敏感。其次，组织内交流的密码在投资上是不可逆的。最后，一种组织想应用和发展的工作和功能是内在相关的，由于新功能是相继增加的，它们就倾向于在选择的路径内得到发展。① 由此可见，这里“历史”并非简单地指过去对现在和未来的影响，而是突出了经济过程具有不确定性和时间不可逆等重要特征。路径依赖是演化经济学的重要概念，它所强调的报酬递增、随机变化和历史重要是新古典经济学的理论框架所无法容纳的。路径依赖理论对现实中所存在的“非效率”问题做了解答，并彻底地抛弃了经济人理性选择的思路，这使得路径依赖逐渐成为一种对经济演化过程进行全面和综合性分析的基本理论。

然而，虽然路径依赖理论有助于我们理解无效率状态为什么出现并且长期存在，但是它却并没有对人类是否以及如何解除“锁定”状态并开辟新的路径轨道（path trajectory）提供答案，这根源于该理论对人类能动性的忽略以及较为浓重的历史决定论色彩，因此它在理解经济演化的机制上存在着一定的缺陷。正是因为这些原因，一些研究者试图通过祛除路径依赖理论中过强的历史决定论色彩，从而提供一个更富弹性也更考虑行为者主动性的路径依赖概念。但是，这些研究并没有从基础上对路径依赖概念进行彻底改造，也没有对历史上大量发生的解除锁定和改变经济发展路径的现象提供解释。

1998年，古拉德和卡诺在“路径依赖和路径创造的丹麦会议”上提出了路径创造的概念，并在会后出版了会议论文集。② 古拉德和卡诺重新强调并拓展了熊彼特式企业家的作用，在他们看来，企业家精神的本质就是不顾现存结构的短视压力，通过一种有意识的偏离过程，创造新的未来。而这种“有意识的偏离”正是路径创造的核心，它意味着有能力从现存结构中挣脱出来，有能力对集体进行动员，尽管路径创造的努力有可能遭遇到强大的抵抗（R. Garud and P. Karnoe，2001）。综观人类发展的历史，尽管长期停滞更为常见，但路径创造毕竟是文明演进的根本性力量。因此，尽管路径创造理论仍不成熟，但其发展有可能将导致演化经济学的概念体系得到重构。更为重要的是，路径创造是落后国家在激进的技术变迁时期实现迅速经济追赶的主要原因，如19世纪末的德国和美国以及20世纪下半叶的日本、韩国和芬兰等。因此，路径创造理论应该成为我国创新型国家建设的重要理论基础之一。

六、系统协同效应

系统协同效应是演化经济学的一项基本的本体论假设，在诸多社会经济问题的研究上具有广泛的应用价值。下面首先以挪威经济学家赖纳特③有关社会公共福利或国民财富增进机制的论述作为基础对此加以讨论，然后举例说明它的重要意义。所谓系统协同效应是指存在着整个社会经济系统的公共福利，从整体上加以考虑的制度和政策措施有利于改善每个国民的福利，它由四个基本命题构成。首先，不同的经济活动的创新机会窗口和福利效应是不同的（异质性假设）：律师比捡莴苣的人要挣更多的钱，因此，一个捡莴苣之国要比一个律师之国更贫穷；其次，创新机会窗口大的经济活动在系统协同效应中处于核心

---

① 参见 Magnusson，L. and Ottosson，J.（eds.），*Evolutionary Economics and Path Dependence*，Edward Elgar Publishing Limited，1997，p. 3.

② Garud，R.，Karnoe，P.（eds.），*Path Dependence and Creation*，Lawrence Erlbaum，Mahwah，NJ，2001.

③ 见赖纳特、贾根良主编：《穷国的国富论：演化发展经济学论文选》，北京，高等教育出版社，2007。

地位，它在地方或国家范围内产生并扩散了这种富裕：“在有许多人使用机器工作的地方，商店老板也比没有使用机器的其他地方的人更富裕”；再次，由报酬递增规律所产生的循环累积因果机制所产生的“良性循环”是全体国民共同富裕的基础（虽然程度有所不同）：“北欧国家的公共汽车司机的实际工资 5 倍于生产率相同的玻利维亚同行”；最后，国家创新体系在企业家、工农和政府“共谋式”地分配创新收益的过程中发挥着关键性作用，它导致了全体国民的共同富裕。

系统协同效应的本体论假设具有十分重要的实践指导价值。首先，由于国家富裕的基础是特定的产业和活动，因此，抓住创新机会窗口大的产业或活动，通过创建国家创新体系推动自主创新，并通过系统协同效应实现全体国民的共同富裕（和谐社会）是制定成功经济发展战略的基本原则。历史经验说明，上述原则贯穿于从重商主义到知识经济的发展战略之中：从 15 世纪的英国到 19 世纪的“美国制造体系”再到日本和韩国，直至 2000 年欧盟的“里斯本战略”和 2004 年的“创新美国”都是如此，而按照比较优势理论制定国家经济发展总体战略最终是不会取得成功的。其次，系统协同效应为解决我国“三农”问题和“工业化的困惑”① 提供了新思路。历史上，在工业和农业之间的协同效应是至关重要的：成功的农业仅存在于工业也取得成功的地区。但在我国存在“工业化困惑”的今天，服务业特别是知识密集型服务业与农业、工业之间的协同效应就显得尤为重要。最后，系统协同效应对我们建立突发事件的应急机制、提高复杂系统的管理能力以及发展循环经济都具有重要的指导意义。

思考题

1. 为什么说演化经济学是资源创造而非资源配置的经济学？

2. 从某一种具体理论如企业理论入手，说明为什么说演化经济学和西方主流经济学分别是以生产为核心和以交换为核心的经济学。

3. 试讨论演化经济学关于人性的假设。

4. 为什么说异质性（多样性）是演化得以发生的基础？

5. 试讨论心智/世界二重结构本体论假设。

---

① 工业化的困惑是指在发展中国家所发生的“制成品贸易条件恶化”和“高技术产业的技术不高”，从而使“经济发展的出路在于工业化”这个发展经济学经典的基本命题不再能没有限制地被应用。“制成品贸易条件恶化”问题请参见 Singer，H.，(1999)，“Beyond Terms of Traded-Convergence and Divergence”，*Journal of International Development*，11，pp. 911-916；“高技术产业的技术不高”问题请参见贾根良、秦升：《中国“高技术不高”悖论的成因与政策建议》，载《当代经济研究》，2009 (5)。

第二章

演化经济学的哲学基础和研究方法

福斯早在1994年就已指出，隐藏在演化经济学各种理论背后的哲学和方法论基础与批判实在论（critical realism）具有共同的基础。[①] 自福斯发表这篇论文以来，经济学者维诺曼（Vromen，1995）[②]、诺思奥弗（Northover，1999）[③] 和批判实在论哲学家劳森（Lawson，2003）[④] 都探讨了两者之间的密切关系。虽然霍奇逊对批判实在论在西方异端经济学中的流行及其发展过程中存在的一些不足提出了批评[⑤]，但卡斯特拉克西（Castellacci，2006）在前述学者研究的基础上，通过对批判实在论与演化经济增长理论的本体论和方法论进行比较，得出了被大多数演化经济学家所认同的结论："批判实在论可以为演化经济学的未来发展提供更坚实的哲学和方法论基础。"[⑥] 作为一本入门性的教科书，本章没有对演化经济学更宽广的哲学基础和方法论进行讨论，只是简介批判实在论的基本原理，并扼要讨论演化经济学具体的经验研究方法。第一节论述批判实在论的本体论，第二节讨论作为批判实在论方法论核心的溯因法和回溯法，由于篇幅所限，第三节对于演化经

---

① 参见 Foss，N. J.，"Realism and Evolutionary Economics"，Journal of Social and Evolutionary Systems，Vol. 17，No. 1，1994.

② Vromen，J. 1995. *Economic Evolution*，London，Routledge.

③ Northover，P. 1999. "Evolutionary Growth Theory and Forms of Realism"，*Cambridge Journal of Economics*，vol. 23，33-63.

④ Lawson，T. 2003. *Reorienting Economics*. *Economics as Social Theory*，London，Routledge.

⑤ 参见 Geoffrey M. Hodgson，"Some Claims Made for Critical Realism in Economics：Two Case Studies"，*Journal of Economic Methodology* 11：1，53-73，March 2004；" 'Marching to the Promised Land?：Some Doubts on the Theoretical and Policy Affinities of Critical Realism' with a Response by Andrew Collier and a Rejoinder"，*Alethia* 2（2）：2-13，1999.

⑥ Fulvio Castellacci，"A Critical Realist Interpretation of Evolutionary Growth Theorizing"，*Cambridge Journal of Economics*，2006，30，861-880.

济学的经验研究方法，只集中讨论历史的、比较的和解释学的方法。

第一节　批判实在论与经济学方法论

在本节中，我们首先概述批判实在论作为一种科学哲学的诞生和发展过程，并以批判实在论经济学方法论为例，讨论批判实在论在科学哲学革命上的重要意义。然后，围绕巴斯卡有关自然科学实验的两个著名问题，扼要介绍批判实在论关于三个实在层次的本体论命题及其在科学观上的革命。在此基础上，简要陈述批判实在论的社会经济本体论及其对经济学研究目的的看法。最后则论述批判实在论对我国经济科学发展的重要意义。

一、批判实在论：科学哲学的“哥白尼革命”

批判实在论社会科学哲学是由印裔英国科学哲学家巴斯卡（R. Bhaskar）在 20 世纪 70 年代末以马克思哲学为基础创建的。批判实在论（critical realism）这个术语是由“超验实在论”（transcendental realism）和“批判自然主义”（critical naturalism）两个词组省略组合而成的[①]，因此，它是超验实在论科学哲学在社会科学特别是经济学中的特称。所谓超验实在论是对经验实在论和先验观念论（自然是人的精神的构造或产品）的辩证超越。这种超越的前提就在于通过对本体论问题的康德式发问（科学要成为可能，世界必须是什么样的?），澄清了超验实在论的三种本体论深度：不及物性（intransitivity）、超验性（transfactuality）和分层性（stratification）。其中，分层性是理解批判实在论的切入点，而超验性是理解批判实在论的关键。批判自然主义是为了批判和超越人文社会科学哲学中的两分法或二元论，即自然主义的实证主义和反自然主义的解释学，它不仅说明了对于人类社会现象，人们可以像对自然现象一样进行科学研究，而且还强调了社会科学的研究对象由于包括了关于社会客体的认识和信念，因此社会科学具有自然科学所不具有的一个极为重要的功能：解释性批判（explanatory critique）。

批判实在论被一些学者看作是在过去三四十年中科学哲学的重大进展。众所周知，实证主义科学哲学有两个基本宗旨：科学的方法是统一的，其结构是演绎的。自 20 世纪 70 年代以来，随着人们对实证主义的批判，实证主义在科学哲学中的统治地位遭到颠覆，但实证主义的观念并没有被完全放弃，主要原因就是批判者对科学变革和理论的非演绎特征并没有提出系统的理论。巴斯卡的贡献就在这个方面，这“被某些人称作科学哲学的哥白尼革命，它是通过一种新的实在论科学哲学而完成的”[②]。

批判实在论社会科学哲学起源于 20 世纪 70 年代末，成熟于 20 年纪 90 年代。目前，虽然它已经在社会学、管理学、教育学、人文与经济地理学和法学等社会科学许多领域产生了广泛的影响，但它的主要发展是在经济学领域之中。与 20 世纪 70 年代至 80 年代末

---

① 从词源上看，“超验”表明批判实在论与康德哲学存在一定关系。但是两者之间在本体论上存在着根本性的差别。

② Archer，M.，Bhaskar，R.，Collier，A.，Lawson，T. and Norrie，A.（eds.），*Critical Realism：Essential Readings*，Routledge，1998，p. 3.

波普经济学方法论占支配地位有很大不同，目前西方经济学的方法论之争则已经移向了批判实在论（critical realism）、修辞学（rhetoric）和因果整体论（causal holism）之间的争论①，而这些争论主要是围绕着批判实在论展开的。因此，我们下面就从经济学方法论角度讨论批判实在论科学哲学的创新性见解。

在批判实在论诞生之前，除了作为批判实在论先驱、尚未发展的马克思主义科学哲学在西方经济学界产生了一定影响外，经济学主要是受两种科学哲学的支配。第一种是在经济学中影响最大的实证主义科学哲学，目前在经济学中仍占主流地位的新古典经济学就建基于这种科学哲学；第二种是主观主义或解释学传统的科学哲学，这个传统可以从哈耶克、韦伯、狄尔泰一直追溯到康德的先验唯心主义，它在现代奥地利和沙克尔（Shakelian）学派中影响最大。

实证主义科学哲学把科学看作是客观的和中立的，这种理论认为，所谓科学就是对事件间固定关联规律性的研究，这种看法是未加思索地从休谟对因果律的解释中接受下来的。② 休谟认为，世界是感觉的连续，心灵作为理智绝不能了解这些感觉之间的真正联系，对事物深层结构的任何本体论解释都是形而上学的、不可接受的，人们所能拥有的只是原子化的事物及其固定关联的经验。从这种固定关联的经验出发，科学规律采取了“每当有事件 x，就有事件 y”这种形式，演绎是科学研究的基本方法，而归纳则是以理论的预测准确与否作为标准，从所谓不变的、客观的和中立的经验出发对科学理论进行证实或证伪的检验。

主观主义或解释学传统的科学哲学基本上接受了实证主义对自然科学的解释，但同时又拒绝它对社会科学的适用性。解释学科学哲学认为，由于人类具有包括选择在内的能动作用，所以作为休谟规范的普遍的经验规律性在社会领域根本就不存在。因此，他们坚决主张社会科学应致力于意义（meaning）的阐释，追溯观念的联系，并从个人信念与行动中建构对社会整体的认识。

批判实在论通过识别实证主义与解释学科学哲学所存在的问题，提供了另一种关于经济学的科学观念，从而实现了对这两者的超越。批判实在论认为，实证主义科学哲学的合理性就在于它认为所有的科学（包括经济学）在基本方法上都是统一的，但对于究竟什么是科学的基本方法，它与实证主义又是相对立的；解释学科学哲学的合理性则在于它认识到，由于研究对象的不同，社会科学与自然科学在研究目的和方法上又有所差异，然而，批判实在论并不赞同它对这些差异的认识。实证主义与解释学科学哲学共同的错误是把自然科学实践误解为对事件间固定关联普遍的经验规律性的研究，这源自它们对自然科学中实验活动的不恰当认识，批判实在论首先从这里入手，从而为超越这两种科学哲学内在的局限性奠定了基础。

---

① 参见 Fleetwood，S.，“Boyland and O' Gorman's Causal Holism：A Critical Realist Evaluation”，*Cambridge Journal of Economics*，2002，26，pp. 27-45.

② 希拉·道认为，我们应当在苏格兰启蒙运动的思想背景下全面理解休谟哲学。休谟曾警惕地指出，不可能通过理性、演绎推理证明存在，但可以利用情感、想象力等人性因素讨论存在问题。人性因素先于理性，理性不能单独作为科学基础，常识、信念、内省、经验有助于我们摆脱极端怀疑论，并为科学提供基础。见 S. C. Dow，“Historical Reference：Hume and Critical Realism”，*Cambridge Journal of Economics*，2002（26）。休谟也不否认真实领域，但他唯一地依赖经验，因此，实证主义虽然可以追溯到休谟，但它并不是对休谟真正的继承。

二、科学实验活动与本体论

批判实在论科学哲学的创始者巴斯卡观察到，自然科学中所得出的大部分事件的规律性事实上只发生于实验状态之中，它们不是自发产生的，而是人类干预的结果。规律只可表述为"在条件E之下，事件 x 固定地导致事件 y"，而非"事件 x 固定地导致事件 y"，条件E即代表人类对自然的干预，即实验状态的建立。根据这种观察，自然科学对任何实际事件规律性的认识都离不开人类对自然的干预，这是一个有关自然律相当反直觉的结论。巴斯卡还观察到，在受控实验活动中所得的结论或"规律"常常可以成功地应用于实验状态之外。这就是巴斯卡有关自然科学实验的两个著名问题。

为了解释这两个问题，巴斯卡指出，我们必须放弃自然是由事件规律性所构成的这种实证主义自然观，而把世界看作是有结构的，是不及物的，是不可化约为我们所经历的事件的。批判实在论认为，世界不只是由事件和事物状态以及我们对这些实际的经验或感受所构成，而且也是由更深层的结构、机制和趋势所构成，虽然它可能是无法直接观察的，但它却管束着我们经历到或未经历的实际事件。与实证主义的经验实在论不同，批判实在论认为，实在本身远不是无景深的，而是复杂的、有差别和分层级的。三个重叠但本体上不同的实在领域被区分，即经验的（在这里，实在指人们直接获得的体验、印象、经历和经验）、实际的（除经验外，还包括超越了人们直接经验之外的现象、事件、事态及其效果事件和事物状态）和真实的（除实际的和经验的这两个层级外，还包括深层的结构、机制、力量和趋势），见图 2—1。

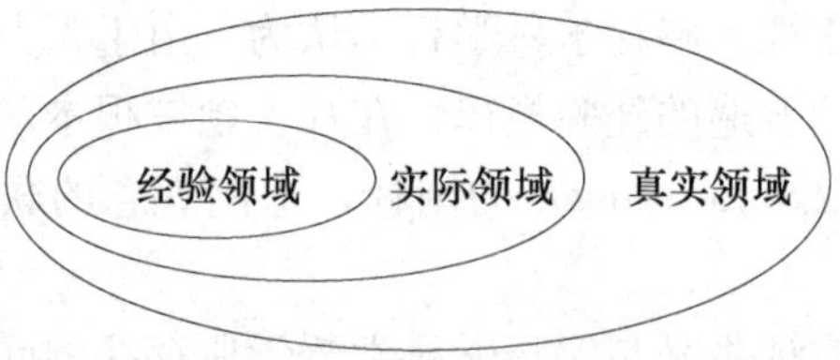

图 2—1　实在的三个领域

按照批判实在论的看法，由于第二个层次仍属于经验性的，因此可以把前两个层次统称为经验性的"表层实在"。如果对实在的理解仅仅停留在这个层次上，则被称为经验本体论或扁平的本体论，而第三个层次则称为"深层实在"，它具有"超验的"特征，这个层次构成研究批判实在论本体论的基本内容。三个实在层次的划分是为了突出一个基本命题：在这个世界上，除了人们能够经验到的东西外，还存在更为本质的、必然性的东西，它们超验地存在着并管束我们经验到的现象和事件，这就是"深层实在"的存在，由此产生了批判实在论的一系列命题，譬如存在的不可简化性（把实在简化为经验领域的知识）、超验性、突现性等，并使科学研究方法摆脱了经验主义和实证主义的束缚，为进一步理解事物的结构、因果关系力量、趋势、生成机制和因果律等方法论概念奠定客观的分析基础。

由于事物内在的结构、因果关系力量、生成机制、发展趋势以及事物的突现和变化等构成"深层实在"的基本内容，理解这些概念的"超验性"特征是把握批判实在论思想本质的关键，因此，在这里我们需要简单地定义这些概念的含义。所谓结构（structure）是指实体内在要素之间的基本关系或构成类型。结构是伴随实体的存在而存在的，当一个实体生成的时候，该实体便同时具有了某种内在的结构。结构赋予实体因果关系力量（causal power），这种力量使事物具有特定的行动方式，或借此力量事物能够生成或阻止某种后果。因果关系力量是结构的一个属性，实体因其结构而拥有某种因果关系力量。结构还赋予实体存在、发展和变化的某种趋势（tendency），趋势是结构的另一个属性，是内在于结构的因果关系力量的行动方式或状态。

批判实在论认为，实在的三个领域不仅在本体上是不同的，而且关键性的是它们相互之间是非同步或异相的（out of phase）。因此，当经验与事件异相，允许对给定事件的经验进行对比和修正的可能时，事件也典型地与管束它们的结构或机制是非同步的。例如，就结构与事件的不一致来说，秋叶与重力规律的作用是非同相的，因为秋叶是否落地也受制于热力学的、空气动力学的和其他的原因或趋势，这是因为一个开放系统绝非由单一的结构所支配，必然具有多样的结构或生成机制，它们相互作用，其力量、影响或相互抵消，或相互放大。我们凭经验感受的事件、事态其实是多种结构或生成机制共同作用的结果。

现在，我们就能对巴斯卡有关自然科学实验的两个著名问题做出解释了。按照批判实在论，秋叶落地的实际状态和管束秋叶落地的机制或结构是不一致的，秋叶落地是由重力的、热力学的、空气动力学的、惯性的以及其他各种相互抵消、相互强化的多重机制所决定的。实验活动的作用就在于为了分离出某种机制，通过干预，把所有其他潜在地处于抵消或强化状态的机制隔离开来，建立起一对一的因果关系。因此，实验的作用并不在于创造一种使经验性规律发生作用的稀薄状态，而是致力于创造一种特定条件，在这种条件下，非经验性的规律、趋势或某种机制作用的方式在经验上可以被确认。当然，规律本身总是在发挥着作用，只要存在着能引起反应的条件，机制就能被激活，不论别的条件是否发生。例如，即使树叶在我手中，它也服从重力趋势。因此，受控实验中所发现的规律为什么常常能成功地应用于实验之外，其实是人们通过作用于自然界，激活了规律发挥作用的相关环境的结果。

与实证主义由经验和事件所组成的经验本体论不同，批判实在论本体论强调了管束事件与经验的结构化和不及物的维度，结构化是指世界不能化约为经验上的事件，不及物是指世界独立于人们对它的识别而存在和发挥作用，这种本体论上的不同产生了不同的科学观，当实证主义只局限于寻求事件的固定关联时，批判实在论则致力于揭示管束它的结构与机制。

但是，问题马上就出现了：如果实在的重要特点是不及物的（即结构与机制独立于我们对它的知识而存在）和有结构的（不可化约为我们直接经验到的现象），那么通过什么样的过程我们才能了解它？对批判实在论来说，对有关结构的知识不能只通过感觉经验而获得，但它们也不是无中生有的，所需要的是知识的转变。在科学中，人们通过干预并操纵现实的社会实践活动（包括实验），转变着总是历史性暂存的对世界的解释。因此，对批判实在论来说，在科学相统一的基本方法上，经济学中有关演绎或归纳何者更好的争论是不相干的，回溯法（retroduction）对结构与机制的研究才是最基本的，它从事物的“表象”回溯到事物的深层结构，从而揭示结构、事件与经验之间的因果机制，本章第二节将集中讨论这个问题。

三、社会经济本体论与经济学的目的

我们已经观察到，在自然领域中，固定的事件关联只是在实验控制条件下才能自发地产生。在社会领域中，通过实验控制获得这种固定事件关联的可能性是相当有限的。如果说自然与社会领域中所发生的事件或事物状态都是以其深层结构为基础的，那么，由于人类具有真正的选择性，社会经济领域在本体论上与自然领域所存在的重大差别就是社会经济结构的存在依赖于人类的能动作用，这种能动作用包括人类的观念与行动。正是因为如此，社会结构只能展现于处于开放系统的人类活动之中。由此推论，任何经济规律必然只能表现为趋势，除在极稀少的情况下如人类有意识规定的每年假日的发生外，所谓固定关联的事件规律性在人类社会中是不存在的，实证主义的科学观念在社会领域中是误导性的。考虑到人类社会的特点，巴斯卡和劳森等阐述了批判实在论有关社会经济本体论的两个最持久和最有意义的基本信念。

第一个基本信念涉及社会结构、人类主观性以及这两者之间内在相关的理解。批判实在论认为，在一个开放与结构化的世界上，人类的能动作用依赖于结构与机制，反过来，社会结构的任何方面也依赖于人类的能动性，结构与能动作用互为前提。批判实在论社会经济本体论的一个突出特点是吸收了哈耶克以及奥地利学派其他经济学家有关社会存在的观念依赖这种解释学见解，但又避免了解释学把观念依赖与观念决定混为一谈的错误，并指出，社会结构不只是依赖于人们的观念，而且同样依赖于人们的活动与实践，不论人们是否意识到社会结构的制约作用。因为社会结构依赖于人们的能动作用，所以它不能处理为给定的；同时，它也不能被看作是个人的产物，因为个人有目的的行动是以它的预先存在为前提的。在这里，相关的概念必定是再生产和转变（transformation），个人行动者利用了既有的社会经济结构作为其行动典型地未知的条件，通过所有个人在总体上采取的行动，社会结构无目的被再生产或转变。

批判实在论社会经济本体论的第二个基本信念是所有的社会结构和体系都依赖于内在的社会关系或以其为前提。因为，虽然人类的能动作用与社会经济结构相互构成，但这两者又是相当不同的事物。使这两种相当不同的事物发生接触的正是（内在的）社会经济关系，只有社会经济关系的概念才能说明个人如何因其自身原因采取行动，同时又对社会经济结构的再生产做出了贡献。根据社会经济关系的概念，批判实在论既拒绝方法论个人主义，又拒绝方法论集体主义。

批判实在论本体论为经济科学提供了既不同于实证主义，又不同于解释学的科学目的。

首先，由于认识到实证主义所谓的事件规律性在经济社会领域中是极稀少的，因此，经济学的主要目的被看作是确认管束社会事件或其状态的经济社会结构，对有关人类实践的识别、理解和解释，即识别和理解这些实践未知的条件、人们的无意识动机、所利用的意会性技能和意外的后果。

其次，由此所产生的政策目标主要的不是对未来的预测性控制①，而是通过对管束和

---

① 对未来的预测性控制是实证主义经济学方法论的基本目标，它是基于“每当有事件 x 便有事件 y”这种在经济现实中极稀少存在的所谓事件间的规律性认识，其政策目标是希望通过固定事件 x，预期未来事件 y 被决定，强调的重点在于控制和事物状态的改进，但排除了政策对其结构性条件的转变作用。而且，由于新奇（即未来事件）是不可预测的，由现有事件 x 推论并对未来事件加以控制这种政策目标往往是不现实的。

便利人类行动的结构性条件有见识的转变而达到人类的解放，即在特定的历史条件下，通过结构转变，为社会各阶层提供更大和更平等的发挥创造潜力的机会。

最后，因为社会结构对人们的实践所产生的转变是开放的，而人们实践的转变要依赖于他们对世界所持有的观念和理解，所以，社会科学与自然科学相比，一个独一无二的功能就是通过对人们的观念和理解进行批判性解释，推动在社会结构与人类能动作用之间所能达致的转变，这是批判实在论这种科学哲学标签中“批判”这个术语所蕴含的意义。批判实在论的“解释性批判”为经济学批判性地吸收和创造性应用解释学的研究方法提供了哲学基础，我们在第三节中再对批判实在论这一思想和经济学研究的解释学方法进行讨论。

四、批判实在论对我国经济科学发展的重要意义

如果从巴斯卡 1975 出版的《一种实在论的科学理论》算起，批判实在论已经走过了38 年的发展历程。批判实在论代表人物自称完成了科学哲学的“哥白尼革命”。笔者认为，这种自我评价无论是否成立，但它确实是近 20 多年来经济学方法论的重大进展，对我国经济科学的发展来说，深入研究批判实在论至少具有以下四个重要意义。

首先，这有助于降低甚至打破西方主流经济学在我国占统治地位的状态。长期以来，西方异端经济学一直就对新古典主流经济学持严厉的批评态度，但与异端经济学的批判集中于具体理论有很大不同，批判实在论是从经济学的科学性质入手的。劳森认为，只有经济学家们放弃演绎主义的方法，认识到本体论推理及其对经济解释所产生的约束的重要性，经济学才有可能成为一门科学。所谓演绎主义就是以严格的恒常事件关联为基础的公理—演绎法，换言之，它采取了假定加上“事件 x 恒常地导致事件 y”的普遍规律的推理。① 异端经济学已对理性经济人和最大化假定进行了大量的批判，但弗里德曼却对此辩解说，理论假定真实与否并不重要，重要的是它能否产生“正确的预测”②。演绎主义在弗里德曼这种影响甚巨的实证主义经济学方法论中得到了充分的体现，以至于坎特激烈地批评到，“从来没有一门学科，像经济学这种假冒的‘科学’一样，胆敢做如此不可信的声言”③。否认本体论推理，进行封闭系统建模，这是弗里德曼实证主义经济学方法论的主要错误，这种错误的根源就来自实证主义科学哲学把自然科学的实践误解为对事件间普遍关联的规律性研究，这是经济学数学形式化成为西方主流经济学突出特征的根源：数学形式化的本质是其背后的公理演绎主义，而后者则又来自实证主义科学哲学的本体论和认识论。

其次，这将有助于保持国内学术研究多元化的格局，在百家争鸣的局面下推动我国经济学的健康发展。目前，西方主流经济学已经支配了我国的经济学教育，许多人在谈到现代经济学时把已有很大发展的西方异端经济学排除在外，甚至许多马克思主义经济学家在把马克思主义经济学与西方经济学进行比较时，也把西方异端经济学排除在西方经济学之

---

① 参见 Lawson, T., *Economic and Reality*, Routledge, 1997.

② 弗里德曼：《实证经济学的方法论》，载《弗里德曼文萃》，202 页，北京，北京经济学院出版社，1991。

③ Kanth, R. K., *Against Economics: Rethinking Political Economy*, Avebury Publishers, 1997, p. 34.

外，这种状况的出现与实证主义经济学方法论在我国的流行有非常密切的关系。但正如一些有识之士早已指出的，西方主流经济学已走进了死胡同；笔者认为，西方异端经济学为经济学的研究提出了许多前沿问题，在某种程度上代表着经济学的未来。实证主义是西方主流经济学的哲学基础，深入研究对其持批判态度的批判实在论将为我们更多地引入西方异端经济学提供更大的空间，这是笔者为什么早在 2002 年①和 2004 年②就把批判实在论介绍给国内学术界的重要原因。

再次，它为异端经济学各流派之间的比较和综合特别是演化经济学的综合提供了统一的科学哲学基础。正如弗利特伍德指出的，与近 20 年发展起来的其他种类的经济学方法论不同，批判实在论在经济学中有其自身的传统，它植根于异端经济学的主要流派之中，如以凡勃伦和康芒斯为首的老制度学派、马克思主义经济学、奥地利学派、"新熊彼特"学派和后凯恩斯主义经济学等。③ 批判实在论利用了上述学派的许多见解，并使之更加明确和一致，这有助于推动这些学派之间的交流和综合，形成替代西方主流经济学的新范式。

最后，它为马克思主义科学哲学及其经济学方法论的系统化和深入发展提供了借鉴。实际上，马克思是批判实在论的先驱，正如坎特在谈到批判实在论时所指出的，"我们现在可以自信地确认马克思在思想史上的巨大革命：马克思绝对是第一位实在论科学哲学家，他是具备了全部原创性的一位先驱。"④ 然而，长期以来，马克思主义并没有形成可以与实证主义分庭抗礼的系统化的科学哲学，在目前的国内外大学科学哲学教科书中很难发现马克思占有一席之地就是明证。相反，批判实在论已是相当成熟的科学哲学，它涵盖了诸如本体论、认识论、推理方式、因果性质和理论评价等范围广泛的主题，这无疑将刺激马克思主义科学哲学及其经济学方法论的系统化。目前，西方学者已开始讨论马克思主义与批判实在论之间的关系，出现了三种不同的观点：批判实在论可以加强马克思主义；马克思主义不需要批判实在论的帮助；两者之间有许多东西值得相互学习。⑤为了推动马克思主义科学哲学、经济学方法论和经济理论的发展，我们需要深入研究批判实在论。

第二节　溯因法和回溯法：科学创造的方法

众所周知，19 世纪末在德国历史学派和奥地利学派之间爆发过"方法论之争"，这种争论集中在演绎和归纳何为经济学的科学方法上。但我们在第一节已经谈到，对批判实在

① 贾根良：《批判现实主义与比较经济学的新视野》，见张仁德等：《新比较经济学研究》，北京，人民出版社，2002。为了引起学术界对其现实重要性的注意，笔者在该文中有意把"批判实在论"翻译为"批判现实主义"。

② 贾根良：《批判实在论：经济学方法论的新发展》，载《自然辩证法通讯》，2004（2）。

③ 参见 Fleetwood，S.（ed.），*Critical Realism in Economics*：*Development and Debate*，Routledge，1999.

④ Kanth，R. K.，*Against Economics*：*Rethinking Political Economy*，Avebury Publishers，1997，p. 41.

⑤ 参见 A. Brown，S. Fleetwood，M. Roberts，*Critical Realism and Marxism*，London；New York：Routledge，2002.

论来说，在科学相统一的基本方法上，经济学中有关演绎或归纳何者更好的争论是不相干的，溯因法和回溯法对科学发现和理论创造才是最基本的。那么，为什么在经济学中有关演绎或归纳的方法论之争没有抓住科学的基本方法？究竟什么是回溯法？在回答这个问题之前，我们首先简要比较科学推理的四种模式（演绎法、归纳法、溯因法和回溯法）的异同，然后讨论溯因法（abduction）的含义以及隐喻、类比在科学发现和理论假说形成中的重要作用。在此基础上，我们再阐明回溯法在研究深层实在的结构和机制中的方法论地位和具体研究途径。最后介绍批判实在论的社会科学解释模式。

一、四种科学推理模式的比较

理论假说建立在某种推理之上，而推理则具有两种不同的含义：一是处理为形式逻辑的逻辑推理；二是思维操作（thought operations），也就是为了从某种事物推论到别的事物所使用的不同的思考方式。一般说来，在思维操作的推理含义上，存在着四种基本类型的科学推理：演绎法、归纳法、溯因法和回溯法。演绎法和归纳法也是形式逻辑的概念，所谓“形式”意味着遵循推理的逻辑形式而没有实质内容，这是演绎法和归纳法被称作传统形式逻辑推理的原因。这四种科学推理应该被看作是互补的，它们构成了不同的科学工作程序的基础，有关这四种推理模式的比较见表 2—1。

表 2—1　　四种科学推理模式

	演绎法	归纳法	溯因法	回溯法
基本结构（思维操作）	在逻辑上从给定的假设推论出有效的结论；从普遍的规律推论出关于个别现象的知识	从一些观察得出对整个群体普遍有效的结论；在一些观察中看到类似性，从而得出这些类似性也可以应用于没有被研究的情形中	在一个新的概念框架中，通过观察和阐释某种事物，从而能够以新的方式理解这种事物	从对具体现象的描述和分析入手，深入到再现这些现象得以发生的条件（结构、因果力量和机制等）
形式逻辑	是	是	是或者否	否
严格的逻辑推理	是	否	否	否
核心问题	从假设中推论出的逻辑结论是什么？	对于一些被观察的实体来说，共同的要素是什么？它对一个更大的群体也是真实的吗？	在新的概念框架中，所要被阐释的事物应该被赋予何种新的意义？	某种事情（事物）如果是可能的，那么，它必定存在着什么样的特性？
强项	对逻辑推论提供准则，调查所有论点的逻辑有效性	对经验概括提供准则	对阐释过程提供准则，在更大的脉络中赋予事件以意义	提供有关事件发生的超验的条件、结构和机制的知识，超验的含义是指在经验领域中不能被直接观察到

续前表

	演绎法	归纳法	溯因法	回溯法
局限性	结论已经蕴含在假设中，演绎不能提供超出其假设的新知识，它严格地是分析性的	内在局限：归纳推理从不可能是分析性的和在经验上是不确定的 外在局限：归纳所得出的结论限定在经验层次上	没有固定的标准和确定的方式对溯因结论做出评价	没有固定的标准和确定的方式对回溯结论做出评价
研究者需要具备的重要能力	逻辑推理的能力	统计分析的能力	创造力和想象力	抽象能力
例证	如果A，那么B A 因此：B	从对瑞典人代表性样本的调查得出结论：30%的瑞典人赞成加入欧盟	卡尔·马克思 从历史唯物主义观点重新阐释和重新描述人类的历史	一种礼仪之所以成为礼仪，除了别的因素外，它必定存在着承载了情感的象征和关于神圣价值的共同观念

资料来源：Berth Danermark，Mats Ekström，Liselotte Jakobsen and Jan Ch. Karlsson，*Explaining Society*：*Critical Realism in the Social Sciences*，London：Routledge，2002：80-81，略有修改。

从表2—1可以看到，演绎法从给定的假设出发，为结论的有效性提供了逻辑上（可检验的）规则，在科学研究中，它提供了可以应用于对所有科学观点是否符合形式逻辑进行检验的普遍规则，但是，由于演绎的结论已经蕴含在假设之中，因此，除了在假设中已经存在的知识外，它不能提供任何超越假设的新信息（或新知识），如何从观察特定的现象入手发现这些现象得以产生的结构、机制和趋势的新知识，演绎法不能给予我们任何指导。相反，归纳推理的结论包含了超过假设的新知识或新信息，但归纳推理同样存在局限性：归纳所得出的一般化概括总是具有不确定性，而且其结论也只是限定在经验层次上。

批判实在论认为，“在我们从某种事物中得出有关别的事物的结论这种科学推理上，既不能简化为严格的逻辑推理（演绎法），也不能简化为经验概括（归纳）。科学推理不只是关于应用形式逻辑的问题，它也涉及为了在看似明显和扁平的经验实在中勘察到意义和结构，因此，科学推理也涉及论证（reasoning）、创造力、抽象能力和理论语言。尤其是当我们考虑社会科学实践事实上是如何进行的，这是明显的。为了能够探察（事物的）意义、关系和一致性，并获得有关社会结构和超验条件的知识，这就需要采取我们称之为溯因法和回溯法的推理模式。在我们看来，没有这些思想操作，科学发展和再思考几乎是不可能的。正是通过它们，我们改变了日常的推理方式。通过溯因法和回溯法，我们可以发现在经验实在中不能被直接观察的联系和结构。”① 我们下面就分别对溯因法和回溯法进行讨论。

二、溯因法与隐喻、类比的作用

溯因法（abduction）这个术语是由美国19世纪末实用主义哲学大师皮尔斯所创造的，

① Berth Danermark，Mats Ekström，Liselotte Jakobsen and Jan Ch. Karlsson，*Explaining Society*：*Critical Realism in the Social Sciences*，London：Routledge，2002：113.

直译应该称作不明探测法，它是一种试图通过用一个新的概念框架观察和解释某事物，从而对事物做出新的理解并形成科学假说的方法。皮尔斯相信，演绎或归纳在科学中只有有限的作用。在科学研究中，归纳的目的并非要得出“所有乌鸦都是黑的”，它所起的作用只是从大量经验事实中发出疑问：为什么乌鸦是黑的？这种疑问是探讨内在因果机制的发动因素；而演绎只是形式逻辑，其结论已包含在前提条件之中，正如皮尔斯所指出的，这两者从不会产生新的思想，所有科学新思想的产生都是通过溯因法，它才是科学创造的真正源泉。在皮尔斯的心目中，溯因法是点燃各种事实相互联系的直觉创造力的火花，“不明探测法的联想闪现在我们心中。它是一种顿悟行为，虽然是极其错误的顿悟。确实，假说的不同要素从前已在我们心中；我们苦思冥想，但从未梦想把它们联系起来，正是新的联想使把它们放在一起的念头闪现出来。”①

溯因法比较难以定义，《解释社会：社会科学中的批判实在论》一书在“词汇表”中把溯因法定义为“从一种一般性的思想或概念来理解某种现象或事件”②。确实，理解个别事件和现象需要一种能使之得到解释的概念框架，但这种定义太一般。笔者认为，该书引用的科林斯的看法抓住了溯因法的本质：它是“从有关某种事物的概念过渡到一种不同的、可能更发达和更深入的关于这种事物的概念，这是通过把相关现象的原初思想放在一种新的概念框架中加以阐释来达到的。”③ 经济学说史中的经济学革命为溯因法的运用提供了例证，例如，边际革命的产生就是新古典经济学的创始者把经典物理学新的概念框架运用于经济现象的结果，而演化经济学的诞生无疑则是达尔文进化论的产物。

溯因法还可以定义为在一种新的脉络（context）框架中，观察、描述、理解和解释某种事物，这被称作是再脉络化（recontextualization）。“社会科学的历史中存在着许多著名的再脉络化。马克思运用历史唯物主义的概念框架使人类和社会的历史再脉络化了，按照这种学说，物质生产及其组织方式构成了历史发展的动力。……再脉络化的革命就在于它赋予了已知现象一种新的意义。社会科学的发现在很大程度上与再脉络化相关。社会科学家们没有发现从前不被人所知的新事件，而是发现不是直接可观察的联系和关系，通过这种发现，我们可以用一种新奇的方式来理解和解释已知的事件和事物。”④ 边际革命和演化经济学的诞生无疑是运用物理学隐喻或生物学隐喻使经济学再脉络化的结果。

综上所述，所谓溯因法就是在一个新的概念框架中，通过观察和阐释某种事物，以一种新的方式理解这种事物并提出新的科学假说的思维模式。显而易见，创造力和联想的能力构成了溯因法的基础，而隐喻和类比则是这种科学发现和理论创造的重要途径。霍奇逊总结了前人在这个问题上的研究，指出了隐喻在理论创造中的作用。首先，隐喻涉及实在的信念而不只是词语本身的含义。当把类似但不同的概念框架并列时，隐喻通过交互作用产生了新奇的语义学情境，如对社会经济理解的机械和生物学隐喻反映了不同的世界观。其次，隐喻可以使我们受到猛然一击，转向新的思考方法。刘易斯发展了批判实在论的隐喻理论，他指出，隐喻就是运用已知的表达未知的，当科学家发展他们对研究对象的理解

① Hodgson，G. M.，*Economics and Evolution*：*Bringing Life Back into Economics*，Polity，1993，p. 17.

② Berth Danermark，Mats Ekström，Liselotte Jakobsen and Jan Ch. Karlsson，*Explaining Society*：*Critical Realism in the Social Sciences*，London：Routledge，2002：205.

③④ Ibid.，2002：91.

时，“隐喻不只是语言上的修饰，相反，对于科学理论的概念、发展和主张来说，它在各种方式上是起基础作用的：它们提供了语言脉络，在这种脉络中，构成科学解释基础的模型被说明和描述；它们为理论词汇表提供了新的术语，特别是在词典中（词义）存在差距时；尤其是通过提出新的假设的实体和机制，它们把科学家们的研究引向了新的途径，科学家们通过隐喻利用了从前已存在的认知资源。对于设想和调查管束着可观察行为的未知机制来说，它同时提供了模型和词汇。因此，隐喻在科学理论的提出上起着必不可少的作用。”①

许多著名的科学家都强调了想象、灵感和直觉在科学创造中的作用，日本著名科学家汤川秀树进一步讨论了这些因素如何通过类比成为创造性的思维。他指出，“我们已经知道，科学中有两种思维方法。一种是由培根提出并由伽利略卓有成效地运用了的归纳法。它是从比较或多或少相似的经验或实验结果开始的。另一种是笛卡儿在指导自己思维活动时自觉地运用了的演绎法。然而，很难发现在这两种方法中能够使人类思维成为真正创造性的根源何在，尽管我们很熟悉这两种方法……作为一种创造性思维的形式的类比的实质是可以简单叙述的。假设存在一种什么事物是一个人所不能理解的，他偶尔注意到了这一事物和他理解得很清楚的另一事物的相似性，他通过将两者比较可以理解在此刻之前尚不能理解的那种事物。如果他的理解是恰当的而且还不曾有别的人得到这样的理解，那么他就可以宣称他的思维确实是创造性的。”②

正如现代哲学家罗蒂指出的，正是图像而非命题、隐喻而非陈述决定了我们的哲学信念一样，科学史上通过隐喻和类比实现理论创新的例子俯拾即是。如普利高津自幼对考古学和历史学的浓厚兴趣是他发现大自然“时间之箭”的最初动因。众所周知，马尔萨斯的《人口论》在达尔文革命中起过关键性的作用。有研究者认为，“生存斗争”的隐喻有助于达尔文从既有的生物学思想和理论中解放出来，相反如果没有隐喻，达尔文理论的许多重要方面就无法表达。因此，隐喻与类比在科学革命时期尤其显得重要，它不仅有助于当事人从本专业已“锁定”的思维模式中挣脱出来，而且对新范式的形成发挥着强大的正面启发力量。由于新古典经济学锁定在早已过时的简化论、还原论和机械均衡观而不能自拔，所以，21 世纪初的理论经济学正酝酿着一场革命，这场革命最有可能在演化经济学中发生，因为“自然科学（确已）发展出了一些具有进化论意义的复杂系统，它们所提供的概念框架为社会科学展现了一整套连贯的思想，而这套思想与社会科学领域里的某些由来已久的观点是非常吻合的，尤其是那些坚决反对在注重研究直线型均衡状态的科学影响下发展起来的、以探寻普遍规律为旨趣的分析方法的学者早就持有的类似观点”③，持有这些由来已久观点的学者就是演化经济学的先驱者，本书的下一章将系统地讨论自然科学中的达尔文革命和复杂科学革命与演化经济学的关系。

正如隐喻与类比通过两个不同参照系的并置可以使从前分离的思想杂交一样，不同研究传统的杂交也可以产生重大的理论创新。根据这个原理，演化经济学或西方异端经济学

---

① Lewis, P., Metaphor and Critical Realism, in Fleetwood, S. (ed.), *Critical Realism in Economics: Development and Debate*, Routledge, 1999.

② 汤川秀树：《创造力与直觉》，转引自马小兵选编：《理性中的灵感》，191～193 页，成都，四川人民出版社，1997。

③ 华勒斯坦等：《开放社会科学》，68 页，北京，生活·读书·新知三联书店，1997。

各流派在相当长时期内处于各自孤立发展和相互之间没有交流的状态，因此，这些学派之间的比较和综合也会产生重要的理论创新。

三、回溯法的方法论意义与抽象法

回溯法与溯因法相近似，在一些文献中甚至被视为同义词，但《解释社会：社会科学中的批判实在论》一书对两者做了如下区分：溯因法是一种以再描述和再脉络化作为核心要素的推理。借助于溯因法，我们在重新理解和重新脉络化的情况下，在一种总体上不同的情境中对某种事物形成了新的理解，通过这种方式，我们引入了关于个别现象怎样成为结构和内在关系一部分的新思想。但这种结构和内在关系的基本特征和本质是什么？这就是回溯法所致力于的工作，换言之，它要回答的问题是：当我们通过溯因法重新理解和重新脉络化某种行为或事件时，我们从结构和内在关系的哪些基本特征开始？[①] 从这段引文中可以看出，回溯法与溯因法在具体的科学实践中是不大容易区分的。

批判实在论之所以对回溯法与溯因法做出区分，主要原因就在于作为一种逻辑推理，溯因法虽然运用创造性思维和大胆想象力赋予了事物新的含义、概念或原因，但其本身并没有特定的本体论要求，而回溯法则要求以批判实在论的本体论为基础，把这种新的含义、概念或原因置于基本结构、力量、机制之上加以系统性阐述。以达尔文革命为例，达尔文和华莱士在提出生物进化论的时候，马尔萨斯的《人口论》在他们通过联想和顿悟从新的角度观察生物世界中都起到了关键性的作用，但要形成完整的生物进化理论，就必须通过回溯法，提出有关生物进化的结构和机制的具体理论，这就是两者之间的差别。因此，我们可以说回溯法与溯因法属于方法论的不同层次，回溯法不再像溯因法那样局限于纯粹的知识学和逻辑学领域，而是作为一种科学解释程序，具有了方法论的地位，它以批判实在论本体论为基础，强调科学假说的宗旨是发现客观存在的深层的结构、机制和趋势，并力图阐明这种科学发现的过程。

我们还可以通过马克思主义经济学方法论来说明回溯法与溯因法的区别。在表 2—1 的四种科学推理模式中，批判实在论区分了回溯法和溯因法所需要的不同能力：溯因法需要创造力和想象力，而回溯法则需要抽象力。马克思主义经典作家的著作就包含有溯因法和回溯法的天才思想。就溯因法而言，类比与隐喻之所以成为最富有创造性的科学发现和理论创造的方法，原因就在于它不自觉地应用了辩证法。对马克思和恩格斯来说，辩证法作为思维规律是从相互联系、相互作用和相互转化这种永无休止的运动之中去考察事物之间关系的，所以，恩格斯指出，辩证法之所以“对今天的自然科学来说是最重要的思维形式，(是）因为只有它才能为自然界中所发生的发展过程，为自然界中的普遍联系，为从一个研究领域到另一个研究领域的过渡提供类比，并从而提供说明方法。”[②]

那么，在马克思主义经济学方法论中，回溯法的对等物是什么呢？恩格斯指出，人的

---

① Berth Danermark, Mats Ekström, Liselotte Jakobsen and Jan Ch. Karlsson, *Explaining Society: Critical Realism in the Social Sciences*, London: Routledge, 2002: 96.

② 《马克思恩格斯全集》，中文 1 版，第 20 卷，383 页，北京，人民出版社，1971。

悟性活动可以区分为演绎、归纳和抽象三种活动。① 笔者认为，马克思的抽象就是批判实在论的回溯法。马克思说，“分析经济形式，既不能用显微镜，也不能用化学试剂。二者都必须用抽象力来代替”②，笔者认为，这可能是巴斯卡在提出并回答自然科学实验两个著名问题时，从马克思著作中获取灵感的一段著名论断。批判实在论明确地宣称它借鉴了马克思的抽象方法，正如马克思的抽象方法在于发现事物的本质一样，回溯法作为一种科学解释程序，也是从事物的“表象”回溯到事物的深层结构，从而揭示结构、事件与经验之间的因果机制，这正如通过图 2—2 所说明的。在图 2—2 中，第一层次是可以经验观察或感知到的经验领域和实际领域（E_k），第二和第三层次是非经验的真实领域（S_k和M_k）。只有当我们抽象出某种机制、力量和结构时，有关事件的性质、事件发生过程、事件之间相互作用关系和事件发展的准规则才能得到真正的解释。

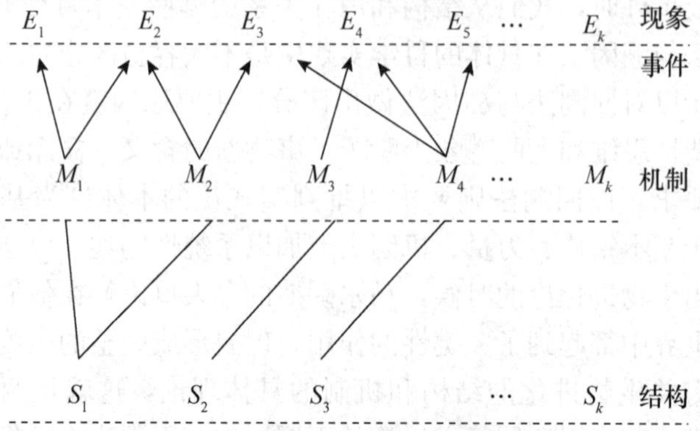

图 2—2　从事物表象深入到深层因果机制的回溯法（抽象过程）

资料来源：转引自 Berth Danermark，Mats Ekström，Liselotte Jakobsen and Jan Ch. Karlsson，*Explaining Society*：*Critical Realism in the Social Sciences*，London：Routledge，2002：58.

批判实在论认为，回溯法的核心是超验推论（transcendental argumentation）。笔者认为，所谓的超验推论就是马克思所说的抽象力，这也就说，自然科学的研究同样需要抽象力，实验的目的就是为了验证研究者通过抽象力所提出的假说，或者为研究者提出假说提供经验基础。自然科学的实验方法在本质上是用经验的方法研究超验的实在，即在处于开放系统的大自然中，通过实验室建立一种封闭系统，排除由其他变量所产生的相互抵消力量，从而使被研究变量的超验的结构及其力量、机制和趋势在经验上得到确认。在实验过程中，事物内在的基本结构、力量和机制的效应以事件之间的规则方式呈现出来并为经验所感知，从而为研究者提出假说提供灵感或者使研究者提出的假说得到验证。但必须指出的是，此时所观察到的结果不仅仍然是事物的现象，或者说是结构和机制的效验，而且是在精心设计的环境中所产生的现象或效验，并不是事物本身的结构和机制，因为它是无法直接观察到的。

在社会科学中，马克思的抽象法与实验方法具有相同的方法论含义。与自然科学实验

① 恩格斯的原话为“整个悟性活动，即归纳、演绎以及抽象”，见《马克思恩格斯全集》，中文 1 版，第 20 卷，565 页，北京，人民出版社，1971。

② 《资本论》，2 版，第 1 卷，8 页，北京，人民出版社，2004。

类似，研究者通过抽象首先构造了基于一系列假设的某种“封闭系统”，在其中所谓的分析就是隔离掉一些具有干扰的或相反作用的力量和机制，发现支配现象或事件的基本的力量、机制和结构，研究它们发挥作用的相关环境；然后再回到开放系统，通过综合各种力量、机制和结构使现实得到重构，确认机制或规律发生作用的可能条件。① 在这里，假设的功能在于它服务于构建封闭系统，决非满足工具主义一时之需的虚构。马克思提出了关于抽象的两个基本原则。第一，真实性原则。抽象在真实性上要尽可能地逼近现实，正如马克思所指出的，“经济范畴只不过是生产的社会关系的理论表现，即其抽象”②，它们仅仅在这些关系存在的时候才是真实的。第二，揭示深层实在原则。抽象必须是针对具体事物的本质，而不是主流经济学普遍性的假设，“劳动这个例子确切地表明，哪怕是最抽象的范畴，虽然正是由于它们的抽象而适用于一切时代，但是就这个抽象的规定性本身来说，同样是历史关系的产物，而且只有对于这些关系并在这些关系之内才具有充分的意义。”③ 马克思关于抽象的这两个基本原则已由劳森在批判实在论的哲学框架之下得到了进一步的阐释④，并成为对西方主流经济学进行批判的锐利武器：弗里德曼实证方法论中的“仿佛”或虚构方法违背了第一个原则；作为西方主流经济学方法论特征的公理演绎主义则违背了第二个原则。

四、回溯法的研究战略

如果普遍的、固定的事件关联在实验状态之外很少能够发生，那么，在经济社会领域中，受控实验非常有限的机会对于一种成功的经济科学来说，是否构成了无法克服的障碍？进一步说，在实验控制可能性很小的条件下，如何进行经济学乃至整个社会科学的研究？我们已经讨论了回溯法或超验推理的方法论宗旨和意义，但这种科学工作过程如何进行？劳森指出，对于反对公理演绎主义的社会科学家来说，这些问题已成为方法论讨论的焦点。作为对自然科学中实验方法的替代，《解释社会：社会科学中的批判实在论》一书提出了五种互补性的研究战略：反事实思考、社会实验、病理诊断研究、极端情形（革命或危机状态）研究和比较案例研究，这些战略的共同之处就是有助于我们探查开放实在中深层的结构和机制。⑤ 由于篇幅所限，我们在这里只讨论如何运用比较方法以及劳森所谓“对比的社会半规则”（contrastive social demi-regs）的问题。

我们知道，近代科学的兴起是以实验科学为特征的，而且，实验是现代科学乃至未来科学发展最重要的基础之一。但是，实验方法并不是自然科学的唯一方法，很明显，近代以来，在进化生物学、地质学、气象学和天文学等学科中，受控实验的机会一直受到很大的限制。这种情况说明，实验方法非常适合于研究存在性的科学，其特征是对整体进行分

---

① 参见马国旺：《抽象的方法论：从马克思纲领到批判实在论新发展评析》，载《社会科学战线》，2009（8）。

② 《马克思恩格斯选集》，2版，第1卷，141页，北京，人民出版社，1995。

③ 《马克思恩格斯全集》，中文1版，第46卷上，43页，北京，人民出版社，1979。

④ 参见Lawson，T.，“Abstraction，Tendencies and Stylisted Facts：A Realist Approach to Economic Analysis”，*Cambridge Journal of Economics*，1989，13，pp. 68-73.

⑤ 参见Berth Danermark，Mats Ekström，Liselotte Jakobsen and Jan Ch. Karlsson，*Explaining Society：Critical Realism in the Social Sciences*，London：Routledge，2002：100-106.

解，采用还原方法进行研究，但对于历史性的演化科学或目前正兴起的复杂系统科学来说，其作用是相当有限的。自近代以来，科学自身的发展已使新的认识方法不断突现，目前我们已有四种相当成熟的科学方法：笛卡儿式（即演绎法）、培根式（即归纳法）、历史式和比较式。① 历史与比较方法虽然有某些先行者，如生物学家和科学史家迈尔指出的，生物学家居维叶是比较方法第一个伟大的战士，但这两种方法却都是随着达尔文革命和20世纪初物理学革命而得到进一步发展的，维托德·瓦斯尼基指出，到20世纪20年代，比较式认知被放在了与培根式和笛卡儿式同等的立足点上。笔者认为，现在它已成为演化或复杂系统经济学发展的主要方法之一。

正如迈尔所指出的，实验与比较方法的区别，并不像最初看来那样大。在这两种方法中，观察都起着决定性的作用，尽管从事实验的人常常并不认同他们的结果应该归功于实验中的观察。在物理化学和功能生物学中，自然过程从不存在或很少能展示进行直接观察的条件，所以以受控实验为基础的实验方法就成为科学观察的基本条件；但在以多样性为基础的科学如进化生物学和演化经济学中，多样性与差异的存在就为直接观察奠定了一定的基础。在进化生物学和演化经济学中，通过经验观察所获得的信息，其存在形式既非受控实验中严格的事件规律性，也非完全无系统和随机的，而是呈现为处于这两者之间的半规则（demi-regularities）。正如劳森所指出的，在社会领域中，“如果某些趋势或趋势的结合在某种值得注意的时空结构中不断地被激活，或某种重要的趋势对其他趋势起着支配作用，那么在某种程度上，我们并非不可能在实际现象中发现它们的作用”②，尽管这种作用是片面的，呈现为一种特有型式，但这种可观察到的粗略型式或半规律性为社会科学研究提供了某种相对持久和潜在可识别的机制正在发挥作用的信息。同样，对于那些很少有受控实验机会的自然科学学科如天文学、地质学和进化生物学等来说，正如潘廷（Pantin）所指出的，“对于在选定的时间和地点的自然事件的观察，有时候能够提供的信息和以实验得到的信息一样，完全充分足以得出结论。”③

为了说明由经验观察所获得的半规则性和比较方法对经济科学的重要性，进一步考虑受控实验的特定条件是有益的。正如汤川秀树所认为的：基本上是使用归纳法的实验科学是从比较或多或少相似的经验或实验结果开始的。劳森也指出，并不是所有的实验都致力于保持背景条件不变，相反，实验控制经常采用对具有共同或类似历史以及具有共同（如果不是不变）的条件的两个（或更多）参与组进行比较的方式进行，其目的是把某种特定效应与引起某种结果的因素联系起来。因而，比较方法不仅是研究多样性科学的基础，而且也是实验方法重要的组成部分或其基础，更有甚者，回溯法也是以比较为基础的，类比无疑也是比较。因此，正如劳森所指出的，自然与社会科学研究的出发点和科学解释内在地都是对比的（contrastives）。在社会科学中，作为研究基础的半规则性总是以对比形式出现的，这被劳森称作是对比的社会半规则性。换言之，在半规则性标题下所收集的经验事实，通常取决于比较，特别是取决于差异。通过对不同时空区位中可类比活动在结果上

① 参见维托德·瓦斯尼基：《知识、创新和经济》，89页，南昌，江西教育出版社，1999。

② Lawson，T.，“Abstraction，Tendencies and Stylisted Facts：A Realist Approach to Economic Analysis”，*Cambridge Journal of Economics*，1989，13，p. 65.

③ 厄恩斯特·迈尔：《生物学思想的发展：多样性，进化与遗传》，35页，长沙，湖南教育出版社，1990。

的系统性差异进行比较，或对不同时空区位中不同活动所产生的类似结果进行比较，以及对可比时空区位中不同活动类型差异进行比较，我们可以确认深层结构或因果机制的效应，确认一种或几种因素的结合为什么在这种情况而非别的情况下导致了这种半规则性的产生。因此，对于经济科学来说，“比较研究对理论发展的作用在一定意义上可以类比于自然科学中实验与其理论之间的关系”①。然而，正如自然科学理论的提出是在实验基础之上运用回溯法的结果一样，社会科学通过比较所确认的只不过是事物深层因果机制所呈现出的效应或半规则性，因果机制本身的确认必须以此为基础，通过抽象方法的回溯过程才能获得，这与自然科学并无差别。

第三节　演化经济学的具体研究方法

目前，批判实在论主要是以一种科学哲学面目出现的，尽管劳森和萨亚（Andrew Sayer）等学者力图将它引入到经济学和社会学分析中，但相关研究仍主要停留在社会科学方法论层次上，对于在经济研究中具体通过哪些研究方法贯彻这种方法论原则，现在人们对此尚未展开充分研究，以资参考的文献寥寥无几，这直接影响到演化经济学具体研究方法的发展。因此，笔者在这里的讨论是很初步的。总的来说，在批判实在论科学哲学基础之上，演化经济学在具体的经验研究方法上坚持方法多元主义。演化经济学在这方面可以应用的研究方法很多，如笔者在过去曾提倡以案例研究为基础的历史的、比较的、制度的、解释学的和统计学的研究方法。除此之外，演化经济学还可以应用系统论的方法和扎根理论的方法②，也可以应用西方主流经济学所推崇的计量经济学、实验经济学和计算机模拟等方法，尽管西方主流经济学的这些方法具有很大的局限性。方法多元主义的核心问题是如何在具体的经验研究中贯彻回溯法的问题，因此在应用各种各样的研究方法时，就必须对其长处和局限性做出讨论。在笔者看来，历史的、比较的和解释学的方法是演化经济学的核心方法，由于篇幅所限，我们下面只集中于讨论这三种方法。

一、历史方法

演化经济学的诞生是达尔文革命的结果。目前，虽然存在着争议，但遗传—变异—选择仍是演化经济学的基本分析框架。以遗传作为分析起点，这种分析框架很明显地表明了历史方法在演化经济学中的核心地位。遗传—变异—选择的分析框架还凸显了时间对经济社会系统的建设性作用，这意味着经济变迁是一种历史的演化过程，这种过程不仅包含着未来的不确定性与非决定性，而且还包括过去沉积的历史对未来发展所起到的制约作用。正如演化经济学的两位奠基者之一凡勃伦指出的，在任一历史时点上，个体及其所处的环境都是上一个历史发展阶段的产物，“它们是其遗传特性和过去经历之产物，是在既定的

---

① 贾根良：《马克思经济学研究传统与“中国经济学”的研究纲领》，载《天津社会科学》，2000 (4)。

② 关于扎根理论方法的简介可参见贾根良等：《西方异端经济学主要流派研究》，67～74 页，北京，中国人民大学出版社，2010。

传统、习俗和物质条件下累积形成的；它们在过程中为下一步提供了出发点……昨天遗留下来的生活习惯以及机械似地残留下来的环境都对今天的生活方式产生了强制。”[①]因此，在凡勃伦看来，演化经济学就是“对经济生活过程（进行）遗传学解释的科学”，累积因果关系解释是其核心。而作为演化经济学的另一位奠基者，熊彼特也指出，“如果一个人不掌握历史事实，不具备适当的历史感或所谓历史经验，他就不可能指望理解任何时代（包括当前）的经济现象。”[②]显而易见，正如“政治经济学本质上是一门历史的科学”[③]一样，演化经济学作为一门“关于演化”的经济学更是一门具有强烈历史感的科学，历史方法是其最基本的研究方法。在经济学说史上，历史学派以强调历史方法而著名，马克思创立的历史唯物主义更是把历史方法推进到了一个崭新的历史阶段。那么，对演化经济学乃至整个经济科学来说，为什么历史方法是必要的？历史方法的本质是什么？如何进行历史方法的研究？我们下面就依次回答这三个问题。

1. *历史方法的必要性*

根据批判实在论的社会经济本体论，在一个开放与结构化的世界，人类的观念和行动等能动作用依赖于社会经济结构，反过来，社会经济结构的任何方面也依赖于人类的这种能动性，结构与能动作用互为前提。因此，批判实在论科学哲学家劳森写道，由于社会经济结构依赖于人类能动作用的转变潜能，所以，社会经济结构在大多数情况下只是相对持久的，它不可避免的是以时空制约或地理历史地（geo-historically）为基础的[④]，具有时空特定的性质。因此，经济学以及所有的社会科学在其性质上必然是历史的和地理的科学。社会经济结构具有历史的暂存性，并与地方化的条件高度相关，这一认识来自爱因斯坦时空密不可分和相互渗透、空间是时间存在形式的宇宙观。马克思、历史学派、旧制度学派和批判实在论社会科学哲学家都坚决反对把社会科学只看作是研究普遍规律而否认社会历史发展具有特殊性的实证主义科学哲学观。

时空特定性是系统复杂程度高低的函数，这是因为世界本身是由多重因素相互交叉、网络式的反馈环路和非线性的不可逆过程所结构化的世界，非线性和不可逆的网络式反馈过程产生了无穷无尽的多样性和事物的特有形式（即时空特定性），这种多样性和时空特定性随系统的复杂程度而增加。自然历史作为一个演化过程，是一种新奇和多样性不断突现的过程，从物理系统中突现（emergent）出的生物系统，正如迈尔所指出的，使多样性已构成生态系统的基础，这种多样性使自然选择成为可能，从而使进化生物学成为研究多样性的科学。而由生物系统所突现出的人类社会又在生（动）物意识基础之上增加了“自反思”的文化系统，从而使康芒斯所谓的人工选择成为可能。

生物多样性和进化是以地理和时间维度的变异（时空特定性）为特征的，自然选择是以作为生命过程的基因为基础的，意识和有目的的活动对于这种变异和选择起不到多大作用。相反，人类社会的演化基本上是依赖于有目的的活动或人类的能动性，知识或文化在地理和时间维度上的变异不仅大于而且也快于生物变异，因而人类社会系统要比生物系统

---

① ［美］索尔斯坦·凡勃伦：《经济学为什么不是一门演化科学?》，载《政治经济学评论》，2004（2）。

② 熊彼特：《经济分析史》，第三卷，92页，北京，商务印书馆，1994。

③ 《马克思恩格斯选集》，2版，第3卷，489页，北京，人民出版社，1995。

④ 参见 Lawson，T.，*Economic and Reality*，Routledge，1997，p.196.

具有更大程度的时空特定性①和多样性。但这里值得注意的是，文化只是影响人类社会时空特定性和多样性的重要因素而非根源，与物理和生物系统一样，人类社会的时空特定性和多样性同样源于复杂系统之中非线性反馈的多重因素相互作用的结果。

经济类型（economic style）就是这种时空特定性最突出的表现。所谓经济类型就是一个国家在经济演进的历史长河中在特定地理空间所保留下来的由主导的经济态度、原则和规范所产生的特定的经济精神（economic spirit）、经济秩序中各种各样的规则和其他经济关系以及由技术累积性发展所产生的特定模式。② 在经济类型中，人们约定俗成的规则表现在价值观、思维范式、行为模式、传统类型、风俗习惯等诸多方面，其作用是潜移默化的，人们的行为"日用而不知"地受到它的制约，它还通过政治的作用、文化传统和价值观维系着这种权威化的价值体系，它是一个国家或民族连续性的保障，随着技术变化而演化，除非发生"间断均衡"式的革命，否则它根本上就不可能被彻底重构。

虽然技术革命对制度和组织变革提出的要求是相同的，但由此产生的具体的制度和组织却可以不尽相同。例如，发端于 1908 年的技术革命具有规模经济和标准化大量消费的特点，它内生地要求通过政府干预调节需求、促进就业和管理国民经济，但是这种共同的要求却因为不同国家所面临的社会、政治、文化以及经济发展阶段的具体情况不同，产生了社会主义、福利国家、法西斯主义和东亚"发展型国家"这四种不同的"经济类型"。

这些不同经济类型的存在说明，即使是同样的技术基础，人类的观念和行动等能动的"转变潜能"也会产生不同的社会经济结构和经济法则，或者至少使同一种经济法则以历史特定的形式表现出来。因此，经济学对其就不能提出一种普适性的实证解释和规范性的理论，而是必须考虑这种社会经济结构所具有的时空特定性，经济政策制定也应该是情境和脉络特定的（context specific），这就使得历史的方法成为必然。"华盛顿共识"作为一种所谓普适的经济理论和政策方案，在发展中国家之所以遭到普遍的失败，其根本原因就在于它是按照西方主流经济学教科书自认为是普适的但实际上却是不现实的假定以及新自由主义教条制定的，没有考虑到这些假定和教条并不适合于发展中国家，也没有考虑到发展中国家在结构特定性上与发达国家的历史性差异，因此其理论和研究方法都是非历史的。

2. 历史方法的本质

那么，究竟什么是历史的方法呢？有一种观点认为，历史方法并不是一种基本的研究方法，而是一系列基本方法的总和，是与抽象演绎法相对应的一种研究方法，是回到历史的客观现实中实现从个别到一般的认识过程，通过归类、比较、分析、综合等思维方法完成归纳推理的研究方法，从历史实际出发和归纳推理是历史方法的核心要素。该观点还认为，统计和计量是历史方法在数学领域的必然延伸，计量经济学的方法在本质上是归纳法，它作为历史方法的数学形式融入了西方主流经济学（包括宏观经济学、微观经济学），

---

① 同时必须注意到，全球化过程及其加速所导致的知识杂交会使已产生的特定性迅速发生变化，从而诱发新的特定性，因而社会演化速度随时间推移具有加速度的特征。

② 参见 Alexander Ebner（2003），"Understanding Varieties in the Structure and Performance of National Innovation Systems：The Concept of Economic Style"，in John Groenewegen & Jack Vromen，*Institutions and the Evolution of Capitalism：Implication of Evolutionary Economics*，London，Edward Elgar，p. 154.

成为经验检验不可缺少的方法。[①] 这种观点有以下两个问题需要澄清：首先，抽象演绎法的说法不规范。按照恩格斯和批判实在论的看法，抽象和演绎法是不同的方法，笔者把抽象等同于回溯法，所以抽象和演绎法不能合并为一种方法。其次，作者正确地指出，历史的方法是从历史实际出发的方法，统计和计量在本质上是归纳法的一种表现，但归纳法是否就像作者所说的是历史方法的核心呢？

确实，长期以来，经济学界占统治地位的观点就是把历史的方法等同于经验主义的归纳法，这是由罗雪尔为代表的旧历史学派（甚至德国新历史学派）给经济学界造成的印象，而这正是他们的失败之处。旧历史学派“对于经济活动的结构性和系统性本质有着强有力的直觉……认识到了历史特性问题，而且认为不同的社会—经济类型需要不同的理论范畴和原理”[②]，这是历史方法从历史实际出发的一个方面，也是他们正确之处；但是另一方面，旧历史学派并没有为这种历史实际提供因果机制的解释，而这种解释是科学的一个主要目标。（历史）归纳法可以为探求（历史）表象背后的结构、因果机制和趋势（类似于人们常说的规律）提供切入点，但他们没有认识到这种归纳法与古典学派和门格尔所倚重的演绎法同样不能够提供对因果机制进行解释的科学假说。

与旧历史学派不同，德国新历史学派代表人物施穆勒认识到了因果机制解释的重要性，他说，“如同所有学科的理想一样，我们必须将所有事实的‘因果’解释摆在我们面前。”[③] 施穆勒还在一定程度上对历史事实提供了局部的或片面的因果解释，这主要表现在两个方面：首先，施穆勒的方法又被称为“历史—伦理”的方法，它强调与主体相关的伦理方面因素，认为伦理以习俗、法律与道德的形式体现在社会制度当中，人类社会的演化是伦理与经济相互作用的结果。其次，施穆勒强调对经济学中的因果关系过程的研究必须深入到人的心理中去，并且从个人和组织之间的“因果循环”、信息反馈等方面分析因果关系过程。[④] 正如霍奇逊指出的，尽管施穆勒注重因果机制解释，但是他并没有勾画出一个完整的蓝图来说明如何建立这种解释性的理论，或者怎样才能得出核心的概念。之所以说施穆勒的因果解释是局部的，原因就在于伦理、集体心理等制度虽是深层实在结构和机制的一部分，但按照唯物史观，它并不是主要的。

综合以上讨论，我们可以得出如下结论：历史的方法并不是归纳法，历史方法的本质是指按照历史的实际演变过程来进行因果关系解释，是一种历史过程的方法，其关键之处就在于如何从历史事实出发贯彻回溯法的问题。社会科学和自然科学虽然都运用回溯法，但与自然科学研究对象相比，社会科学研究对象具有时空特定的历史性，这是之所以称社会科学是历史科学的主要原因。因此，值得注意的是，历史方法的研究并不只表现在对历史史实的研究上，它也表现在对现状和未来研究上。笔者对历史方法的这种定义来自于批判实在论和马克思、恩格斯所创立的唯物史观，来自于唯物史观的历史与逻辑相统一的思想。正如恩格斯指出的，历史是逻辑发展的根据，而逻辑则是被理解了的历史，“思想进

---

① 参见安岗：《经济学中的历史方法——应用、争论及其超越》，载《经济学家》，2005（2）。

② 杰弗里·M·霍奇逊：《经济学是如何忘记历史的：社会科学中的历史特性问题》，高伟等译，132页，北京，中国人民大学出版社，2008。

③ 同上书，89页。

④ 参见上书，133页。

程的进一步发展不过是历史过程在抽象的、理论上前后一贯的形式上的反映”①。这里的思想进程就是对事物发生、发展和内在矛盾运动的因果机制的逻辑解释。因此，在这里，我们也就顺便解释了：统计和计量的使用是归纳法的表现，所以，它并不表明历史方法已经融入了西方主流经济学，后者在本质上仍是非历史的方法。

3. 如何进行历史方法的研究？

(1) 时空特定性要求历史特定性的抽象和假设。

例如，在有关经济学的基本分析单位和有关人性的假定上，所有的西方异端经济学流派都认为人与人的关系相对于个人具有本体论假定上的优先性，人性是由具体的人与人之间的关系所决定的，这就是一种历史特定性的抽象和假设。这些异端经济学流派都认为，个人是具体的和历史的，人性一方面要受到历史和制度条件的制约，另一方面它又是能动和有机的，而非新古典范式享乐主义的计算器。它由社会经济关系所内生但又具有改变社会经济关系的内在潜能，因而经济学必须分析它的起源与发展，而不是作为分析的前提。相反，作为主流经济学分析基础的理性经济人的自利假定就不是来自于对人类社会历史关系的抽象，而是源自一种先验的、普适的关于人性的假定，这种把个人作为经济学基本分析单位的抽象就是非历史的。“在他们看来，这种个人不是历史的结果，而是历史的起点。因为按照他们关于人性的观念，这种合乎自然的个人并不是从历史中产生的，而是由自然造成的”②。

(2) 路径依赖和路径创造的方法。

我们在第一章有关演化经济学本体论的假定中已经介绍了路径依赖和路径创造的概念和基本理论。从一种分析方法的角度来看，路径依赖和路径创造的概念和框架反映的是按照历史过程和突现性质进行分析的历史方法。在西方主流经济学，占支配性的观点认为，经济的波动和变化可看做是一种对预先确定的充分均衡位置的能够自我校正的暂时偏离。例如，一次经济衰退是对长期增长率和就业水平的临时背离，经济最终会恢复。演化经济学反对这种静态的、无时间性的、机械的重心—引力的隐喻，强调正反馈、不确定性、锁定等因素在经济演化过程中的重要性。路径依赖理论强调了结构对能动性的制约作用，而后来提出的路径创造理论则强调了能动性在结构转变过程中的历史作用，把它视为推动社会经济发展的最根本的突现力量，二者之间是相互依存和相互制约的关系，但如何在一个统一的框架中处理路径创新和路径依赖之间的关系以及如何通过路径创造研究更加深入地解释能动性与结构转变之间的反馈机制仍是历史方法有待于深入研究的问题。

(3) 以历史经验为基础的阶段论和历史模式。

建立在经济史研究基础之上，总结具有“历史规律性”的经验如提出经济发展阶段论或者归纳出一种反复出现的历史模式，并对这些历史经验提出因果解释，这是经济学常见的历史方法。这种方法的核心是因果解释，这是避免经验主义归纳法缺陷的关键，正如张夏准指出的，历史方法“并不局限于通过收集和整理历史资料来期待某个模式能够自动浮

① 《马克思恩格斯选集》，2版，第2卷，43页，北京，人民出版社，1995。

② 同上书，2页。

现。更确切地说，这种方法包括寻找反复出现的历史模式、构造理论来对其进行解释，并且在考虑技术、制度和政治上的变化的同时，用这些理论来解决当代的问题。”① 以经济发展阶段论为例，在经济学说史中，就有亚当·斯密、李斯特、马克思、德国历史学派经济学家卡尔·比切尔等从历史角度提出了他们各自的阶段论。现代管理学家波特在其著作《国家竞争优势》中提出了要素驱动、投资驱动、创新驱动和财富驱动的四阶段论。

在战后的发展经济学中，这种以经济史研究为基础的历史方法更是表现突出，除了罗斯托的《经济增长阶段论》、格申克隆的《经济落后的历史透视》外，对发展中国家工业化产生深远影响的“普雷维什-辛格假说”通过对历史统计数据的研究，得出了“发展中国家初级产品出口的贸易条件相对于发达国家工业制成品出口呈现出长期恶化趋势”的结论，他们不仅从因果机制对其进行了理论解释，而且提出了工业化理论。

在马克思主义政治经济学中，有关资本主义发展阶段特别是目前对金融资本主义的研究无论是对经济理论的发展还是经济政策的制定都产生了重大影响。演化经济学不仅赞赏马克思主义政治经济学对资本主义发展阶段的研究，而且长期以来就对康德拉季耶夫长波进行研究，佩蕾丝还提出了技术革命浪潮的历史模式，本书在讨论新熊彼特主义学派时再对此进行讨论，笔者在最后一章还把佩蕾丝的历史模式及其理论运用于对方兴未艾的第三次工业革命的研究。

二、比较方法

我们在第一节已经谈到比较方法是回溯法的重要途径，也论述了比较方法是自然科学中实验方法的重要组成部分或基础，提出了比较方法是社会科学经验研究主要方法的观点。我们现在继续对此进行讨论。值得说明的是，本节只是概述了笔者对比较方法特别是比较经济学的研究成果，不涉及对国内外新进展的综述，读者可参考相关文献，如张仁德教授的新著。②

比较方法虽然是经验研究的方法，但它不同于归纳法，因为后者是基于一系列特定事物的共性推论出一般知识，忽略事物的特殊性。与之相比较，比较方法不仅有助于发现事物之间的共同特征，而且能够鉴别事物的特殊性，是运用回溯法的最佳途径。常言道，有比较才有鉴别，共性和特性都是事物内在的本质性的东西，但如果仅仅基于共性去解释现象或事件的生成机制，往往会陷入片面性思维的境地。因此，马克思曾经把比较方法比喻为从现象到本质的认识过程中的一把“钥匙”，他指出，“极为相似的事变发生在不同的历史环境中就引起了完全不同的结果。如果把这些演变中的每一个都分别加以研究，然后再把它们加以比较，我们就会很容易地找到理解这种现象的钥匙。”③

在经济思想史中，虽然亚当·斯密的《国民财富的性质和原因的研究》（简称《国富论》）在某种意义上可以说是比较研究方法的先驱，但是，比较和历史研究方法的正式开端却来自德国历史学派。李斯特在其《政治经济学的国民体系》的第一编中，运用比较的

---

① 张夏准：《富国陷阱：发达国家为何踢开梯子?》，肖炼、倪延硕译，6页，北京，社会科学文献出版社，2007。

② 参见张仁德：《新比较经济学再研究与构建——评西方比较经济学危机与创新》，北京，经济科学出版社，2012。

③ 《马克思恩格斯选集》，2版，第3卷，342页，北京，人民出版社，1995。

和历史的方法考察了包括英、法、德、美、俄在内的十个国家或地区的社会经济发展状况，他所提出的国民经济学说就是在这种比较和历史研究基础上深入思考的结果。综观全书，李斯特在写作手法上也具有明显的比较色彩，他在历史比较（第一编）、流派比较（第三编）和政策比较（第四编）的基础上，不仅对亚当·斯密的经济学说提出了强有力的批判，而且也阐述和印证了其国民经济学的基本原理；① 旧历史学派的代表人物罗雪尔把比较方法看做是其历史方法的重要组成部分；② 因此，笔者把该学派看做是比较经济学最早的先驱。

20 世纪 20 年代，在"社会主义经济大论战"中诞生的比较经济学，标志着比较研究方法进入一个系统的发展阶段。但随着 1989 年苏联东欧剧变的发生，在我国一度非常活跃的比较经济学陷入了危机，在当时，有不少学者曾怀疑比较经济学是否还有存在的必要。针对这种疑问，笔者运用批判实在论的研究成果，阐述了比较经济学在自身学科危机后为什么反而更重要的原因。正如我们在讨论回溯法的研究战略时指出的，革命或危机状态是发现事物深层结构和因果机制的重要切入点一样，学科危机或更一般地说科学范式的危机，是发现现有范式的思维模式在深层结构上存在哪些缺陷的最佳时机，它往往会导致新范式的诞生。因此，笔者首先从哲学基础讨论传统比较经济学之所以发生危机的原因。③

概括地说，传统比较经济学在方法论上存在着以下四个基本的缺陷。第一，无论是作为经济学的一个分支学科还是作为经验研究的方法，传统比较经济学都缺乏坚实的哲学基础。第二，它主要是满足于运用已有的理论对各国经济体制进行分类和比较，而忽视了比较经济研究最重要的功能，即通过经验性的工作对现有理论提出挑战，从而为运用回溯法提出新的因果机制假说（即新理论）奠定重要的基础。第三，它仍受西方主流经济学所谓理性最大化和必然进步的观念支配，因而是前达尔文的。第四，它的理论基础是结构主义的，而且这种"结构"仅仅局限于经济方面，严重忽视了对人类能动性问题的研究，这严重地制约着比较经济学对经济体制的变异、多样性和演化过程的研究。

针对传统比较经济学的上述缺陷，笔者对比较经济学提出了四项新的研究任务。第一，揭示社会经济结构及其与能动作用和偶然性因素交互作用如何导致了社会经济体制的变异、多样性和演化，识别、理解和进一步阐释多样化体制下人们的无意识动机、意会性知识和技能，为政策制定提供来自不同经验的知识基础。第二，发现新奇事物对社会经济体制和经济发展有可能带来的重大影响。第三，运用情境和脉络特定的分析方法，对技术和制度原生国与引入国进行比较分析，促进跨国制度学习与创新。第四，创造性地阐释文化传统。因为技术与制度变迁过程同时也是理解、适应和学习的文化阐释过程，比较研究通过揭示同种技术、特定制度与不同文化背景之间的历史渊源和交互作用，在文化阐释过程中发挥重要作用。

在 1989 年苏联东欧剧变后，以青木昌彦和格雷夫等为代表的一批学者以新制度经济学和博弈论为基础，发展了"比较制度分析"和"历史制度分析"作为对传统比较经济学

---

① 参见弗里德里希·李斯特：《政治经济学的国民体系》，陈万煦译，北京，商务印书馆，1961。

② 参见罗雪尔：《历史方法的国民经济学讲义大纲》，朱绍文译，序言，北京，商务印书馆，1997。

③ 参见贾根良：《批判现实主义与比较经济学的新视野》，见张仁德等：《新比较经济学研究》，北京，人民出版社，2002。

的替代，从而成为比较经济学领域最有影响的分析范式。但是，这种分析范式仍是以西方主流经济学的核心假定和方法论为基础的，因此在处理技术创新、制度演化和结构变迁等诸多问题上依然存在着固有的缺陷。经过多年的思考，笔者以演化经济学的研究纲领为基础，提出了“比较创新体制”和“比较历史创新体制”作为比较经济学研究新框架的构想，简要说明了它在基础理论上与“比较制度分析”和“历史制度分析”所存在的重大差别，论述了这种新框架的概念、体系内容和意义所在，综述了相关研究的最新进展，并讨论了比较创新体制和比较历史创新体制的重大前沿问题。①

三、解释学方法

（哲学）解释学是人文科学方法论，又称作是（哲学）诠释学，其目的是通过对人类的理解过程进行理解，进而揭示人类行为的意义。在经济思想发展史中，解释学在历史学派、奥地利学派和老制度学派中有其起源和传统。虽然我国很少有经济学者知道解释学，但在现代奥地利学派中，解释学仍是重要的研究方法，甚至出现了解释经济学（Hermeneutical Economics）的术语。② 1990年出版的《经济学与解释学》③ 是这方面的一本重要著作。目前，解释学在经济学中的应用主要是在两个方面：一个是在经济思想史的研究上，我们如何理解经济思想史上的大家如亚当·斯密、马克思等经济学家的“文本”，借此诠释并发展他们的思想；另一个则是如何理解经济的“文本”，如价格、货币制度、产业组织和经济意识形态等，这些“文本”都与人类的心智和创造性行为有关。本书是在后一种意义上讨论解释学方法，我们首先从批判实在论入手讨论经济解释学方法的必要性，然后讨论经济解释学方法的内涵和具体运用途径。

1. *批判实在论与解释学方法的必要性*

正如我们在前面已经谈到的，批判实在论既承认社会科学和自然科学在本体论上的统一性，因而科学的目标都是对独立于研究者的客观实在进行因果机制研究，又强调社会科学的特殊性。这种方法论立场源自这样一种认识：无论社会科学还是自然科学，科学对象也就是结构（机制和因果力量）都是独立于研究者存在的，但社会结构不是独立于人类的行动和观念而存在，这就使社会结构与自然结构存在以下三方面的差别：首先，不像自然结构，社会结构只能在它们管束的人类活动中存在，如果独立于人类活动，社会结构就不存在，这被称作是活动依赖；其次，社会结构也不能独立于人类有关他们在活动中正在做什么的观念而存在，这被称作是观念依赖；最后，社会结构的存在只是相对持久的，不像时空不变的自然结构，社会结构是时空依赖的，更准确地说是时空特定的。

正是因为社会结构对人类行为、观念和时空特定性的这三种依赖性，使得经济学的研

① 参见贾根良：《比较创新体制与比较历史创新体制——开创比较经济学研究的新框架》，载《经济理论与经济管理》，2011（5）。新华文摘2011（16）全文转载。

② 参见Birger P. Priddat，Rationality，Hermeneutics，and Communicational Processes. “On L. Lachmann's Approach of Hermeneutical Economics”，Discussion Papers，Neue Serie 2010 ff，Nr. 18/2012，Fakultät für irtschaftswissenschaft Universität Witten/Herdecke，www. uni-wh. de/wirtschaft/discussion-papers.

③ Don Lavoie，*Economics and Hermeneutics*，Routledge，1990.

究对象不仅包括经济结构及其因果机制，而且也包括对信念、价值判断和意义的诠释。包括经济学在内的社会科学研究对象的内在构成要素是二元的，它不仅要揭示现存的社会经济关系、结构、机制的质变，而且要解释与它们相关的社会历史意义。就经济学而言，在“事实”与“价值”之间存在复杂的因果关系，不能把信念、意义、价值等仅看做是人文科学领域中的话题而与经济学研究剥离开来，它们也是经济学研究对象的基本构成要素，是社会经济结构、机制的基本属性，是进行因果关系解释的基本内容，这正是社会经济结构、机制不同于自然界事物的关键所在。正是基于这种认识，批判实在论认为，社会科学具有自然科学所不具有的一个极为重要的功能特征：“解释性批判”。解释性批判不仅要用事实证明某种被广泛接受的信念是错误的，而且要解释生成这种错误信念的深层次的结构性根源，进而在关于社会结构的观念批判基础上促使社会经济结构的变革，这就是批判实在论的解释性批判原理。

一般说来，经济学家通过实验方法（如社会实验）去验证一种理论假说的机会是不多见的，经济学家更多的是进行关于社会经济结构及其力量、机制的解释性批判工作，通过引起人们的反思和批判，激发创新能动性，最终促使社会经济结构的变革，这就是解释性批判所具有的实践论含义。因此，解释性批判不仅是一种理性认知过程，即从信念出发回溯到社会结构、因果关系力量和生成机制，而且也是一种社会实践过程，即借助理论批判促成社会结构、机制的变革。这种实践论可以通过图 2—3 来描述。向右的虚线箭头表示社会结构、机制对人的观念、行动具有依赖性。向左的虚线箭头表示人们的观念、行动与社会经济结构、机制之间具有因果关系。社会结构、机制总是先在于个人的，是先辈实践的结果，个人受到既有的结构、机制的约束和塑造，这是人的社会化过程，这由向右的实线箭头表示。一旦人们实现观念上的批判，这种批判将转化为一种实践力量，推动社会经济结构的变革，这由向左的实线箭头表示。[①]

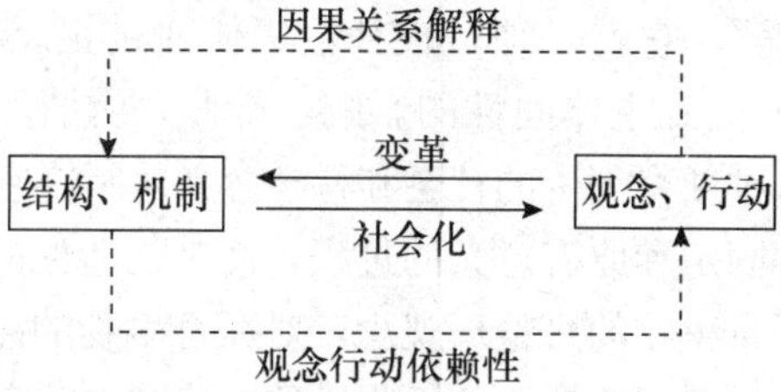

图 2—3　社会科学的实践功能

就演化经济学而言，解释学方法是在打破西方主流经济学所有的假定之后科学进步的必由之路。正如钱颖一指出的，西方主流经济学是在稳定偏好、生产技术和制度约束以及给定资源禀赋条件下，对均衡状态的研究。[②] 演化经济学发展的动因就在于打破西方主流经济学的这些假定，研究新偏好是如何形成的，技术和制度是如何创新的，新资源是如何创造出来的，而所有这些变化都与人类新知识的创造休戚相关。“从哲学角度来看，这种有价值的知识产生于人类的心智。因此，任何不考虑人类的心智和人类心灵的理论将无法

① 参见马国旺：《批判实在论与经济解释学方法新探》，载《教学与研究》，2012 (11)。
② 参见钱颖一：《理解现代经济学》，载《经济社会体制比较》，2002 (2)。

理解人类的物质状况，也就无法理解经济增长”①，而解释学方法就是关于人类心智的科学，虽然目前的哲学解释学在本体论和认识论上都存在着缺陷，但经过批判实在论的批判和转化后，它完全可以成为演化经济学的一种研究方法。

2. *解释学方法的内涵和具体研究途径*

批判实在论不仅批判了实证主义关于价值与事实的二分法，而且也批判了解释学关于自然和社会的二分法，为经济学的解释学方法提供了社会经济本体论基础。那么，如何通过对传统解释学的转化，把它运用于经济学研究呢？马国旺提出了如下思路：从传统解释学中作者与文本的关系转换到经济行为主体与社会经济结构的关系，并贯穿两个层次的理解（解释）。一是经济行为者对其身处的社会经济环境的理解，能动的社会大众是“读者”，社会经济结构及其历史文化底蕴成为人们理解的“文本”。该理解是人的能动的反思和批判，蕴含对社会经济结构的变革潜能。二是经济学对经济行为者（包括经济政策制定者和占支配性的经济理论）理解过程的理解，对社会经济结构与人的能动性相互依存和转化关系的理解，在这时，经济学家是主要的“读者”，实际经济活动中的行为者变成了“文本”。所谓经济学的解释学方法就是对人类关于社会经济活动的理解过程进行理解，发现和评价某种经济行为、事件的意义，为我们理解现实和激发创造能动性提供智力资源，并转化为社会经济结构变革的力量。②

目前，演化经济学乃至整个经济学领域对于经济解释学的方法可以通过哪些途径得到运用，人们很少进行探讨，笔者在这方面也缺乏研究。因此，本书只能例证性通过以下三个方面说明这个问题。

首先，对促进社会进步的新奇事物或创新活动的经济社会意义进行阐释。新奇创生是演化经济学研究纲领的出发点，新奇创生最初总是个人性的和主观性的，或者说是个人主观能动性的，在一开始，它也是难以名状和意会性的观念，但新奇事物如能扩散并导致经济活动的“创造性毁灭过程”，它就必须是被社会集体通过正反馈机制加速接受的可整理观念。主观性在很大程度上受到主体间性的影响，因此，所谓理解并非要进入个人头脑中的神秘世界，而是要探索这种新奇创生的社会和科学意义，阐释它所蕴含的时代精神；理解也不是原原本本地重现某种固定和原有意义的过程，而是创造性的再阐释过程。演化经济学的重要目的之一就是发展新奇事物的可整理观念，对新奇事物的意义进行阐释，为经济行为者理解现实并焕发创造力提供思想资源，从而为导致经济结构转变的能动作用提供基础。

其次，对支配人们经济活动的（有关经济活动的意义、正义、伦理规范等）观念进行批判性文化阐释。国民创造力是 21 世纪中国崛起的决定性因素，中国经济学要为这种创造力的爆炸性增长提供精神动力。文化，就其最简单的含义来说，是人类关于自身社会存在的社会意识，是一个社会对其集体交互行为及其意义进行阐释的工具。正如老制度学派经济学家布什指出的，任何文化的关键历史都是在其集体经验中对其如何演进进行选择的故事，认知模式的选择对一个民族的生存和发展具有生死攸关的重要性。文化作为一个社

---

① 埃里克·S·赖纳特：《国家在经济增长中的作用》，见霍奇逊主编：《制度与演化经济学现代文选：关键性概念》，230 页，北京，高等教育出版社，2005。

② 参见马国旺：《批判实在论与经济解释学方法新探》，载《教学与研究》，2012（11）。

会的阐释框架和认知模式揭示了环境、社会结构以及社会关系中最重要的特征，它对行为进行价值判断并引导其发展方向。一个社会为了实现其政治经济之目标，为了保持其最基本的社会凝聚力，特别是落后国家为了激发其国民强烈的追赶愿望和奋斗精神，就必须发展出某种特有的机制，通过文化阐释引导和推动新的认知模式、新的价值观、新的伦理观念和新的做事方法的形成及其创造性发展。因此，中国的理论经济学家们应该运用解释学的方法，积极参与中国创造主义新文化等方面的创造性活动，推动中国崛起和中华文明伟大复兴这种时代精神的形成并发扬光大。①

最后，对经济政策制定者的经济意识形态进行批判性阐释。凯恩斯有一段经常被人们引用的名言很好地说明了这种解释学研究的重要性，他说，“经济学家以及政治哲学家之思想，其力量之大，往往出乎人意料。事实上统治世界者，就只是这些思想而已。许多实行家自以为不受任何学理之影响，却往往当了某个已故经济学家之奴隶。狂人执政，自以为得天启示，实则其狂想之来，乃得自若干年以前的某个学人。我很确信，既得利益之势力，未免被人过分夸大，实在远不如思想之逐渐侵蚀力之大。……危险的倒不是既得利益，而是思想。”②

在这方面，笔者只举一个例子说明这个问题。国际金融危机爆发后，世界各国特别是发达国家对我国出口商品纷纷举起了贸易保护主义的大棒，但我国不仅在外交上成了自由贸易的卫道士，而且还进一步推进了我国对外贸易和金融的自由化。追溯这种经济政策制定的思想根源，无疑是来自于二百多年前亚当·斯密的学说，但张夏准的研究说明，目前发达国家已经改写了它们的经济史，在历史上发达国家并不是按照它们给发展中国家推荐的亚当·斯密的自由贸易学说崛起的，保护主义才是它们崛起的秘诀。③ 目前的发达国家无论在贸易保护还是自由贸易上都是实用主义者，一个国家如果对自由贸易深信不疑迟早会吃尽苦头，在本书最后一章，笔者将简要地讲述英国如何因中自由贸易的毒太深而导致其工业力量衰落的故事。

思考题

1. 巴斯卡有关自然科学实验的两个著名问题是什么？如何认识人类社会和自然界不同特点对社会科学方法论的影响？
2. 批判实在论关于实在的三个重叠但本体上不同的领域是什么？这种区分有何意义？
3. 为什么说溯因法和回溯法是科学创造的方法？
4. 简述批判实在论对我国经济科学发展的重要意义。
5. 讨论回溯法和抽象法的关系。
6. 如何认识经济学的历史方法？
7. 为什么说比较方法是经济学研究的基本方法？
8. 经济学需要解释学方法吗？为什么？

---

① 参见贾根良：《中国经济学革命论》，载《社会科学战线》，2006（1）。

② 凯恩斯：《就业、利息和货币通论》，330页，北京，商务印书馆，1963。

③ 参见张夏准：《富国陷阱——发达国家为何踢开梯子?》，北京，社会科学文献出版社，2007。

第三章

达尔文主义与复杂性科学革命

本章是对演化经济学文献中达尔文主义和复杂性科学革命的述评。达尔文主义和复杂性科学革命对演化经济学开始产生影响的时间是不同的：前者早在19世纪80年代就已发生，而后者则开始于20世纪80年代。与新古典经济学的牛顿主义哲学基础不同，19世纪末诞生的演化经济学致力于一种“库恩式的”达尔文革命，而达尔文主义并非生物学领域的一种特定理论，而是有关复杂演化系统的一般理论，它为演化经济学的发展提供了一种非决定论的、开放系统的历史观和本体论基础。20世纪80年代在自然科学中发生的复杂性科学革命催生了复杂性经济学派，通过对该学派缺陷的剖析，本书认为，与目前复杂性科学流行的做法不同，演化经济学需要发展自身的复杂性研究方法。确实，自然科学中的复杂性科学革命为演化经济学的发展提供了丰富的灵感来源，但借鉴其成果必须从经济实在自身的复杂性出发。

第一节 演化经济学与达尔文主义

本节主要讨论四个问题：首先，自然史和自然科学中的达尔文革命对经济学具有什么意义？演化经济学是经济学中的达尔文革命吗？其次，如何理解现代生物学中的达尔文主义？拉马克主义为什么要嵌入达尔文主义？它们对演化经济学的意义何在？再次，自组织理论与达尔文主义之间存在矛盾吗？为什么说普遍达尔文主义是复杂演化系统的一般理论？最后，达尔文主义对经济演化的解释为什么是本体论意义上的？这对演化经济学的发展来说意味着什么？

一、演化经济学：经济学的达尔文革命?

经济学与生物学的关系源远流长，可以远溯至18和19世纪。在经济学对生物学的影响方面，没有任何事例比马尔萨斯《人口论》对进化论形成的影响更能说明问题了。达尔文在他的自传中写道，“在1838年10月，（也就是在系统研究十五个月之后）我为了消遣，偶尔翻阅马尔萨斯的《人口论》，当时我根据长期对动植物习性的观察，已经有了一定的准备，可以正确认识生存斗争。我马上联想到，在这种情况下，有利的变异会趋向于保存下来，而不利的变异将被淘汰，这一结果将导致新物种的形成。”① 令人惊奇的是，生物进化论的共同建立者华莱士也谈到了类似的经历，他在马来西亚患疟疾期间，“一天，某种东西使我回忆起了马尔萨斯的人口原理，我是在十二年前读到它的。我想到了他对缩减人口‘积极控制’的明确阐述，我那时想到这些原因或其类似的东西在动物情况下也持续地起着作用。”② 第二章我们谈到了通过隐喻和类比实现科学理论创造的溯因法，在这里，达尔文和华莱士生物进化论的创立提供了很好的例证。

除了马尔萨斯的影响外，曼得维尔、苏格兰学派和斯密等对达尔文革命也起到了重要作用。哈耶克指出，“文化演化的思想无疑比生物演化的概念更古老。甚至可能是达尔文通过他祖父的影响把它应用到了生物学，这来自于曼得维尔和休谟的文化演化概念，如果不是更直接地来自法律和语言的当代学派。”③ 曼得维尔在《蜜蜂的寓言：私人的恶德，公共的利益》④ 中明确提出了分工的思想，提出了社会秩序的和谐来自于分散的个体追求自我利益的结果。曼得维尔对包括斯密及其朋友、哲学家休谟等在内的苏格兰学派产生了直接的影响。霍奇逊指出，苏格兰学派作为整体用我们现在广泛地称作演化的术语分析了社会制度的突现和发展。一般认为，斯密和苏格兰学派给予并支持了达尔文的这种信念：复杂的现象能够产生于许多个体行为无意识的结果。曼得维尔、斯密对达尔文的另一重要影响是有关变异和分工的思想，斯密的分工理论与达尔文有关变异和物种突现的思想都是基于多样性和复杂性日益增加这种共同的世界观。

但总的来说，马尔萨斯对达尔文革命的影响是更根本的。达尔文革命的重要后果就是否决了自然与社会必然进步的观念，而这一变革的发生直接受到马尔萨斯的影响。从人类思想史的角度来看，演化的和谐观和演化的不完善、矛盾观一直存在到今天，前者以曼得维尔和苏格兰学派为鼻祖，对曼得维尔等来说，邪恶既是必不可少的，又是社会上有用的，它导致了更大的良善与和谐；后者以马尔萨斯为先驱，马尔萨斯提出了与曼得维尔等相反的看法，首先，不存在最终的和谐，不存在完善的社会秩序，其次，不应在任何程度和形式上容忍邪恶。类似的观点也被马尔萨斯应用到了自然界中所存在的多样性、次优、差错和斗争上，马尔萨斯看到，如果没有劣等部分或明显的瑕疵，自然界无限的变异就不可能存在。在演化的和谐观和演化的不完善、矛盾观之间存在着一条鸿沟，它把和谐和完善的伊甸园与不纯粹、斗争和变化的冷酷之地分开了。达尔文跟随马尔萨斯做了进一步的

---

① 转引自古尔德：《自达尔文以来：自然史沉思录》，4页，北京，生活·读书·新知三联书店，1997。

② 转引自 Nicita，A. and Pagano，U.(ed.)，*The Evolution of Economic Diversity*，Routledge，2001，p. 2.

③ 转引自 Hodgson，G. M.，*Economics and Evolution*：*Bringing Life Back into Economics*，Polity Press，1993，p. 57. 有关哈耶克贬低马尔萨斯对达尔文的影响、贬低达尔文原创性的问题，霍奇逊也在该书中探讨了个中原因。

④ 曼德维尔：《蜜蜂的寓言：私人的恶德，公共的利益》，北京，中国社会科学出版社，2002。

超越，跨越了上述鸿沟，当经典分工理论谈论整体部分的完全适应时，对马尔萨斯和达尔文革命来说，甚至不完善和不和谐在系统中也起着积极的和赋予动力的作用，驱动着没有终结的转变。①

深刻地理解达尔文革命的意义确实非常困难，正如著名的进化论者、古生物学家和科学史学家古尔德写道的，“1959年，著名遗传学家穆勒抱怨道：‘这一百年没有达尔文也一样。’这一特别黯然的评价使当时参加纪念《物种起源》问世一百周年的许多听众都感到震惊，但是没有人能否认这一失望中所表达的真理。为什么难以理解达尔文？不到10年，他就使思想界不再怀疑进化的发生，但他一生都没有使人们普遍接受他自己的自然选择理论。直到20世纪40年代，自然选择理论才被广泛接受；然而，即使在今天，虽然自然选择理论已经成了我们进化论的核心，但仍然存在对于自然选择理论的错误理解、错误引述和错误使用。问题并不在于这个理论逻辑结构上的复杂性……我还是相信阻碍接受达尔文理论的并不只是由于科学上的困难，而是由于达尔文理论中所含的基本哲学内容是对西方人心态的一种挑战，这种心态至今仍然难以抛弃。首先，达尔文提出进化没有目的……其次，达尔文坚持认为进化没有方向，进化并不必然导致更高等事物的出现……再者，达尔文在解释自然中贯彻了唯物论的哲学。”②

除了上述原因外，霍奇逊还指出，对达尔文主义性质的探索困难所在不只是由于达尔文的思想在他的一生中是演化的，而且他的追随者也强调了不同的方面。③ 在思想史上，达尔文主义不仅具有宽广和不同的含义，而且对之还存在着截然对立的看法。在生物学领域中，对达尔文主义的理解一直是争论的焦点，主流与非主流的观点在不同的历史时期发生易位是极其可能的。例如，20世纪40年代“进化综合论”的出现虽然是“新达尔文主义”的重大发展，但它也导致了生物学中以“基因决定论”为代表的简化论思维的盛行。然而，自20世纪70年代以来，“新达尔文主义”遭到了越来越多的批评，现代生物学不仅已走出“基因决定论”的误区，而且一种广义的“基因观”④ 也正在形成。在经济学领域中，对达尔文主义性质不同的认识导致了这样一种“奇观”：对立的经济学说都用之为自己辩护。与凡勃伦呼吁“后达尔文主义经济学”革命相反，阿尔钦和弗里德曼等却运用自然选择学说捍卫新古典主流最优化模型的正确性。当许多反对新古典经济学的演化经济学家承认“新达尔文主义”的正统性之时，哈利勒却令人信服地论证了“新达尔文主义”就是生物学中的新古典主义。⑤ 在这种情况下，种种迷雾导致人们无法看清达尔文革命的真正意义。由于问题的复杂性，本节也无力对达尔文革命的意义做出较全面的评述，只是

---

① 参见 Hodgson，G. M.，*Economics and Evolution*：*Bringing Life Back into Economics*，Polity Press，1993，pp. 64-68.

② 古尔德：《自达尔文以来：自然史沉思录》，序言1～3页，北京，生活·读书·新知三联书店，1997。

③ 参见 Hodgson，G. M.，“Darwin，Veblen and the Problem of Causality in Economics”，in *Hist. Phil. Life Sci.*，23 (2001)，385-423.

④ EVA M. Neumann，“The Gene Is Dead-Long Live the Gene! Conceptualizing Genes the Constructionist Way”，in Koslowski，P. (ed.) *Sociobiology and Bioeconomics*：*The Theory of Evolution in Biological and Economic Theory*，Springer，1999，pp. 57-58.

⑤ 参见 Khalil，E. L.，“Neo-classical Economics and Neo-Darwinism：Clearing the Way for Historical Thinking”，in Hodgson，G. M.，*Economics and Biology*，Edward Elgar，1995.

就它有关经济学范式革命的问题进行初步的概述。

我们知道，达尔文“三位一体”的遗传、变异和选择原理对科学史做出了非常重要的贡献，它为生物进化以及社会经济演化提供了完整的分析框架，但相对于他对人类思想和哲学史的贡献来说，这远不是主要的。著名生物学思想史家迈尔在1964年写道，在《物种起源》发表一百年之后，人们才充分理解了达尔文的概念框架实际上是一种新的哲学体系。① 我们知道，在整个19世纪乃至20世纪上半叶，实证主义是占统治地位的科学哲学，达尔文学说是率先对其提出挑战的先驱之一。实证主义科学哲学的大本营是经典物理学，因此，正如卢卡指出的，替代的范式出现在生物学这种新科学中是毫不奇怪的。在达尔文革命中，生物学哲学产生了与物理哲学本质上不同的世界观。与牛顿力学的时间可逆、本质论思维（typological thinking）和机械决定论世界观形成鲜明对照，达尔文在现代科学中首次引入了时间不可逆、个体群思维（population thinking）和有机、不确定性的世界观②，开启了现代科学的新时代，汉密尔顿把它们分别称为牛顿主义和达尔文主义③。

首先，时间不可逆。正如施韦伯（Schweber，S. S.）指出的，“达尔文在重要的方面放弃了动力学解释的牛顿模式，提出了对生物系统动力学解释的一种新奇的概念化……生命系统无限地比牛顿的行星系统更复杂。生物因素具有在时间上所经历的变化：它们有历史。所有有机体之间以及它们与环境之间的交互作用都不是附加的和瞬时的，而展示了记忆。正是物理学所处理对象的非历史性使牛顿的大纲具有简单的数学描述的可能性。确实，正是生命对象的历史特征使生物现象具有唯一的和复杂的特点。”④

其次，个体群思维。所谓本质论思维就是把所有的变异都看作是对理想类型的偏离，看作是由于暂时的干涉力量所导致的畸变，因此，为了集中在现象真实的本质上，本质论思维就把基本类型和它们的具体例子之间的差异看作是某种可以忽视的东西。经典物理学是本质论思维的避难所，其反映就是对质点模型的追求，“质点具有间断性、稳定性和单一性，它在力学体系上的成功曾经显赫一时。然而，质点模型直接同生物界绚丽多彩、千姿百态的多样性相对立。”⑤ 个体群思维是达尔文革命的重要成果，在达尔文之前，生物学家即使承认变异，也是停留在物种层次上，正是达尔文把它定位到个体水平。因此，个体之间的差异是基础性实在本身，而不是对不变的基础性实在的偏离，正是由于个体之间的差异和多样性，演化才能得以发生，这是演化科学诞生的基础之一。

最后，有机和不确定性。卢卡认为，这是达尔文对现代科学最重要的贡献。“达尔文提出了一种新的综合体系，它包括生物现象的不确定性，对复杂的和层级过程的理解，以

---

① 参见 Hodgson，G. M.，“Darwin，Veblen and the Problem of Causality in Economics”，in *Hist. Phil. Life Sci.*，23 (2001)，pp. 385-423.

② 在过渡经济学中，中国和苏联转轨路径的巨大差异不自觉地反映了这两种不同的思维模式或世界观，见贾根良：《批判现实主义、制度主义与比较经济学的新视野》，载张仁德等：《新比较经济学研究》，35～36页，北京，人民出版社，2002。笔者据此认为，演化经济学在中国的发展具有深厚的文化和经济改革实践的基础。

③ Hamilton，D.，“Newtonianism and Darwinism in Economic Theory”，in Hamilton，D.，*Evolutionary Economics*，Transaction Publishers，1991.

④ 转引自 Hodgson，G. M.，“Darwinism in Economics：From Analogy to Ontology”，*Journal of Evolutionary Economics*，2002，6，pp. 262。

⑤ 陈蓉霞：《进化的阶梯》，80页，北京，中国社会科学出版社，1996。

及绝对预测不可能的证实。”① 正如达尔文自己所说，他不相信必然发展的规律，达尔文“是科学史上第一位向决定论自然观表示怀疑的科学家。在此意义上，20 世纪量子力学中的哥本哈根学派可以说是淋漓尽致地发挥了达尔文的思想观点……同经典时代的告别从达尔文开始，这是生物学思维崭露头角的标志。”② 这种生物学思维实质上就是有机整体论的思维，其科学地位在 19 世纪末 20 世纪初的物理学大革命中最终得到了确立。

以量子力学和相对论为开端的现代物理学的发展本质上与达尔文革命具有一致性，而且，与受简化论支配的 20 世纪 50—80 年代的主流生物学相比，现代物理学的许多重要思想对演化经济学可能更有启发意义。但由于达尔文在生物学中首先引入了这些革命性的思想，而且生物系统比物理系统更为复杂，故达尔文主义这个标签比现代物理学包容了更多的历史观，因此我们使用达尔文革命总称这些世界观的变化，使用生物学类比泛指与机械类比相对立的思维模式，而不含有任何以生物学理论作为判断标准的看法，按照汉密尔顿的看法，它反映的是牛顿主义和达尔文主义对人类思维习惯深远的影响。目前占主流地位的新古典经济学和历经坎坷的演化经济学就分别是牛顿主义和达尔文主义这两种不同思维模式的产物。

经济思想史研究业已说明，新古典经济学的产生是它盲目地崇拜经典物理学成就滞后影响的产物。威特写道，在 19 世纪下半叶，两个不同的学科几乎同时发生了库恩式的“科学革命”，一个是自然史中或科学中的著名的“达尔文革命”，另一个是经济学中的“边际革命”，这种巧合确实是对历史的讽刺，因为不可能再有比这两种革命所追求的目标更对立的。边际革命“受到杰文斯创造‘效用和自利力学’科学并使经济学适合牛顿科学观的思想的鼓舞。相应地，他们从重力系统的经典力学中引入基本概念，它又进一步被简化为只集中在静止状态——（总体）市场均衡，而非实际的市场过程。市场均衡不仅被看作是所有个体计划相互相容的一种状态，而且也是一种所有行为者的效用达到最大化的状态，受到相互强加的约束的制约——经典力学中均衡概念的双重表述——在经典力学中静止状态与最小自由能联系在一起。”③

威特指出，边际革命关心的是经济的均衡力量和最优状态，而无所不在的变化基本上被忽视了，这是现代科学实践的一个谜题。边际革命所确立的是一种倒退的、牛顿主义的和反历史的经济学主流。在过了一百年之后，现在是否到了逆转这种趋势的历史时期？威特指出，经济学现在确实有很好的理由做出类似于达尔文式的范式革命。

在 20 世纪末以前，经济学与生物学的交互影响主要是通过隐喻和类比实现的，以下两节就对演化经济学中有关达尔文主义的新认识做出概述。然而，对于经济的演化解释来说，达尔文主义并不仅仅是类比关系，其本体论意义更为重要，正如梅特卡夫指出的，“演化解释内在地不是生物学解释，演化理论具有独立其应用领域的自身逻辑”④，2002 年，霍奇逊的一篇论文就直接使用了如下题目：《达尔文主义：从类比到本体论》，本节第

---

① Louca, F., *Turbulence in Economics*, Edward Elgar, 1997, p. 17.

② 陈蓉霞：《进化的阶梯》，84～85 页，北京，中国社会科学出版社，1996。

③ Witt, U., *The Evolving Economy: Essays on the Evolutionary Approach to Economics*, Edward Elgar, 2003, p. 141.

④ Dopfer, K. (ed.), *Evolutionary Economics: Program and Scope*, Kluwer Academic Publishers, 2001, p. 49.

三部分将就它对演化经济学的意义做出说明。

二、达尔文主义、新达尔文主义与拉马克主义

现代演化经济学中占统治地位的观点是：生物演化是达尔文的，而社会经济演化则是拉马克的。在生物学中，拉马克主义被认为是不能成立的。然而，根据人类知识的统一性原理，一个领域的解释必须与另一领域的解释相一致，我们有可能既是社会经济演化的拉马克主义，同时又是生物演化的达尔文主义吗？如果有可能，这两者之间是否存在矛盾？它们之间如何相统一？特别是道金斯在20世纪80年代初提出了“普遍达尔文主义”的命题：达尔文的某些基本原理可以应用于从心理学到宇宙论等非常广泛的现象，这是对演化经济学中占统治地位观点的否定吗？这个问题在演化经济学的发展中一直悬而未决，霍奇逊和克努德森（Knudsen，T.）的最新研究解决了这个问题，社会经济演化在一般意义上更是达尔文的，拉马克主义应该嵌入达尔文主义，达尔文主义是演化系统的一般理论，演化经济学的发展要以此为基础。本节将概述霍奇逊和克努德森的这些研究成果。①

新达尔文主义是经典达尔文主义和孟德尔遗传学相综合的产物，所以它又被称为“进化综合论”，它是现代进化生物学的主导学说。经典达尔文主义关注的焦点是“有机体中心观”，而孟德尔遗传学革命则使新达尔文主义移向了“基因中心观”，自然选择就被定义为基因型再生产的不同，它涉及两个独立的过程：遗传传递；后成的（epigenetic）表现型与环境的交互作用，这包括对基因型和表现型状态空间、遗传和后成过程以及遗传和后成过程关键性联系的描述。表现型是指实际展现（和可观察）的有机体特征，而基因型是指作为基础的信息集合，它包含着有机体赖以发展而非决定性的指令。一般地说，新达尔文主义的焦点集中在变异、适应和遗传的过程，但完全排除了拉马克获得性遗传的可能。根据新达尔文主义模型，从体细胞到基因的遗传反馈由于魏思曼“屏障”被阻断，魏思曼“屏障”是指排除拉马克遗传的分子壁垒。在其现代形式上，魏思曼“屏障”转变成了中心法则，信息可以从DNA和RNA向蛋白质流动，但反向则不成立。在生物演化中，为什么获得性特征不能改变基因呢？据认为，魏思曼“屏障”存在的理由就是遗传密码不得不防止大多数外部的影响，否则有价值的遗传信息将被玷污或丧失。因为这个理由，遗传信息基本上不得不是惰性的和没有反应的。后来，英国生物学家沃丁坦（Waddington，C.）对基因的保守性提出了类似的观点：如果它能被所有类型的环境影响改变，不久它就会成为停滞不前的无价值的东西。因此，拉马克主义与新达尔文主义的关键性区别是，拉马克主义认为，作为遗传基础的指令集（生物基因或社会规则）可以被修改并被遗传，而新达尔文主义则认为不能被修改。此外，正如纳尔逊和温特以及免疫学家斯蒂尔（Steele）强调的，拉马克解释有一些可能的特征，如目的性、新变异的及时出现等。

克努德森概述了新达尔文主义的解释框架，他写道，基因型和表现型在进化生物学中是最基本的建筑板块，在任何时点上，生物群体的状态可以用表现型的分布状态和基因型

---

① 除了注明出处外，本节以及下一节的大部分概述都是来自：Hodgson，G. M.，“Darwinism in Economics：From Analogy to Ontology”，*Journal of Evolutionary Economics*，2002，6，以及霍奇逊和克努德森在以下著作中的两篇论文：Laurent，J.，and Nightingale J.（eds.），*Darwinism and Evolutionary Economics*，Edward Elgar Publishing Limited，2001。

的分布状态加以描述，但两者的变化必须联系起来。一种典型的观点是把它分为两个基本的和独立的亚过程：第一，由于表现型和环境交互作用所导致的不同生存；第二，通过基因型复制，表现型存留到下一代，所要阐明的就是变异如何经由自然选择并通过无数世代的累积效应所导致的演化。按照这种说法，演化既包括表现型的改变（新变异或新特征的扩散），又包括遗传世系的历史，因为除了表现型特征的改变外，就变异的起源来说，它也包括其历史，演化并不等于自然选择。这使恩德勒（Endler，1992）把演化定义为一种过程，它包括自然选择和其他过程，如产生新变异的遗传漂变（genetic drift）。因此，演化解释包括两部分：（1）自然选择，（2）世代之间累积变化的历史过程。自然选择只取决于目前的生态和遗传条件，换言之，它是非历史的。而且，自然选择没有必要意味着演化，因为累积的遗传变异很有可能导致演化稳定均衡。

在20世纪的大部分时间里，“达尔文主义”被看作是一种反对拉马克获得性遗传的理论。然而，达尔文在《物种起源》和其他著作中确实曾考虑过获得性遗传的可能性。霍奇逊指出，如果按照新达尔文主义过分狭窄和被广泛接受的定义来衡量，达尔文自己就不是严格意义上的达尔文主义者。霍奇逊和克努德森都指出，达尔文主义是一个更宽广的概念，它存在包括新达尔文主义和拉马克主义的可能。拉马克主义和新达尔文主义在逻辑上是不相容的，但两者却可以纳入到统一的达尔文主义框架中。霍奇逊认为，达尔文主义是有关复杂或有机系统演化的因果理论，它可以广泛地被定义为建立在变异、选择和连续性（包括遗传）原理基础上的演化解释。克努德森写道，达尔文主义“通过自然选择的演化”意味着任何系统的演化都要满足下列系统要求：（1）传递单位，（2）变异的来源，（3）传递机制，（4）转变过程，（5）孤立来源。按照这五种系统要求，演化理论意味着，某种被遗传和被修改的东西（需要1）；这些东西被遗传的某种连续性机制（需要3）；某种修改过程，借此保证新奇和变异的某种来源（需要2）；孤立和非连续的来源（需要5），允许差异在刚出现的子系统被积累，因此最终导致多样化。达尔文主义的这些系统要求没有与任何特定的遗传模型（无论是拉马克的还是新达尔文主义的）联系起来，它是演化解释所要求的一般性因果结构，可以被应用于所有演化系统，其解释力就在于它的完全性和一般性。

由于达尔文主义解释框架的一般性，所以拉马克主义要嵌入达尔文主义。为什么？霍奇逊对此提出了以下两点理由。首先，拉马克主义假定，获得的并被遗传的新特征是有机体对环境的适应。道金斯研究了这个由拉马克假定所引出的问题，他写道，“获得性特征被遗传倒是挺好，可是并不是所有获得性特征是改进的。事实上，它们的大多数是有害的”，因此，有必要解释为什么不利的获得性特征没有累积到导致灭绝，也有必要解释为什么某些获得性特征是改进的。基本上，拉马克主义没有解释为什么改进而非损害被遗传。因此，对于任何能够站得住脚的拉马克理论来说，达尔文的自然选择都是必要的补充。从这点来看，达尔文主义和拉马克主义要相互吻合，然而，按照道金斯的看法推论，这两者的互补是非对称的，拉马克主义需要达尔文主义作为解释支架，反方向则是不成立的。其次，对于有机体为什么寻求对环境的适应必须提供因果解释。拉马克假定它是有机体的目的所支配的，但对这种目的性的起源没有提出解释。拉马克理论存在着一个需要达尔文的或其他的解释所填充的空白。达尔文主义按照基因型随机变异的再生产解释了为什么有机体寻求对环境的适应，它也提出了对目的性和意图的演化解释。因此，即使获得性特征是可以遗传的，拉马克主义也再次需要达尔文主义作为解释支架。

总的来说，霍奇逊和克努德森都认为，拉马克主义和达尔文主义既不是对立的，也不是相互排斥的，拉马克主义对获得性遗传的发生没有提供因果解释，所以拉马克主义应嵌入达尔文主义。然而，这种嵌入会不会对达尔文主义产生威胁？霍奇逊对这个问题进行了如下阐述。19 世纪 90 年代，美国生物学家鲍得温（Baldwin，J.）和英国生物学家摩根独立地提出了在达尔文框架内解释快速演化步伐的问题。当时这是一个迫切的问题，因为拉马克主义者对达尔文主义提出的反对是：如果没有获得性遗传，演化的发生就太缓慢和杂乱无章了，拉马克主义者声称，达尔文主义有关变异的“盲目”和“随机”原理不能解释生物演化的速率和效应。鲍得温和摩根为了驳斥拉马克主义者，提出了没有获得性遗传的演化也可以加速的观点，这被称为“鲍得温效应”。1969 年，沃丁坦复活了这种思想，并把它命名为遗传吸收理论，其基本看法是：获得性特征不能被遗传，但这并没有排除获得某种特征的能力的遗传。例如，如果我们从事手工工作，我们的手掌就会变厚。虽然我们的孩子没有被遗传额外变厚的皮肤，但通过基因，我们把手掌对手工工作做出反应从而变厚的能力传递给了后代。随着时间推移，考虑群体作为整体，自然选择将有利于皮肤增厚的遗传倾向，相应地，获得性没有直接被遗传，但通过自然选择，获得那种特征的能力在作为整体的群体中却提高了。

霍奇逊认为，这种遗传吸收理论在微观传递层次上没有破坏魏思曼屏障，与达尔文主义是相一致的，而且它也没有对生物学中的拉马克主义给予支持，实际上，它发展的原动力是对拉马克主义的反对。然而，遗传吸收理论在宏观或群体层次上却产生了一种新的“突现”特征。因为获得增厚皮肤的能力随时间推移提高了，所以，我们在群体层次上能观察到更快和更广泛的皮肤变厚的扩散。在群体层次上，突现的特征和过程具有“准拉马克”特征，但它不涉及微观个体层次上的拉马克遗传。遗传吸收理论给我们提供了两个重要启示。第一，群体层次上“突现”特征的存在警告我们，不要急于把拉马克主义应用到社会经济演化上，从宏观层次上看似拉马克遗传的在微观层次上可能并非如此。第二，遗传吸收理论显示了复杂系统的层级本体论，在不同本体论层级上，存在着不同种类的演化过程，这需要特定的理论，但相互之间不能存在矛盾，达尔文主义提供了这样一种适应性非常强的一般性理论框架，被称作为“普遍达尔文主义”。

三、普遍达尔文主义

自 20 世纪 90 年代以来，在生物学及其相关领域中，围绕达尔文主义主题，涌现出了许多新思想和新学说，虽然刚开始它们不免被看作是异端学说，但随着时间的流逝，其解释的合理性得到了越来越多的认同，这使普遍达尔文主义的命题得到加强。笔者在本节首先概要介绍自组织与达尔文主义之间的关系，然后简要评论普遍达尔文主义对经济学的意义。

根据韦伯和迪普的看法，在生物学思想史上，存在着遗传或（新）达尔文主义的两种分支：一种是“英国分支”（English wing），它是从费舍的著作中发展出来的，它赞同独立于情境（或脉络）的个体基因适应值；另一种是从杜布赞斯基的工作中获得灵感的“美国分支”（American wing），它强调了在不断变化的环境中遗传相对性（相互依赖）原理。英国分支在战后成为新达尔文主义的主流，我们在上节的讨论主要是以这种主流观点为基础的。但韦伯和迪普指出，按照杜布赞斯基的观点，保存变异的机制面临选择的压力。由于这种原因，杜布赞斯基把杂种优势看作是内在适应的。而且，他假定，适应能力——创造和保持变异的更高层次的特性——其本身就是演化的适应。因此，新达尔文主义这两个分支的区别就是：当英国分支使因果效验以“自私的基因”为根据，从而变成基因中心的简化论时，现代演化综合的杜布赞斯基分支为选择在各种层次上起作用的“扩展的综合”而辩护，这种观点由偶然性、自组织和不适应论的结论所补充。①

澄清生物学思想史上新达尔文主义的这两种分支，对于普遍达尔文主义的发展具有重要意义。1961 年，雅各布和莫诺展示了基因库中的大部分秩序是遗传排列自组织的结果，这是新达尔文主义主流框架所不能容纳的，因为后者把生物个体之间的生存斗争看作是演化的主要原因，忽视了自然选择的基础——基因变异的自组织。自组织理论首先是在非平衡热力学中由普利高津等发展起来的，布洛克（Brook，D.）和威利（Wiley，E.）等②试图通过结合熵定理等热力学见解把演化理论一般化。1993 年，考夫曼强有力地论证了自然选择不能单独地解释复杂有机体的起源。然而，在生物演化问题上，自组织和热力学模型的应用遭到了英国达尔文主义的元老史密斯的强烈反对。相反，由于强调有机体是其世界积极的创造者，新达尔文主义的美国分支却欢迎这种扩展，正如莱文特恩写道的，“与其交互作用的情境撕裂开的单一地点的适应概念对进化遗传学真正问题的相干性，正如要理解人类的社会政治演化却把对个人心理孤立于社会环境之外的研究一样。”③ 韦伯和迪普写道，毕竟，DNA 自身不能单独复制，它自身也不能制造蛋白质。这些活动只有在一种由细胞组成的、新陈代谢和发育的情境中才是可能的，也就是说，它处于耗散动能学和信息记忆的情境中。在这种实际的生物情境中，断言基因包含了对其他被动的和惰性的细胞机器发出指令的所有信息不仅是虚假的，而且也是无条理的。自分子生物学革命以来，控制论模型已使我们在这个问题上误入歧途。④

目前，自组织理论的发展丰富了达尔文主义，正如霍奇逊指出的，自组织理论的发展是对自然选择理论的修正而非否定，虽然自组织是演化过程重要的组成部分，但并不能替代自然选择。不可否认，自组织理论的发展已使人们关注的焦点从选择机制转移到变异和新奇创生的自组织机制上，但这没有降低选择机制的重要性。这与道金斯的看法是一致的：如果生命存在于宇宙中其他的地方，它也将遵循达尔文的变异、遗传和选择原理。即使存在着非常不同的遗传系统，包括拉马克的获得性遗传，对演化过程的连贯解释仍将需要达尔文理论的关键性要素。如果一个群体具有不完全遗传的特征，而且这种遗传并不都

① 参见 Weber，B. H. and Depew，D. J.，“Does the Second Law of Thermodynamics Refute the Neo-Darwinian Synthesis?” in Koslowski，P. (ed.)，*Sociobiology and Bioeconomics：The Theory of Evolution in Biological and Economic Theory*，Springer，1999，pp. 57－58.

② Brook，D. and Wiley，E.，*Evolution as Entropy：Towards a Unified Theory of Biology*，Chicago University Press，1986.

③④ 参见 Weber，B. H. and Depew，D. J.，“Does the Second Law of Thermodynamics Refute the Neo-Darwinian Synthesis?” in Koslowski，P. (ed.)，*Sociobiology and Bioeconomics：The Theory of Evolution in Biological and Economic Theory*，Springer，1999，p. 58.

是具有生存的潜能，那么达尔文演化将发生。齐蔻（Cziko，1995）意味深长地把这种对“普遍的选择理论”的承认描述为“第二次达尔文革命”。按照这种观点，达尔文演化并不只限于基因，其本质是需要某种遗传机制。在地球上，DNA 具有复制能力，同样其他“复制者”也可能在地球上或其他地方存在。一个重要的例证是，人类交流、适应环境和模仿的行为使习俗、惯例、习惯和思想的复制和遗传成为人类社会经济系统的关键特点。所以，自然选择①和演化的达尔文主义不应被看作仅是为生物学特定的目的所发展的概念，而是为生物学、经济学和其他社会科学等所提供的一种新的概念结构和框架。因此，对演化经济学来说，达尔文主义并不是生物学类比，而是揭示了社会经济实在的一般特征，换言之，达尔文主义对演化经济学是本体论意义上的。

因此，普遍达尔文主义是反简化论的，强调“层级上结构化的演化理论”，这与批判实在论科学哲学②是一致的。简化论可以被定义为这种观点：复杂现象的所有方面都必须按照某种基本的层次来解释，不存在独立的分析层次和它所赖以建立的“突现”特征。简化论一直困扰着经济学和生物学，在经济学中，个人主义分析方法是简化论的突出表现，“寻找宏观经济学坚实的微观基础”这种提法也反映了简化论的精神；在生物学中，遗传决定论是简化论的典型代表。作为反简化论的普遍达尔文主义具有以下两种含义。首先，它不像贝克尔等新古典经济学家所推行的“经济学帝国主义”那样，试图用单一的一套原理完全地和排他地解释广泛的现象，相反，普遍达尔文主义认为，各学科领域必须发展其特定的和辅助的解释。其次，普遍达尔文主义反对用生物学术语解释所有的现象。达尔文演化的普遍性并不意味着所涉及的过程总是遗传上的变异和选择，当遗传演化存在时，这并没有排除在额外本体论层次上对不同实体产生作用的额外的演化过程。“层级上结构化的演化理论”意味着在生物和人类社会等每一层级上都存在着不同的选择单位，较高层级的演化不能完全用低层级上的演化过程来解释。③

因此，对社会经济演化过程及其“突现”特征，普遍达尔文主义并没有提供详细的因果解释，演化经济学必须发展与生物学等领域相对不同的、具体的和特定的理论。许多演化经济学家已注意到社会经济演化与生物演化在机制上的不同，霍奇逊做了如下总结：例如，与 DNA 复制的高精确度相比，习惯、惯例和制度等这些社会经济的复制者就其自身来说是不完全的复制。社会经济选择不只是在代际之间发生，而且，它也是在社会经济单位的生命期产生的，社会经济演化中的选择没有必要总是涉及某种选择单位的灭绝。自然演化中的世系典型的是分离的和趋异的，而在社会中，世系间存在着信息的传递、结合乃

① 克努德森指出，“最近，我们可以看到，有两个非常不同的选择概念在科学中被使用。这两个概念都是一般性的概念，完全没有特定的生物学内容。第一个概念是子集选择，它是指按照某种偏好标准，从一种集合中选择要素的一个亚种集合，如家庭主妇从当地市场出售的苹果中所进行的选择。第二个概念是达尔文选择，在达尔文选择中，后代不是父母代的子集。达尔文选择应用于复制中的群体，在其中，连续性是由遗传所保证的，而子集选择应用于连续性是由子集同一性所保证的群体。在达尔文选择中，每种复制都有创造新变异的可能，而子集选择排除了新变异的可能性。因为这个理由，具有潜在无限演化的生物和社会系统都可能涉及到复制过程”。参见 Knudsen，T.，“Economic Selection Theory”，*Journal of Evolutionary Economics*，2002，12，p. 444－445.

② 参见贾根良：《批判实在论：经济学方法论的新发展》，载《自然辩证法通讯》，2004（2）。

③ 参见 Hodgson，G. M.，“Darwinism in Economics：From Analogy to Ontology”，*Journal of Evolutionary Economics*，2002，6，pp. 270－273.

至趋同。与自然中大多数选择所发生的环境长期稳定相比，社会经济选择的环境常常是快速变化的。在社会经济领域中存在着拉马克获得性遗传的可能，而在生物遗传演化中这基本上被排除了。因此，演化经济学可以在达尔文主义的指导下，发展变异、复制和遗传的相关概念，深化社会经济演化机制的研究。

第二节 复杂性科学革命

对于经济学专业的许多读者来说，要想了解经济学与复杂系统理论的关系，最直接的来源莫过于沃尔德罗普的科学人文著作《复杂：诞生于秩序与混沌边缘的科学》的中文版。1997 年，当笔者读到这本著作时就意识到，“复杂性科学革命”有可能对（演化）经济学的发展产生重要的影响。因此，从 1999 年到 2005 年，笔者每年在南开大学经济学系名著导读课中大约用四周时间给本科生讲授这本著作。在教学中，沃尔德罗普的著作受到了学生们的热烈欢迎。为了使读者更深入地了解西方演化经济学界与复杂性科学之间密切的联系，2005 年底高等教育出版社出版发行了由我们所翻译的《演化经济学前沿：竞争、自组织与创新政策》。按照该书的看法，现代复杂性科学文献已经吸引了许多演化经济学家的注意力。这就提出了一个重要的问题：如何认识演化经济学与复杂性科学之间的关系？在本节中，笔者结合自己对《复杂：诞生于秩序与混沌边缘的科学》一书的教学和研究心得，简要地提出一些与目前潮流有所不同的看法，以便引起不同观点的争鸣。这些问题包括：如何定义复杂性科学？复杂性科学是经济学新近的研究主题，还是在经济学中早就有其先驱？复杂性经济学派取得了哪些成就，存在哪些缺陷？如何借鉴自然科学中复杂性科学的先进成果？

一、复杂性科学的核心问题

正如圣塔费研究所把复杂性科学看作是一门关于突现的科学一样，“复杂性科学”这个术语的不胫而走也是一种突现的现象。因此，虽然复杂性科学的突现经历了较漫长时间的孕育，但圣塔费研究所初创时期最活跃的经济学家布赖恩·阿瑟还是使用了“复杂性科学革命”这个术语来概括这种现象。在笔者看来，20 世纪最后 20 年复杂性科学的发展是继“老三论”（系统论、信息论和控制论）与“新三论”（耗散结构论、协同论和突变论）之后的第三代系统科学观。霍根（John Horgan）虽然对复杂性概念提出了批评，认为它只不过是四 C[①] 这种一连串流行的时尚中最新的一种，但他有关四 C 的概括大致上也反映了与笔者的看法相类似的一种跨学科的广泛智力进化过程：控制论、突变论和混沌论在 20 世纪 60 年代、70 年代和 80 年代分别成为热门话题，而复杂性概念则在 20 世纪 90 年代突现。但是，是否就如霍根所说的，复杂性科学只是一种迟早要破灭的智力泡沫呢？

正如布赖恩·阿瑟所说，复杂性科学革命在某种意义上是针对简化论而来的。[②] 在这

---

① 四 C 是指控制论、突变论、混沌论和复杂性，因为这四个英文术语打头的字母都是 C，故称四 C。见 J. Barkley Rosser，Jr. (ed.)，*Complexity in Economics*，Introduction，X，Edward Elgar Pub Lisher，2004。

② 参见沃尔德罗普：《复杂：诞生于秩序与混沌边缘的科学》，462 页，北京，生活·读书·新知三联书店，1997。

里，我们没有必要对科学史进行考察，仅就经济学而言，我们可以随便举出一些关于西方主流经济学仍被简化论或还原论所支配的例子。目前的西方主流经济学虽然已经发生了一些重大的变化，但仍是以理性—个人主义—均衡这种简化论的框架为基础的。个人主义方法论的哲学基础是原子本体论，与演化经济学关于人类行为的异质性假定不同，这种理论认为，任何实体所拥有的特征独立于与其他实体的联系，个体尽管在形态上不同，但却完全是同质的，这是一种有关人类行为的简化论假定。理性最大化的假定也排除了对人类行为的复杂性进行研究的可能性。① 正是由于这种简化论框架的广泛影响，目前的宏观经济学已被还原论所支配。虽然“总量的宏观经济现象具有本体论上的和经验上的合法性。反对简化论的这种重要的工作为凯恩斯革命创造了空间”②，但是，“在过去25年中，宏观经济理论的微观基础思路已变成了支配性的”③。然而，这种从给定个人得出宏观规则性的还原论思维已经失败，宏观经济学的发展需要一种复杂系统的思维：宏观稳定性可能依赖于微观层次上的变异、多样性与混沌。因此，复杂性科学不仅不是一种迟早要破灭的智力泡沫，反而是一种必须要开展的科学革命。

那么，如何认识复杂性科学研究的性质呢？为了说明这个问题，让我们首先介绍艾伦（Allen，P. M.）对演化复杂系统研究方法论的讨论。④ 艾伦认为，人类为了认识世界，获取知识，就必须通过某些简化的假定，把复杂的现象转变成较简单的和可以理解的状态，获取知识就等于知道可以做出什么样的简化。为了认识世界，简化是必不可少的，但怎样的简化才不会损害描述的现实性呢？艾伦对简化的假定做了以下四种区分。（1）在系统与其环境之间确定一种边界。换言之，我们首先要假定存在一种“系统”和一种“环境”，我们可以在系统组分的基础上理解系统的运转，在环境的脉络中理解系统的运转。（2）对系统的组分进行合理的分类，这有助于我们理解什么事情正在发生。分类的规则完全是直觉地做出的。事实上，我们刚开始总是做某些质的研究，试图确认我们认为重要的特点，然后把我们对系统的理解与我们碰到的现实加以比较。（3）在任何系统组分的亚系统中，所有要素或者是被假定为同一的，或者是被假定为围绕平均值按照正态分布呈现的多样性。（4）假定系统的所有行为都可以用不同事件或要素特征的平均值适当地来描述。

艾伦指出，对这四个假定采纳程度的不同产生了四种不同的研究或建模方法。首先，均衡方法。均衡方法采纳了所有这四个假定，并做出第五个假定：系统必然地趋向均衡和稳定。这种研究方法假设了系统的变量之间具有固定的关系，并按照决策前后的静态对决策和政策的可能性进行考察（比较静态），目前的西方主流经济学就是运用这种方法的典型代表。其次，非线性动力学。采纳所有这四个假定产生了系统动力学，这是对变化的一种机械式描述。由于它假定系统的所有行为都可以用不同事件或要素特征的平均值来描

① 参见贾根良：《演化经济学：经济学革命的策源地》，68、183页，太原，山西人民出版社，2004。

② 霍奇逊：《制度经济学的方法》，见霍奇逊主编：《制度与演化经济学现代文选：关键性概念》，贾根良等译，北京，高等教育出版社，2005。

③ Jeroen C. J. M. van den Bergh and John M. Gowdy, “The Microfoundations of Macroeconomics: An Evolutionary Perspective”, *Cambridge Journal of Economics*, 2003, 27, p. 65.

④ 参见彼得·M·艾伦：《知识、无知和复杂系统的演化》，见约翰·福斯特、J·斯坦利·梅特卡夫主编：《演化经济学前沿：竞争、自组织与创新政策》，贾根良、刘刚译，北京，高等教育出版社，2005。

述，所以，由非线性动力方程所追踪的轨道并不是真实系统中实际的事件进程，而是这种系统最可能的轨道。而且，变量的平均值假定产生了美丽的平滑轨迹，其结果是所有事件完全被初始条件所决定，系统行为是完全可预测的。再次，自组织动力学。从假定（1）到假定（3）产生了自组织动力学的模型。在这种情况下，变量的非平均类波动在描述中被保留了，系统可以抓住系统所有可能的轨道。自组织是真正的非线性系统的自然特征，它赋予系统一种使其结构可以自发地产生空间重组的集体适应性行为，它探索了任何现存形态的稳定性，当不稳定发生时，系统就产生了新结构的突现。最后，演化复杂系统。只做出假定（1）和（2），就把演化与自组织区分开来了。假定（3）即要素围绕着平均值呈现出正态分布的多样性并不是真正的多样性，这使得自组织动力学不能展示系统内演化和学习的动力。正是个体行为的微观多样性才使得非平均类和古怪类的探索成为可能，这是创新和演化的重要基础，

按照艾伦的上述讨论，笔者认为，以微观多样性为基础的演化过程才是复杂系统理论的核心问题，这个结论对目前有关复杂性科学的定义具有重要意义。目前，学者们对什么是复杂性科学有不同的说法。但就笔者所接触到的文献，有两种观点比较有代表性。第一种观点把复杂性科学近似地等同于对非线性现象的研究。迈因策尔在《复杂性中的思维》一书中，把“从线性思维到非线性思维”作为该书的导言，明显地代表着这种观点。但按照艾伦的观点，非线性现象只是复杂性科学的重要组成部分，而不是全部。第二种观点则是从方法论层面上，把复杂性科学定义为非还原论科学或整体论科学，我国学者苗东升教授和郭元林博士就是这种观点的代表。① 但笔者认为，这种定义是不全面的。确实，按照整体论的含义，认识整体无法仅通过认识部分或更大整体来完成，但是，我们仍不得不通过认识部分或更大整体来获得对整体的相当大部分的认识。此外，按照艾伦对演化复杂系统的定义，如果我们不对微观多样性与整体之间的反馈关系进行研究，只是在“研究整体时不分解还原整体，要保持整体的完整性，利用观察、刺激反应、输入输出、模型、模拟、隐喻等整体研究方法”② 进行研究，我们就无法全面认识人类社会的演化这种最具复杂性的现象。

因此，如果把演化看作是复杂性科学研究的核心问题，那么，在方法论层面上对复杂性科学的定义就应该超越还原论与整体论的对立。首先，正如范登伯格和高迪指出的，“整体论和还原论之间产生矛盾的程度取决于对还原论的定义。如果还原包括了对部分以及部分之间交互作用的理解——这需要把整体分解为部分——那么，这种还原就不需要被看作是与对整体的理解相对立的”③，因此，复杂性研究不能排除对整体的分解性分析。其次，我们应该更全面地认识整体论的含义。笔者认为，存在着两种对整体论的不同定义：一种认为，整体论意味着整体的特征不能从关于部分的全部知识中推演出来，苗东升教授和郭元林博士对复杂性科学的定义就来自于这种认识；另一种则把整体论定义为这样一种信念：构成整体的部分不能适当地单独被理解或描述，除非通过考虑与整体的关系，

①② 参见郭元林：《论复杂性科学的诞生》，载《自然辩证法通讯》，2005（3）。

③ Jeroen C. J. M. van den Bergh and John M. Gowdy, “The Microfoundations of Macroeconomics: An Evolutionary Perspective”, *Cambridge Journal of Economics*, 2003, 27, p. 76.

它们才能被理解[1]，因此，为了认识作为部分的整体，对更大整体的认识是必需的。如果我们把这两点理由结合起来，这就把我们引向了超越还原论与整体论相对立的层级因果论。按照层级因果论的基本含义，在每一种层级上的系统或亚系统都具有二重性：它本身既是整体，同时又是其他整体的部分，这就产生了向上和向下的因果关系。向上和向下的因果关系意味着在不同层级之间存在着反馈关系，因此，要对某一层级的整体进行认识，对其组成部分或更大整体的认识可以对前述“整体研究方法”构成有效的补充。

二、复杂性科学的先驱与复杂性经济学派的缺陷

按照《演化经济学前沿：竞争、自组织与创新政策》一书的说法，现代复杂性科学文献已经吸引了许多演化经济学家的注意力。而且，在发展一种把经济学中的选择和自组织这两种机制整合起来的分析框架上，该书也起到了开拓性的作用。但是，我们不应忘记我们自己这个学科的历史。正如笔者早先就已指出的，现代西方异端经济学的先驱大都也是演化经济学的先驱，而演化经济学则是复杂性科学研究的先驱之一。科兰德（David Colander）也指出，“异端对标准经济学的许多反对将被看作是现代复杂学派反对标准经济学的先驱：德国历史学派反对均衡方法，转而相信历史的重要性，相信不同的时期可能是独特的；制度主义是因为新古典理论太简单而反对它；奥地利学派则把市场机制看作是自发秩序的一种例证，再次为集中于突现秩序的复杂性理论提供了一种先驱；激进学派在观察经济的单一途径之外看到了更多的方法。……（在思想史中，有关复杂性的观点）最有趣的故事与异端经济学家们有关，他们当中的许多人有某种接近复杂观的思想。”[2]

为什么复杂理论最有趣的故事与异端经济学家们有关呢？如果追溯到目前西方经济学界主流与异端分裂的这个时期，我们就会发现，当新古典主流经济学的先驱者们在 19 世纪 70 年代以经典科学的机械世界观为基础发动“边际革命”之时，19 世纪下半叶所产生的其他经济学流派都试图在这种世界观之外寻求新的思想，其直觉意识与现代自然科学所提供的新的世界观具有某种一致性。新的世界观就是在 19 世纪下半叶的达尔文革命和 20 世纪初的物理学革命所产生的动态的、系统的和演化的宇宙观，它在 20 世纪的生物学、非平衡热力学和混沌学中得到了进一步的发展，正是这种来自于自然科学的革命性进展产生了与经典科学在世界观上存在着本质性区别的系统科学观，然而，由于现代异端经济学先驱流派的产生大都早于 1895—1930 年期间的物理学革命，或几乎与达尔文革命同时产生，因此，他们不可能像我们现在这样对现代宇宙观有比较清楚的认识，存在着这样或那样的缺陷也是无法避免的，但他们无疑是现代宇宙观的先驱，比主流经济学的世界观更先进，这就是笔者对西方异端经济学传统所定义的性质。

我们知道，西方异端经济学各流派一直从不同的角度试图发展一种对 19 世纪末以来的新古典经济学进行替代的经济学体系。因此，蒙哥马利（Michael R. Montgomery）指出，复杂性理论是最近才上升为对新古典主流经济理论进行替代的一种理论。他对复杂性

---

① 参见 John B. Davis，D. Wade Hands and Uskali Maki，*The Handbook of Economic Methodology*，Edward Elgar，1998，p. 229.

② David Colander (ed.)，*Complexity and the History of Economic Thought*，Routledge，2000，pp. 35－36，p. 41。

理论与以一般均衡（或博弈论）为基础的新古典主流经济理论之间的区别进行了总结，我们不妨把这种总结照录如下：第一，（像它所依据的19世纪的物理学一样）新古典理论是建立在线性化基础之上的，而复杂性理论则强调了经济现象的基本的非线性；第二，新古典理论认为，对人类总体行为的理解完全可以通过对孤立地来看的“代表性行为者”的理解来达到，但复杂性理论却认为，这是一种“合成的谬误”，它没有认识到在总体行为中所发生的“深层次的”交互作用（“网络”或“网状系统”）。第三，当新古典理论强调均衡是经济科学的基本出发点之时，复杂性理论则强调了非均衡过程（或内在的多重均衡过程）是它们的科学基础。第四，当新古典理论突出“理性预期”的时候，复杂性理论则强调了预期形成的理论，这主要包括行为者在真实的经济中通过实际的学习所产生的适应、演化、归纳和“暗中摸索”的过程。[①] 如果我们对西方异端经济学共同的方法论基础有所了解的话，那么我们就不难发现，蒙哥马利对复杂性理论与新古典主流经济理论之间的区别所做的总结同样也适用于西方演化或异端经济学与目前的主流经济学之间的区别。现在，以圣塔费研究所对复杂性经济问题的研究为代表，事实上有可能已经形成了科兰德所说的复杂性经济学或复杂性经济学派。复杂性经济学派除了使上述复杂性的思想得到了迅速的传播外，还特别强调了计算机模拟方法的重要性，有时，圣塔费研究团体把这些模拟看作是他们称之为“计算机实验”的一种新的实验形式。复杂性经济学派对计算机模拟方法的发展是对经济学研究工具的一种贡献。

但是，正如蒙哥马利所观察到的，“从《作为演化复杂系统的经济》两卷论文集来看，复杂理论家们把他们的工作看作是使新古典主流转向一种新型的形式化模型，而不是使主流远离数学模型范式，也不是增加它对非数学分析的容忍。”[②] 因此，科兰德认为，“虽然人们可以在许多领域发现，这些异端学派是复杂性理论工作的先驱，但是复杂性经济学却不是从这些学派中发展出来的。复杂性经济学是从标准经济学中发展出来的，它最好被看作是一种自然的演进——经济学领域对变化着的（研究中所使用的）技术性工具做出的反应。复杂性经济学与标准经济学共同关注于形式化的数学，坚持形式化的科学方法。……因此，在我看来，这些（异端）学派中没有一个会导致复杂性经济学。它们将有可能把标准经济学引向别的地方。”[③] 科兰德担心什么呢？他担心的是西方异端经济学将有可能把经济学的主流引向“非数学的历史的和制度的方法”。正因为如此，科兰德才强调，计算机模拟是复杂性方法的基础，复杂性理论的提倡者赞成采用比标准经济学更新的甚至更复杂的数学和统计学，虽然许多异端经济学家是复杂系统观的先驱，但是，“复杂性经济学的方法与标准经济学是相当一致的，因此，它不会与许多异端传统相适应。……复杂性经济学可以用标准的科学方法吞并异端的见解，这只有到现在才是时候了。”[④] 这是经济学中“劣币驱逐良币”的一个典型例子。

---

① 参见 Michael R. Montgomery，“Complexity Theory：An Austrian Perspective”，in David Colander (ed.)，*Complexity and the History of Economic Thought*，2000，p. 227.

② Ibid.，p. 231.

③ David Colander，“A Thumbnail Sketch of the History of Thought from a Complexity Perspective”，in David Colander (ed.)，*Complexity and the History of Economic Thought*，2000，p. 36.

④ Ibid.，p. 42.

然而，在笔者看来，这正是复杂性经济学派致命的错误，目前的复杂性经济学派越来越脱离现实，甚至比主流经济学变得更加“自我封闭”了。① 例如，《作为演化复杂系统的经济》第二卷论文集都是数学模型的文章；由于受到这种潮流的影响，在日本演化经济学协会第一次国际会议召开后出版的论文集《经济学中的演化争论：新的跨学科方法》（2001）中，除了演化经济学的名家纳尔逊、霍奇逊和威特以及批判实在论科学哲学家劳森的文章外，其他论文几乎都是数学模型或计算机模拟的论文。这种发展趋势招致了现代演化经济学的开拓者纳尔逊的批评，在最近发表的几篇论文中，纳尔逊都多次强调，他和温特等所发展起来的经济演化理论与复杂系统理论等是相当不同的：复杂系统理论虽是动态的，但它的大部分研究集中于数学建模，很少关心经验事实。

与纳尔逊和大多数西方异端经济学家的看法一样，笔者并不反对有限制地使用数学、计量经济学和计算机模拟的方法，但反对把它们看作是主要的甚至是唯一的经济学研究方法，反对把数学看作是经济学作为一门科学的标志。笔者在《演化经济学：纲领与范围》的“中译本前言”中曾提出，演化经济学新的经验研究方法将由历史的、比较的、制度的和解释学的方法所组成，但无论是在第一届欧洲应用演化经济学会议论文集《应用演化经济学：新的经验方法与模拟技术》（2003），还是在第二届欧洲应用演化经济学会议论文集《应用演化经济学与复杂系统》（2004）中，人们都无法发现笔者所提倡的这种方法，以至于连笔者自己也产生了怀疑：按照目前的这种潮流，所谓应用的或经验研究的方法就是应用数学的、计量经济学的和计算机模拟的方法，而笔者所提倡的以案例或实际问题研究为基础的非数学研究方法并不是经验性的。这种看法似乎是离奇的，但问题究竟出在哪里呢？

三、怎样发展作为复杂性科学的演化经济学？

问题的关键就在于对社会经济系统复杂性的认识。复杂性学派的错误与目前的主流经济学一样，它们都没有认识到社会经济现象要远比物理世界和生物世界复杂得多，也没有认识到经济复杂的性质。正如笔者在《演化经济学：经济学革命的策源地》一书中所指出的，复杂性科学基于这样的一种宇宙观：世界本身是由多重因素相互交叉、网络式的反馈环路和非线性的不可逆过程所结构化的世界。非线性和不可逆的网络式反馈过程产生了无穷无尽的多样性和事物的特有形式（即时空特定性），这种多样性和时空特定性随系统的复杂程度而增加。自然历史作为一个演化过程，是一种新奇和多样性不断突现的过程，从物理系统中突现出的生物系统，正如生物学家迈尔所指出的，多样性已构成生态系统的基础，这种多样性使自然选择成为可能，从而使进化生物学成了研究多样性的科学。而从生物系统中突现出的人类社会又在动物意识基础之上增加了“自反思”的文化系统，从而使康芒斯所谓的人工选择成为可能。复杂层级的增加意味着每个层级具有相对的自主性和因果机制，它虽以低层级为基础，但还原论方法无法解释更复杂层级的突现性质。

例如，厄恩斯特·迈尔在《生物学思想的发展：多样性、进化与遗传》一书中指出，

① “自我封闭的”是法国学生对西方主流经济学批评时使用的一个术语（Autisitic），参见爱德华·富布鲁克主编：《经济学的危机——经济学改革国际运动最初600天》，贾根良等译，北京，高等教育出版社，2004。

生物科学是由生命过程和多样性这两大主题所构成的，从而产生了研究控制—动能—组织的功能生物学和个体群—历史程序—特异性—适应的进化生物学。功能生物学家们运用与物理化学家同样的实验方法虽取得了惊人的成就，但生命过程绝不是简单的物理化学现象，其复杂性是单纯的物理化学手段所无法解决的。而对于进化生物学来说，物理化学的方法基本上是不适用的，它对定性、历史、信息和选择值等问题有着特别的兴趣，这对沟通物理科学与人文社会科学起着重要作用。生物多样性和进化是以地理和时间维度的变异（时空特定性）为特征的，自然选择是以作为生命过程的基因为基础的，意识和有目的的活动对于这种变异和选择起不到多大作用。相反，人类社会的演化基本上是依赖于人类有目的的活动或能动性，知识或文化在地理和时间维度上的变异不仅大于而且也快于生物变异，因而人类社会系统比生物系统要复杂得多，它具有更大程度的时空特定性和多样性，演化速度也更快，不确定性也更大。

目前国内外经济学界存在着对形式化工具和研究手段的顶礼膜拜，演化经济学界在某种程度上也存在着这种倾向。在笔者看来，在复杂性科学中，数学描述和计算机模拟方法的适用性与层级复杂程度的增加成反比例变化，而历史的、比较的和解释学方法的适用性则与层级复杂程度的增加成正比例变化。这也就是说，如果数学描述和计算机模拟的方法对研究物理系统是完全适用的，那么在研究生物系统时它就存在着局限性了，而对于人类社会经济系统来说，这种局限性就更明显了。因此，经济学研究没有必要对自然科学中复杂性科学的方法和工具顶礼膜拜，它必须按照复杂性科学的总体框架即系统的、整体的和演化的思维方式发展自身的特定方法。正如尼古拉斯·乔治斯库-罗根指出的，人类社会历史的关键性部分是用日常语言所讲述的故事，在对复杂性程度最高的人类社会进行研究上，数学、计量经济学和计算机模拟的方法毕竟是相对简单的方法了，而历史的、比较的、制度的和解释学的方法很可能才是经济学中真正的复杂性方法，但这种方法至今仍未得到系统的发展，他的这种看法也许无法得到西方大多数演化经济学家们的同意。

那么，在这种情况下，我们又如何借鉴自然科学中复杂性科学的先进成果呢？经济学当然可以从自然科学特别是当中的复杂性科学中借鉴许多重要的研究成果，如自组织理论、实验方法、遗传算法、复制动态甚至形式化工具的运用等，但是，这种借鉴并非如复杂性经济学派那样只是从自然科学中借鉴数学建模和计算机模拟方法的事情，更重要的为了加深我们对人类社会经济系统复杂性的理解，探索这种复杂性的因果机制，而数学建模和计算机模拟作为辅助的方法则是无法完成这项任务的，因此，在借鉴自然科学中复杂性科学先进成果的基础上，重要的事情是要借鉴它的思想并进一步激发新思想的创造。我们知道，各门科学之间的相互借鉴是科学进步的重要途径，这种借鉴是通过类比和隐喻的方式来实现的，但它必须考虑到由于研究对象在性质上的不同所产生的适用性问题。可以毫不夸张地说，在新古典经济学和演化经济学这两种对立范式的诞生过程中，经典物理学类比与生物学类比这两种截然不同的思维模式曾经起到了关键性的作用。由于对主流经济学的机械类比所造成的危害印象太深了，威特和福斯特对演化经济学的生物学类比也曾持有怀疑态度，这就提出了一个重要的问题：如何通过对一种事物的类比和隐喻来获得对另一种事物的正确理解？我们要知道，类比和隐喻的关键性作用是要激发研究者对各种事实之间相互联系的直觉创造力，而如果对相互类比的不同事物的性质缺乏深入的理解，那么就有可能导致东施效颦式的错误性模仿。因此，对实在的性质特别是社会经济实在的性质不断更新的深入思考是产生恰当的类比和隐喻的关键，通过这种方式我们可以发展实质性的经济理论，而不是只停留在哲学世界观的层次上。

但是，在借鉴自然科学中复杂性科学的先进成果上，哲学的作用仍必须被强调。爱因斯坦指出，“如果把哲学理解为在最普遍和最广泛的形式上对知识的追求，那么，显然，哲学就可以被认为是全部科学研究之母。”① 可能正是在这种意义上，霍奇逊指出，“哲学是一种可向多种研究领域转化的技能，因此它能够促成学科间的交流。它鼓励一种批判性的思维框架，有助于确定大的问题。”② 但是，目前的经济学教育对哲学并不重视，或者哲学教育跟不上时代的发展，经济理论工作者也缺乏对哲学进行钻研的强烈动力，因此，无论是在自身学科的发展上，还是在借鉴自然科学的成果和方法上，绝大多数经济学家都缺乏自觉的哲学批判意识。特别是由于受到实证主义科学观和商业利益对经济学研究的影响，许多人甚至把哲学视为行而上学的和脱离实际的学问。然而，量子力学的开拓者普朗克下面的这句话人尽皆知，“研究人员的世界观将永远决定着他的研究方向”③，自然科学尚且如此，作为社会科学的经济学焉能例外？怀特海曾意味深长地指出，“如果科学不愿退化成一堆杂乱无章的特殊假说的话，就必须以哲学为基础，必须对自身的基础进行彻底的批判。”④ 特别是在科学革命或经济学范式的重大变革时期，哲学总是起到关键性的先导作用。在经济思想发展史上，经济学说的大分水岭总是由作为哲学家的经济学家们所创造的，例如，我们所熟知的亚当·斯密、卡尔·马克思、威廉·斯坦利·杰文斯、索尔斯坦·凡勃伦和约翰·梅纳德·凯恩斯等就是这样的人物。自进入新世纪以来，经济学界已经进入了重大变革时期，演化经济学的大发展正在呼唤着这种“哲人经济学家”的诞生！

思考题

1. 为什么说演化经济学是经济学中的达尔文革命？
2. 达尔文主义与拉马克主义是什么关系？
3. 复杂性科学的核心问题是什么？
4. 为什么说西方异端经济学的先驱也是经济学中复杂性科学的先驱？
5. 复杂性科学一定要使用数学方法吗？如何理解“书不尽言，言不尽意”？
6. 谈谈你对如何发展作为复杂性科学的演化经济学的看法。

---

① 转引自李醒民：《激动人心的年代》，299页，成都，四川人民出版社，1984。

② 爱德华·富布鲁克主编：《经济学的危机：经济学改革国际运动最初600天》，贾根良等译，149页，北京，高等教育出版社，2004。

③ 转引自李醒民：《激动人心的年代》，298页，成都，四川人民出版社，1984。

④ A.N. 怀特海：《科学与近代世界》，17页，北京，商务印书馆，1959。

第四章 演化经济学的理论类型

我们在第一章已经简要地谈到两种不同类型的经济学。1998年，笔者曾就报酬递增理论的发展独立地提出了两种不同类型的经济学研究思路：新古典主义的和结构主义的①，并在《演化经济学：经济学革命的策源地》中对此进一步做了一般性的表述。后来，笔者发现赖纳特在这方面有较全面的论述，因此，笔者就组织力量把赖纳特的研究成果翻译到国内来了。实际上，还有一些学者持有类似的看法，例如，当代经济思想史家泰伯指出，在复杂的经济思想史中出现了两种不同的研究传统：一种致力于追求适用于所有时代的有关经济行为的普遍规律；而另一种则持有社会结构和制度特定性重要的动态经济演化观。② 在本书第一章中，我们通过与西方主流经济学的比较讨论了演化经济学的主要特征和本体论的基本假定。在本章中，我们仍然采用比较的方法，首先从方法论角度讨论演化经济学理论建模的特质，然后从两大经济学研究传统（两种类型经济学）和三大经济学理论体系的角度入手，论证演化经济学是一种与马克思主义经济学和西方主流经济学相并列的第三种经济学理论体系，讨论演化经济学对西方非马克思主义异端经济学诸流派的综合问题，从而对演化经济学的基本性质做出判断。最后，通过对演化经济学与中国传统科学在思维模式上惊人相似性的比较，探讨中国演化经济学发展的“中国之根”问题。

第一节 演化经济学的理论建模

一、从经验出发和有机体隐喻

赖纳特从是物理学隐喻还是生物学隐喻、是从理论出发还是从经验现实出发这两个方

① 参见贾根良：《报酬递增经济学：回顾与展望（Ⅰ）》，载《南开经济研究》，1998（6）；《报酬递增经济学：回顾与展望（Ⅱ）》，载《南开经济研究》，1999（1）。

② 参见William K. Tabb，*Reconstructing Political Economy*：*The Great Divide in Economic Thought*，Routledge，1999，p. 21.

面区分了两种不同类型的经济学。一种是建立在自然隐喻的基础上，主要来自于物理学，这种隐喻的例子是："看不见的手"保持着地球围绕太阳在轨道上运转构成了18世纪晚期的自然观，或者"均衡"，这是在19世纪80年代仍流行的物理学隐喻。正如钱颖一所推崇的，"经济学同物理学相类比则更为恰当"①，目前西方主流经济学的"标准教科书"就是基于这种"均衡隐喻"的物理学，它是建立在一种抽象的、自上而下的隐喻之上的。

但这种"均衡隐喻"的世界观实际上在19世纪末和20世纪初的物理学大革命中就被物理学家们抛弃了。正如尼古拉斯·乔治斯库-罗根指出的，"正当杰文斯和瓦尔拉斯开始为现代经济学奠基时，物理学一场惊人的革命扫荡了自然科学和哲学中的机械论教条。奇怪的是，'效用和自私自利的力学'的建筑师，甚至是晚近的模型设计师，看来都没有及时地觉察到这种没落。"②目前，西方主流经济学仍滞留于力学或机械类比，并通过经济学"帝国主义"向社会科学其他领域输出这种方法。

而另一种理论则是建立在经验基础之上的，是一种"自下而上"建立起来的经济学，一般来说，它首先来自经验，其后才被提炼为经济理论，这种经济学一般是以生物学隐喻为基础的。在世界历史上，威尼斯城邦在几个世纪内一直实践着一种特定的经济政策，很久之后，意大利经济学家安东尼奥·舍拉在1613年才把这种实践提炼成理论，并解释它为什么有效。③ 类似地，几千年前的石器时代部落通过咀嚼柳树皮来治疗头痛，而直到拜耳的时代，才将其中的物质命名为水杨酸并且生产出了阿司匹林。同样地，在1929年维生素C被分离出来之前的数个世纪，中世纪地中海上的水手早就通过携带橘子和柠檬来预防坏血病。因此，赖纳特指出人类完全有可能在未能彻底理解某种经验的运行机制之前，就可以通过得到的经验来治疗疾病、理解经济或者达到其他的目的。④

实际上，这种抽象程度较低的经济学是建立在生物学隐喻而非物理学隐喻之上的。从公元400年左右罗马法制定以来，人的身体通常作为社会的象征。这种理论的基础是，对于"身体"的研究应有一种质的、整体的理解，它同时也意味着：系统内那些重要的因素，如不同事物之间的协同作用，以及相互依赖的部分，是不能还原为数字和符号的。达尔文引入了一种新型的生物学隐喻，用这种隐喻去理解社会的变化，比如发明，就类似于自然界的突变。与之相反，法国的博物学家拉马克的观点则是——获得性状可遗传，在将这些生物学隐喻应用到经济领域时，达尔文和拉马克的观点实际上具有互补性。⑤

以物理学为基础的经济学，恰好将创造国民财富的因素——不完全竞争、发明、经济部门之间的协同效应、规模经济和范围经济以及使这些因素成为可能的经济行为——排除在外了⑥；而以有机体隐喻为基础的经济学，不仅能容纳物理学隐喻排除在外的上述要素，而且更重要的是能说明经济系统中不同组成部分之间的相互依赖和相互补充的统一

① 钱颖一：《理解现代经济学》，载《经济社会体制比较》，2002（2）。

② Georgescu-Roegen, N., *The Entropy Law and the Economic Process*, Harvard University Press, 1971, pp. 2-3.

③ 参见安东尼奥·舍拉：《简论无矿藏国使金银丰富的原因》，对该书的介绍请见赖纳特、贾根良主编：《穷国的国富论：演化发展经济学论文选》（下卷），第十八章，北京，高等教育出版社，2007。

④ 埃里克·赖纳特：《富国为什么富，穷国为什么穷》，20页，北京，中国人民大学出版社，2010。

⑤ 同上书，21页。

⑥ 同上书，23页。

性。演化经济学发展的最初动机之一就来自于演化经济学家们的这种信念：经济学应该更多地类比生物学而非物理化学。他们自然不会同意钱颖一教授所倡导的“经济学同物理学相类比则更为恰当”，而会赞同1872年俄国一位作者对马克思《资本论》的如下评论：“每个历史时期都有它自己的规律……一旦生活经过了一定的发展时期，由一定阶段进入另一阶段时，它就开始受另外的规律支配。总之，经济生活呈现的现象，和生物学的其他领域的发展史颇相类似……旧经济学家不懂得经济规律的性质，他们把经济规律同物理学定律和化学定律相比拟……对现象所作的更深刻的分析证明，各种社会机体像动植物机体一样，彼此根本不同……由于这些有机体的整个结构不同，它们的各个器官有差别，以及器官借以发生作用的条件不一样等等，同一个现象就受完全不同的规律支配。”①

二、型态模型

那么，如何对社会有机体进行研究呢？按照科学哲学家卡普兰的看法，“当一种事物与一系列其他事物是如此相关，以至于它们构成一个统一的系统之时，我们可以通过确认它作为一个有机整体中的一个特定部分来理解它，这种事物才能被解释。”② 我们可以发现，卡普兰的这种研究方法与俄国那位作者对《资本论》方法的评价很类似。卡普兰认为，当我们理解了某种事物在整体中的地位时，我们才能为这种事物提供一种解释，这种解释方法是整体论（holism）科学的突出特征。

整体论这个术语最初是由南非学者斯马茨（Christiaan Smuts）根据希腊词 holos 创造的，其含义是“整体的”（whole），他使用这个术语概括在他的那个时代已经获得广泛认同的一种新的科学理论类型的实质，这种新的理论类型是指由生物学中的达尔文革命和物理学中的放射性理论、相对论和量子力学所产生的演化和动态理论，这种理论最终替代了牛顿和前达尔文的机械主义的科学理论。这种达尔文主义的科学思维模式把物理世界设想为演化的动态整体，它是对静态的和决定论世界观的“原子论”的革命。这种整体论科学实质上是以这种信念为基础的：整体不仅大于部分之和，而且部分之间是如此相关，以至于它们发挥作用也是以它们内在相关为条件的。③

对整体主义者来说，他们坚持与批判实在论社会科学哲学相同的科学观，即对实在（也就是现实）的解释不能采用普遍规律的研究方法，也不能使用预测作为证实的唯一形式；相反，一个事件或行为必须通过确认它在以持续变化为特征的一种整体型态中的地位来解释。虽然这种整体主义的世界观自19世纪末以来已经成为自然科学家的一种思维模式，但是到晚近，科学哲学家们才为之提供了一种清晰的方法论阐释，卡普兰（Abrahan Kaplan）④ 和迪辛（Paul Diesing）⑤ 是其突出的代表，他们都试图揭示整体主义解释模式

---

① 《资本论》，2版，第1卷，21页，北京，人民出版社，2004。

② 转引自 Charles Wilber and Robert Harrison，“The Methodological Basis of Institutional Economics：Pattern Model，Storytelling，and Holism”，*Journal of Economic Issues*，March 1978，p. 81。

③ Ibid.，p. 73.

④ Abrahan Kaplan，*The Conduct of Inquiry：Methodology of Behavioral Science*，Chandler Publishing Co.，1964.

⑤ Paul Diesing，*Pattern of Discovery in Social Science*，Chicago：Aldine-Atherton，1971.

所隐含的结构性框架。

迪辛认为，社会科学中构建整体主义解释模式取得最大成功的思路是参与者—观察者方法。当使用这种方法时，研究主题对研究者来说是一种自我维系的社会系统。虽然整体主义者对系统在多大程度上是整体的有不同看法，但有一件事情是清楚的，这就是：重要的不是整体的绝对规模，而是所研究的对象构成了一种统一的整体。所选择的系统的规模可以是一个家庭或者是一个企业，也可以是一个国家或者一个“历史时代”，所谓“历史时代”是指诸如金融资本主义或者“第一次工业革命”等概念。但无论如何，整体主义的研究重点在于某种系统的唯一性或个性。通过参与者—观察者方法构建整体主义解释模式一般是由以下三个步骤所构成。①

第一步是理论家的“社会化”。作为参与者，调研者允许所研究主题自身的概念、范畴和规范对其产生深刻影响，不像实证主义者那样把外部的论述强加于研究主题，参与者—观察者试图通过这种方式与所研究的系统的具体形式保持密切接触。由于这种接触，理论家能够探察到在各种情境中一再发生的主题。一个主题与其他主题存在着越多的联系，这个主题就越重要，因为整体主义者想建立一种强调系统内在相关性或统一性的模型。作为观察者，研究者寻找能揭示系统整体性的主题。正是在这种意义上，整体主义者发现普遍规律（需求定律）和普遍的范畴（效用）不适合于描述某种系统的统一性。

第二步是阐明研究者现在感知到的信息。作为一个整体，一个研究主题是由许多组成部分所构成，研究者借助已有的理论和知识对研究对象的每部分构建尝试性的假说，并在广大范围内使用诸如案例研究、调查数据和个人访谈等手段获取的数据和信息对这种假说进行检验。支持一种假说或解释的证据要通过对证据的不同种类和来源进行交叉检验的过程，并在系统的整体性脉络（contextual）中对假说或解释加以验证，这是一种对最初假说进行证实的间接手段。支持某种陈述的证据的有效性可以通过如下方法加以评估：“在同一点上与其他证据进行比较”。

最后，当一个主题的各个组成部分被证实后，整体主义者进入最后一个程序——建立模型。这种模型是在一个整体的解释框架中把已经证实的各个组成部分的假说连接起来，这被称作是型态模型（pattern model）。所谓型态模型就是在解释框架上是链结式的而非像形式化模型那样是演绎式的，它是把几个相对独立的部分连接在一起，而不是逻辑上从一种解释变量推演出被解释变量。链结理论的每一部分首先在独立于其他变量的情境下被发展、被解释和被检验，然后每一种解释再与型态模型中其他部分联系在一起。而每一部分可能又是由一个相对独立的亚部分所组成。就这样，由链结理论所构成的型态模型就对复杂的实在提供了一种多层面的和复杂的图景。在建立这种型态模型时，人们需要注意两个问题：一个是对于某部分的解释应该注意到部分与整个系统之间连接的多样性；另一个问题是，当整体主义者构建模型时，早期对每部分的描述要持续地经受怎样更好地在一种型态模型中结合在一起的检验，也要考虑新的证据在型态中在多大程度上可以被解释。

---

① 参见 Charles Wilber and Robert Harrison，“The Methodological Basis of Institutional Economics：Pattern Model，Storytelling，and Holism”，*Journal of Economic Issues*，March 1978，pp. 75-77.

型态模型作为一个整体被证实是通过扩展它并增加更多的细节来实现的。这也就是说，研究者可以合理地确认，如果新的证据或不同种类的证据适合于这种型态模型的解释，那么，这种解释就是正确的。对解释真实性的证实不在于对某部分解释真实性而是对整体解释真实性的证实，这是因为对某部分的解释只是从脉络上是有效的，因此这种解释具有低的可靠性。整体主义者认为，当一种型态模型变得更复杂和细节上更充实、更多种类证据容易适合于其解释的时候，它的解释就是一种正确的解释，在这种时候，难以想象一种替代性的型态模型或解释，一直到发现它无法解释新的证据，在这时，一种替代性的或修改的型态模型可以取代旧的。

威尔伯和哈里森认为，把制度主义经济学家们团结在一起的不是一种共享的理论内容，而是一种共同的解释模式，这就是隐含在他们著作中的"型态模型"的调查研究模式或解释模式。实际上，型态模型并不只是制度主义经济学的特征，它也是演化经济学或西方异端经济学各流派共同的建模方法。希拉·道探讨了作为后凯恩斯主义经济学建模基础的"巴比伦思维模式"（Babylonian mode of thought），她认为，这种思维模式与批判实在论经济学方法论具有共同的哲学基础。在笔者看来，"巴比伦思维模式"与"型态模型"实际上是一回事，批判实在论社会科学哲学为它们两者提供了更坚实的哲学基础。我们下面就简单介绍"巴比伦思维模式"。①

"巴比伦的"这个术语是由凯恩斯在1933年的《牛顿其人》中首先使用的，在他关于牛顿的传记中，凯恩斯挑战了把牛顿看作是"理性时代第一人"的传统理解，他说，牛顿"是最后一位魔法师，是巴比伦和苏美尔人中的最后一位，就像不到一万年前就开始建立我们知识遗产的人们一样，他是用同样的方法观察这个大千世界的最后一个伟大的心灵。"② 在斯托尔斯（1983）把"巴比伦"的这个术语引入到现代经济学之前，它作为科学哲学的一种方法明显地被废弃不用了。斯托尔斯认为，凯恩斯有关不确定性的思想可以沿着巴比伦思维模式得到进一步的发展。而斯托尔斯则是从温萨特有关社会科学方法论的讨论中整理出了与笛卡儿/欧几里得思维模式并存的巴比伦范畴。斯托尔斯指出，按照巴比伦的方法，"从公理到定理之间并不存在单一的逻辑链条，而是存在着几种并行的、相互缠绕的和相互强化的链条，以至于没有某种公理可以构成整个逻辑的基础"。

而温萨特又是从著名物理学家费曼（1965）称作数学中巴比伦传统的提法中发展这种思想的：巴比伦传统涉及一系列论证的起点，因此存在着许多种物理规律的可推论性。费曼把巴比伦思维模式与欧几里得思维模式（即把所有的论证都与一套公理联系在一起的方法）进行了对比，他指出，欧几里得数学是一种建立在一套公理之上并使用一种方法——数学方法——的封闭的逻辑体系，其目的是为了得出具有普遍性的结论，这种逻辑体系遵循的是形式逻辑的内部规则而不是参照现实，这种非实在论的推理类型也与笛卡儿相关，因此又被称作是笛卡儿-欧几里得的。费曼认为，对物理学来说，巴比伦的方法比欧几里

① 以下三段有关"巴比伦思维模式"的介绍基本上都出自 Sheila Dow，"Babylonian Mode of Thought"，in J. E. King (ed.)，*The Elgar Companion to Post Keynesian Economics*，Edward Elgar，2003，pp. 11-15。

② 在如何理解凯恩斯对牛顿的评价上，流行的看法是在贬义上把牛顿与炼金术联系在一起。笔者认为，这种理解是不对的，牛顿通过对科学史的考察，认识到了演绎法的局限性，因此，凯恩斯对牛顿的评价是褒义的。

得的方法好："在得到定理上，总是从公理开始的方法不是非常有效的。"费曼是在讨论物理学中数学方法局限性时谈到这一点的："对物理学来说，数学的精密不是非常有用的。"他把巴比伦数学描述为由一系列从不同出发点开始推理的链条所构成，它不限于从一条公理开始的推理，而是由所要处理的问题的实践性所决定。

费曼认为，在巴比伦数学中，一种推理链条可以集中在实在的某一部分，以至于某种变量是外生的，但这种变量对另一种推理链条却是内生的；当一种推理链条可以使用统计分析时，而另一种推理链条则可以依靠历史研究。当把这些不同的推理链条综合在一起时，我们就可以得到一种对实在整体的全面理解，这实际上就是我们前面讨论的"型态模型"的建模方法。为了理解西方异端经济学（后凯恩斯主义经济学是其中的一个流派）与主流经济学在方法论上的根本性差别，后凯恩斯主义经济学家希拉·道在费曼和斯托尔斯的基础之上探讨了巴比伦思维模式对经济学的意义。在她看来，巴比伦思维模式是开放系统的思维模式，而欧几里得思维模式则是封闭系统的思维模式。

上述区分对于考察演化的经济世界具有重要的方法论意义。在开放系统的建模中，人们并不能把所有的相关变量都纳入其中，这些变量及其关系都是不断发生变化的，因此存在着创造、突变和不稳定性，所以这种建模方法天生就是适合演化经济学的科学方法；而在欧几里得的封闭系统建模中，所有的变量都是预先确定的，并被区分为外生的和内生的，而未知的变量则被处理为随机的。在后凯恩斯主义经济学方法论中，这种外生的和内生的区分被定义为外部封闭和内部封闭，在他们看来，前者从外部排除了除随机扰动以外的任何事物，而后者则排除了系统变量以及变量之间关系的任何变化，所以，它在本质上是静态的，不适合于对动态的演化世界进行研究。

三、经济学研究的两大传统

在构建理论模型上，是从物理学隐喻出发还是从生物学隐喻出发，是从理论出发还是从经验现实出发，建立的模型是型态模型还是数学形式化模型，所有这些问题的讨论都把我们再次引向了经济理论的两种不同类型。正如物理学家费曼和后凯恩斯主义经济学家希拉·道把两种不同的科学方法追溯到欧几里得和巴比伦时代一样，赖纳特把经济理论两种不同类型的分裂追溯到了文艺复兴时期。[①] 自文艺复兴以来，在西方经济思想史中就形成了由两种不同的世界观作为其哲学基础的经济学研究传统：一种是从重商主义、美国学派[②]、德国历史学派、马克思主义经济学、老制度学派和熊彼特经济学等一直到目前由马克思主义政治经济学和现代西方非马克思主义异端经济学所构成的研究传统，这是一种以动态的、系统的和有机的世界观作为其哲学基础的西方经济学研究传统；另一种则是从重农主义、亚当·斯密、大卫·李嘉图、"庸俗经济学"和杰文斯-瓦尔拉斯的边际革命等一直到现代新古典经济学的研究传统，这是一种以静态的、原子论的和机械的宇宙观作为其哲学基础的在目前被称之为西方新古典主流经济学的研究传统，见表 4—1。

---

① 参见赖纳特、贾根良主编：《穷国的国富论：演化发展经济学论文选》（上卷），第一章，北京，高等教育出版社，2007。

② 参见贾根良：《美国学派：推进美国经济崛起的国民经济学说》，载《中国社会科学》，2011（4）。

表 4—1　　　　经济学研究的两大传统

	牛顿主义经济学研究传统	达尔文主义经济学研究传统
看问题的出发点	研究对象（个人、企业、国家或产业等）都是相同的，假定技术、制度、个人偏好和资源禀赋不变，在均衡框架内进行经济分析	研究对象（个人、企业、国家或产业等）是异质的，认为技术、制度、偏好和资源禀赋都处于变动中，在非均衡（“生生不已”、“变化日新”）的框架内进行经济分析
研究焦点	既定资源的配置，在给定的约束下如何通过市场机制实现最优化	新资源的创造，技术、制度、个人偏好以及资源禀赋的变动，这些变动对经济行为者以及活动的影响，通过市场和非市场机制实现的方式
人性假定	理性自利的经济行为者按照效用最大化原则进行经济决策（享乐主义）	创造的本能和人性二重性（利己和利他）。采纳更宽泛的人类行为定义，认为除了考虑经济行为者受到追求个人效用的目标支配之外，更应当认识到本能、习惯、阶级、文化、认知模式等因素对他（她）们的决策不仅具有约束而且具有塑造作用，行为者按照得失权衡或满意的原则展开行动
哲学观	采用了将偶然性和能动作用排除在外的机械决定论，在逻辑推演中不考虑历史不可逆、路径依赖和制度差异等	采纳不确定性思维，认为结构和能动的交互作用使经济世界本身是非决定论的，特别关注历史不可逆、路径依赖和制度差异
理论结构的特点	不能处理多样性、新奇、质变、报酬递增和系统效应	可以容纳多样性、新奇、质变、报酬递增和系统效应等
规律观	认为存在着适用于一切时间和地点的普遍适用的经济规律	规律是相对的，其有效性要受到经济时空的制约，特别关注历史和地理的差异；理论和政策具有时空特定性的特点
方法论	从理论到经验（自上而下）	从经验现实到理论（自上而下）
	物理学隐喻	生物学（复杂有机体）隐喻
	方法论个人主义（或原子论）	方法论有机主义（或整体主义或交互作用主义），个体能动性与制度结构相互构成
	以公理为基础的形式化模型	型态模型
研究方法的特征	在高度抽象中建立逻辑上严密一致的公理化体系，数学建模、计量经济学和预测是研究方法的特征	在历史时间中的世界多重复杂性中认识世界，主要采用经验主义的方法，比较的、历史的、制度的和解释学的方法是其研究方法的特征；作为辅助手段，在有限程度上可以使用数学建模、计量经济学和计算机模拟等工具
知识论	坚持事实和价值的两分法，倡导“客观中立”的所谓实证分析	在科学研究中，事实和价值是不可分割的，经验研究渗透着价值判断
与其他学科的关系	经济学是一门精密科学，数学和经典物理学是其模仿对象	经济学是一门社会科学，经济学研究应当更多地参考政治学、历史学、社会学和人类学等学科的研究成果
典型代表或主要流派	西方主流经济学：新古典综合、货币主义、理性预期学派、博弈论、新凯恩斯主义等。理性选择马克思主义	西方异端经济学：老制度学派、新熊彼特学派、后凯恩斯经济学、西方新马克思主义如调节学派等、女性主义经济学；其中前两者属于传统意义上演化经济学的两个流派

经济学研究两大传统的这种分歧在第二次世界大战结束以来就愈发显得清晰，在现代西方经济学界明显地分化为西方新古典主流经济学和西方异端经济学两大阵营。特别是随着新自由主义的兴起，世界上“只有一种经济学”的观点甚嚣尘上，在萨缪尔森多次再版的《经济学》内封底上，“经济学的家族树”只是展示了新古典主流经济学教规的演进，而另一种经济学研究传统则面临着即将绝迹的命运，见图4—1。

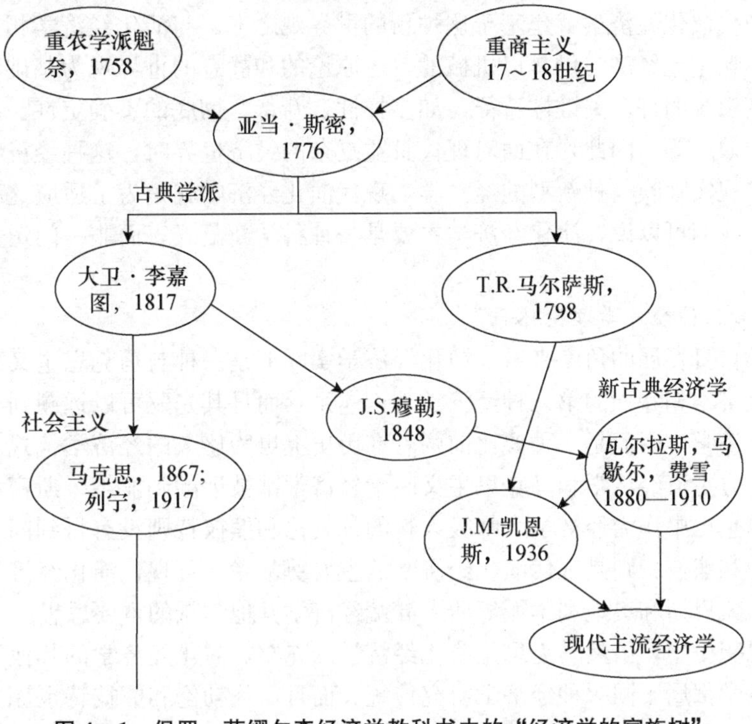

图4—1 保罗·萨缪尔森经济学教科书中的“经济学的家族树”

资料来源：保罗·萨缪尔森、威廉·诺德豪斯：《微观经济学（第十八版）》，内封底，北京，人民邮电出版社，2008。

自20世纪90年代初以来，西方主流经济学教条主义开始在我国大行其道，目前已经在我国大学的经济学教育中占据了主流地位。按照这种教条主义的看法，经济学原理是一元的和统一的，经济学是不应该有国别差异的，这也就是说，世界上只有一个真正的经济学，这就是现代西方主流经济学。“主流经济学与非主流经济学的理论依据……其实都是相同的，都是基于现在的主流经济学……而经济学最基础的理论还是一般均衡理论，即现代的德布鲁的均衡理论……它的基础非常坚实。这并不是说主流经济学的逻辑结构就没有缺点……但现在发展不出另外一套逻辑来替代它，只能是在这一套逻辑的基础上加以补充、修正，这就是现在的发展方向。”① 显而易见，这种观点是对经济思想史无知的表现。

四、演化经济学的基本性质

目前，有相当多的经济学者仍把演化经济学看作是一种与行为经济学或者实验经济学

① 茅于轼：《主流非主流并没有太大分歧——访北京天则经济研究所常务理事茅于轼》，载《社会科学报》，2004-05-20；中国人民大学复印报刊资料《理论经济学》卷，2004（7）。

相类似的经济学分支学科，但笔者认为，这种看法低估了它的价值。演化经济学这一术语是由美国老制度学派的创始者凡勃伦在1898年创造的，他的目的是要运用达尔文主义革命重建经济学。从其科学性质上来说，演化经济学具有以下三个基本特征。

1. 它首先是一种科学新范式

达尔文革命和20世纪初的物理学大革命在西方世界催生了有机的、系统论的和动态的世界观，现代演化经济学就建基于这种新的世界观之上。与演化经济学相反，目前占统治地位的新古典主流经济学仍是以机械的、还原论的和静态的世界观为基础，这种经济学无法处理经济系统的许多关键性特征，如多样性、新奇、彻底的不确定性、质变、报酬递增和系统协同效应等。因此，在面对现代日益复杂的经济世界时，这种经济学存在着不可克服的缺陷。现实呼唤一种新型的经济学，现代演化经济学就是为了适应这种需要应运而生的。因此，我们可以说，演化经济学主要是一种科学新范式，而非一门定义狭窄的经济学分支学科。

2. 它是第三种经济学理论体系

从经济学自身发展的角度来看，演化经济学实际上是一种与马克思主义政治经济学和新古典主流经济学相并列的第三种经济学理论体系，而且其先驱可以远溯到文艺复兴时期的重商主义经济学，因而是一种要比前两者在历史上更为悠久的经济学范式。在当代经济学流派中，西方主流经济学和马克思主义政治经济学都被远溯到亚当·斯密和马克思，而同样在经济思想史中作为经济学大师级人物的凡勃伦和熊彼特则没有得到同等重视。但实际上，凡勃伦和熊彼特则是现代演化经济学的主要奠基者，且现代演化经济学的发展还综合了马克思、凯恩斯和奥地利学派等西方异端经济学其他学派的重要思想。

在经济思想史中，虽然马克思是演化经济学的先驱，演化经济学的其他先驱与马克思主义政治经济学都属于同一种经济学研究传统，而且，凡勃伦和熊彼特也深受马克思的影响，但是，演化经济学的现代流派仍形成了独立自主的和非常丰富的研究视角、分析框架和富有解释力的理论，它实际上是一种独立于马克思主义政治经济学和西方新古典主流经济学的第三种经济学理论体系。因此，笔者曾经提出在西方经济思想史及当代发展中，在经济学的两大研究传统之下存在着三大理论体系，见图4—2。[①] 当然，与马克思主义政治经济学和西方新古典主流经济学具有高度统一的分析框架不同，目前西方非马克思主义异端经济学诸流派仍处于相对分裂的状态，缺乏一种严密的分析框架和系统的知识体系，所以，演化经济学未来的发展应该是对西方非马克思主义的异端经济学诸流派的综合（见本书第五章）。

3. 演化经济学是一种跨学科的交叉研究领域和方法

这种跨学科具有两种含义：其一，演化经济学的发展是在不断吸收自然科学的新思想和新方法并与之互动中得到发展的，它广泛地吸收了进化生物学、自组织理论、协同论、复杂系统理论、演化心理学、认知科学和人工智能等自然科学学科的研究成果；其二，演化经济学的发展跨越了经济学和管理学等许多学科。实际上，演化经济学的思想最早被引入到中国发生于管理学科的应用研究中，自20世纪80年代末以来，演化经济学的思想一

① 参见贾根良：《“新经济思想史”刍议》，载《社会科学战线》，2010 (1)。

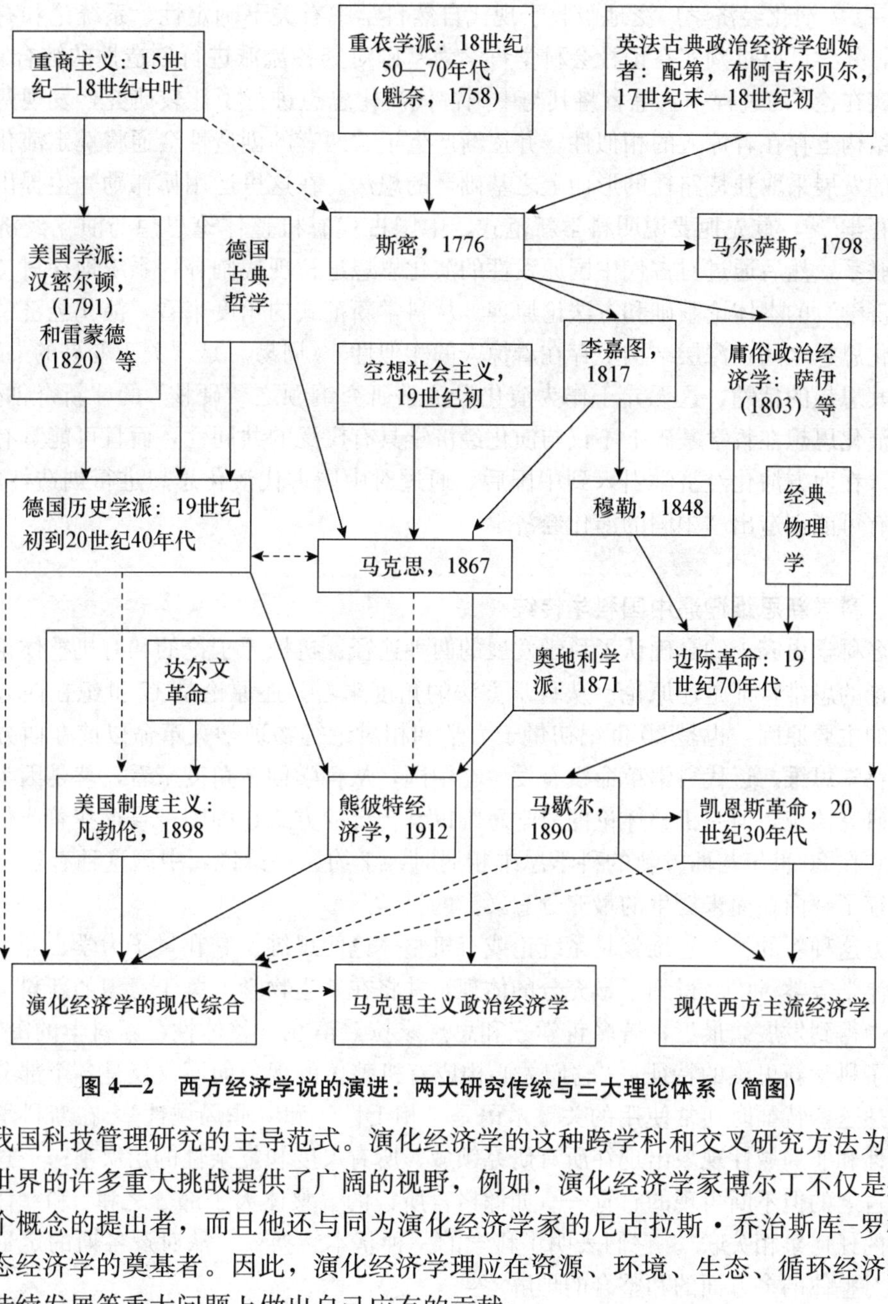

图 4—2　西方经济学说的演进：两大研究传统与三大理论体系（简图）

直就是我国科技管理研究的主导范式。演化经济学的这种跨学科和交叉研究方法为我们应对当代世界的许多重大挑战提供了广阔的视野，例如，演化经济学家博尔丁不仅是生态经济学这个概念的提出者，而且他还与同为演化经济学家的尼古拉斯·乔治斯库-罗根共同成为生态经济学的奠基者。因此，演化经济学理应在资源、环境、生态、循环经济和人类社会可持续发展等重大问题上做出自己应有的贡献。

第二节　中国的演化经济学

自 20 世纪 80 年代以来，演化经济学这个以现代哲学和自然科学为基础的经济学研究新范式日益被人们所接受，在最近二十年已成为社会科学中最重要并取得重大进展的学术领域之一。[①] 演化经济学广泛地吸收了现代自然科学中有关不确定性、系统论和有机演化的思想，并尝试以批判实在论社会科学哲学为基础对其各流派进行创造性的综合。[②] 在接触批判实在论[③]的过程中，笔者将其与中国古代演化思想进行了比较研究，发现两者之间在深层结构上存在着惊人的相似性，并逐渐产生了“两者的创造性会通将奠定演化经济学在中国的发展采取独特路径的形而上之基础”的想法。在这里运用傅伟勋先生提出的“创造的解释学”[④]，首先扼要说明科学新范式、中国古代有机整体论思想与演化经济学之间的内在联系，然后通过对古代中国原发性的演化思想进行现代阐释，系统地探讨“中国的演化经济学”的本体论基础和方法论原理。从科学新范式的角度来看，演化经济学与中国古代演化思想之间在深层结构上存在着惊人的相似性。《周易》是“关于变易的书”，变化日新是其思想的精髓，这无异于作为演化经济学研究纲领之“硬核”的“新奇创生”。中国古代演化思想在哲学基础上不仅与演化经济学具有广泛的共同性，而且可能具有更深刻的思想。在西方演化经济学引入到中国后，通过对中国古代演化思想进行创造性的转化，我们就有可能创造出“中国的演化经济学”。

一、科学新思维遭遇中国科学传统

著名科学史家李约瑟确认了科学发展的两种途径：机械原子论的和有机整体论的。机械原子论的思维特征是还原论。从科学方法的角度来看，还原论是17世纪在西方发生科学革命的主要原因，也是20世纪初量子力学和相对论等物理学大革命以前在西方占统治地位的科学思维。近代科学革命没有发生在中国，从科学创造角度来看，就是因为缺乏这种科学研究传统，但有机整体论的科学思维以其传统的方式在中国一直存在着或仍在发展着，当它在20世纪与西方新的科学思维相遇时，李约瑟评论说，中国这种有机整体论的传统保存了“内在而未诞生的最充分意义上的科学”[⑤]。

西方这种新的科学思维就是系统论或有机整体论的思维，它在量子力学、非平衡热力学和混沌学等学科中已得到了最充分的体现，并将在新生物学、关于意识的新科学以及新宇宙学中得到发展。最近，著名哲学家和思想家拉兹洛在《整体性：新科学的寓言世界》中总结了科学新思维的特征，“它们关心构成有机整体的现象而不仅仅是各个部分的聚合体。描述这些特征时通常使用的关键术语是‘相干性’和‘非局域性’。在新科学中发生的相干性和非局域性现象出现在所有研究领域、所有尺度和复杂性的层次上……这些发现证明了古老的但不断再现的直觉——如像格言所说的‘整体大于部分之和’和‘任何事都和其他的任何事相关联’。它们表明了科学的一种基本转换——从对逻各斯的定量和分析理性到对整体的多方面的和整合的理解。”[⑥]

20世纪30年代，思维敏锐的西方科学家首先发现了这种科学新思维与中国古代有机

---

① 参见贾根良：《演化经济学：现代流派与创造性综合》，载《学术月刊》，2002（12）。

② 参见贾根良：《理解演化经济学》，载《中国社会科学》，2004（2）。

③ 参见贾根良：《批判实在论：经济学方法论的新进展》，载《自然辩证法通讯》，2004（2）。

④ 参见傅伟勋：《从西方哲学到禅佛教》，北京，生活·读书·新知三联书店，1989。

⑤ 见侯样祥编著：《传统与超越：科学与中国传统文化的对话》，221页，南京，江苏人民出版社，2000。

⑥ 欧文·拉兹洛：《微漪之塘：宇宙进化的新图景》，251页，北京，社会科学文献出版社，2001。

整体论思想之间惊人的联系。著名的量子力学创始者海森伯和玻尔等都注意到，远东传统中的哲学思想与量子理论的哲学实质之间有着某种联系（海森伯语）。李约瑟是中国古代有机整体论思想的热心宣传者，在他的影响下，普利高津、卡普拉、哈肯和托姆等科学家都把眼光转向了东方。[①] 卡普拉在他的畅销书《物理学之“道”：近代物理学与东方神秘主义》中系统地研究了两者在思想上惊人的类似性，并对科学新范式的六个判据与东方哲学进行了对比。普利高津非常推崇中国自发的自组织世界观。协同学的建立者、德国物理学家哈肯也说，“我认为协同学和中国古代思想在整体性观念上有很深的联系”[②]。

我们以上所举的例子主要是来自物理学，就经济学而言，现代演化经济学的发展是以进化生物学、系统论和非平衡热力学中普利高津的耗散结构等理论为基础的，而后两者与中国古代有机整体论思想具有惊人的类似性。著名演化经济学家布莱恩·阿瑟在谈到复杂系统科学时就指出，东方哲学一向把世界看作是一个复杂的整体，“复杂性的特点则完全是道教的。在道教中，秩序不是天然固有的，‘道生一，一生二，二生三，三生万物’。在道教中，宇宙是广袤的、无定性的、永恒变化的”[③]。作为复杂系统科学的一个重要研究领域，演化经济学未来的发展要与中国文化发生联系是必然的事情。

与目前以机械原子论为基础的仍占主流的新古典经济学相比，中国古代哲学蕴藏着远比其更高明和更丰富的思想，我们在这里仅以心理学说加以说明。新古典经济学现在仍基于效用（享乐）主义的心理学说，理性最大化和效用最大化是我们现在经常能听到的术语，但这种心理学说实际上无法说明经济行为者的心理变化，无法运用于指导实际经济行为。相反，《周易·系辞传》区分了五种心理状态：吉、凶、悔、吝和无咎[④]，“吉凶者，言乎其失得也；悔吝者，言乎其小疵也。无咎者，善补过也。”这也就是说，吉的意思是“得幸”，令人高兴的心理状态；凶的意思是“得祸”，最不好的事情；悔的意思是会生后悔之事，也就是佛经上讲的“烦恼”；吝是指受人责难而陷入困境；无咎的意思是虽有缺点，但不致受到责难。《周易·系辞传》中又说，“吉凶悔吝者，生乎动者也”，只要有行动，这四种心理状态的某种就必然要发生，“是故吉凶者，失得之象也；悔吝者，忧虞之象也”，对《周易》六十四卦来说，“是故卦有大小，辞有险易。辞者也，各指其所之”。因此，《周易》讲的是人生的六十四种境遇，采取行动（博弈）的指南，多忧患之词，笔者认为，它要比博弈论高明得多。

新古典经济学与中国古代哲学是内在相冲突的，但演化经济学在中国却具有其发展所需要的深厚文化基础。“新奇创生”是演化经济学研究纲领的“硬核”，《周易》则是“关于变易的书”，变化日新是其思想的精髓。变化日新“包含两重意义：一是说变化永无休止，每时每刻都在进行中；二是说伴随着变化的是新事物的不断出现和旧事物的不断消失”[⑤]，难道这不正是演化经济学所关注的“新奇创生”吗？中国哲学同样反对新古典经

---

① 参见侯样祥编著：《传统与超越：科学与中国传统文化的对话》，249 页，南京，江苏人民出版社，2000。

② 转引自侯样祥编著：《传统与超越：科学与中国传统文化的对话》，223 页，南京，江苏人民出版社，2000。

③ 沃尔德罗普：《复杂：诞生于秩序与混沌边缘的科学》，464 页，北京，生活·读书·新知三联书店，1997。

④ 另一说法认为是四种心理状态：吉、凶、悔、吝，见南怀瑾：《易经系传别讲》，48 页，上海，复旦大学出版社，1997。

⑤ 朱伯昆主编：《易学基础教程》，321 页，北京，九州出版社，2000。

济学的最优（最大化）假说、类型思考和历史无关这些基本假定，同样强调了群体思考和历史的重要性。老子说，“是以圣人去甚，去奢，去泰”，强调的是得失权衡而非最优。由于强调与时空相关的“位”、“时”“中”①，并以相关事态作为人的决策根据，所以，中国哲学要比演化经济学中的满意假说蕴藏着更深刻的思想。“和实生物”强调了多样性；“时”和“知彰”②的概念则说明了历史的重要性。我们下面就较详细地讨论演化经济学与中国古代演化思想之间在深层结构上的惊人相似性。

二、中国演化经济学的本体论基础

1.“和实生物”：多样性与创新的基础

根据演化经济学的观点，多样性是演化的基础，而演化又产生多样性。那么，多样性的起源又是什么呢？它来自事物和个体的异质性，在演化经济学中，群体思考就是基于这种本体论假设。在中国哲学中，承认事物和个体的异质性是一个基本的共识。《周易》《睽》卦《大象传》云：“上火下泽，睽。君子以同而异。”“以同而异”乃是“求同存异”之意。孔子也说，“君子和而不同”（《论语·子路》），其本体论假设同样也是殊异性和多样性。

演化经济学的各种研究传统都认为，新奇创生是现有要素新组合的结果。这在中国古代思想中称为“和”。公元前774年周太史史伯说，“夫和实生物，同则不继”。③怎样理解“和”和“同”呢？冯友兰指出，“《左传》昭公二十年记载晏子一段话，其中区分了‘和’与‘同’。他说，‘和，如羹焉。水、火、醯、醢、盐、梅，以烹鱼肉’，由这些作（佐）料产生了一种新的滋味，它既不是醯（醋）的味，它也不是醢（酱）的味。另一方面，同，‘若以水济水’，‘若琴瑟只专一’，没有产生任何新的东西。同，与异是不相容的。和与异不是不相容的，相反，只有几种异合在一起形成统一时才有和。”④ 总而言之，“生”是“和”的结果，而“和”的基础是“异”。“和实生物”的思想对我国古代科学技术领先于世界起到了决定性的作用，作为创新活动的基本原则，在强调多样性的21世纪必将重放异彩。

2.“道”与阴阳：演化的机制

在演化经济学中，演化机制的分析遵循三个相继的步骤：初始条件（遗传分析）—变异或新奇创生的起源—选择过程，它采用了结构（制度）—能动作用（个体）—结构（制度）的程式，这种方法易于操作，但容易忽视结构（制度）与能动作用（个体）之间的辩证关系，动态程度受到限制。实际上，在传统的演化经济学中，老制度学派和奥地利学派分别片面地集中在结构（制度）和能动作用（个体）的侧面上。但批判实在论却提出，人类的能动作用依赖于社会结构，反过来，社会结构的任何方面也依赖于人类的能动性，结构与能动作用互为前提。因为社会结构依赖于人们的能动作用，所以它不能处理为给定

---

① 参见陈鼓应：《易传与道家思想》，33页，北京，生活·读书·新知三联书店，1996。

② “帛书《系传》的‘知微知彰’就是《黄帝内经》的‘观前知反’……‘彰’指过去的经验”，见陈鼓应：《易传与道家思想》，168页，北京，生活·读书·新知三联书店，1996。

③ 参见刘长林：《中国系统思维》，611页，北京，中国社会科学出版社，1990。

④ 冯友兰：《中国哲学史》，150页，北京，北京大学出版社，1996。

的；同时，它也不能被看作是个人的产物，因为个人有目的的行动是以它的预先存在为前提的。在这里，相关的概念必定是再生产和转变，个人行动者利用了既有的社会经济结构作为其行动典型的未知条件，通过所有个人在总体上采取的行动，社会结构无目的被再生产或转变。

然而，如果我们把批判实在论的这种社会本体论与阴阳学说做一比较，我们将发现，它们之间具有惊人的相似性。阴阳思想是《周易》的精髓，《周易·系辞传》对此进行了概括："一阴一阳之谓道"。第一，《周易》的基本原理就是"一阴一阳"，离开阴阳变易，也就没有《周易》的变易法则。第二，它将事物的性质及其变化的法则概括为"一阴一阳"的动态过程，说明对立事物的互相变通。在《周易》中，卦象的变化基于阴阳两爻的相互推移，所谓推移既包括相互排斥，又包括相互吸引，《周易·系辞传》把它概括为"刚柔相推而生变化"，并作为解释一切事物变化的源泉。第三，承认事物存在两重性，要求人们从对立的两方面去观察事物，否则就是片面的。张载认为，只有从阴阳相兼出发，考察事物的变化，才能不被表面现象所迷惑，从千变万化中把握其根本。① 第四，阴阳互为消长的规律就是"道"，"道"即演化的机制，"道"生万物，但这种"道""百姓日用而不知"。

按照上面的比较分析，结构与能动作用之间的相互关系可以用周易的阴阳学说来说明，那就是：结构与能动作用作为对立面互相变通，结构与能动作用这两种力量的相互推移、互为消长产生了社会结构的变化，但它是在"百姓日用而不知"的情况下所导致的。在这里，结构与能动作用作为对立面互相变通必然要以两者互为前提为基础，而相互推移、互为消长就是转变。如果考虑到在处理结构与能动作用的关系问题上，长期以来，西方社会科学界一直经受着二元分裂的痛苦，那么，我们就会知道英国社会学家吉登斯特别是批判实在论在理论上的创新上是多么重要。然而，对于熟悉易学的人来说，这种理论似乎是理所当然的。导致这种状况的原因，正如费正清等所指出的，"实际上，阴阳概念用于分析自然和人类社会事物常常比西方的二重性更有用。与地中海世界善恶处于永恒冲突的二重性不同，阴阳是相互补充的和相互制约的。"②

3. "阴阳不测之谓神"：不确定性与认知的不完善

上面我们已经讲到，阴阳互为消长的规律就是"道"，就是演化的机制。对于这种"百姓日用而不知"的"道"，科学研究可以认识到。然而，"一阴一阳之谓道"只是本体论假定上的道，阴阳是就应用和本体的象（象，像也）而言的，本体上的道既不在"阴"上，也不在"阳"上，所以，"阴阳不测之谓神"。

"阴阳不测之谓神"在本体论上至少具有三种含义。首先，我们必须认识到，任何一种理论都不能声称是对实在最完善的描述，我们必须把自己的观点与终极的本体区分开来。阴阳尽管玄妙，但却具有可描述性，然而，它只能体现在"有名"的可描述的万物之中，作为最终意义上的本体乃"无名"之道，是不包含矛盾的，也是不可言说的。《易传》的这种思想来自于道家的老子，对于老子来说，道生万物，万物乃可知可言的认识对象，

---

① 参见朱伯昆主编：《易学基础教程》，115、203页，北京，九州出版社，2000。

② 费正清、赖肖尔：《中国：传统与变革》，51页，南京，江苏人民出版社，1996。

也即“有名”者。“道可道，非常道”，作为一般的道是不可道的，但“有名”的道则是可道的。

“阴阳不测之谓神”的第二种含义是，即使是在“有名”的可描述的道中，由于不确定性，准确的预测也是不可能的。因此，与实证主义科学观相反，预测正确与否并不是判断一种假说正确与否的标准。《周易》说，“神无方而易无体”，“阴阳不测之谓神”。“神”谓变化多端，不拘一格，神妙莫测。历代易学发挥了这一观点，用以解释事物变化的不确定性和偶然性。①

“阴阳不测之谓神”的第三种含义是，《周易·系辞传》将演化的动因称为“神”，将变化的过程称为“化”，提出“穷神知化”的认知任务②，这正是中国演化经济学的主要任务。

4.“性习论”：人类行为的基本假定

当前学术界对人性形成的自然—教养说的激烈争论，可以追溯到达尔文对遗传倾向和获得性行为的区分。自然—教养说的争论反映了人类社会经济和文化演化的复杂性，对于解决“利己主义”（主流经济学基本假定）和“利他主义”的两分法以及个体还是群体选择等问题来说，这种争论的澄清具有很重要的意义。在演化经济学中，凡勃伦看到了达尔文的上述区分对经济学的意义，采用了“本能和习惯”这种更明确的术语，在“制度就是流行的思维和行为习惯”这个基本观念的基础上，创立了老制度学派。凡勃伦提出人性是遗传与文化交互作用的产物，人类天生具有六大本能倾向，但这些本能倾向受制于习惯的发展并由习惯所修正，而习惯则是社会经济环境的产物。老制度学派的这种人性理论与我国古代的“性习论”具有惊人的类似性。

“性习论”是我国古代关于人性形成与发展的理论。“习与性成”据说是商代初期伊尹告诫初继王位的太甲的一句话。清初的王夫之对此作过解释：一种习惯形成的时候，一种性也就和它一起形成了。孔子根据“习与性成”的理论，提出了“性相近，习相远”的命题，“少成若天性，习惯成自然”传说也是孔子的言论。“性习论确认性有两种：一种是由生长而来的生成的性，可以称为生性，亦即人的自然本性；另一种是人出生以后学习而来的习成的性，可以称为习性，亦即人的获得本性。人的生性只有很少的几种，习性则是大量的，并且其发展的可能性是无限的。”③ 此外，我国古代学者还提出了一些要远比新古典经济学更现实和更有价值的人类行为的假定，如对善与恶相对性的认识，对所有道德标准相对性的认识等。

值得注意的是，近十几年来，进化心理学又提出了与上述两种学说相类似的理论。进化心理学接受了这种看法：人类的心理活动是由众多的模块（modules）所组成的，哪部分模块被激活取决于工作所属领域。人类在模块的基本组成上都是相同的，或者说遗传上的本能或自然本性都是一样的，但这些本能或自然本性不是同样性质的（如“性习论”认为有几种生性），哪种模块被激活取决于所提供的信息投入。环境的影响至少在两个方面

---

① 参见朱伯昆主编：《易学基础教程》，340页，北京，九州出版社，2000。

② 同上书，338页。

③ 潘菽：《中国古代心理学思想》，见《中国大百科全书（心理学卷）》（《心理学史》分册），3页，北京，中国大百科全书出版社，1985。

发挥作用，一个是它影响到大脑结构的个体发育，再一个是它干预了心智模块向行为的转变。心智模块的反应是典型的有条件的。同样的心智模块在不同的情境中可以产生不同的行为。进化心理学用这种理论解释文化的多样性。[①] “性习论”的现代意义就在于：制度或环境可以塑造人的行为，体制改革和组织设计必须考虑它可能产生的不同影响。

5. 生成论

如果说新古典经济学是研究存在（being）的经济学，那么演化经济学就是研究生成（becoming）的经济学，它可以被定义为对经济系统中新奇的创生、传播和由此所导致的结构转变进行研究的科学。“存在的科学”假定世界存在着某种独立的最小单元，是不可再分的，具有不变的性质，如经典物理学中的原子，新古典经济学中的个人。相反，“生成的科学”假定不存在基本的和不变的最小单元，一切事物都是可变的，它们的性质必须用关系来定义。

演化经济学是研究生成的科学这种定义与作为我国传统科学特征的生成论是不谋而合的。对于后者，董光璧先生曾有精辟的见解，“生成论和构成论的不同在于，前者主张变化是‘产生’和‘消灭’或者‘转化’；而后者则主张变化是不变的要素之结合和分离。这两种观点在古代东方和西方都产生过，但是在东方生成论发展为主流观点，而在西方构成论发展为主流观点。生成论和构成论的差别是造成东西方传统科学差异的总根源。因为生成论便于建立概念体系的功能模式，适合于由代数描述，而代数形式又易于发展类比推理，于是形成了中国传统科学的功能的、代数的、模型论（如英文单词为 pattern，译为型态论更适合，以与 model 相区分——引用者注）的特征。因为构成论便于建立概念体系的结构模式，适合几何描述，而几何形式又易于发展演绎推理，于是形成了西方传统科学的结构的、几何的、公理的特征。”[②] 生成论的科学本质上就是演化的科学。

三、中国演化经济学的方法论原理

1. 观物—取象—比类—体道：回溯法

根据批判实在论的看法，回溯法是一种通过隐喻、类比从而提出假说的过程。通过隐喻和类比，回溯法由于点燃了相似事实之间互相联系的火花，所以它是最富创造性的科学研究方法，尽管有时会产生极其错误的见识。与新古典的演绎主义相反，经创造性综合而成的新演化经济学把回溯法作为基本的研究方法，在这方面，演化经济学在中国的发展拥有独特的文化遗产优势。

按照《周易·系辞传》的概括，中国有机整体论的思维方式采用了观物—取象—比类—体道的程序，它与还原论和构成论的公理或演绎的方法不同。“取象—比类”无疑是回溯法的先驱思想。正如《周易·系辞传》所言，“易者，象也”，象论是《易传》最重要的认识论。《易传》中的“象”有两层含义：一层是事物外在的现象，“见乃谓之象”；另一层是模拟或模型的含义，“圣人有以见天下之赜，而拟诸其形容，象其物宜，是故谓之

---

① 参见 Laurent，J.，and Nightingale J.（eds.），*Darwinism and Evolutionary Economics*，Edward Elgar Publishing Limited，2001，p. 199.

② 转引自侯样祥编著：《传统与超越：科学与中国传统文化的对话》，30 页，南京，江苏人民出版社，2000。

象”。这里的“取象”不是制作模型，而是通过对对象的反复观察，将对象概括、提炼为意象。意象大致相当于隐喻，正如哲学家罗蒂指出的，我们的哲学信念是由图像而非命题、隐喻而非陈述所决定的，宇宙的秘密也首先是意会性地被感知到的。但我们应该注意，“《易传》作者不是同等地对待所有‘见于外而可阅’的事物形象，他们要着意研究的是事物的行为和功能”①。例如，中医学以阴阳应象为根据，提出了藏象经络学说，正是从阴阳的相互作用来获取对人体生理现象动态认识的。知识的积累是一个过程，藏象经络学说的提出要经过许多代人的不懈努力，对每一代人来说，先人的看法（即理论）就成为进一步观察的基础（“观察渗透着理论”），“取象”实际上是一个艰苦的理论思维过程。

“比类”就是类比，这是中国古代思维方式引人注目的特点。中国古代哲学家“对事物的认识往往不是直接探究该事物本身而是在观照他物、在编织起的此物与他物互倚互重的整体中达到对此物的理解”②，通过类比对不断扩展的人类经验加以把握。“比类”在《周易》六十四卦的形成中起到了决定性的作用，藏象理论的形成是在与五行学说的类比过程中产生的。通过“比类”，我们才能提出理论或模型，如《周易》六十四卦就是人生六十四种境遇的模型和行动的指南（理论），《周易·系辞传》写道，“圣人有以见天下之动，而观其会通，以行其典礼，系辞焉！以断其吉凶，是故谓之爻”。“比类”还有另一层含义，就是再把模型或理论与实际情况进行比较，从而体认“道”的信息，“体道强调的则是：道的本体不会直接显现，只能从事物的变化中透露道的意蕴”③。所以，就《周易》来说，“极天下之赜者存乎卦，鼓天下之动者存乎辞，化而裁之存乎变，推而行之存乎通”，“体道”的重要性就在于，“神而明之存乎其人”。

2. 阴阳反照：取象的方法

如何辩证地研究个人（能动性）与社会（结构）是社会科学方法论的一个核心问题，具体到制度与演化经济学，则是如何处理制度和个人的关系问题。按照《周易》哲学，由于对立面的相互依存、相互作用、互为因果，在事物的变化过程中存在着辩证的统一，所以对某一方的认识只有通过另一方才能得到彻底和完整的理解。换言之，在获取事物的动态之象时，我们需要采用阴阳反照的方法：通过结构认识个体，通过个体认识结构。这在易学中又被称作相成思维，“相反相成”。

阴阳反照作为研究方法有两种含义。第一种含义是所有现象都是阴阳这两种对立力量交互作用的结果，《周易·系辞传》认为，“易”之变化就在于“道”之“辟”“合”，亦即“阴”（收缩）“阳”（展开）之交替。所以，在研究各种经济现象时，我们应根据阴（结构或制度）和阳（能动性或个人）相互推移、互为消长有可能蕴藏着转变这种思维来获取事物的动态之象。

阴阳反照作为研究方法的第二种含义是，利用经济现象与深层因果机制的对应关系，通过阴阳反照这种间接的认识方法，反复观察，获取事物的动态之象。中医学的发展经验可以借鉴，但我们必须注意经济学在发展这种方法时，它与中医学研究对象的差别所具有

① 刘长林：《中国系统思维》，74页，北京，中国社会科学出版社，1990。

② 刘大椿：《科学哲学》，367页，北京，人民出版社，1998。

③ 同上书，368页。

的含义。“医家利用机体表里内外有形与影、鼓与响的对应关系，利用机体对病邪，对药物会产生确定性反应的原理，主要（不是全部）借助对人体表征的观察，得出藏象经络理论；同时逐步推知病因药性，得出中医病因学和药物学。前者属于‘司外揣内’，‘由远及近’，后者属于‘司内揣外’，‘由近及远’，鲜明地体现了‘阴阳反照’，间接认识的特点。”①

3. 脉络主义：建立模型或理论的原则

“情境和脉络特定（context specific）”的分析方法，充分体现了社会科学研究必须考虑特定历史条件的精神，把社会事件及其“规律”置于事物发展的历史脉络和空间限制之中，在演化经济学中，这是历史方法的具体体现。我们一般认为，这种分析方法考虑的是特定时空，可能类似于《周易》的时位观念。

唐力权先生指出，《周易》中最突出的思想莫过于“时位相关”的存在概念，在此基础上，由于场思维与过程思维的综合而成为可能的动态的脉络主义（contextualism）或境遇主义（situationalism）得以确立。②《周易》中的这种“时位相关”的本体论与西方哲学中占统治地位的“实体—属性”的思维模式截然异趣，但与怀特海和美国实用主义哲学在精神上具有相似性，而后两者反过来与演化经济学有深刻的渊源，这就不难理解为什么演化经济学要在西方站稳脚跟并大行其道不是一件容易的事情。

《周易·系辞传》说，“天地之大德曰生”。这里天（阳）和地（阴）象征着“易”的两极——创造者与容纳者，它们构成了宇宙的场特征。时间和空间并不是一个可供事物在其中发生的“宇宙容器”。毋宁说，它们是与作为创造性之脉动的事件和实在一起被创造的。按照唐力权先生的看法，这种“时位相关”的观念是以有机主义和创造主义本体论预设为基础的。有机主义意指万事万物在“道”中的多维度、多层次的内在关联性与相互依赖性，而创造主义则强调其无尽的自我转化与生成的历程。对中国哲学来说，实在完全是动态的、辩证的和脉络性的，蕴藏着无限创造性的可能。因此，脉络主义是演化经济学建立模型的原则。

4. 型态模型

机械原子论（构成论）采用的是形式化模型，而有机整体论（生成论）的模型则属于型态模型，这是一般的通例，所以我们在中国传统科学和老制度主义经济学中发现同样的模型就不足为怪。我们所熟知的创新体系、产业集群和波特的竞争优势“菱形”模型等就是典型的型态模型。这些理论虽然目前已成为热点理论，影响也很大，但却难以纳入主流经济学公理化思维的教科书。

所谓型态模型就是把理论看作是一簇与经验同构的模型，而不是从某种公理中推演出的模型，中国古代科学大体上属于型态模型的理论。“阴阳五行是理论的最基础的模型，其上还有具体对象的不同模型，组成模型的层次结构……中医学中的经络学说、运气学说、营卫学说等都是组成理论的模型”③，这是不同于公理化模型的理论。由于我们在前

---

① 刘长林：《中国系统思维》，302页，北京，中国社会科学出版社，1990。

② 参见唐力权：《蕴徽论：场有经验的本质》，北京，中国社会科学出版社，2001。

③ 侯样祥编著：《传统与超越：科学与中国传统文化的对话》，31页，南京，江苏人民出版社，2000。

面已经对西方学术界有关这种模型的研究进行了讨论，在第六章讨论制度主义和新制度经济学方法论的同时还要涉及这个问题，因此，在这里就不再赘述了。

5. “观复”和“研几”：方法论的精髓

《周易·系辞传》有言：“君子知微知彰，知柔知刚，万夫之望。”“微”是指事物发生的征兆，“彰”是指过去积累的经验。“知微”就是“知来”、“观始”，“知彰”就是“藏往”、“反终”，而两者的“合题”就是老子的“一”。① 在一种新奇事物的生命周期中，它既是新奇事物发生之始，又是这种新奇事物复归之终。“知柔知刚”就是要“通变”，把握好调节阴阳两种对立力量相互推移的时机和程度。这些思想都是我国古代先贤遗赠给演化经济学的宝贵遗产，对于我国本土的演化经济学发展来说，“观复”和“研几”应该成为其方法论的精髓。

“观复”的含义是：宇宙是动态的，一切在常变之中，而变中有常，由是可以探索出变动的恒常模式，这就是“反复”。由于正反馈即自增强机制的作用，阴阳两种对立力量的相互推移必然采取循环往复的方式。老子说，“反者道之动”，循环是道特有的运动，道正是通过这种循环不已的变化，达到自身的统一性。朱熹也说，“今曰‘一阴一阳’，则是所以循环者乃道也”。循环运动是有时间之箭的，任何事物都是“有始则有终”，新奇的事物创生、成长和衰败要借助于周期性的变化才能实现。循环异变的思想使我们想起了自组织理论中的通过涨落达到有序的学说。所谓“观复”，在中国古代哲学中就是观察世界万物的反复运行。“观复”就是对世界经济往复运动中常规因素和新奇事物所存在差异的省察和警觉。

经济周期是经济学中一个悠久的课题。经济学家们提出并研究了“基欣周期”（三到四年）、“朱格拉周期”（九到十年）和“库兹涅茨周期”（十七年的批发价格周期）。对于演化经济学来说，康德拉季耶夫长周期（也即长波）最有意义。康德拉季耶夫长周期是苏联经济学家 N. D. 康德拉季耶夫在 1922 年提出的，他通过对美法两国统计资料（主要是 19 世纪生产资料和消费品价格序列）的分析，发现了资本主义各国所普遍存在的、跨度为 50～60 年的周期性经济波动。在此之前，人们往往将长期经济波动归因于灾害、瘟疫和战争等偶然性的外生因素。熊彼特、门斯和杜因等通过他们自己的研究都对康德拉季耶夫长周期提出了“内生化”的解释和理论。

除了康德拉季耶夫长周期的经济循环外，我们在经济史中还可以观察到太多的其他循环：管制与“自由”、贸易保护和自由贸易、稳定的调节体制与转变时期之间的循环等等。“观复”在经济学研究上至少具有三种重要作用：一是获得宝贵的历史经验和教训，了解循环变异、新奇创生和后来居上的决定性因素，为政策制定提供依据；二是在行动上避免采取极端行为，如在政府干预日益强化的时候，想到终有一天削减干预的时候不可避免要来到；三是借助周期运动，预测可能的变化以及需要采取的行动。

《周易·系辞传》里的“几”，都是指极其细微的变化，所谓“研几”就是对变化的细微透视。古人云：“合抱之木，起于毫末；吉凶之彰，始于微兆”，“微风起于青萍之末”，“研几”的作用就是谋于征兆，见微知著，从事物的细微变化中看到它在将来有可能产生

---

① 参见陈鼓应：《易传与道家思想》，168 页，北京，生活·读书·新知三联书店，1996。

的巨大影响。我国古代先贤深谙非线性正反馈原理，“星星之火，可以燎原”，“差之毫厘，谬以千里”，讲的就是这个道理。

西方演化经济学没有明确提出“研几”的重要性。不过，对“新熊彼特”学派研究技术变迁的学者来说，“在保持系统处于均衡的日常力量与更缓慢地发挥作用但导致巨大的（实质性的、真正的）长期效应的极细微的演化力量之间做出区分”是必要的，因为其他经济思想流派由于缺乏这种区分阻碍了它们对技术变迁进行研究。① 实际上，“新熊彼特”学派高度重视“研几”的重要性，这主要体现在他们对新技术的经济、社会和制度含义的研究上，如早在20世纪80年代，他们就根据对信息和通讯技术特性的研究，提出了未来的企业组织形式将向网络化方向演化的观点，目前这种观点已变得相当流行。

“研几”可以培养我们对细微变化和“新奇突现”的高度敏感。演化经济学的一个重要研究任务就是发现新奇事物对社会经济体制和经济发展有可能带来的重大影响。《周易·系辞传》就说，“夫《易》，圣人之所以极深而研几也”，“唯几也，故能成天下之务”，“知几，其神乎”。这也就是说，《周易》是圣人用来研究天地之间深奥事理和极细微、微妙的演化力量的，由于对微妙的事情进行深入的研判，所以《周易》能成就天下的一切事务，一个人的智慧能够“知几”，就是达到了神通的地步。“研几”就是“穷神知化”中的“穷神”，只有“研几”才能达到“知化”，中国演化经济学的发展要承担起我国古代先贤为我们提出的认知使命。

四、本土演化经济学的可能性

本节简要地讨论了中国古代演化思想和演化经济学之间惊人的相似性，并提示了中国古代演化思想可能具有的更深刻的思想。对于演化经济学在中国的发展来说，《周易》这样一本关于变易和创造性的书，无疑具有经典的地位。我们不能说演化经济学的产生具有中国渊源，但正如海森伯指出的，“在人类思想发展史中，最富成果的发展几乎总是发生在两种不同思维方法的交会点上。它们可能起源于人类文化中十分不同的部分、不同的时间、不同的文化环境或不同的宗教传统。因此，如果它们真正地汇合，也就是说，如果它们之间至少关联到这样的程度，以至于发生真正的相互作用，那么我们就可以预期将继之以新颖有趣的发展。”②

笔者认为，演化经济学在引入到中国之后，其“继之以新颖有趣的发展”有两种途径：一种就是它完全以西方思想为基础，通过对其流派的创造性综合而存在并发展；另一种则是通过与中国思想相结合，产生一种本土化的演化经济学流派。前者是“在中国的演化经济学”，后者则是“中国本土的演化经济学”。这如同佛学在中国的传播一样，冯友兰先生在说明中国佛学的建立时，区分了“在中国的佛学”与“中国的佛学”。冯友兰指出，“中国的佛学”是联系着中国思想传统发展起来的，中道宗与道家哲学相互作用，产生了禅宗。禅宗虽是佛教，但是是中国的，它对中国哲学、文学和艺术产生了深远的影响，而

---

① 参见 Payson, S., *Economics, Science and Technology*, Edward Elgar, 2000, p. 105.

② 转引自卡普拉：《物理学之道——近代物理学与东方神秘主义》，扉页，北京，北京出版社，1999。

“在中国的佛学”对中国的精神发展简直没有起到作用。① 佛教在中国的传播及发展为海森伯的看法提供了经典的例证，演化经济学只有与中国思想相结合，才能产生真正的中国学派，中国古代演化思想为此提供了基础。

目前学者们对《周易》与科学之间关系的研究基本上是集中在自然科学方面，但实际上，它对社会科学的意义更加重大，因为《周易》更多地强调了脉络、情境、因应和人的创造性，更体现了社会科学研究对象的特点。在经济学说的发展史中，演化经济学的各流派不同程度上涉及这些因素的作用，但缺乏使其相对完备的框架，演化经济学创造性综合的首要任务就是提供这样一种框架，这就是为什么它需要批判实在论的原因。《周易》的突出特点是强调理论和日常实践的统一，它不仅与批判实在论具有内在的一致性，而且在提供这种框架上，还可能蕴藏着后者所不具备的某些独特要素。

在今后的研究中我们需要思索的是：与西方演化经济学相比，中国古代演化思想具有哪些独特之处？它又缺失了什么？在演化经济学的发展中，我们如何运用《周易》以及中国古代演化思想的思维方式，创造出新的经济演化理论，并在实际问题的研究中显示出独特的和富有魅力的解释？这些问题是影响中国演化经济学发展的关键性因素，对中国古代演化思想的创造性转化是必不可少的艰苦工作。21 世纪中国经济的复兴将为这项工作提供难得的机遇，两者的成功都需要对《周易》创造主义思维的深刻领悟。正如拉兹洛所言，演化不是命运而是机遇，未来不是被预见而是被创造，难道这不正是《周易》创造主义思维的精髓吗？

思考题

1. 什么是型态模型？它与形式化模型最大的区别是什么？
2. 对比分析牛顿主义和达尔文主义两大经济学研究传统的不同。
3. 如何认识演化经济学的基本性质？
4. “中国科学传统的世界观是整体的、有机的、系统的和演化的”，这种说法是否成立？如果成立，为什么说它与现代科学思维具有内在一致性？
5. 试评中国演化经济学的本体论基础和方法论原则。
6. “观复”和“研几”能否成为本土演化经济学独具特色的方法论原则？

① 参见冯友兰：《中国哲学史》，206～207 页，北京，北京大学出版社，1996。

第五章

演化经济学的前沿问题

第一节　演化经济学的发展前景

一、演化经济学的重要性在国际金融危机后日益凸显

演化经济学的发展与现实经济问题密切相关，特别是在国际金融危机爆发后，随着西方经济学界对经济理论的不断反思，演化经济学的重要性日益凸显。例如，英国公共政策研究所（IPPR）专门设立了一个“新时代经济学”的研究项目，并于2010年12月发表了第一个研究报告：《创造性毁灭：把创新置于进步经济学的核心》。[1] 在该报告的前言中，英国公共政策研究所所长指出，他们对资本主义的理解受到了演化与复杂性经济学[2]的挑战，社会进步主义者对经济政策是什么和应该是什么提出了质疑，该研究报告着重通过正在形成的诸如复杂与演化经济学等新的经济学思考对此进行了回答，并探讨了目前的英国正在发生哪些创新性的变化以及英国如何应对的问题。该报告还清楚地勾画了进步主义者有关经济问题的研究方法。

笔者认为，进步主义者的核心思想是强调公平与效率的平衡，其诉求在目前的世界经济中具有其合理性。由于新自由主义的破坏性影响，目前的世界经济出现了严重的三大结构性失调：资本与劳工之间收入分配的严重不均、金融资本支配和控制产业资本、发达国家与发展中国家之间的差距日益扩大。这造成了世界经济的发展具有不可持续性。显而易见，国际金融危机爆发后的世界正处于一个重大的转折时期之中，世界乃至

① 参见 Adam Lent and Matthew Lockwood，Creative Destruction：Placing Innovation at the Heart of Progressive Economics，2010，http://www.bctrust.org.uk/wp-content/uploads/2011/01/.

② 在演化经济学的定义中，广义的演化经济学包括复杂性经济学。

各国经济亟须重大的制度改革，经济政策的焦点正在发生转移，相应地，国际金融危机爆发的世界也需要一种新的经济学，见表5—1，而它的关注焦点基本上都与演化经济学有关。

表5—1　　国际金融危机前后经济学关注焦点的变化

国际金融危机前经济学关注的焦点	国际金融危机后经济学关注的焦点
资本	技术和战略新兴产业
金融经济	实体经济
经济活动在质上是类似的	经济活动在质上是不同的
GDP（国内生产总值）	实际工资
国际贸易	国民经济

资料来源：在赖纳特2009年的论文基础上修改而成，见Erik S. Reinert，2009，“The Common Origins of Financial Crises and Persistent Poverty in Economic Theory：Economics Facing a New ‘1848 Moment’”，http://www.ttu.ee/hum.

（1）正如挪威著名演化经济学家赖纳特指出的，西方所谓的主流经济学从根本上来说是一个与已生产出来的产品有关的交换理论，它根本不能解释生产条件多样性的形成原因及其对定价行为的影响；作为一种替代性的研究纲领，演化经济学已经变成探索技术和生产“黑箱”的经济学分支。演化经济学曾以研究科学、技术和创新经济学而著名，对世界各国的经济产生了重要的影响。例如，在我国，江泽民总书记在1998年提出的建设中国国家创新体系和胡锦涛总书记在2006年提出的我国要在2020年建成创新型国家，其思想就直接来源于演化经济学。如果没有研读过弗里曼、卢桑和佩蕾丝等对康德拉季耶夫长波或技术革命浪潮的研究，讨论战略性新兴产业问题将会不得要领。

（2）从金融经济向实体经济的转变是世界经济无法回避的大趋势，即使新自由主义和美元霸权仍在阻碍这种转变。正如著名演化经济学家佩蕾丝早在2008年就已指出的，新自由主义把投资引向了金融赌博，对生产企业产生了短期视野的压力，堵塞了目前所有国家实现经济增长潜力的道路，并有可能产生类似于20世纪30年代大萧条的全球大衰退。因此，佩蕾丝指出，目前的世界经济正处于由信息革命的导入期到拓展期的转折点上，转折点的重要制度变革就是金融资本必须向生产资本移交经济的控制权，我们必须把投资和创新从金融赌博中拯救出来，使其进入生产和实体经济，现在就是采取行动的时刻！①

（3）演化经济学认为，实际工资而非GDP（国内生产总值）是衡量国富国穷的首要标准。对经济活动不同质量的区分是演化经济学的基本出发点，演化经济学认为，经济活动在质上是不同的，只有高质量的经济活动也就是报酬递增的经济活动才能带来国民财富和国民实际工资的提高，从而真正提高国民生活水平，实现真正意义上的发展；国穷国富的基本原因是一国的发展战略对低质量经济活动或高质量经济活动选择的结果（见图5—1）。

① 参见贾根良：《评佩蕾斯的技术革命、金融危机与制度大转型》，载《经济理论与经济管理》，2009（2）。

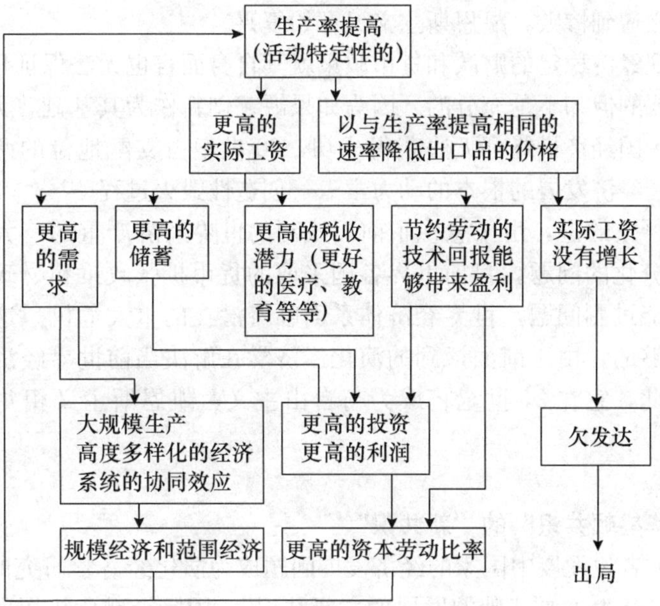

图 5—1　经济发展的良性循环

资料来源：霍奇逊主编：《制度与演化经济学现代文选——关键性概念》，贾根良等译，281 页，北京，高等教育出版社，2005。

（4）国民经济比国际贸易更为重要，国家利益是一国制定对外经济政策的基本原则，李斯特的国家主义经济学仍是欠发达国家制定对外经济政策的首要原则。在演化经济学家们看来，国内经济一体化要比国际经济一体化重要十倍。著名演化经济学家弗里曼在 20 世纪 80 年代初未经发表的一篇论文中早就指出，一国的国际竞争力不能用工资率、价格或汇率来解释，技术领先使一个国家具有绝对优势而不是比较优势，由于国际贸易的不均衡将持久存在，因此，对落后国家来说自由贸易学说是不适当的（Freeman，2004）。2007 年，演化经济学家西莫里、多西、纳尔逊以及诺贝尔经济学奖得主斯蒂格利茨也在一篇论文中强调指出，汉密尔顿和李斯特的下述观点是正确的并将继续是正确的：成功的经济追赶需要某种类型的幼稚产业保护和其他形式的国家支持。①

二、演化经济学：21 世纪三大经济政策范式之一

在西方世界，新古典—（新）自由主义经济学和凯恩斯主义经济学这两大政策范式支配了 20 世纪的经济政策思维。古典自由主义和新古典经济学坚持认为：自由市场是最优的，市场不需要改进，因为它天生是稳定的和自动调整的，市场提供了最优的资源配置。但在 20 世纪 30 年代的“大萧条”中，凯恩斯主义经济学挑战了这些观念，论证了只有通过政府干预，才能把萧条的经济从高失业和有效需求不足的状态中拯救出来。但在 20 世纪 70 年代的凯恩斯主义经济学危机中，新自由主义兴起了。然而，在目前的国际金融危

① 参见 Mario Cimoli，Giovanni Dosi，Richard Nelson and Joseph Stiglitz，Policies and Institutional Engineering in Developing Economies，www.globelics.org，No.2007-04.

机中，新自由主义遭到惨败，凯恩斯主义又开始复兴。

但是，使宏观经济稳定的财政和货币政策就其自身而言也无法保证创新和高增长的经济，它虽然是必要的但却不是充分的。因为如果缺乏创新作为其基础，无论采取什么样的宏观经济框架，一国经济最终都无法获得成功，20 世纪占支配地位的两大政策思想学派都没有注意到市场经济发展的根本的动力学——创造性毁灭过程。①

而且，更为严重的是，由于忽视了前面谈到的世界经济严重的三大结构性失调特别是收入分配两极分化的问题，目前世界各国采取的货币扩张政策和财政政策导致了严重的通货膨胀和产能过剩问题，世界经济体系面临着潜在的重大危机。这说明单纯的凯恩斯主义是远远不够的，由于前面谈到的演化经济学在解决当前世界经济危机中的重要作用日益凸显，因此，它在 21 世纪将成为与自由主义、凯恩斯主义相并列的三大经济政策范式之一。

三、替代“华盛顿共识”的“新共识”

欠发达国家或者说发展中国家的经济发展问题成为演化经济学研究的重点，有可能出现一种以演化经济学为主要基础的发展的“新共识”。国际金融危机爆发前，国家创新体系与发展中国家的经济发展问题就已经成为演化经济学研究的热点问题②，国际金融危机爆发后，以演化经济学为主要基础，目前一种替代“华盛顿共识”的“新共识”在国际上正在逐步形成，这是一种以能力建设和产业政策为核心的发展的“新共识”，参见表 5—2。

表 5—2　“华盛顿共识”与发展“新共识”的对比

以西方主流经济学为基础的“华盛顿共识”	以演化经济学为基础的发展的“新共识”
分析：	分析：
● 市场失败	● 发展＝结构变迁；追赶＝分工的多样化和高质量经济活动居核心地位
——外部性（在发展中国家盛行）	● 在个人、组织和社会三个层次的集体学习和良性循环
——报酬递增（追赶的核心）	● 集中在国内能力的积累
——不完全信息（在真实世界中是盛行的）	● 演化＝复杂性、渐进、非线性和路径依赖
⇩ 政府干预 ⇩	● 学习与生产结构的共同演化 ● 复制、模仿、适应和创新
● 政府失败 ——近视的政府官僚 ——腐败 ——寻租 ——被私人部门所虏获	

① 参见 Adam Lent and Matthew Lockwood，Creative Destruction：Placing Innovation at the Heart of Progressive Economics，2010，http://www.bctrust.org.uk/wp-content/uploads/2011/01/.

② Bengt-Ake Lundvall，K. J. Joseph，Jan Vang，Cristina Chaminade（eds.），*Handbook on Innovation Systems and Developing Countries：Building Domestic Capabilities in a Global Setting*，Cheltenham：Edward Elgar，2009.

续前表

以西方主流经济学为基础的“华盛顿共识”	以演化经济学为基础的发展的“新共识”
政策：	政策：
● 政府不擅长挑选赢家	● 政府作用＝在学习主体间创造学习、接合和网络化的条件
● 有效率的、祛除腐败的公共部门	● 建立公私交互作用的协调性论坛
● 庇古税和补贴是好的	● 强制学习和增长联盟
● 好的政府：私有产权、能动性的环境和降低不确定性	● “生产率爆炸”的组织能力
	● 好的政府＝实施产业政策的“发展型政府”
指导原则：	指导原则：
● “使价格正确”	● “使经济活动正确”
● “使政府让路”	● “使学习过程正确”
	● “使政策过程和制度正确”

资料来源：José Manuel Salazar-Xirinachs，2011，“A Note on Catch Up Growth，Productive Capacities and Employment：A New Paradigm for Development?” http://www.ilo.org/wcmsp5/groups/public/—ed_emp/documents/publication/wcms_152689.pdf.

第二节　演化经济学的综合

一、演化经济学面临的严峻挑战

目前，演化经济学被系统地介绍到我国已十多年①，出版了两套译丛和一套《中国演化与创新经济学丛书》，并出版有专业杂志《演化与创新经济学评论》；自 2008 年以来，每年都召开“中国演化经济学年会”，演化经济学在我国的发展已经奠定了良好的基础。但是，近几年来，笔者发现，有相当多的作者仍运用属于新古典经济学体系的新制度经济学和演化博弈论来理解演化经济学，还有相当多的学者把承继新古典经济学科学主义思维的复杂性经济学和实验经济学看作是演化经济学的组成部分。因此，笔者对这种状况颇感担忧：担心它被新古典经济学体系所袭取，断送演化经济学在中国发展的远大前程。

笔者的这种担忧并非杞人忧天，在欧洲演化政治经济学协会及其会刊《制度经济学研究》和美国演化经济学学会及其会刊《经济问题杂志》拒绝数学形式主义并保持其独立性的同时，作为西方新古典主流经济学的标志性特征，数学形式主义在很大程度上已经支配了日本演化经济学协会，而数学模型在国际熊彼特学会的《演化经济学杂志》上也日益增多，尽管它们现在还没有变为新古典主流经济学的附庸，但演化经济学的宗旨和独立的研究纲领却

① 演化经济学刚被引进到我国时，被翻译成“进化经济学”，见贾根良：《进化经济学：开创新的研究程序》，载《经济社会体制比较》，1999（3）。

日益模糊不清。纳尔逊和温特在1982年出版的《经济变迁的演化理论》标志着演化经济学的复兴，但在事隔三十多年之后的今天，演化经济学却处在了十字路口上，它将何去何从？这个问题不仅对学术生态系统的多样性具有重大影响，而且对演化经济学自身的发展也至关重要。我们知道，多样性是创新和演化的基础，这是演化经济学的一个基本原理。在过去的三十多年中，演化经济学的发展不仅刺激了西方新古典主流经济学吸收其新思想，而且也推动着马克思主义经济学的创新。如果演化经济学丧失了其独立性，不仅它在推动经济学创新上的作用会消失，而且它还将丧失其自身作为第三种经济学理论体系在我国创造性发展的历史机遇。

国外最近的一些研究也证实了笔者的这种担忧。德国演化经济学界的元老乌尔里希·维特通过同行调查的方法评价了演化经济学未来发展的前景，他把凡勃伦（老制度学派）、尼古拉斯·乔治斯库-罗根、哈耶克和诺思等人所代表的研究方法称作自然主义学派，调查了教授和年轻学者们对新熊彼特学派、自然主义学派和形式化工具感兴趣的程度，其结论是：在问卷调查中表现出来的对过去成就的全面排序中，新熊彼特主义的立场最为突出；而对未来有前途的研究的评价中，几乎没有证据表明自然主义学派被演化经济学所接纳，或者对这种方法的兴趣真正有复苏。似乎得到支持的是在形式化模型和相应的工具上的兴趣（“基于主体的建模工具和计算方法”，“网络模型”，“复杂经济动态学”）。特别是在年轻学者对“最有前途的新发展”的关键词评价上，虽然传统的主题“产业演化和生命周期”和“制度方面的整合”仍名列第一，但演化博弈论和基于主体的计算方法名列第二。① 希尔瓦和泰泽拉通过对1969—2005年间在杂志上发表的带有关键词“演化”的文章进行分析，得出如下发现：“经济思想史和方法论”占29.0%，“博弈论”占18.4%，被认为发展滞后的形式化模型论文占1/3，而在1992—2005年间纯粹经验研究的论文只占7%。② 乌尔里希·维特对这种状况心存担忧，在他看来，只有建立在自然主义世界观基础之上的演化经济学，才能在实质上挑战以牛顿主义为基础的新古典经济学范式。然而，自然主义学派在今天的演化经济学中似乎并未产生太多的共鸣。

演化经济学目前的这种困境可以从其复兴过程中所存在的先天不足中被发现。例如，美国老制度学派创始人凡勃伦是演化经济学这一概念的创造者和研究纲领的奠基者之一，但纳尔逊和温特在他们1982年的著作中却完全没有提到凡勃伦，虽然纳尔逊在后来补救了这个失误。又如，演化经济学在1987年就正式提出了对许多国家包括我国经济政策的制定产生重大影响的国家创新体系概念，但只是在后来，这个概念与19世纪德国经济学家李斯特之间的联系才被人们所了解，而直到近十年来，国家创新体系与欠发达经济之间的关系问题才引起了人们的高度重视。这些例子说明，现代演化经济学对自身的身世并不明了，从而对演化经济学的性质产生了混乱的认识，其原因就在于它没有明确地把其研究纲领与经济思想史上源远流长的学术传统联系起来。正如著名物理学家彭加勒在19世纪末和20世纪初的物理学大革命中所指出的：为了预见数学的未来，正确的方法是研究它的历史和现状。因此，在演化经济学处于十字路口的今天，在这里首先从经济思想史的角度入手，讨论演化经

① 参见乌尔里希·维特：《演化经济学具体是什么》，载《演化与创新经济学》，2010（6）。

② 参见 Sandra Tavares Silva，Aurora A. C. Teixeira，“On the Divergence of Evolutionary Research Paths in the PastFifty Years：A Comprehensive Bibliometric Account”，*Journal of Evolutionary Economics*，19（5），October，2009，pp. 605-642.

济学作为第三种经济学理论体系为什么可以通过对西方非马克思主义异端经济学研究传统的现代综合得到发展的理由，为本章以后对演化经济学发展方向问题的讨论奠定基础。

二、第三种经济学理论体系：经济思想史的透视

长期以来，演化经济学家们就对演化经济学缺乏一个系统的知识体系而苦恼，与此相关，他们对演化经济学所包括的范围也存在着争议。在前述乌尔里希·维特的眼中，演化经济学包括了新熊彼特学派、老制度学派、演化博弈论以及乔治斯库-罗根、哈耶克和诺思等学者的学说。霍奇逊在 1999 年指出，至少有六支文献使用“演化”这个术语：老制度学派，新熊彼特学派，奥地利学派，斯密、马克思和马歇尔这些思想史上的大家，演化博弈论和复杂系统理论。① 但在 2010 年的论文中，他却没有提到复杂系统理论。② 而据多普菲和波茨对演化经济学涵盖范围的广义描述，我们可以把其分为三类：首先是目前西方经济学的异端经济学流派，其次是由有机的、系统的和动态的现代宇宙观在自然科学中产生的新理论，如演化理论、自组织理论乃至复杂系统理论等，最后是数学方法如演化博弈论和基于主体的计算方法等。③

演化经济学的这种状态对其思想的传播、学科建设和理论创新产生了不利的影响。多普菲和波茨指出，虽然演化经济学作为诸多理论和方法的结合使自身具有不断增加新奇的科学知识的优势，但是，这种庞杂状态极大地阻碍了理论研究的深化，也不利于对其经验研究的协调。在笔者看来，演化经济学的这种跨学科性与开放性特征固然有利于吸收自然科学的新思想和新方法，但对于形成一种整合性的理论体系和方法却产生了非常不利的影响，因此，笔者在 2002 年就提出了演化经济学的创造性综合问题。④ 虽然有学者（如 Sandra Tavares Silva，Aurora A. C. Teixeira，2009）指出，由于目前的大量理论争论，演化经济学不可能趋同于一种整合的方法，但多普菲和波茨 2008 年在这种综合上已经做出了尝试。⑤ 实际上，波茨在 2000 年出版并于当年获得“熊彼特奖”的《新的演化微观经济学》就是这种综合的较早尝试，波茨在该书中指出，所有异端经济学研究的核心都是系统，它们可以在系统论这个基本分析框架下，通过“连接”（connections）这个关键性概念统一起来，通过这个概念，对异端经济学感兴趣的读者可以避免迷失在各种学派令人困惑的不同概念、不同理论的迷宫之中，这就是新的演化经济学。系统是由要素和要素之间的连接两方面构成的，连接是要素之间的联系和交互作用，演化经济学研究的是要素之间的连接，而新古典主流经济学研究的则是要素，这是两者在研究纲领上的基本区别。⑥

---

① 参见 Hodgson，G. (1999)，*Evolution and Institutions*，Massachusetts：Edward Elgar Publishing.

② Hodgson，G. (2010)，“A Philosophical Perspective on Contemporary Evolutionary Economics”，The Papers on Economics and Evolution are edited by the Evolutionary Economics Group，MPI Jena.

③ 参见 Dopfer，Kurt and Potts，Jason (2004)，“Evolutionary Realism：A New Ontology for Economics”，*Journal of Economic Methodology*，11 (2)：95-212.

④ 参见贾根良：《演化经济学：现代流派与创造性综合》，载《学术月刊》，2002 (12)。

⑤ 参见 Dopfer，Kurt and Potts，Jason (2008)，*The General Theory of Economic Evolution*，London and New York：Routledge.

⑥ 参见 Potts，Jason (2000)，*The New Evolutionary Microeconomics*：*Complexity*，*Competence and Adaptive Behaviour*，Edward Elgar.

笔者认为，波茨把系统论作为演化经济学综合的基础确实抓住了事物的本质，因为系统论和原子论不仅是现代西方经济学中异端经济学与新古典主流经济学在其理论体系上产生根本性分歧的哲学基础之所在，而且也是西方经济思想史中之所以出现两大经济学研究传统的根本原因之一。我们在前面已经讨论，在西方异端经济学这一阵营中，又被划分为马克思主义的和非马克思主义的，西方经济学在两大经济学研究传统之下存在着三大经济学体系：马克思主义政治经济学、现代西方主流经济学和西方非马克思主义的异端经济学。在前两者具有高度统一的分析框架的同时，后者则处于相对分裂的状态，那么，后者是否具有共同的基础，从而可以在一个统一的框架下进行演化经济学的综合呢？

笔者在已经出版的著作中讨论了现代西方非马克思主义异端经济学诸流派的许多共同之处①，简单地说，它们在以下方面所具有的共同特征可以使之在一个统一的框架下进行演化经济学的现代综合。首先，在从重商主义一直到现代西方非马克思主义异端经济学所构成的研究传统中，贯穿着一种与现代宇宙观相一致的动态的、系统的和有机的世界观，正是这种世界观构成了现代演化经济学的哲学基础。其次，在德国历史学派诞生以来的西方非马克思主义异端经济学传统中，除奥地利学派外，它们在理论内核上都明显地与西方主流经济学的理性—个人主义—均衡的分析思路相对立，赞成制度—历史—社会结构的分析框架，现代演化经济学在这一点上也是与其相一致的。再次，与现代演化经济学把批判实在论经济学方法论作为其科学哲学基础一样，现代西方非马克思主义异端经济学的主要流派如老制度学派、新熊彼特学派、奥地利学派、后凯恩斯主义经济学、女性主义经济学以及马克思主义的调节学派等也都明确地赞同这种科学哲学基础。笔者在《西方异端经济学主要流派研究》一书中已经就批判实在论与西方非马克思主义异端经济学的综合问题进行了专门的讨论。最后，除新熊彼特学派对经济学的数学形式主义持妥协态度外，西方经济思想史中的非马克思主义异端经济学传统都坚决反对数学方法在经济学的过度使用，致力于发展一种替代性的多元化的研究方法。此外，经济思想史上的美国学派、德国历史学派②和马克思主义经济学等都是现代演化经济学的先驱。因此，笔者曾提出，西方非马克思主义的异端经济学可以被看作是一种独立的经济学理论体系，并通过演化经济学的现代综合而得到发展③，我们可以把其称作是第三种经济学理论体系的综合。

三、第三种经济学理论体系综合的重要意义

现代演化经济学可以通过对西方非马克思主义异端经济学传统的综合，作为第三种经济学理论体系而得到进一步发展。针对这里所提出的这种观点，人们有可能会提出这样的问题：这种综合的意义何在？我们知道，在西方演化经济学界，人们一般只把西方非马克思主义异端经济学中的老制度学派、新熊彼特学派和奥地利学派包括于其中，对此，笔者在 2004 年的著作中增添了马克思主义的调节学派，提出了“四学派”划分法。在该书刚

① 参见贾根良等：《西方异端经济学主要流派研究》，17～46 页，北京，中国人民大学出版社，2010。

② 参见贾根良、黄阳华：《施穆勒纲领与演化经济学的起源》，载《南开学报》，2007 (4)。

③ 参见贾根良：《“新经济思想史”刍议》，载《社会科学战线》，2010 (1)。

出版后，笔者就感到这种划分不妥，认为应该把西方非马克思主义所有异端经济学派都作为演化经济学综合的对象，但一直没有写文章加以阐述。虽然笔者的“四学派”划分法得到了国内一些学者的认可，但也因此对人们思考演化经济学的综合问题产生了一些限制。例如，由于没有把后凯恩斯主义经济学包括在演化经济学的流派中，人们就注意不到该学派所发展的价格、货币金融、收入分配、就业和宏观经济等诸多理论与演化经济学研究纲领的相容性问题。因此，笔者认为，如果把后凯恩斯主义经济学包括在演化经济学的流派中，演化经济学的价格理论就可以通过对老制度主义、后凯恩斯主义经济学、奥地利学派和新熊彼特学派的价格理论或思想进行综合而建立起来。

因此，笔者认为，把现代西方非马克思主义异端经济学的所有流派及其经济思想史上的所谓“异端”经济思想作为综合的对象，主要有两个目的。一是为了避免演化经济学的研究者作茧自缚，局限于狭小的主题范围。在进入21世纪后，虽然演化经济学的研究领域已经迅速在扩展，目前已经形成了演化发展经济学和演化经济地理学[①]这样专门的研究分支，但是由于演化经济学界研究队伍的弱小，研究领域往往集中于某些主题。虽然在这些主题上如国家创新体系的分析上取得了突出的成绩，但对其他主题的忽视对于形成一种与马克思主义政治经济学和现代西方主流经济学相比肩的系统知识体系却造成了不利影响。例如，乌尔里希·维特在前述论文中，针对新熊彼特学派在演化经济学中一枝独大的状况，呼吁演化经济学界要超越基本上是经典产业经济学理论和技术变革理论的竞争者这样的新熊彼特主义论题，使长期发展、文化和制度演化、生产、消费、经济增长和可持续发展这些主题回归演化经济学研究的议题。而一旦关注这些更广泛的主题，我们就有可能发现，许多西方非马克思主义异端经济学传统的研究成果虽然没有使用“演化”术语，但经过“演化”范式的整合和创新，可以整合到演化经济学的知识体系中，从而推动演化经济学相关理论的进一步发展和创新。例如，杨格定理、货币国定论、金融不稳定学说和产业价值链分析等，由于都属于系统论和历史分析而不能纳入新古典主流经济学教科书，但完全可以融入演化经济学的知识体系之中。

把现代西方非马克思主义异端经济学的所有流派及其经济思想史上的所谓“异端”经济思想作为综合对象的第二个目的是为了扩大目前演化经济学综合的范围，建构演化经济学有关经济世界的系统的知识体系，具体地说，就是按照多普菲、波茨和福斯特提出的“微观—中观—宏观”经济学体系，撰写一套适合于大学本科生教学的教科书。而建构这样的知识体系或撰写教科书，基本上只能来自具体的经济学知识或理论。在前述我们对多普菲和波茨有关演化经济学涵盖范围的广义描述的分类中，只有他们提到的异端经济学流派才能提供这种具体的经济学知识或理论。虽然现代西方非马克思主义异端经济学诸流派及其在经济思想史上的所谓“异端”经济思想在研究主题或研究领域上有许多重叠，但它们对复杂经济系统不同侧面的研究各有所长，如老制度学派在制度、“新熊彼特”学派在技术、奥地利学派在市场过程理论、后凯恩斯主义在货币金融和宏观经济学、调节学派在后福特主义、女性主义经济学在种族和性别等等，它们在这些主题的研究上都有突出的学

---

① 参见Boschma，Ron and Martin，Ron（2010），*The Handbook of Evolutionary Economic Geography*，Edward Elgar.

术建树。此外，著名演化经济学家博尔丁①和尼古拉斯·乔治斯库-罗根还是生态经济学的奠基者。所有这些研究都具有很强的互补性，因而可以综合成一种更全面地研究复杂经济系统的经济学体系。这种综合可以有效地推动演化经济学的传播，克服目前演化经济学理论研究难以深化和不利于对经验研究的协调等弊端。

针对前面所提出的演化经济学综合问题，人们可能还会马上联想到这种综合如何回应西方演化经济学界在其分析框架上的争论：选择达尔文主义经典的“遗传、变异和选择”框架还是自组织理论的框架？生物学类比在演化经济学的早期发展中曾经起到重要的作用，虽然彭罗丝早在1952年就对经济学中的生物学类比提出了批评，但达尔文主义一直是演化分析的基本框架。然而，著名演化经济学家乌尔里希·维特和福斯特② 1997年在同一期杂志上同时对此又提出了挑战，他们都不约而同地提出用自组织理论替代达尔文主义，在他们看来，“自组织理论……为演化过程提供了一种抽象的和一般的描述”③。这种观点引起了霍奇逊等人的回应，从而在演化经济学界引起了一场争论。目前，达尔文主义的经典分析框架仍得到了较普遍的接受，霍奇逊指出，达尔文主义具有独立于其应用领域的内在逻辑，它为多层级的演化过程提供了一般框架。④

但是，演化经济学的现代综合是否必须遵循“遗传、变异和选择”的经典分析框架呢？遵循这种框架是否会造成不必要的限制和束缚？笔者曾经提出这样的问题：我们是否有可能超越达尔文主义“三位一体”的分析框架，从达尔文革命更广泛的哲学意义上，构建演化经济学的概念体系？⑤ 在这方面，新古典主流经济学可以给我们提供有益的借鉴：新古典经济学的理论体系是模仿经典物理学建立起来的，但人们几乎注意不到两者之间的联系。因此，笔者建议，在演化经济学的初步综合上，为了避免不必要的限制和束缚，可以不遵循“遗传、变异和选择”的经典分析框架或者至少不要严格地遵循这种框架，只要某种具体的经济理论符合动态的、系统的和有机的世界观，就可以被整合到演化经济学之中，在编写出由演化微观经济学、演化中观经济学和演化宏观经济学所组成的演化经济学的基本教科书之后，在此基础上再逐步精炼和创新演化经济学的分析框架。

四、演化经济学各流派的比较与综合举例

如果从凡勃伦创建老制度学派算起，演化经济学的发展实际上已有一个世纪的历史，它滥觞于19世纪与20世纪之交，后经20世纪30年代至70年代的沉寂时期，到80年代现代演化经济学才真正起飞，现在它正面临着创造性综合的挑战。下面将就各学派之间创造性综合的可能性提出一些初步的思考。

---

① 博尔丁1981年出版了一本名为《演化经济学》的专著，他还是经济思想史上生态经济学概念的提出者（1966）。

② Foster，J.，“The Analytical Foundations of Evolutionary Economics：From Biological Analogy to Economic Self-organisation”，*Structural Change and Economic Dynamics*，1997，8，pp.427-451.

③ Witt，U.，“Self-organisation and Economics—What Is New?” *Structural Change and Economic Dynamics*，1997，8，pp.489-507.

④ 参见Hodgson，G.M.，“Darwinism in Economics：From Analogy to Ontology”，*Journal of Evolutionary Economics*，2002，6，pp.259-281.

⑤ 参见贾根良：《达尔文主义与演化经济学：文献述评》，载《政治经济学评论》，2004（2）。

1. 奥地利学派与老制度学派

演化经济学这两个最古老的流派，从一诞生起就是新古典个人行为假定的批判者，它们都强调了人类行为的目的性，但有很大不同的是，老制度学派认为，新古典经济学对个人行为给予了更多的自我决定的假定，它排除了制度的塑造作用；奥地利学派则认为，新古典经济学实际上假定个人行为是机械的、没有自主性，它排除了想象力和创造力对个人行为的决定作用。由此，这两个学派在长期的发展中都忽视了对方所强调的方面，奥地利学派片面地用个体主义和主观主义解释自发秩序的演进，而老制度学派则看低了个人想象力和创造力在制度演化中所起到的重大作用，两者都未能处理好制度（结构）与个人（能动作用）的辩证关系问题。实际上，新古典个人行为假定的错误是，它不仅排除了个人的想象力和创造力，而且也排除了制度对个人行为的塑造作用，奥地利学派和老制度学派都只说对了一半。

笔者认为，在奥地利学派和老制度学派这两个学派内部就存在着纠正各自偏差的因素。首先，重读 1898 年凡勃伦对新古典个人行为假定著名的冷嘲热讽，我们不难发现这与奥地利学派对新古典的批判具有很大的一致性，"享乐主义关于个体的概念是将人视作闪电般地计算快乐与痛苦的计算器，他像一个追求快乐的摇摆的同质的小球，外界的刺激使他移动，但不会使他有所改变。他既没有前因又无后果。他是一个孤立的、确定的人类已知数，除了冲击力使其在不同的方向移动外，他始终处于稳定均衡态。他在空间上自我驱动，绕着自己的灵魂轴心对称地旋转，直到外界力量强加于他，使他不得不屈从。当这些作用消失之后，他又成了一个和以前一样静止的、不易冲动的欲望小球。"① 其次，在奥地利学派阵营内部，研究传统的演进也出现了突变，提出了发展制度理论的要求。葛劳蕊指出，虽然该学派以市场过程作为相对统一的基础，但拉什曼激进主观主义的发展导致了奥地利传统的突变，从而产生了以柯兹纳和哈耶克为一方与以拉什曼为另一方的"大分水岭"，当前者把市场参与者看作是发现者之时，后者把他们主要看作是新机会的创造者。传统奥地利学派对拉什曼的看法是矛盾的，因为这对市场自发演进的个体主义观念提出了疑问，但这种疑问又是其传统自然演进的结果。拉什曼认为，当把人类想象力放在市场过程的核心地位时，市场就不存在自发均衡的趋势，制度作为个人行为和相互协调的向标就起着重要作用。② 拉什曼的创新无疑为两个学派的综合提供了基础，批判实在主义有关结构与能动作用的关系理论可以为此提供统一的框架。

2. 老制度学派与"新熊彼特"学派

虽然纳尔逊和温特在其经典著作中遗漏了凡勃伦的重要贡献，把熊彼特视做其理论的先驱，但从经济思想史的角度来看，他们之间存在着某种连续性，可以认为，纳尔逊和温特把企业惯例作为基因这种选择单位的类比物，实际上是凡勃伦有关制度是基因类比物的再发现。"新熊彼特"学派主要关心的是技术创新和技术变迁，虽然这在某种程度上是以

---

① Veblen, T., "Why is Economics not an Evolutionary Science?" *Cambridge Journal of Economics*, 1998, 22, p. 411.

② 参见 Gloria, S., Discovery Versus Creation: Implications of the Austrian View of the Market Process, in Groenewegen, J. and Vromen, J. (eds.), *Institution and the Evolution of Capitalism*, Edward Elgar Publishing, Inc., 1999.

制度变迁为基础的，但在早期发展中对此却很少进行深入探讨。然而，随着创新体系文献的出现和发展，他们当中有一部分人已把相当大的精力转向了对制度问题的研究，老制度学派对其产生了重要影响。当然，对技术变迁进行形式化建模的“新熊彼特”学者对此没有什么兴趣，这反映出老制度学派与“新熊彼特”学派中追求数学化的分支仍是不相容的。老制度学派与“新熊彼特”学派分别对制度和技术有深入的研究，两者具有互补性。近年来，纳尔逊不断强调技术和制度的共演，这对两个学派的杂交提出了明确的要求。

3.“新熊彼特”学派与“调节”学派

在科利特和多西合写的一篇论文中，他们对这两个学派之间的“联系、重叠、冲突和可能的杂交”① 进行了开拓性的研究。他们认为，这两个学派都分享着把经济变迁理解为历史的和制度的嵌入过程这种看法，但“新熊彼特”学派对支持技术变迁的制度特定性没有深入研究，而“调节”学派对“调节”体制的描述直接是制度的和分类的，它试图确认“调节”机制的历史特定性。导致这种差异的重要原因是它们观察的层次不同，同时，它们所要解释的主要现象也不同。例如，就增长理论而言，“新熊彼特”演化观开始于大量的企业为更有效率的技术和更好的产品而搜寻，在市场上为产品和融资而竞争，搜寻的不同成功程度与不同行为规则及战略相结合决定了其绩效和下一期增长的能力，增长基本上是由技术进步推动的。而在“调节”观中，开始点就是对导致增长的某种“调节”体制的历史特定性的分析，这包括规制工资形成、劳动过程和收入分配的制度、总需求发生机制以及国家对经济干预的方式等，这些制度组织的相互匹配推动了持续的增长，而不协调则产生了不稳定和危机。多西和科利特指出，“新熊彼特”对技术变迁形态在细节上的指定和“调节”学派对系统的制度特点的研究可以相互补充。笔者认为，这两个学派之间的亲和性可以在熊彼特对马克思的推崇中得到某种证明，熊彼特指出，“处理资本主义时需要抓住的基本点是我们正在与演化过程打交道，奇怪的是没有人能够看到很久以前就被马克思所强调的这个明显的事实”②。“新熊彼特”学派缺乏“调节”学派“宏大叙事”的能力，因此，创新体系文献与“调节”学派相杂交将有可能产生重大的理论成果。

4.“调节学派”与老制度学派

长期以来，我国许多马克思主义经济学家对老制度学派持批判态度，而老制度学派的一些经济学家在 20 世纪 60 年代以前也反对在一个统一的制度主义范式之下把马克思和凡勃伦联系起来，后者所依据的就是凡勃伦对马克思的批评。奥哈诺对此进行了深入的研究，他认为，凡勃伦真正地遵循了马克思的道路，根据其认为应做必要改变的看法，试图使马克思主义现代化。凡勃伦在分析资本主义的问题上正确地注入了更强烈的演化观，但他错误地批评马克思持有“劳动全部产品”这种看法，凡勃伦也低估了马克思对制度作用特别是生产过程、资本周转和信贷体系的强调。正如格鲁奇早就指出的，马克思主义与老制度主义的主要差别是在理论观点而非方法论方面。奥哈诺认为，马克思和凡勃伦对理解制度和构成制度基础的社会财富提供了深刻的见解，把他们对立起来是轻率的和错误的。

---

① Coriat, B. and Dosi, G., “The Institutional Embeddedness of Economic Change: An Appraisal of the ‘Evolutionary’ and ‘Regulationist’ Research Programmes”, in Nielsen, K. and Johnson, B. (eds.), *Institution and Economic Change*, Edward Elgar Publishing, Inc., 1998, p. 3.

② Hodgson, G. M., *Economics and Evolution*, Polity Press, 1993, p. 139.

因此，奥哈诺把马克思与凡勃伦视作制度与演化政治经济学的两位奠基者，并广泛探讨了这两大传统在当代发展的内在联系。① 不可否认，老制度学派在演化经济学的发展上起到了重要作用，但正如老制度学派当代代表人物霍奇逊所指出的，老制度主义虽有其优点，但它过去并没有马克思那种提供理论体系的能力。因此，在继承和发展马克思主义经济学研究传统的问题上，“调节学派”的经验和教训值得我们深入借鉴。特别是在演化经济学的哲学基础上，批判实在主义科学哲学家把马克思看作是当之无愧的先驱，近两年一些西方学者开始讨论马克思主义与批判实在主义之间的关系。② 由于马克思在“宏大叙事”上无与伦比的魅力，所以，在演化经济学四大流派的创造性综合中，我们要特别注意以现代自然科学的革命性进展为基础，发挥马克思研究传统创造性转化的重要作用。

第三节　创建演化经济学的新李斯特主义学派

作为第三种经济学理论体系的综合，中国演化经济学的发展还必须综合经济思想史上的重商主义经济学、美国学派和李斯特经济学的重要洞见，使其成为中国演化经济学理论创新的重要来源。这种综合的原因不仅在于美国学派和李斯特经济学是演化经济学的重要先驱，而且还在于这些经济学说是分别指导英国、美国和德国从欠发达经济（发展中经济）走向国家崛起的李斯特主义经济学。③ 对于在较长时期内仍处于欠发达经济状态的当代中国来说，这些学说比一般的演化经济学理论具有更直接的重大借鉴价值。

一、替代性教规经济学

我们在前面已经谈到，国家创新体系的概念与李斯特经济学之间存在着深刻的渊源，伦德瓦尔指出，弗里曼早在 1983—1984 年就已完成但并没有发表的论文《技术基础设施与国际竞争力》④ 是第一篇使用国家创新体系概念的论文。从弗里曼的论文来看，国家创新体系概念的提出实际上深受李斯特的影响，作为德国原始历史学派代表人物之一的李斯特⑤却又是第一代美国学派的一名主要成员⑥，而美国学派从本质上来说则是重商主义经济学的延续，因此，演化经济学与这些被西方主流经济思想史看作是异端的流派之间有着不解之缘，挪威著名演化经济学家赖纳特追溯了它们之间的联系，见图 5—3。

① 参见 O' hara, P. A., *Marx, Veblen, and Contemporary Institutional Political Economy*, Edward Elgar, 2000.

② 参见 Brown, A., Fleetwood, S. and Roberts, J. M., Brown, A. et al. (eds.), *Critical Realism and Marxism*, Routledge, 2001.

③ 在很多时候，National Economics 经常被翻译成国民经济学。但李斯特的名著《政治经济学的国民体系》首次被翻译成中文时，书名却是《国家经济学》，见李斯特：《国家经济学》，王开化译，北京，商务印书馆，1927。为了与目前国内作为一门学科的国民经济学概念相区别，并避免人们对“国家主义经济学”的理解产生歧义，本书使用李斯特主义经济学来概括这种以国家利益为核心的经济学研究传统。在本书中，“李斯特主义经济学”概指对重商主义经济学、美国学派和李斯特经济学这三种国家主义经济学的总称。

④ Freeman, Christopher (2004), "Technological Infrastructures and International Competitiveness", *Industrial and Corporate Change*, 13-3, 541-569.

⑤ 参见贾根良、黄阳华：《德国历史学派再认识与中国经济学的自主创新》，载《南开学报》，2006 (4)。

⑥ 参见贾根良：《政治经济学的美国学派与大国崛起的经济学逻辑》，载《政治经济学评论》，2010 (3)。

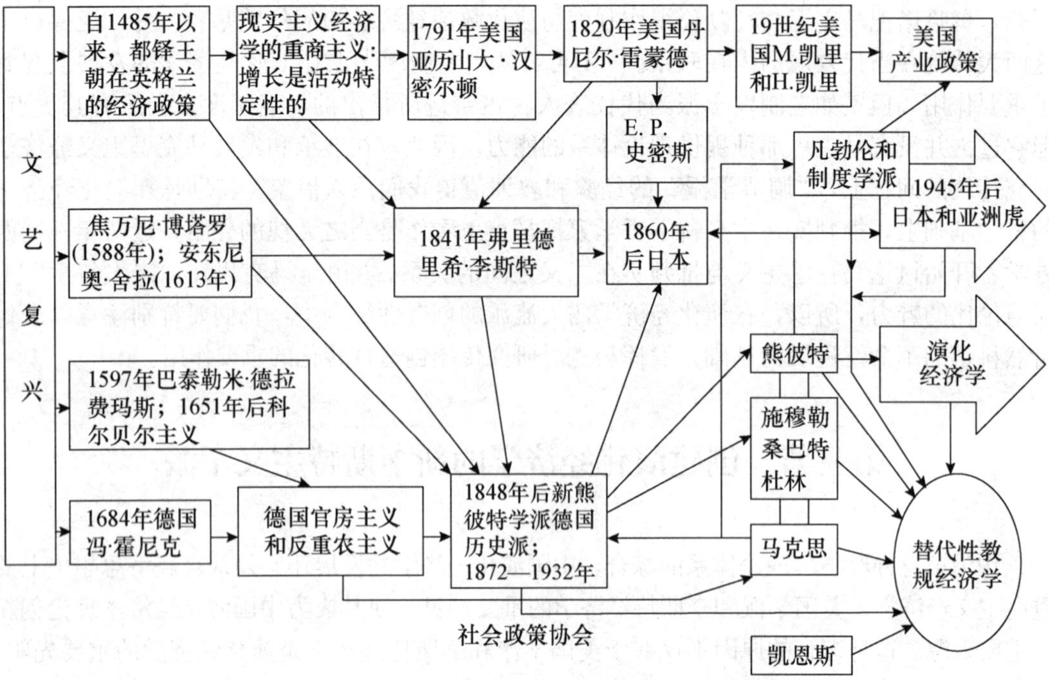

图 5—3　以知识和生产为基础的替代性教规经济学

说明：这个图并没有反映出演化经济学与李斯特之间的直接联系。

资料来源：赖纳特、贾根良主编：《穷国的国富论——演化发展经济学论文选》，上卷，15 页，北京，高等教育出版社，2007。

实际上，赖纳特所研究的这种以知识和生产为基础的替代性教规经济学就是在历史上比其他两种类型的经济学更加历史悠久的国家主义经济学，过去曾被称作是民族主义经济学，这是一种现实主义的经济学，我们在本书中称作是李斯特主义经济学。到目前为止，所有成功地实现了经济追赶的发展中大国无一例外地都遵循了这种经济学的基本原理。目前的西方经济思想史教科书不仅丑化了重商主义经济学，删除了美国学派，而且还误解了李斯特经济学。以李斯特经济学为例，现在绝大多数人只知道李斯特的保护主义主张，而忽视了他关于产业、创新、金融、制度和发展等广泛的主题，但在笔者看来，李斯特在这些主题以及保护主义学说上无疑是演化和创新经济学的先驱。正如著名演化经济学家弗里曼指出的，李斯特最重要的贡献不是他的保护主义建议，而是关于政府建造基础设施和对“精神资本”投资的建议；亨德森也说，李斯特关心的是生产力发展及其在经济增长中的作用，保护主义不是他的核心主题；演化经济学家多西则宣称，李斯特阐述了资本积累、技术和学习能力、广泛的制度安排等如何共同决定了一国的长期国际地位，远非“幼稚产业论”所能涵盖。①

① 参见 P. Sai-wing Ho，“Distortions in the Trade Policy for Development Debate：A Re-examination of Friedrich List”，*Cambridge Journal of Economics* 2005，29，729-730.

二、美国学派与第三种经济学理论体系

在19世纪，无论是德国历史学派还是美国学派①，它们都是与李嘉图和马克思的经济学相并列的第三种经济学理论体系的不同表现形式，以美国学派为例，赫德森的研究就清楚地说明了这一点（见表5—3）。

表5—3　1815—1914年间发展起来的三种主要的经济学说

李嘉图的自由市场理论	马克思主义	美国学派
	人口和工资理论	
假定所有的劳动力都具有相同的生产力。因此，人口密集的国家具有最低的工资水平。	工资是由"失业储备大军"所决定。国家将在社会主义制度下使用剩余劳动力。	高工资经济学说：生产率收益超过工资收益，从而使得高工资的劳动力在价格上低于"乞丐劳动力"。因此，利润和工资可以共同提高。更高的人口密度增加了生产率，因此提高了工资水平。工资水平的提高刺激了资本的替代，从而进一步提高了生产率。
	农业生产率和土地租金	
土壤具有"原始的和不可毁灭的力量"。由人口增长导致的报酬递减迫使人类使用越来越贫瘠的土地。资本的应用不会影响土壤的相对肥力。	土地租金来自私有财产关系。社会主义将消灭私有财产制度，因此，也将消灭这种不劳而获的租金榨取。	土壤肥力是农业化学和资本应用的产物。随着人口增加和城乡之间循环流转的发展，农业综合企业享有报酬递增的收益。土地租金日益成为利润的一种形式。
	资本的概念	
资本主要被看作是一种成本，基本上表现为物化劳动（embodied labor）的形式。社会经济剩余的增长只表现为偶然的"外在性"。忽视资本的非成本方面，包括"社会资本"和公共投资。	资本最终是金融性的，它被用于雇用劳动力进行商品生产，并在其生产的劳动力成本之上加上毛利进行出售。因此，资本总是使工资最小化。	资本的生产力在日益提高的程度上超过它的（劳动等）成本，这主要是由每个工人所能推动的能量的日益增长所导致的。这增加了社会的经济剩余，提高了工人的地位。
	外贸理论	
低工资国家比高工资国家具有贸易优势，但是，得自于贸易的收益在发达国家和欠发达国家之间平等地被分配。 对于阻止高人口密集度的工业化国家食品价格的上涨来说，外贸是必需的。否则，食品价格和土地租金的上涨将侵蚀利润。	外贸剥削了欠发达地区，虽然外贸是剥削性的，但由于导致了工业资本主义的发展，所以它使得社会主义胜利的日子越来越迫近。	自由贸易导致了土壤肥力耗竭的耕作模式，并剥削了原材料出口国。为了推进工业资本和高工资的发展，保护性关税是必需的。 高工资的劳动力剥削低工资的劳动力，使高工资的经济垄断了外贸收益。
	政治经济学的范围	

① 有关美国学派更进一步的研究，见贾根良等：《美国学派与美国19世纪内需主导型工业化道路研究》，暂定书名，即将出版。

续前表

李嘉图的自由市场理论	马克思主义	美国学派
反对生产性收入（工资和利润）与非生产性收入（租金和利息）的经典区分。财富、资本和经济租金日益被忽视，越来越赞同以个人心理福利为基础的效用理论。"消费者是上帝"。政治和社会理论明显地越来越少。	日益成为一种怎样改变阻碍进步的社会政治制度理论。工业技术是上帝，导致最有效率的生产方式的出现并居支配地位，但阶级矛盾决定着生产方式。	以资本理论为基础，发展出一种唯物主义史观：不断提高的生产率改变了生产和生活标准赖以发生的环境。 强调发展的非市场方面，逐渐发展为制度主义，但没有阶级矛盾或辩证的政治对抗。因此，倾向于一种朴素的关于收益的"生产率理论"。

资料来源：迈克尔·赫德森：《保护主义：美国经济崛起的秘诀（1815—1914）》，17～18页，北京，中国人民大学出版社，2010。

但是，无论这种李斯特主义经济学的议题多么广泛，保护主义无疑是其最突出的特征之一。正如弗里曼在1983—1984年的论文中指出的，一国的国际竞争力不能用工资率、价格或汇率来解释，技术领先使一个国家具有绝对优势而不是比较优势，由于国际贸易的不均衡将持久存在，因此，对落后国家来说，自由贸易学说是不适当的。但是，在随后的二十多年里，这种对自由贸易的批判性思路在国家创新体系的分析中几乎消失了，在后来的文献中这个问题也不再是关注的核心，演化经济学家们的焦点更多地集中在国内的制度组织和国家创新政策上，而很少关注技术对贸易的影响和贸易政策的作用，现在需要把这种思路重新带回来。[①] 近年来，国家创新体系与欠发达经济之间的关系问题已经成为演化经济学研究的热点问题，我们希望演化经济学在保护主义经济学的基本理论上能有所发展和创新。

这样的历史重任应该更多地由中国经济学家所承担。我们必须清楚地认识到，演化经济学在中国发展的首要任务不是学术，而是服务于国家崛起与共同富裕的统一目标。目前，与中国荣膺经济总量"世界第二"的宝座形成鲜明对照的是，我国在国际分工中居于产业价值链低端、通货膨胀加剧、贫富差距日益拉大、资源与环境危机、创新乏力和居民实际收入的增长停滞不前正在使中国面临着空前的挑战。笔者曾讨论了为什么我国目前的经济困境与参与国际分工的方式密切相关[②]，并提出要重新认识保护主义和内向型经济对中国经济发展新模式的重要意义[③]。很明显，与美国、德国和日本经济崛起时的国际环境相比较，现在落后国家经济追赶的难度大幅度增加了，例如，科学在经济追赶中的作用比从前更重要；全球产业价值链的发展和国际分工中跨国公司的垄断结构使发展中国家的产业升级更困难；发达国家对知识产权的不合理保护使发展中国家的创新活动更加艰难等等，所有这些问题都需要我们做出新的理论解释和对策研究，为政策制定提供科学的依据。历史经验及其教训告诫我们，作为一个追赶型的发展中大国，如果我们没有一种类似于美国学派和李斯特经济学的国家主义经济学作为经济政策的指导，我们是无法实现这一

① 参见 Bengt-Ake Lundvall (2004), Introduction to 'Technological infrastructures and international competitiveness' by Christopher Freeman, Industrial and Corporate Change, 13-3, 537.

② 参见贾根良：《国际大循环经济发展战略的致命弊端》，载《马克思主义研究》，2010（6）。

③ 参见贾根良：《保护民族产业与内向型经济：中国崛起的唯一选择》，载《当代财经》，2010（12）。

目标的。由于演化经济学在经济思想史上与国家主义经济学的深远渊源，因此，作为第三种经济学理论体系的综合，创建中国的新李斯特主义经济学就成了中国演化经济学家们不可推卸的历史责任。

三、创建中国的新李斯特主义经济学流派

李斯特经济学诞生于自由竞争资本主义阶段，在他之后，资本主义发生了巨大变化，历经了从垄断资本主义阶段到 20 世纪 70 年代后金融帝国主义的出现。因此，虽然李斯特经济学的基础原理对当下中国仍具有直接的应用价值，但由于它长期没有随着时代的变化而得到相应发展，这就造成了我国虽不乏李斯特经济学的推崇者，但他们并不能对当代世界经济出现的新现象和我国面临的挑战做出李斯特式的深入分析，因而也就无法对新自由主义经济政策的泛滥做出毁灭性的批判，更不用说对发展中国家特别是我国提出一套李斯特主义的经济政策主张和长期发展战略。

在演化经济学中，制度主义和新熊彼特主义是其两个主要的流派，虽然它们与李斯特学说具有许多共同性，但这两个学派基本上都是以发达经济为研究对象的，没有区分欠发达经济与发达经济这两种不同经济形态在发展阶段、经济结构和制度安排等诸多方面的重大差异，在运用于对发展中国家经济进行研究时，缺乏理论针对性，无法使用演化经济学的情景与脉络特定的研究方法，提出的经济政策也不能充分反映发展中国家的自身利益。

例如，在过去十多年中，虽然“新熊彼特学派”的国家创新体系把研究重点之一放在了欠发达国家上，但进展甚微，而我国科技政策的研究和制定也普遍接受了新自由主义的经济理论，这都与“新熊彼特学派”没有与李斯特经济学更深入联系起来密不可分。因此，笔者 2012 年在专著①中提出并在论文②中讨论了新李斯特主义的基本特征和主旨，并提出中国学者有必要在演化经济学中创建专门研究欠发达国家问题的国家主义经济学即“新李斯特学派”，使其与老制度学派和新熊彼特学派并列为演化经济学的三大主要流派之一。

在过去十多年中，虽然赖纳特和张夏准在某些方面发展了李斯特经济学的基础原理，但他们却没有根据世界经济发展的新情况对其做出重要修正。“创造解释学”是修正旧学说、发展新学说乃至创立新学派的不二法门，君不见，马克思不就是通过对英法古典经济学的批判创立马克思主义经济学的吗？熊彼特不也是吸收并杂交似乎水火不容的奥地利学派和德国历史学派各自的成就从而创立熊彼特经济学的吗？正如熊彼特自己所建议的，人们不应把他的学说看作是一种教条，而只不过是需要根据新的证据加以修正和发展的一套思想，新熊彼特学派不就是遵从熊彼特的这种教诲而建立起来的吗？

对于李斯特经济学的创造性发展来说，我们要问，包括重商主义、美国学派和李斯特经济学在内的李斯特主义经济学的哪些学说和政策建议需要加以修正？假如这些学派的经济学家们今天还活着，他们依然会固执己见吗？或者他们愿意修正或扬弃已有的说法吗？因为这些学派的经济学家们早已不在人世，所以，只有创造的解释家才能千方百计为其作

---

① 贾根良：《演化经济学的综合：第三种经济学理论体系的发展》，北京，科学出版社，2012。

② 贾根良：《新李斯特主义：替代新自主主义全球化的新学说》，载《学习与探索》，2012（3）。参看本书第八章。

答了。因此，我们不禁要问：我们应该说什么？为了解决我国当代重大的经济、社会和制度问题，我们是否能够在李斯特主义经济学的基础上增添新视角、探索新思路并提出新的理论，青出于蓝而胜于蓝，从而在中国演化经济学的创造性发展中开创新李斯特主义的经济学新流派？

思考题

1. 在国际金融危机爆发后，演化经济学的重要性表现在哪几个方面？

2. 演化经济学将成为21世纪的三大经济政策范式之一，这种说法能成立吗？

3. 为什么说演化经济学的发展面临着严峻的挑战？

4. 演化经济学是第三种经济学理论体系，这种提法是否合适？试评论之。

5. 李斯特经济学与演化经济学有哪些共同之处？笔者提出的创建演化经济学的新李斯特主义学派是否成立？

第六章 制度主义学派

第一节 制度主义学派的概况

一、制度主义学派的渊源及形成

制度主义学派是指继承以凡勃伦、康芒斯和米切尔为代表的老制度主义学派传统的现代流派。1953年，美国制度主义者图尔（Tool）使用“新制度主义经济学”（neo-institutionism）这个术语称呼老制度主义的这个现代流派，它的本义是指一种连贯一致的制度主义方法论，由克拉伦斯·艾尔斯（Ayres）把凡勃伦的分析与约翰·杜威（John Dewey）的哲学相结合而形成，因此，图尔的“新制度主义”概念不同于以科斯和诺思为代表的新古典传统的新制度经济学（new institutional economics）。与霍奇逊的做法一样，在本书中，我们仍使用“制度主义”而不使用“新制度主义”这个术语称呼美国老制度主义学派的这个现代流派，它的发展经历了三个阶段：19世纪末期到20世纪30年代初期是老制度学派的创立及发展时期，20世纪30年代中期到50年代初期是老制度学派向现代流派的过渡期，50年代之后则是制度主义现代流派的形成和发展时期。

老制度学派产生于19世纪末20世纪初私人垄断资本主义发展的后期，它是作为正统的古典和新古典经济学的批判者出现的，主要分析了制度变迁与社会经济之间的关系，强调制度因素对经济活动的重要作用。老制度学派的创始者和主要代表是美国著名经济学家凡勃伦，他在《有闲阶级论》（1899）等著作中创立了一套制度经济学的理论体系，为制度主义经济学的发展奠定了基础，形成了所谓的“凡勃伦传统”。除凡勃伦外，早期制度主义者还有康芒斯（Commons）、米切尔（Mitchell）、克拉克（John M. Clark）、汉密尔顿（Walton H. Hamilton）等代表性人物。20世纪二三十年代是制度主义发展的黄金时期，在那段时间内，涌现了大量与老制度主义相关的文章、演说、研讨会、著作和教科书等，制度主义经济学迅速成为当时美国最有影响的经济学说，制度主义者也成为美国最有影响的经济学家。但是，老制度学派关注的重心，不是理论上的构建，而是追求理论的现实性和对社会问题的关注，并积极寻求改革建议。对于他们来说，理论是为实现对经济的理解和控制而服务的。老制度学派也的确对战时美国的社会和经济政策产生了重大的影响。①

然而，自20世纪30年代后期开始，随着社会经济环境的变化，加上老制度学派自身的各种原因，制度主义逐渐淡出人们的视野，制度主义经济学的发展经历了一段黑暗时期。欧洲制度主义的代表性人物霍奇逊对美国制度主义经济学衰退的原因作了如下归纳：②

第一，学术环境的改变。一方面是制度主义最初的哲学和心理学（即实用主义哲学和本能—习惯心理学）假定前提被瓦解，实际上到了20世纪30年代，诸如康芒斯、米切尔、克拉克等一流制度经济学家开始逐步吸纳甚至完全臣服于正在兴起的行为主义心理学，对科学哲学中的经验主义态度也是如此。另一方面是社会科学中广泛兴起的对生物学或者达尔文观点的排斥，使得社会科学家要追随凡勃伦并发展一种“后达尔文经济学”面临着更大的困难。

第二，经济大危机和凯恩斯主义的影响。1929年爆发的经济大危机验证了凡勃伦对金钱挥霍和投机行为的著名批评，但对于如何处理经济萧条造成的实际问题，处于当权地位的制度主义者显得有些失败，他们的政策建议受到许多经济学家的批评。相反，凯恩斯主义的政策建议则效果显著，而且由于它们穿着数学和科学的华丽外衣，因此在当时的技术统治论文化中，凯恩斯主义备受推崇。

第三，第二次世界大战。二战大大改变了美国的经济和社会状况，进而对美国科学研究的目标和行为产生了影响。尤其是，科学活动的大面积军事化将各种资源配置给涉及数学和统计学的研究，经济学家要解决的问题非常明确——在给定的技术和制度条件下，在固定的生产函数中，如何使稀缺的资源配置达到效率最大化。可以说，战争加速了经济学的数学化过程，而对于像知识、心理、组织和制度这类问题的探讨往往被忽视。

第四，其他外部原因。由于两次世界大战和纳粹的影响，许多重量级的经济学家从欧洲大陆迁移到美国，而这些经济学家一般都有数学偏好。此外，冷战和美国学术界的麦卡锡主义迫害也打击了本已开始破碎的、备受攻击的制度主义，受到打压的经济学家只能转向符号的世界以寻求专业的慰藉。因此，欧洲经济学家的移民以及麦卡锡主义都进一步强化了经济学的形式化发展。

第五，内部原因。老制度学派理论上的缺陷也导致了制度学派的衰退，它的最大疏漏就在于没有能够对制度主义的理论进行系统的阐述，凡勃伦没有这样做，康芒斯、米切尔等后继者也没能做到，而且他们甚至没能理解凡勃伦认为经济学必须转向“后达尔文学

① 详见杨伟、张林：《制度主义运动的科学知识社会学分析》，载《思想战线》，2008（5）。

② 参见霍奇逊：《制度经济学的演化——美国制度主义中的能动性、结构和达尔文主义》，杨虎涛等译，374～393页，北京，北京大学出版社，2012。

说”和“演化”的科学观点的内涵及其重要意义，他们抛弃了作为制度经济学基础的达尔文学说的因果关系和演化观点，从而丧失了其关键的研究方法和自身的许多特征。

由于上述各种原因，制度主义经历了20多年的黑暗时期，除贝利、米恩斯、艾尔斯、缪尔达尔等少数学者外，制度主义者在学术界几乎没有什么发言权。但制度主义并未消失，米恩斯、艾尔斯等制度主义者仍然沿着凡勃伦开辟的道路不断前进，逐渐完善了老制度学派的理论。尤其是经过艾尔斯的努力，形成了制度主义中的凡勃伦-艾尔斯传统，使得制度主义的薪火得以延续。

到了20世纪50年代后期，随着学术以及制度环境的变化，制度主义又逐渐得以复苏。一方面，20世纪早期，那些在学术上摧毁制度主义的力量——如哲学的实证主义、心理学中的行为主义、拒绝涌现特征的还原论以及生物学与社会科学连接的中断等——在二战之后逐步经历了较大的发展和修正。行为主义逐渐衰落而本能主义开始复苏，一般均衡理论的失败终结了主流经济学的微观基础，涌现特征开始出现在经济学讨论中，经济学演化观开始复苏，普遍达尔文主义从生物学走进社会科学，所有这些都为制度主义的复苏创造了良好的学术环境。另一方面，凯恩斯主义在经历了资本主义黄金三十年之后，由于其长期忽视经济、社会、政治、文化等“制度”因素，不考虑技术进步对整个制度体系演变的作用，使得主流经济理论在面对60年代末70年代初出现的滞胀局面时显得束手无策。而制度主义者认为，只有在他们的理论指导下才能解决资本主义制度面临的各种经济问题，这就为制度主义的复苏创造了现实条件。最终，经过艾尔斯的学生对凡勃伦-艾尔斯传统的继承和发扬，制度主义的影响力越来越大，从而产生了一个新的学派——制度主义。制度主义的主要代表人物是美国经济学家加尔布雷思，还有美国的贝尔（Bell）、科姆（Colm）、海尔布伦纳（Heilbroner）、博尔丁（Boulding）、格鲁奇（Gruchy），瑞典的缪尔达尔（Myrdal），英国的甘布尔（Gamble），法国的佩鲁（Perrour）等。制度主义与老制度学派并无根本性区别，它与凡勃伦的传统是一脉相承的。制度主义崛起的两个标志性事件就是演化经济学会（AFEE）（1965）的成立与《经济问题杂志》（JEI）（1967）的创刊，这意味着制度主义者有了自己的主阵地，也为制度主义的发展壮大奠定了基础。

二、制度主义学派的现状

制度主义是在继承凡勃伦传统的基础上发展而来的，因此它和老制度学派并无本质区别。但和老制度学派一样，制度主义也面临着一个同样的问题，即它本身并不是一个严格的、具有统一理论观点和政策主张的当代经济学流派，制度主义内部的各个经济学家都有自己的观点主张，他们自成体系，相互之间分歧严重，只是他们都强调制度因素和结构分析，强调整体的和演化的分析方法，认为资本主义现存的弊端在于制度结构方面的失调，才被统称为制度主义。也正是由于这个原因，制度主义的发展受到很大限制。用格鲁奇（1982）的话说就是，“由于制度主义内部缺乏团结，而且他们也没有兴趣去发展一种统一的理论，因此制度主义运动对传统科学的影响是有限的”①。格鲁奇对这种现象进行了详

① Gruchy, “The Current State of Institutional Economics”, *American Journal of Economics and Sociology*, 1982.

细的分析，他根据各个制度主义者研究问题的侧重点不同，将该学派分为理论派和应用派，理论派又包括主流派、综合派和激进派。

主流派亦即狭义的制度主义，主要指继承凡勃伦和米切尔传统的一派，其代表人物如加尔布雷思、缪尔达尔、科姆等，其基本理论与政策主张包括：权力转移论与企业目标的变化、二元体系论与新社会主义、信念的解放和公共目标理论、技术决定论、后工业社会论、中轴原理、国际经济二元结构理论、第三世界经济发展问题、社会统制与国民经济计划思想等等。综合派对主流派持反对态度，其主要代表人物有海尔布伦纳、塞缪尔斯（Warren J. Samuels）等，他们认为从凡勃伦到加尔布雷思的主流制度主义者的分析是有缺陷的，主流派并没有建立一套高于传统经济学的理论。综合派试图建立一种比主流派更加抽象的一般理论，这种一般理论就是要告诉人们自由如何与秩序相结合并不断发生变化，他们试图在大量的经济和社会科学研究的基础上建立一个有关权力、知识和心理的一般均衡模型。激进派则是想建立一种既不同于主流派，也有异于综合派的关于发达的工业体系理论，他们用马克思主义解释发达工业体系的作用，寻求以社会主义取代资本主义的革命转变，其代表人物是谢尔曼（Howard J. Sherman）等，他们承认主流派分析过若干重要问题，如经济制度与政治制度之间的相互作用、技术在制度变迁中的作用等，但认为它未能建立一种令人满意的制度分析理论。他们强调马克思主义的制度分析，试图建立消费者主导的民主社会主义，改进社会主义模式。应用派的关注点主要在于经济事实，他们对制度主义并没有做出任何理论上的贡献，只是通过他们的专业化研究为现有理论提供经验支持，其代表人物主要是布莱尔（John M. Blair）和梅尔曼（Seymour Melman）等，他们认为，当今社会是一个不断变化的经济世界，制度框架处于不断演进的过程中，因此他们更强调短期发展策略，这也使得他们更为关注那些近在咫尺的紧迫问题。

格鲁奇还从对制度经济学的代表性、对标准经济学的影响力、政策影响力三个方面对上述四个制度主义派别进行了对比，其中被经济学界认可的最能代表新制度经济学的是主流派，激进派对标准经济学的影响最大，而应用派的政策影响力则是最大的。需要指出的是，格鲁奇的这种划分与比较并不是为了对制度主义进行更加详细的解释，而是为了指出制度主义存在的问题与解决之道。为什么制度主义内部会有如此大的分歧？如何消除这些分歧以提高制度主义的凝聚力，从而提高它在经济学中的地位？在格鲁奇看来，制度主义的进一步复兴需要一个旗帜鲜明的领导者，需要构建一个一般性的共同理论，而不是关注某些特定的经济问题，还需要一个清晰的、有别于主流经济理论的政策定位。

经过七八十年代的内部争斗之后，制度主义逐步向格鲁奇所描述的方向发展，如今在经济学内仍颇具影响力的只有主流派和激进派。主流派的发展是在继承凡勃伦理论“硬核”的基础上，逐步向正统经济学理论以及它所维护的社会秩序妥协，因而丢掉了凡勃伦思想中所具有的尖锐的批判性。这与主流派的制度主义者所处的社会经济环境有关。凡勃伦的时代正是自由资本主义向垄断资本主义过渡的时期，社会和经济体系发生较大变革，社会矛盾比较突出，因此其理论中表现出的悲观性和批判性是理所当然的。而制度主义的形成与发展是在二战胜利之后，整个资本主义社会都经历了一段长时间的发展，社会经济矛盾已不像凡勃伦时代那样突出，因此制度主义者的理论中的批判性自然没有凡勃伦那么强烈。但是，激进制度主义学派则努力维护凡勃伦传统中的批判精神，甚至在此基础上还有所发展。凡勃伦对资本主义的批判还只是一种改良主义，他并没有提出一个完全替代资本主义的社会体制，而激进制度学派甚至寻求以社会主义取代资本主义的革命转变。尽管如此，激进派与主流派之间并没有非常严格的界限，一些主流派学者的理论中也有激进的观点，如加尔布雷思的抗衡力量理论，缪尔达尔对歧视和不公平的分析等等。又或许，主流派和激进派之间的兼容并进才是制度主义强化自身发展的必然选择。

上面的分析都是从制度主义内部着手的，而随着正统经济学的不断修正与完善，以及现实经济状况的变化，制度主义所面临的外部环境正朝着有利于其发展的方向变化。例如，自 20 世纪 80 年代起，主流经济学的一般均衡分析就遇到了无法克服的难题，因此不得不求助于一些新的分析方法，如博弈论、演化博弈论、实验经济学和行为主义等，这也使得演化思想以及对制度的研究在经济学中变得流行起来。① 而 2008 年爆发的国际金融危机也表明主流经济理论和政策存在很大的问题，传统的经济模型无法理解制度性的市场机制，无法解释真实世界的不确定性、复杂性与开放性，因此也无法对现实经济做出准确的诊断，从而给出正确的政策建议，这也重新唤起了人们对制度主义分析方法和理论的重视。这些都表明了制度主义的发展将迎来一个崭新的时期。而且，制度主义的发展也早已跨越美国本土，自 20 世纪 80 年代末以来，制度主义在欧洲的发展势头比美国更为强劲。1988 年，欧洲制度主义者成立了由霍奇逊任秘书长的欧洲演化政治经济学协会，目前，这个协会已成为具有广泛基础和多元化的论坛。除了美国制度主义的影响外，欧洲制度主义者还继承了缪尔达尔、卡普（William Kapp）和波拉尼（Karl Polanyi）这些欧洲制度主义先驱者的遗产。此外，马克思和德国历史学派的遗产目前也开始对欧洲制度主义的发展产生影响。2002 年，霍奇逊系统地总结了欧洲老制度主义的演化经济学原理。②

三、制度主义的基本特征

前面讲到，制度主义与老制度学派一样，并不是一个严格的、具有统一理论观点和政策主张的经济学流派。但是，毕竟所有的制度主义者都是同宗同源，都遵循凡勃伦的基本传统，因此他们有一些基本的共同特征。例如在研究对象上，制度主义和老制度学派一样，认为经济学的研究对象应该是人类生活中的各种制度的产生、发展和变化，除了经济制度之外，还要研究社会、政治、文化等各方面的制度。因此制度主义与传统经济学的区别首先在于：制度主义的研究对象已远远超出传统经济学的研究范畴，囊括了政治学、社会学和心理学等学科的内容。其次，制度主义都比较注重对经济活动的价值判断，而且判断标准与主流经济学不一样。主流经济学在对经济活动的价值判断上都只涉及经济价值，而制度主义则在价值判断中加入伦理标准，除了单纯追求经济增长外，还寻求包括社会公平、环境保护、健康等在内的各种其他价值。

最后，制度主义或者说整个制度主义与传统经济学最大的区别在于其理论硬核的不同，这种硬核是把观点各异的制度主义者连接在一起的纽带，也是制度主义最突出的特

---

① 参见 G. M. Hodgson，“The Revival of Veblenian Institutional Economics”，*Journal of Economic Issues*，Vol. XLI No. 2 June 2007.

② 参见 Hodgson，G. M.（ed.），*A Modern Reader in Institutional and Evolutionary Economics*：*Key Concept*，Edward Elgar，2002，pp. 14–21.

点。按照拉卡托斯科学革命的理论，科学研究的纲领是由纲领不变的硬核和可变的保护带两部分所构成的，只有硬核要素的改变才意味着一种新的研究纲领或范式的形成。一般认为，理性最大化、稳定性偏好和相互作用的均衡结构构成了占主流地位的新古典范式的硬核。凡勃伦不仅对新古典主义进行了全面的抨击，而且试图代之以一种新的理论硬核。为了叙述的方便，我们以简化的方式对新古典硬核的三种要素加以对比。

制度主义在否定“理性最大化”假定的基础之上，提供了一种关于人性的新理论。新古典主义把人性看作是呆滞的和不变的，而凡勃伦依据进化论和新的心理学提出人性是演进的，是与文化交互作用的产物，“它们是他的遗传特性和过去经历之产物，是在既定的传统、习俗和物质条件下累积形成的”①，这就是本能和习惯假定的由来。凡勃伦认为，人性由六大本能倾向所组成：操作本能、父母的天性、闲散好奇心、关心自我、获取的倾向和习以为常的天性。对于每个个体来说，这些本能倾向互相交织对行为产生影响。然而，虽然本能是遗传品质，但它不是不可改变的。因为生活的本能目的是在给定文化条件下产生的，换言之是以过去几代人的经验为基础的，所以它要受制于习惯的发展并由习惯而修正。与目前主流学派用理性解释习惯相反，制度主义者认为次序恰好是颠倒的，因为有意识的选择虽然在社会规定借以内在化的习惯形成中起着重要作用，但许多可观察的行为往往是无意识适应的结果。实际上，当理性很大程度上受到习惯的巨大影响的同时，许多习惯常常是“非理性的”，因而对于解释人类行为来说，本能和习惯的假定比理性假定更为基本。

新古典范式采用的是一种个体主义的分析方法，虽然许多新古典主义经济学家也承认个体的偏好或需要是可以改变的，但为了经济分析的目的，他们却假定偏好函数是给定的。与此不同，制度学派经济学家，无论是其创始人凡勃伦和康芒斯，还是当代著名人物缪尔达尔和加尔布雷思，都认为个体偏好并不能总看作是给定的，凡勃伦甚至认为，个体偏好可以发生剧烈的变化，“不仅个人行为被他与群体中其他人的习惯性联系所包围和引导，而且这些联系，作为一项制度的特性，随制度场景的改变而改变。需要与愿望，结果与目标，方法与手段，个人行为的变化与趋势，都是制度变量的函数，而制度具有高度的复杂性及整体不稳定性。”② 那么偏好是如何形成和改变的呢？对此，凡勃伦试图从两方面加以解释，一是上段引文已指明的：个体偏好受到经济社会环境的塑造，它是文化的产物，二是个体偏好的改变也受所谓“闲散好奇心”的支配。闲散好奇心是一种理解事物和建构系统性知识的本能驱动，正如凡勃伦指出的，虽然人像所有动物一样受本能和习惯支配，但人在智力上能领会指导其行为之习惯的要旨，评价其本能倾向和习惯的趋势。因此，闲散好奇心的本能导致了对知识的追求，它可以内在地改变对事物或世界的看法。以上这两方面交互作用，共同演进，不仅导致个体偏好发生变化，并且有可能最终导致社会流行思想习惯发生改变。

---

① Thorstein Veblen, “Why is Economics not an Evolutionary Science”, *Cambridge Journal of Economics*, Vol. 22, No. 4, July 1998, p. 411.

② 转引自 G. M. 霍奇逊：《现代制度主义经济学宣言》，166 页，北京，北京大学出版社，1993。

对于新古典均衡分析结构来说，正如霍奇逊指出的，“所有过去伟大的经济思想的叛逆者，包括马克思、凡勃伦和凯恩斯，都试图扩展经济学研究的范围，使之不仅仅纠缠于均衡推理”①，凡勃伦的贡献是最早提出用进化论替代均衡观。与新古典经济学假定偏好、技术和制度不变相反，凡勃伦认为，恰恰正是这些方面应成为（演化）经济学研究的主题，因为经济变化是由“人类的力量”所造成的，这种“人类的力量”即“人类的知识、技能和偏好”；换言之，它们“实质上是流行的思想习惯”，即凡勃伦所谓的制度。“演化经济学必定是一种由经济利益决定的文化增长理论，一种用过程本身来说明的经济制度累积变化的序列。”② 在这里凡勃伦提出了“累积因果原理”，后来凡勃伦又进一步指出，进化科学的基本原理……是累积因果序列的观念。累积因果原理的提出，说明凡勃伦试图用一种系统的、动态的和整体的分析结构替代静态均衡结构，这在缪尔达尔的“循环累积因果论”中得到了更明确的阐释③，它不仅成为制度主义方法论的突出特征之一，也是其重要的理论组成部分。

第二节　美国制度主义

一、凡勃伦传统

凡勃伦是美国制度学派的创始人和主要代表，他在《有闲阶级论》(1899) 等著作中，通过对资本主义制度以及维护这一制度的正统经济学的批判，创立了一套独特的制度分析理论，为制度经济学的发展奠定了基础，在经过艾尔斯等制度主义者的发展和完善之后，从而形成了以后所有制度主义者都遵循的凡勃伦传统。凡勃伦传统的主要表现就在于其批判性和建设性，他批判正统的经济学，主张建立以研究制度演进为基本内容的经济理论，批判资本主义社会，主张从制度或结构改革资本主义社会。经济理论上的批判形成了制度学派独特的研究对象与研究方法，对此上文已有论述。而对资本主义现实制度的批判，则涉及制度变迁的问题，也就是凡勃伦传统的制度变迁理论，这也是凡勃伦传统中的核心议题。

凡勃伦传统的制度变迁，不同于现在的新制度经济学在假定制度结构不变情况下对单项制度安排及其变迁的研究，而是着重于制度结构自身的历史性变迁，这种变迁采取了制度的价值结构变化的形式。要说明这点，必须从凡勃伦传统的制度分析框架谈起。凡勃伦认为，“制度实质上就是个人或社会对有关的某些关系或某些作用的一般思想习惯”④，艾尔斯等凡勃伦的追随者把制度进一步精炼定义为“社会所规定的相关行为之模式”。由于以思想和行为习惯作为内核的行为模式是有目的的，它通过作为行为规范的价值判断相互

---

① G. M. 霍奇逊：《现代制度主义经济学宣言》，167 页，北京，北京大学出版社，1993。

② Thorstein Veblen，“Why is Economics not an Evolutionary Science”，*Cambridge Journal of Economics*，Vol. 22，No. 4，July 1998，p. 413.

③ 参见张宇燕：《制度经济学：异端的见解》，《现代经济学前沿专题》(第二集)，230 页，北京，商务印书馆，1993。

④ 凡勃伦：《有闲阶级论》，139 页，北京，商务印书馆，1964。

关联，正是制度的价值结构提供了制度内行为模式的功能性内在联系。艾尔斯认为，任何社会的制度结构都包括两个相互对立、相互联系的价值体系：工具价值与礼仪价值。工具价值是共同体在解决问题过程中，工具和技能等知识的担保性应用，其价值所在乃是提高生活质量、丰富生活过程的效率，其判断标准是“工具效率”。由工具价值判断相关联的行为被称作是工具担保的行为模式。工具价值是一种“自我修正”的价值判断，即具有自动性之特征。礼仪价值是为了达到人们相互区别身份、地位等目的，对工具及其产品“用益权”礼仪性使用的估价。礼仪价值在制度内通过提供“令人厌恶”的判断标准使行为相关，这些令人厌恶的标准规定了地位、不同的特权、主从关系以及一个阶级对另一个阶级行使权力的措施等等。礼仪价值的证实求助于使其起源和存在合理化的意识形态。与礼仪价值相关的行为模式称作“礼仪担保的行为模式”，其判断标准是“礼仪充足”。

当上述两种价值体系内在不相容时，它们却通过复杂的关系在制度结构内缠结在一起，其根源在于人类行为的辩证性质和行为模式的不纯粹性。这种行为模式的不纯粹性是因为所有社会成员的知识结构中都内含有对其知识使用的两种辩证的估价，从而结合成连续一致的行为模式。艾尔斯等人把知识区分为人类文化的两个方面：工具性知识和礼仪性知识。技术即为文化组成之中的工具性知识部分，技术变化在给定制度结构未耗尽其工具性知识积累之功能时，是自动发生的，因而本质上是动态的。制度变迁的本质是能动和动态的技术创新导致“流行思想习惯”的改变。艾尔斯用“礼仪支配”表征制度的价值结构中“流行思想习惯”的关键作用。凡勃伦、艾尔斯等人认为，任何人类行为都是利益先导的，纯工具性行为只有得到社会的许可才能使之结合到可辨别的、稳定的行为模式之中。因此，任何社会的经济政治变迁都受制于社会礼仪实践“容许”的相对程度，布什（Paul Bush）把它称作是“礼仪支配指数”。凡勃伦传统的制度学派用“礼仪支配指数”的变化衡量制度变迁是否发生。如果工具担保的行为模式的任一增长被礼仪担保行为模式的共生增长所抵消，礼仪支配指数没有发生变化，即使共同体的知识存量增加，也不能说发生了制度变迁。当礼仪支配指数上升和下降时，社会共同体中则发生了“退步的”和“进步的”制度变迁。因而在凡勃伦传统的制度变迁大纲中，正是礼仪支配（意识形态及其政治结构）导致了制度变迁的路径歧异。

为说明在什么情况下没有发生制度变迁，艾尔斯和布什在礼仪支配基础之上提出了礼仪包容的概念。礼仪包容是指工具担保行为模式的增长被新的礼仪担保模式所包容，共同体在技术创新面前试图保持现存价值结构。布什区分了三种礼仪包容的形式：第一种是“既往约束型”，它是共同体对于技术创新的吸收和扩散“既往约束”的抵制传统。第二种类型是“将来约束型”，它是既得利益集团为了加强和扩大对共同体生活的控制，积极引进技术创新的礼仪包容活动。在以上两类礼仪包容实践中，礼仪支配指数没有发生变化，因而不能称之为制度变迁。“退步的”制度变迁是指礼仪包容的第三种形式，它是以苏联“农业生物学家”李森科（T. D. Lysenko）命名的。在“李森科类”的礼仪包容中，共同体试图通过礼仪担保的行为模式达到工具上不可行的结果，这是礼仪实践模仿工具效率的极端例子。在上述“既往约束型”或“将来约束型”的礼仪包容中，真正的知识仍被包容在共同体礼仪信念及其实践之中，但在“李森科类”的礼仪包容中，虚假的知识替代了真正的知识，礼仪担保的行为模式在共同体的关键领域中取代了工具性担保模式。由于“李森科类”的礼仪包容通过礼仪担保行为模式对工具担保行为模式的置换，提高了共同体礼仪支配指数，从而产生了“退步的”制度变迁。

虽然礼仪包容在制度变迁中是一个突出的现象，但对于共同体来说，礼仪实践在努力“包容”新知识时并不是无所不知的（不完全信息）。与现存价值结构存在严重冲突的技术创新有可能滑过礼仪之网被采用，而这种技术创新有可能通过自增强机制最终带来未曾预料的后果，即在相关行为中工具判断标准置换礼仪判断标准。凡勃伦用“累积因果”原理说明了这种制度变迁的动态过程：技术创新改变了共同体的物质环境，新的条件转变了思想与行为习惯，这些新的思想和行为习惯被扩散到共同体其他领域的经验之中，引起了艺术和科学的进一步创新，因而在知识存量的增长与制度变迁之间存在着动态相关的正反馈关系，这是一个累积的过程。凡勃伦传统的制度主义者认为，在这个累积因果变化的过程中，导致“进步的”制度变迁的关键因素是共同体需要一种清楚的认识：修正思想与行为习惯以达到更高水平的工具效率。这种认识的来源包括技术进步所带来的物质环境的变化、新领域的经验、环境灾变以及与其他文化的接触。凡勃伦传统的制度主义者认为，进步的制度变迁并不是必然的（凡勃伦有一种悲观的看法：退步和停滞则是更经常的）。虽然如此，艾尔斯和布什等对影响“进步的”制度变迁的因素还是做了研究：第一，知识的可得性。知识积累的范围与深度清楚地限制了制度变迁的可能性。第二，理解和适应的能力。社会成员理解和适应技术创新对思想和行为习惯改变要求的能力影响到技术创新及其扩散的速率，如果“进步的”制度变迁发生，一定存在某些便利思想习惯改变的社会机制。第三，最小限度打乱原理。在信仰体系和意识形态转变中存在某种历史的连续性，制度变迁必须注意不能置换掉对共同体解决问题最为基本的包容工具活动的礼仪实践。只有在对共同体行为模式最小限度打乱的情况下，“进步的”制度变迁才有可能发生。

二、加尔布雷思的发展

约翰·肯尼思·加尔布雷思（John Kenneth Galbraith，1908—2006），是当代美国著名经济学家，制度主义的主要代表。他1908年出生于加拿大一个农场主家庭，是苏格兰移民的后代，早年在加拿大就学，1931年毕业于加拿大安大略农学院，获学士学位，大学毕业后赴美国加利福尼亚大学伯克利分校继续研究农业经济，1933年获硕士学位，1934年获博士学位。在伯克利期间，加尔布雷思研究了马歇尔的《经济学原理》，学习了凡勃伦的著作，凯恩斯的思想也对他产生了一定的影响。1934年加尔布雷思到哈佛大学任讲师，担任农业经济的教学工作，在那里他与约翰·肯尼迪（John Kennedy）相结识，后来担任过普林斯顿大学的副教授、美国物价管理局副局长等职务，从1949年起任哈佛大学经济学教授，直到1975年退休。在此期间，他曾任印度、巴基斯坦和斯里兰卡政府顾问、民主党顾问委员会经济顾问委员会主席、美国驻印度大使等职，1972年当选为美国经济学会会长。加尔布雷思一生著作颇丰，其主要代表作有：《美国资本主义：抗衡力量的概念》（1952）、《丰裕社会》（1958）、《新工业国》（1967）、《经济学和公共目标》（1973）等。加尔布雷思的新制度经济学是在继承凡勃伦传统的基础上，通过对不断变化的现实社会经济状况的思考而逐步形成的，内容繁杂，主要包括：抗衡力量理论、丰裕社会理论、新工业国论、二元体系论等。

1. “抗衡力量”理论

抗衡力量这个概念是针对垄断资本主义提出的。抗衡力量理论认为，虽然现代资本主义市场中占统治地位的是为数不多的一些卖方寡头，资本也越来越向少数大公司集中，但这并不一定会导致垄断，因为在集中过程中会引起对立的、中和的、抗衡的力量。加尔布雷思把这种抗衡力量归结三种：工会、合作社、买方或卖方的大公司和新出现的资本主义联合组织。它们为了保护自己不受损害，组织反击性的议价力量，以“钳制”、“抵消”、“中和”寡头的垄断权力，并分享这些寡头的一部分垄断利润。因此，寡头市场并不会产生垄断，而我们还可以利用它的大生产的优越性来为社会谋福利。例如，有了工会，工人既能保护自己，又能分享一部分利润。加尔布雷思甚至还认为，工会作为一种强大的“垄断势力”与大公司一样已成为“既得利益者”；而市场上的小商品生产者则可以建立合作社组织，形成同垄断组织抗衡的一种力量；而在生产资料销售市场上，厂商数目虽然不多，但作为买主的大公司钳制了作为卖主的大公司。在大公司与工会之间，强大的卖主和买主之间，经常会形成一种相互抗衡的力量。在这种抗衡局面下，双方均会注意消费者的作用，故有时能增加消费者的利益。同时，在抗衡双方力量失衡的情况下，国家可出面协助对抗力量中较弱的一方以使双方趋于均衡。抗衡力量的概念是制度主义经济学的一个基本概念，他提出这个概念的重点在于，他不认为市场机制能自动地平衡经济活动，相反，他认为各大组织之间的相互抗衡可以使经济趋于平衡，必要时可辅以政府的干预，因此传统经济学的观点是错误的。

2. “丰裕社会”理论

加尔布雷思认为，战后的许多国家尤其是美国已经进入一个“丰裕社会”的时代。丰裕社会的主要表现是：贫富悬殊现象逐步消除、收入均等化、社会福利水平大幅提高、就业状况大大改善、经济安全等。经济社会形式的变化必然要求经济理论做出相应的变化，传统的经济理论建立在贫困假设的基础之上，但如今已经进入“丰裕社会”，依传统经济理论行事将会造成理论和实际的脱节，引起许多问题。例如，传统理论认为生产越多越能满足消费者的欲望和增进福利，但在丰裕社会，消费者的基本需求已经得到满足，生产者的广告和推销术以及信用的扩张使得消费者过度消费、透支消费，这一方面会导致通货膨胀，另一方面也会导致消费者债台高筑，当许多人无法按时还款、银行紧缩信用之后，投资就会出现下降，经济就会出现波动。其次，传统经济理论只研究生产和消费在数量上的均衡，而对于结构上的均衡则考虑较少。而在公共服务需求大幅增加的条件下，经济理论必须注重对公共产品的生产和消费的研究，否则会导致公共产品供给严重不足。最后，传统的经济增长理论只关注资本积累，而忽视了技术进步的重要作用，这必然会导致对技术发展的投资不足，从而影响经济的长期发展。

对此，加尔布雷思认为，我们要抛弃不合时宜的传统经济理论，改变人们关于经济增长和福利的旧观念。首先，可以通过征收销售税来削减富裕阶层对非必需品和有害物质的购买，并增加政府的公共收入，以此解决生产和消费的结构性失衡以及公共服务资金不足的问题。其次，实施“商业循环分等补偿”制度以弥补当前的失业救济制度的不足，使失业补偿金随着失业率的上升而增加，当接近充分就业时，失业补偿金就减少。再次，实施人力投资政策解决贫困问题。政府应侧重对少数贫穷人和贫穷地区的教育、文化和卫生设施的投资，以补救人力投资的不足。最后，削减军费，以此加速科技事业的发展。

3．“新工业国”理论

在“抗衡力量”和“丰裕社会”理论的基础上，加尔布雷思形成了他的“新工业国”理论。他认为，在当代社会中，科学技术进步对经济和社会发展具有决定性的作用，这使得以现代大公司为基础的美国社会经济性质发生了根本变化，进入了一个新的发展阶段，即新工业国阶段。处于新工业国阶段的美国社会已经不是以前的资本主义社会，以大公司为基础的工业系统发生了一系列根本性变化：

第一，权力从资本家手中转移到“技术结构阶层”手中。加尔布雷思认为，在任何社会，权力总是与最难获得或最难替代的要素联系在一起的，谁拥有这种要素，谁就可以控制其他要素，从而掌握权力。农业社会中是土地，工业社会中是资本，在现代社会，由于工业的不断发展和科学技术的飞速进步，专门知识已成为企业发展的决定性生产要素。于是，权力就从资本家手中转移到拥有专门知识的人手中，这些人被称为“技术结构阶层”，它包括科学家、工程师、企业经营管理人员、律师等。“技术结构阶层”并不是指某一个具体的掌权人，而是一个专家决策集团。

第二，企业目标发生变化。随着企业的权力从股东手中转移到“技术结构阶层”，企业的目标也就不再是利润最大化，因为“技术结构阶层”的收入来自于薪水和奖金而不是股息，追求利润最大化要冒很大的风险，而受益主要归于股东。因此，“技术结构阶层”从自身利益出发，将以维持企业的稳定和增长为企业的主要目标。

第三，“消费者主权”被“生产者主权”所取代。加尔布雷思认为，消费者主权是建立在满足人们的吃穿住行等自然需求的基础之上的，它存在于收入水平较低的工业发展的早期阶段。而在“丰裕社会”里，人们的基本生活需要已经得到满足，而心理需要变得越来越重要。这样，生产者就可以通过广告、推销术来改变大众的偏好，刺激他们的需求，生产者主权自然就取代了消费者主权。此外，“技术结构阶层”为了保持企业的稳定发展，相互之间会形成一种默契，避免激烈竞争，从而使得生产和销售实现“计划化”。

第四，由于权力的转移，企业与外界关系发生变化。首先，工业资本战胜银行资本。由于“技术结构阶层”不再以利润最大化为目标，而追求企业的稳定发展，因此会减少对银行界的依附。而且现代企业一般都会保存大量未分配收入，从而增加企业的内部积累，这也会降低企业对银行的依赖。其次，企业与工人的关系得到改善。企业的目标变为稳定和增长之后，会尽量满足工人的需求，而工人为了获得稳定的工作，满足自身消费需求，也会与企业保持密切合作。再次，企业与国家之间的关系日益密切，现代大公司在研发、人才供给、工资及价格稳定等方面都对国家有较大的依赖性。最后，企业与科教界的联系更加紧密。在“技术结构阶层”掌权后，他们更懂得从科教机构吸纳人才、取得新科研成果。因此，企业会尽量与科教界搞好关系。

第五，资本主义和社会主义“趋同”。加尔布雷思认为，资本主义和社会主义不过是现代工业系统的不同技术组织形式，两种制度的“趋同”是经济和技术发展的必然结果。他认为，资本主义和社会主义有下列共同趋势：市场被计划所代替；大公司及“专家组合”力图保持自己的独立性；国家调节总需求以保证居民有必需的购买力、保持价格和工资的稳定；国家在培训人员方面的作用加强等等。

4. “二元体系”理论

“二元体系”是加尔布雷思在《经济学和公共目标》一书中所提出的核心观点。加尔布雷思指出，当代资本主义经济不是由互相竞争的私人企业组成的单一的结构，它是由“二元体系”组成的“二元结构”。所谓“二元体系”，一个是指“计划体系”，它是一个有组织的、由能够实行计划生产的大企业组成的体系，其权力掌握在技术结构阶层手中。另一个体系是指“市场体系”，它由众多分散的小工商企业组成，受市场力量支配。计划体系的主要特征就是加尔布雷思在《新工业国》中提到的几点新变化，而市场体系则没有发生什么变化，技术简陋、力量单薄、无法支配价格和消费者。因此，在整个经济体系中，二者的地位是不平等的，计划体系占支配地位，而市场体系处于被支配、被剥削的地位。二元体系的存在给整个资本主义社会经济带来了严重影响：一是造成社会经济各部门畸形发展、比例失调，计划体系的生产发展过快而市场体系的生产则发展缓慢；二是造成两个体系间人们收入的不平等，富者愈富而贫者愈贫。

对此，加尔布雷思主张政府和公众支持小企业的发展，从而提高市场体系的地位，同时限制计划体系的权力并消除它对市场体系的剥削，只有这样才能使两个体系的权力均等化。加尔布雷思把实现了这种权力均等化的社会称为“新社会主义”。对于他所说的“新社会主义”，加尔布雷思主要指出了三点：首先，推行“新社会主义”改革措施的主体应该是政府。其次，这种改革措施的起点是“信念的解放”。信念的解放是改革中最艰巨的任务，其他各项改革都有赖于它的实现。所谓信念的解放是指人们要从传统观念也就是传统经济学的束缚中解放出来。传统经济学一直把经济增长和产品的丰裕看成是成功的标准，只考虑经济增长而不考虑经济增长的后果如何。实际上，经济增长只是大公司的目标，并不是公众的目标，传统经济学把公众与大公司捆绑在一起。而政府只有从计划体系的控制下、从传统观念的束缚中解放出来才能成为“公共的政府”。最后是改革的具体措施，如实行累进收入税制以保证收入的公平分配、实施反通货膨胀措施、国家调节总需求以纠正需求不足或需求过度、对职工进行教育和培训以解决失业问题等，从而保证经济的均衡发展。

三、博尔丁与格鲁奇的发展

1. 博尔丁的主要理论

肯尼思·艾瓦特·博尔丁（Kenneth Ewart Boulding，1910—1993），美国经济学家，制度主义的代表人物之一。博尔丁1910年出生于英国利物浦的一个工人阶级家庭，1922年进入利物浦高等学院学习，1928年获得牛津大学新学院自然科学奖学金进入牛津大学学习，一年后开始学习政治学、哲学和经济学，1931年毕业并获得牛津大学一级荣誉文学学士学位。他于1932—1934年获美国国家研究员奖学金在芝加哥大学留学，曾受教于弗兰克·奈特（Frank Knight）、亨利·舒尔茨（Henry Schulz）等人，随后又到了哈佛大学，跟随熊彼特学习，1934年回到英国，任教于爱丁堡大学，1937年又到美国科尔盖特大学任教，从此开始了他在美国和加拿大的一段辉煌的职业生涯。他1948年加入美国籍，1980年退休后为科罗拉多大学经济学特聘教授。博尔丁一生研究成果非常丰富，著作有30多部，公开发表的文章达150多篇，其主要的代表作有《经济学的重建》（1950）、《意象：生活与社会中的知识》（1956）、《经济动态学》（1978）和《演化经济学》（1981）等。

博尔丁的研究范围非常广，涉及进化生物学、生态学、凯恩斯经济学、冲突研究、社会经济学和环境经济学等。他对正统经济学一直持批评态度，并寻求经济思维范式的某种转变（Kurt Dopfer，1994）。这种思维范式的转变在他的《经济动态学》和《演化经济学》中表现得尤为明显。因此，这里将主要介绍博尔丁的演化经济思想。拉塞尔（Russell，1979）对他的演化思想评价颇高，甚至认为他是第一个真正的演化经济学家。博尔丁的演化经济学的创建是从对主流经济学模型的质疑开始的，他认为那是一种机械的模型。他对经济学则有着不一样的认识，一方面把经济嵌入一种更为广阔的生态环境中来考虑，因此他也是最早认识到经济的系统性特征的经济学家之一；另一方面他强调时间的不对称性以及经济过程的不可逆性，而这与新古典模型是格格不入的。博尔丁的演化经济学看起来更像是从生态学的角度对人工产品①的转化所作的一个解释。例如，博尔丁认为演化就是一个遗传结构（如知识、技能、信息等）不断变化的过程，通常会导致复杂性的不断增加。一个基本的演化过程也是一个知识累积的过程，换句话说，也就是物种遗传结构的变化。而一个生态系统有着无数个生态位（niche），以容纳不同类型的生物和行为。在他看来，生物演化和社会演化都是指在变异和选择过程中不断地填充空的生态位。环境是由许多生态位构成的，其中有些生态位是相互竞争的，有些则是相互补充的，它们之间的相互作用决定了每一个生态位的潜在规模。在任何一个时空点上，都将存在一个生态系统，在参数集给定的情况下，生态系统将会趋于一种均衡状态，此时，增长率为零，而且所有的生态位都被填满。然而，由于变异和其他外生环境因素的存在，这种均衡将永远无法达到。有些生态位是满的，有些不是，这取决于系统的适应能力。每一次成功的变异都将打开一些生态位，同时也会关闭其他一些生态位。在生态系统中，最基本的变化就是遗传结构的改变，正是对遗传结构变异的不断选择推动了演化过程的发展。

在谈到社会发展时，博尔丁认为，社会发展模式是生物发展模式的扩展、延伸和加速。在社会发展中，变异采取的形式是发明、发现以及意识圈（noosphere）和意识遗传结构（noogenetic structure）② 的扩张。人类的决策制定能力就是对复杂的未来形成影像的能力，而这些影像是实现未来的必要的先决条件。他指出，这种影像形成能力已经创造了社会、社会演变以及人工产品。博尔丁把商品视为社会和经济生态系统中的物种或人工产品。这里，变异主要针对知识的遗传结构——新思想、新技能和新窍门，而选择则针对表型。遗传结构的一个不成功的变异将无法产生一个成功的表型——在整个生态系统中拥有自己的生态位。例如，如果技能或思想发生变异，而生产的新产品在合理的价位上并没有市场需求，那么这种产品将不会被生产，即使被生产出来也会很快消失。另一方面，新的成功表型将改变整个生态系统以及所有原有物种的生态位。其中一些生态位可能会消失，相应的物种也会灭绝。表型的生产涉及三个基本要素：知识、能量和物质。生产过程开始时，遗传结构或知识必须能够指导能量，以维持适宜的温度，并把所选择的物质转换成表型的各种结构。总的来看，博尔丁的演化经济学阐述的主要内容就是知识的演化。知

① 在博尔丁看来，所谓的人工产品不仅包括物质结构和对象，比如建筑物、机器等，还包括一些组织和组织结构，例如部落、国家、企业、宗教、政党等等，甚至人类本身也是一种人工产品。

② 意识圈就是人类神经系统的全部认知加上一些假体装置，通过这些假体装置，神经系统就能以图书馆、计算机等人工产品的形式得以扩充和整合。意识遗传指神经系统中的结构，包括大脑等。

识通过人类的发现、发明、创造和企业家精神而不断增加。新知识在生产过程中被运用，而生产出的产品则接受市场的检验，检验的结果传达到消费者那里，从而改变他们的行为习惯。这一过程不断重复，从而不断增加可利用的知识。

2. 格鲁奇的主要理论

阿兰·G·格鲁奇（Allan G. Gruchy，1906—1990），是美国现代制度主义经济学的主要代表人物之一，马里兰大学经济学教授。他曾花大量的时间和精力创办了美国演化经济学协会，并出任会长。他的主要著作有《现代经济思想——美国的贡献》(1947)、《比较经济制度》(1966)、《当代经济思想——制度主义经济学的贡献》(1972)、《经济学的重构——制度经济学的分析基础》(1987) 等。格鲁奇著作的内容十分广泛，主要涉及经济思想、经济制度和国民经济计划等领域。

(1) 格鲁奇的新制度经济理论。

作为制度主义的代表人物，格鲁奇在对以凡勃伦为代表的老制度学派和以加尔布雷思为代表的制度主义的深入研究的基础上形成了他的制度经济学观点。他的理论是对新制度经济理论的系统化和发展，主要有以下几个方面：第一，关于制度经济学的研究对象和研究方法。格鲁奇认为，制度经济学的研究对象是经济制度的产生、发展及其对经济生活的作用。他强调制度经济学不仅分析市场机制等经济制度的运行机制，还要研究影响制度变革的其他因素，如历史与文化等，尤其重视科学技术和知识分子的作用。在制度分析的方法上，格鲁奇用文化主义方法取代传统经济学的形式主义的分析方法，将经济制度看成历史—文化的产物。他主张一种机能整体的方法论，注重现实世界的演进性质，认为只有在不断发展的历史文化进程中才能理解经济现实。第二，格鲁奇的新二元经济理论。旧的二元经济理论是加尔布雷思提出的，他认为，现代经济是由计划系统和市场系统组成的，寡头垄断部门的大规模工业企业剥削自由市场部门中小规模的竞争性厂商。格鲁奇认为当今的二元经济是传统的重工业化体系和知识、信息等高技术产业及私人和公共服务事业构成的，叫新二元经济。新二元经济中的主要问题是平等问题，传统工业和新兴工业之间、两大行业的工资收入者之间、发达国家与落后国家之间都存着在不平等。

(2) 格鲁奇的比较经济制度理论。

格鲁奇的比较经济制度是其新制度经济理论的一个重要组成部分。格鲁奇认为，经济制度可分为狭义和广义的两种。狭义经济制度是指传统经济学家所说的经济组织，其主要任务是解决一个国家所面临的基本经济问题，即生产什么、如何生产和为谁生产，这一定义没有考虑导致经济制度发展或在它们的结构和职能方面发生根本变化的力量。广义经济制度考虑到导致经济制度发生变化的动态力量，是指各个参加者的组织发展的复合体。经济制度的比较研究主要包括以下四个方面的内容：关系到广泛影响经济制度的背景力量或因素；涉及经济制度的本质及职能；各种经济制度的成就；经济制度运行的方向及这些制度在其发展过程中出现的各个阶段的主要特点等。格鲁奇还研究了经济制度的结构和职能。经济制度的结构是由它的组成部分，如住户、工业企业、农场、农业合作社、工会、银行和其他金融机构、政府部门和机构等决定的。从广义来说，经济制度的结构可以分为公有和私有两部分。经济制度的职能是指经济制度如何运行、经济运行的方式和为谁的利益服务，而不是谁占有生产资料。

格鲁奇根据经济制度的定义、结构和职能分析，将当代经济制度分为四种类型：成熟的资本主义经济模式，如美国、英国等；成熟的民主社会主义的经济模式，如瑞典、挪威；发达的独裁主义社会主义或共产主义的经济模式，如苏联；经济不发达的国家，包括中国、印度以及非洲等国家。不同类型的经济制度具有不同的特征。资本主义制度的基本特征有：生产资料私人所有制；私人财产制度基础上的分散决策；以市场为基础提供决策信息；物质利益刺激是实现经济目标的基本手段。民主社会主义制度的基本特征有：私有经济为主，关键部门实行国有化，一定程度的政府控制，较完善的收入分配制度和社会保障体系。谈到共产主义经济制度的基本特征，格鲁奇首先定义了共产主义经济制度，把苏联和东欧的社会主义经济制度叫做共产主义经济制度，认为这种制度又可分为四种基本类型：动员的共产主义经济（反对市场机制的作用）、正统的斯大林命令主义经济（追求高水平的强制经济增长，不讲经济效率）、改良的命令主义经济（不触动党政官僚权力结构的情况下使经济更有效率）、分散的面向市场的共产主义经济（放弃大部分中央计划、实行工人自治）。这几种类型的制度的共同特征是：在社会意识形态上信仰马克思主义经济学和政治学，在经济制度上实行生产资料的国家所有制和集体所有制，在国民经济管理上实行以工业化为目标的计划经济。不发达国家的主要特征有：生产力水平低，用政府计划促进经济增长，扩大国有经济，优先发展工业，尤其是重工业。

在对经济制度分类的基础上，格鲁奇又分析了不同经济制度的趋同现象。他认为，经济制度是个不断发展的过程，在东方和西方经济中，长期的经济发展不断地将这些经济制度推向新阶段，经济结构和职能发生变化，两种经济趋向共同的工业模式。如美国等西方国家政府对经济进行干预，抑制了自发的市场势力，法国、日本等国采用了指导性国家计划；实行共产主义的国家放弃了高度集中的命令经济形式，注重发挥市场的自发调节作用，允许市场机制配置资源。两种经济制度可能趋于同一，成为某种中间的或统一的制度。

第三节　欧洲制度主义

一、欧洲制度主义传统

制度主义在美国有着悠久而又辉煌的历史，它的诞生可以追溯到 1898 年凡勃伦发表的《经济学为什么不是一门演化的科学?》，而到了 20 世纪 20 年代，制度主义思想在美国大学中实际上已经获得主导地位。相比之下，在 20 世纪的欧洲，尽管也有像霍布森(John Hobson)、波拉尼、缪尔达尔、卡普等一些主要的欧洲制度主义经济学家对制度经济学的发展做出过重要贡献，但制度主义从没有在欧洲牢牢地扎下根来。在霍奇逊(1998) 看来，欧洲制度主义的发展缺乏一种连续性，不像美国制度主义那样有着鲜明的代际传承，从凡勃伦到艾尔斯再到加尔布雷思等人。对于制度主义在美国与欧洲不同的发展状况，霍奇逊把它归结为以下几点：首先，从 19 世纪 90 年代到 20 世纪 30 年代这段时间，美国人口和大学数量都快速增长，学术环境较为宽松，因此异端经济学的生存空间较大，制度主义经济学也得以在这段时间站稳脚跟并蓬勃发展。其次，第一次世界大战之前，尽管社会主义思想在美国也有所传播，但马克思主义从没有获得像在欧洲那样的突出地位。也正因为如此，美国制度主义的发展少了另一种异端经济学的竞争，从而获得更多的成长空间。再次，当时的美国是一个新兴的、扩张中的国家，它的制度与组织建设、长期发展等问题都非常紧迫。而主要欧洲国家则呈现出一种相对僵化的状态，存在了几个世纪的制度被视为理所当然，经济学的发展表现出一种自满状态，常常忽视长期发展以及制度变迁等问题。最后，制度主义未能从美国扩展至欧洲，还因为美国制度主义理论自身也有一定的局限性。不管是制度主义的支持者还是反对者，他们都承认，美国制度主义未能形成像新古典主义、马克思主义那样一种系统的理论，而且制度主义的代表人物之间也存在严重分歧。因此，尽管制度主义在美国硕果累累，但它无法形成一种标准化的理论而对外输出。而到了第二次世界大战之后，当美国成为一个经济理论输出国的时候，制度主义已经丧失了自己的优势，被新古典经济学所取代。所以，直至 1988 年欧洲演化政治经济学协会成立之前，制度主义在欧洲的发展都是零散的、片段化的。

虽然制度主义在欧洲的发展缺乏一个完整的链条，但制度主义思想在欧洲却有着其历史渊源，其中之一就是德国历史学派。许多美国制度主义的先驱都曾在 19 世纪七八十年代的德国学习经济学，并受教于历史学派的领军人物。但德国历史学派并没有为美国式制度主义的发展耕耘出一片沃土。随后，由于纳粹主义的影响，历史学派逐渐消失了。此外，历史学派与制度主义在理论上也存在重大差异。这些都阻止了制度主义在欧洲的孕育和发展。而在二战结束之前一直作为世界经济科学中心的英国，虽然有着对凡勃伦产生重大影响的达尔文和斯宾塞（Herbert Spencer）等思想家，但能够贴上制度主义标签的英国经济学家却非常少，其中最著名的是霍布森。虽然霍布森本人从未获得任何一所英国大学的学术职位，也没有获得英国学术界的足够重视，但他的思想却影响了诸如列宁和凯恩斯等一些重要的思想家。而在欧洲大陆，则有三个与美国制度主义有着最紧密联系的人物：卡普、缪尔达尔与波拉尼。卡普的主要理论包括社会成本理论、企业的环境影响分析以及一般制度理论；缪尔达尔的主要理论包括他的货币理论、累积因果循环理论等；波拉尼则在经济史、经济人类学和制度理论方面贡献较大。后面我们将重点介绍缪尔达尔的理论。尽管如此，他们三人的理论都没有在欧洲大学中产生重大影响并形成一个繁荣发展的学派。此外，如果我们从广义上来定义制度经济学，即反对方法论个人主义，把制度作为基本分析单位，把经济视为一个开放系统，用累积因果的概念替代均衡概念，那么与制度主义相关的欧洲学者就更多了，如马克思和熊彼特，即使像凯恩斯、斯密、马歇尔和哈耶克等人的理论中也存在制度主义的思想片断。因此，欧洲制度主义的复兴也要从这些人的思想中吸取灵感。事实上，欧洲制度主义的复兴条件在近些年也已改善。首先是欧洲正在经历重大的制度、文化和技术变迁，东欧发生剧变，西欧则走向一体化。其次，正统的新古典理论一般都忽视技术变迁问题，而且缺乏制度理论，这种缺陷为制度主义的发展提供了契机。还有一个原因就是欧洲有着与美国不一样的企业与政治文化。现在的欧洲强调“合作主义”和“社会市场”的资本主义模式，而美国则奉行个人主义的“赌场经济”。

霍奇逊还分析了欧洲制度主义与美国制度主义的一些差异，这些差异主要源于其不同的哲学与文化传统，表现在以下几方面。第一，关于制度的作用。美国制度主义，尤其是艾尔斯的技术—制度二分法主要强调制度对人的约束作用，把制度视为进步的阻碍，是坏的，这种极端看法为二战后的美国制度主义打上了一个鲜明的烙印。而欧洲制度主义除了强调制度的约束性外，也强调制度的能动作用。第二，价值理论。虽然两种制度主义传统都反对新古典经济学基于个人效用的价值理论，但它们之间也有不同。美国制度主义根据艾尔斯的二分法，提出了工具价值理论，但艾尔斯对欧洲制度主义影响甚小，工具价值理论也没能在欧洲扎根。而欧洲关于价值理论的探讨可以追溯到亚里士多德，他最早把价值区分为使用价值和交换价值，他的这种价值二分法被后来的斯密、李嘉图和马克思等人所接受，也被后来的欧洲制度主义者波拉尼所采用。而英国制度主义者霍布森则受罗斯金①（John Ruskin）的影响，认为在经济和社会政策中应强调道德的作用，因此他尤其强调道德价值。涂尔干②（Emile Durkheim）也对实用主义哲学提出批评，强调社会中需要道德、政治和经济秩序以及技术规则。罗斯金和涂尔干的思想对欧洲的社会科学产生了非常大的影响，而这一传统与美国社会科学传统完全不同。第三，对凡勃伦传统思想的继承。霍奇逊认为美国制度主义在经历了20世纪前期的调整之后，已经放弃了凡勃伦的一些关键性概念和方法，例如凡勃伦期望建立一种基于后达尔文主义的演化经济学，但其后继者逐渐放弃了这一目标，生物学与社会科学的联系渐行渐远，凡勃伦建立在本能哲学基础上的行为理论也被边缘化，而且一些制度主义者受当时的数学化思潮的影响，逐步转向数据收集和统计工作。相比之下，欧洲制度主义者则很好地继承了凡勃伦的衣钵，他们与其他众多异端经济学家进行密切交流，尤其在演化经济思想上有着较多的共鸣，凡勃伦的演化思想、生物学隐喻都被保留了下来。

二、缪尔达尔的发展

缪尔达尔（1898—1987），制度主义的另一位重要代表人物，1898年出生于瑞典中部达拉纳省一个普通家庭，1918年进入斯德哥尔摩大学学习法律，1923年毕业后从事律师业务，同时在斯德哥尔摩大学转读经济学，1925—1927年间曾在英国、法国和德国留学，1927年，缪尔达尔获斯德哥尔摩大学经济学博士学位，并留校任政治经济学讲师，1929—1930年以洛克菲勒基金会研究员的名义去美国深造。1931—1932年在瑞士日内瓦国际研究院任副教授，之后，他于1933年作为卡塞尔（Gustav Cassel）的继承人，被任命为斯德哥尔摩大学拉尔斯·希尔塔讲座政治经济学和财政学教授，直至1939年。后来他又投身于政治活动，并于1945—1947年出任瑞典商业部部长，1948—1957年间任联合国欧洲经济委员会执行秘书长，1957年开始对南亚和东南亚11个国家的政治经济问题进行了长达10年的研究，1961年再次回到瑞典斯德哥尔摩任国际经济学教授，1974年他同哈耶克（Hayek）一起获得诺贝尔经济学奖。缪尔达尔在经济理论方面的研究先后经历了两个截然不同的阶段。第一个阶段是在20世纪20—30年代。那时他的研究属于新古典主义传统，研究纯粹理论问题。第二阶段开始于20世纪30年代。1929年以后，缪尔达尔的兴趣转向了政治问题，他积极参与政治，从理论经济学家转变成了一位政治经济学家，他自称为制度主义者。从此以后，他研究的主要内容是对政治的、社会的和经济的现象的内在联系进行分析，如对美国黑人问题的调查研究，对南亚和东南亚国家政治经济问题的研

---

① 罗斯金是19世纪英国维多利亚时期的著名艺术评论家、社会思想家和慈善家。

② 涂尔干是法国著名的古典社会学家之一，对社会学的早期发展做出了巨大贡献。

究等。缪尔达尔一生著作很多，主要的有《货币均衡论》(1931)、《美国的困境：黑人问题与现代民主》(1944)、《经济理论和不发达地区》(1957)、《富裕国家和贫困国家》(1957)、《亚洲的戏剧：各国贫困考察》(1968)、《世界贫困的挑战：世界反贫困计划纲要》(1972) 等。

缪尔达尔的经济学成就体现在两大方面，一是在新古典经济学的货币理论和经济波动理论方面，二是在制度经济学和发展经济学方面。实际上，缪尔达尔一生中真正从事货币和宏观经济理论研究的时间并不长，前后不超过十年，且都在其学术生涯的早期。他的大部分时间都在从事关于社会平等和经济平等问题的研究，正是这些研究使得他成为了一个制度主义的经济学家。而他作为制度主义代表人物的主要理论贡献就是其循环累积因果理论。缪尔达尔的循环累积因果理论主要是针对传统经济理论的缺陷而提出的，这种缺陷主要体现在两方面：一是它的静态均衡分析法；二是它对社会经济过程的分析仅仅集中在少数几个经济变量上。对此，缪尔达尔运用“整体性”方法，对经济、社会和制度现象进行综合分析，进而提出“社会过程理论”，说明社会经济体系如何演变。在他看来，社会经济体系在演进过程中受到各种力量的推动，但它并不一定会趋向某个均衡点。因为社会经济的各种因素之间是互相联系、互相影响、互为因果的，最初某一社会经济因素的变动会引起具有强化作用的另一社会经济因素的引申变动，从而使得社会经济过程朝着最初变动的方面作更进一步的发展。简而言之，这种循环因果使得社会经济过程以一种累积的、加速的方式变迁，而不稳定性是变迁过程的主要特点。其次，缪尔达尔的循环累积因果理论最初是在《美国的困境：黑人问题与现代民主》一书的附录中提出的。他突破传统经济学的狭隘边界，在经济分析中引入众多非经济变量，经济变量和非经济变量之间的交互作用使得社会经济系统始终处于一种不稳定状态。例如，种族歧视可能会影响那些弱势群体的就业机会，从而导致这些人收入水平低下，而低收入水平又会加剧社会偏见。把非经济变量纳入分析当中，开拓了众多的累积过程的可能性，而这种分析在传统经济学中是没有的。此外，缪尔达尔的循环累积因果理论还涉及价值判断问题，他除了运用累积因果原理分析经济增长外，还对社会平等、人口、健康、文化等对经济社会发展的影响进行了研究，从而弥补了主流经济理论中缺少价值判断的问题。

缪尔达尔在运用循环累积因果理论的过程中，还进一步明确指出循环累积运动分为向上累积和向下累积两种情况。前者即“扩散效应”，即某一地区的发展具有正反馈效应，它会带动周围地区的发展；后者指“回波效应”，即某一地区的发展具有负反馈效应，由于种种原因它会引起别的地区的衰落。缪尔达尔认为，正是因为存在着“扩散效应”和“回波效应”，国际贸易会加剧发达国家与不发达国家发展的不平衡，因为发达国家利用自己的技术、管理等优势，以质优价廉的产品抢占欠发达国家的市场，在加强自身竞争力的同时大大限制了欠发达国家的产业发展，因此国际贸易对欠发达国家具有明显的“回波效应”。所以国际贸易并不总是对贸易国双方都有利，只有在贸易双方经济发展水平差不多时，国际贸易才是互利的。除了分析国际经济不平等外，循环累积因果理论贯穿于缪尔达尔后半期的整个研究体系之中。

缪尔达尔的循环累积因果思想在一些早期的制度主义文献中已初见端倪，尤其是凡勃伦，在其经典论文《经济学为什么不是一门演化的科学?》中就已经提出了“累积变迁”

的概念。但凡勃伦的累积变迁理论与缪尔达尔的循环累积因果理论有着很大的不同，凡勃伦关注制度因素相对于非制度因素的潜在的强化性质，以及整个社会经济过程的自我强化特点，但他的累积概念本身并不包含自我强化的正反馈思想，甚至认为在累积因果中并不存在某种“趋势”，这与缪尔达尔的循环累积因果思想完全相悖。这也是为什么缪尔达尔在获得凡勃伦-康芒斯奖时没有明确提及凡勃伦的累积变迁概念的原因。因此，缪尔达尔的循环累积因果理论不能被简单地视为凡勃伦累积变迁理论的再现。

三、霍奇逊的发展

杰弗里·霍奇逊（Geoffrey M. Hodgson）（1946— ）是英国著名经济学家，老制度主义的当代传人，欧洲演化政治经济学协会的创始人之一，毕业于英国剑桥大学，并曾在剑桥大学任教 8 年，现为英国赫特福德（Hertfordshire）大学研究教授、博士生导师，制度经济学研究中心主任。霍奇逊是当今国际演化经济学界知名学者之一，曾被聘为法国、奥地利、瑞典、日本、美国等多所大学的客座教授。他还是《制度经济学》杂志主编，英国当代资深的马克思主义研究者。霍奇逊教授是一位高产的学者，迄今为止已经出版了 10 多本著作，在学术期刊上发表了 170 多篇论文，研究兴趣和领域比较广，主要研究制度经济学、演化经济学、经济学方法论、经济思想史、企业理论和社会理论等。

作为老制度主义的当代传人，霍奇逊通过对美国制度主义的兴起、衰败和复兴历史的考察，指出了美国制度主义的发展中存在的问题，并提出了重建制度主义经济学的设想。霍奇逊认为，重建的关键点在于把握住凡勃伦制度主义的精髓，也就是达尔文主义。凡勃伦制度主义的最大特点，就是实现了达尔文理论与社会经济分析的创造性结合。

关于达尔文主义，霍奇逊首先指出，人们对它以及它与社会科学之间的关系存在很多误解，如第一次世界大战后出现的社会达尔文主义的生物还原论倾向以及社会达尔文主义和种族主义、优生学挂上钩的倾向。对此，霍奇逊认为：“达尔文主义并不支持任何形式的种族主义、性别歧视、民族主义或者帝国主义，也不为‘适者生存’提供任何道德上的辩护。它也不意味着暴力冲突不可避免，或者合作与利他主义是不重要或反常的……”① 在谈到社会经济的演化机制时，霍奇逊认为它与生物进化机制有很大的不同，因为我们在研究社会经济的演化时，关注的是人类福利和幸福状况，而不仅仅是生存与繁殖。虽然如此，达尔文主义并非仅仅适用于生物的进化，而且现代发展的普遍达尔文主义进化机制能够应用于所有的复杂开放系统中，因为“如果从一个足够抽象的层面上去考虑，生物进化和经济演化具有同种类型的过程和结构”②。此外，对于达尔文主义，霍奇逊反复强调了它的累积因果原则。他认为达尔文主义就意味着因果性解释，并且达尔文主义的永恒价值就体现在对包括变异、遗传和选择的演化的因果机制的解释上。总的来说，在霍奇逊看来，达尔文主义不和任何的决定论和意识形态挂钩，而只是一个普适的解释因果变迁的分析框架，它不仅为我们提供了一个生物进化的理论，同时也是一种有助于我们理解人类社

---

① Hodgson, Geoffrey M., “Darwinism and Institutional Economics”, *Journal of Economic Issues*. 2003, vol. 37 (1): 85-97.

② Hodgson, Geoffrey M., “The Mystery of the Routine: The Darwinian Destiny of An Evolutionary Theory of Economic Change”, *Revue économique*, 2003, vol. 54 (2): 355-384.

会经济系统演化的理论。

首先尝试沿着达尔文的思路发展一种经济和制度演化理论的社会科学家正是凡勃伦。在霍奇逊看来，凡勃伦的达尔文主义理念主要表现在三个方面：首先，凡勃伦支持作为达尔文主义基础的因果关系原理。对凡勃伦来说，达尔文主义对目的论的拒绝，成为经济和社会科学领域中科学和后达尔文主义研究方法的必要基础。因此，他将达尔文学说的累积因果和连续性假设提升到方法论意义上，在经济和社会分析中主张相互作用和诸事有因。其次，凡勃伦将达尔文的自然选择思想创造性地运用于社会制度的分析中，用变异、遗传和选择去解释社会制度的存续与效率，制度成为社会经济演化所选择的目标。但需要指出的是，凡勃伦的达尔文主义经济学并不意味着经济演化可以或必须简化为一系列生物学术语。虽然社会经济系统的演化与达尔文的变异、遗传和选择原理在方式上是一致的，但自然演化和社会演化之间在选择单位和演化过程的细节等方面是不同的。最后，凡勃伦将本能这一人的生物属性的起源和现实作用纳入分析框架之中。虽然在社会经济分析中，是否应该以及如何包容人的生物属性一直是个有争议的话题，但凡勃伦坚持认为，人没有豁免于自然选择的特权，因此也具有长期演化而来的生物属性。

虽然霍奇逊把达尔文主义视为凡勃伦制度主义的精髓，但由于当时一些不利的社会科学风向的影响，如行为主义心理学、实证主义哲学占据上风，本能—习惯心理学被逐渐抛弃等，所以当凡勃伦在1929年去世之后，其后继者就放弃了他的思想精髓，不再将达尔文主义引入到经济学中。如康芒斯不仅没有采纳凡勃伦的本能—习惯心理学，而且还接受了行为主义的某些观点。他认为凡勃伦把自然选择的思想引入到社会经济演化分析之中是不合适的，因为主导经济现象的是人为选择而不是自然选择，而这两者之间又存在本质上的不同。艾尔斯是后凡勃伦时代制度主义的领军人物，他对达尔文主义的拒绝也最具戏剧性和讽刺性。艾尔斯比康芒斯更彻底地支持新兴的行为主义，并排斥本能概念。他认为达尔文的主要思想，如变异、适者生存、自然选择、性别选择等都已经过时。他虽然也分析社会经济的演变过程，但用的是非达尔文的方式。同样的，米切尔最终也放弃了作为制度主义基础的达尔文主义和本能—习惯心理学。

针对凡勃伦制度主义的后继者对其思想精髓的这种遗弃，霍奇逊则致力于把达尔文主义重新引入制度分析之中，并结合生物哲学的新发展，恢复并完善凡勃伦制度主义思想。而现代普遍达尔文主义的发展为包括生物、社会和其他系统在内的所有复杂开放系统的演化提供了一个统一的框架，这无疑为恢复达尔文主义在经济制度演化中的应用提供了很好的契机。关于普遍达尔文主义，霍奇逊和克努森（Thorbjørn Knudsen）采取了一种宽泛的定义，达尔文主义是“复杂有机系统演化的理论，涉及单个实体的基因指令的遗传、基因型的变异，以及根据表现型和环境的适应性进行的选择过程”①。他们认为最为基本的一点在于区分复制子（replicator）和交互元（interactor）。复制子是一个能够在连续复制中忠实地保持原有复制对象结构的实体，它与复制创造的过程是因果关联的。交互元是一个具有内聚力的实体，与其环境直接互动，互动行为产生差异化复制。而差异化复制是达

① Hodgson, Geoffrey M., Knudsen, Thorbjørn, “The Complex Evolution of a Simple Traffic Convention: The Functions and Implications of Habit”, *Journal of Economic Behavior and Organization*, 2004 (1): 19-47.

尔文理论中选择过程的基础。如何把普遍达尔文主义从生物学推广到社会科学，其中的关键在于对进化论核心概念——复制子、交互元、选择等的重新诠释。在生物学中，人们普遍把基因看成是复制子，而有机体是交互元。在我们用一般性术语定义这些核心概念时，就必须考虑在社会领域内，复制子、交互元和选择过程的对应物是什么。对此，霍奇逊认为，个人的习惯和组织、群体层面的惯例与基因极为类似，它不仅是行为基础，同时具有相对稳定性和普遍性，因此可以看成是人类社会的复制子。当然习惯与基因的复制、变异和选择机理是不一样的，习惯不是直接复制自身的，而是通过表达出来的行为间接复制。"选择"概念也面临着同样的问题，将这一概念运用在社会经济系统的演化中，必须用精炼的定义准确表达其含义。霍奇逊认为，选择并不一定指的是生物学中的自然选择机制，而是被定义为任何一组实体和它们的环境之间相互作用之后不同实体之间的频度改变的事实，因此选择机制的作用并非预先假设了一个不变的"选择环境"，而只是认识到系统之间的高度相互依赖性。

按照霍奇逊的思路，制度分析的基本框架是习惯和制度及其演化。个人习惯并非来源于理性计算之后的选择，而在于人们在有限的信息和计算能力条件下，无法对各种情况按照成本—收益原则做出闪电式的计算时，依照社会上普遍采用的行为方式来行事。因此，习惯"是非深思熟虑的和自我驱使的采用从前行为模式的倾向，它是在重复的情境中自保持的和没有思考的行为"[①]。制度可以按照凡勃伦的方式被定义为流行的思想习惯，它"是部分地通过思维和习惯的生产和再生产对人类行为所施加的形式和社会内聚力，这涉及概念修辞手段、习得的符号的创造和传播"[②]，制度是与人类的认知相关联的，而理性本身依赖于制度的支持。个人习惯强化了制度，又被制度所强化，正是由于这个相互加强的循环，制度就有了一种稳定和惰性的禀赋。而且，在为理解感觉资料提供认知框架上，在把信息转变成有用知识提供智力习惯或惯例上，制度发挥着基本的作用。但是把制度作为分析对象并不必然意味着个人就必须受制度的支配，相反的是，制度分析既要强调制度结构，也必须强调人的能动性作用。

第四节　制度主义与新制度经济学的异同

遵循凡勃伦-艾尔斯传统的制度主义与以科斯、诺思和威廉姆森等为代表的新制度经济学，既存在本质上的区别，又有着诸多联系，但这些联系又都非常脆弱，例如，制度主义与新制度经济学都以制度作为其研究对象，但二者对制度的理解则完全不同。在制度主义中，制度被视为思想习惯和行为模式，它既是人们主观想象的产物，也是人所面对的客观结构。因此，人与制度之间是相互作用、相互依赖的。而在新制度经济学中，制度被视为一种游戏规则，它强调对人的行为的限制，但是制度并不改变个人。因此，新制度经济

① 杰弗里·M·霍奇逊：《制度主义的方法》，见杰弗里·M·霍奇逊主编：《制度与演化经济学现代文选：关键性概念》，307页，北京，高等教育出版社，2005。

② 同上书，309页。

学的制度概念没有考虑制度对个人行为的塑造。此外，二者都对新古典经济学提出了批评，它们都反对新古典的“理性人”假设，反对经济学的形式主义等，但新制度经济学只是在新古典的框架内对其进行了一些修补，如用有限理性替代完全理性、在生产成本基础上提出交易成本概念等，而制度主义则是对新古典分析范式的彻底否定。正如新制度经济学代表人物威廉姆森所指出的，新制度经济学是对正统新古典理论的补充而非替代，老制度主义当代代表人物霍奇逊也写道，“制度主义（在此是指新制度经济学）不是通过传统的制度主义的再现，而主要是在现代正统理论的心脏中成长起来的。具有讽刺意味的是，凡勃伦等最初的制度主义主要是通过对正统理论的假设进行批判而产生的。”① 我们在此将主要分析两个学派之间的不同之处，而二者之间存在差异的根本原因在于它们的本体论认识和方法论的不同，这也是导致它们在对社会经济系统的认识、政策建议等方面存在不同的根源。因此，我们将运用批判实在论方法论，扼要讨论这两个学派在本体论、方法论上所存在的不同。

一、社会经济本体论和公共政策的不同

当代著名的制度主义者霍奇逊认为，虽然制度主义并未明确地提出社会结构的观念，但在其本体论预设中，制度被视为社会结构的一种特定类型，它能够潜在地改变行为者的目标或偏好。霍奇逊研究的结论是，制度主义不仅在本体论预设上与批判实在论相一致，而且提出了在批判实在论社会经济本体论中并不存在的如下命题：社会结构在人类社会的复杂层级上处于个人之上，与这个较高层级相关的因果力量不只是简单地约束而且也能影响和改变个人的特征、力量和倾向，这被称作是重组的向下因果关系（reconstitutive downward causation），在社会结构的组成要素中，具有这种能力的要素就被称作制度。此外，霍奇逊还认为，制度主义的某些思想遗产可以纠正批判实在论所存在的不足，两者将在共同发展中相互受益。

与制度主义相当不同，新制度经济学则承袭了新古典经济学有关人类行为的基本假定，即个人被看作是给定的，在本体论预设上，这种假定来自于原子本体论：任何实体所拥有的特征都独立于与其他实体的联系，个体尽管在形态上不同，但却完全是同质的。虽然现代物理学已用有机或关系本体论替代了这种过时的宇宙观，但它仍是新古典经济学和主流新制度经济学的本体论预设，因为“在他们看来，这种个人不是历史的结果，而是历史的起点”②，抽象的、先验的和普适的人性假定即源于这种本体论。因此，在主流新制度经济学的本体论预设中并不存在作为突现层级的社会结构观念，制度只被看作是个人创造的结果，这是诺思在分析国家和秩序产生时之所以遭遇困难，并逐渐转向老制度主义的重要原因。③

制度主义与新制度经济学在社会经济本体论上的不同，导致它们在公共政策的建议上存在着很大差异。例如，科尔奈（Janos Kornai）认为，“休克疗法”的设计师们受到科斯

① Hodgson, G. M., “Institutional Economic Theory: The Old Versus the New”, *Review of Political Economy*, November 1989, p. 249.

② 《马克思恩格斯选集》，2版，第2卷，2页，北京，人民出版社，1995。

③ 参见贾根良：《劳动分工、制度变迁与经济发展》，110～126页，天津，南开大学出版社，1999。

很大影响，大规模私有化战略就是对科斯定理的误用。[①] 科斯定理认为，只要交换是自由的，交易费用为零，并在完全竞争的市场条件下进行，那么，合法权利的初始分配是否有效率就无关紧要。实际上，这隐含地揭示了社会经济结构的制约作用，要求赋予制度以本体论的地位。然而，由于新制度经济学的主流把制度变量参数化，承袭新古典经济学个人主义的原子本体论及其方法论，所以，尽管科斯强调要按世界的本来面目认识和研究经济问题，但在评估产权制度时，流行的看法仍然是，无论历史和社会条件有何不同，私有产权总是普遍有效的。这种看法对经济政策产生了灾难性的影响，这不能不说与其本体论的缺陷有非常重要的关系。

俄罗斯的困境和中国改革的成就显示出制度主义的社会经济本体论对公共政策的重大意义。制度变迁路径依赖过程的性质说明了，人们的能动作用只有通过与既定的结构交互作用才能导致后者的转变，制度创新只有在利用传统的基础上才能实现。正如马克思所指出的，“人们自己创造自己的历史，但是他们并不是随心所欲地创造，并不是在他们自己选定的条件下创造，而是在直接碰到的、既定的、从过去承继下来的条件下创造”[②]。因此，公共政策作为能动作用，在推动结构转变时，要因时因地而异，要以解决问题的实用性而非预先假定的意识形态或目标为标准。由于意识到制度变迁是一个充满风险并往往产生意外结果的过程，意识到政策及其制度选择对人性的塑造作用，因此制度主义者主张，政策应以实验和过程为导向，不追求普遍的真理，而只希望暂时的改进。特别是由于经济变化基本上是一个自组织过程，制度创新的真正源泉来自于民间，所以公共政策应该鼓励而非压制多样化的尝试。

二、方法论的差异

本体论预设在很大程度上决定了经济研究方法论的一般性原则。老制度主义者凡勃伦早在 1898 年就批评新古典经济学是前达尔文的，他认为，经济学应该以达尔文革命所产生的进化生物学为原型，所谓演化经济学实质上就是用动态的、在生物学意义上不断变化的眼光来考察人类行为，从而拒绝包括新制度经济学在内的主流经济学所使用的均衡方法。演化方法的核心是“累积因果”的概念，卢瑟福指出，这个概念含有明确的路径依赖思想，在凡勃伦看来，初始条件的微小差异可能会产生明显不同的后果；即使起点差不多，不同的文化还是会按不同的方式发展。

累积因果的概念必然反对个人主义方法论，因为累积因果的变化过程是以社会经济系统的演进和整体性质为条件的。整体论的基本含义是研究制度必须考虑整个人类社会系统，只考虑经济部分就无法理解制度的内生演进过程，这就是为什么制度主义对技术变迁、权力结构和文化价值观给予很大关注的原因，而这在正统的新制度经济学那里是缺乏的，正如卢瑟福所指出的，“新制度经济学不去分析系统的内部动力，它只考虑理性如何对人口、技术、贸易机会或者意识形态外生既定变化做出反应”[③]，这样它自然就把制度

---

① 参见科尔奈：《“通向自由市场经济之路”出版十年之后》，载《经济社会体制比较》，2000 (5)。

② 《马克思恩格斯选集》，2 版，第 1 卷，585 页，北京，人民出版社，1995。

③ 卢瑟福：《经济学中的制度：老制度主义和制度主义》，12 页，北京，中国社会科学出版社，1999。

或体制的多样性在很大程度上排除在外了，比较研究就成了无本之木了。

制度主义反对高度抽象和形式化的模型，因为他们认为形式化模型必然会丢失掉对制度特定的情境和脉络这些重要的因素。威尔伯和哈里森认为，能够抓住制度主义整体、系统和演化方法论特征的是由某些科学哲学家所称的“型态模型”。型态模型与形式化模型在解释结构上是相当不同的，形式化模型按照演绎方法，在解释结构上呈现为从解释变量到被解释变量的层级，而型态模型则是由几个相对独立的部分连结在一起。每一部分的理论独立于其他部分，并首先在特定情境与脉络中被发展、理解和检验，然后以某种形态连结在一起，它对研究主题提供了多层面的和复杂的图景①，而形式化模型则是单面的，它从有机整体中抽出某部分进行逻辑研究。

形式化模型与型态模型的区别可以用新老制度主义处理路径依赖这个概念上的不同来说明。与老制度主义型态模型中各要素之间平等连结的解释结构不同，诺思对路径依赖概念的应用是演绎结构的，即结构生产边界是由产权体系决定的，产权体制又取决于共同体的政治结构，而政治市场性质的基础是当事人的信仰体系，所以文化构成了路径依赖的关键因素。② 显而易见，诺思对路径依赖概念的处理把复杂的社会经济系统简单化了，产权、政治、文化、技术以及生态地理等系统要素自身都可能存在着路径依赖的性质；同时，在理论的解释结构中，这些系统要素之间应“平等”地联结，但却存在着非线性的反馈机制。

思考题

1. 制度主义经济学具有哪些基本特征?
2. 与凡勃伦为代表的老制度主义经济学相比较，凡勃伦传统和加尔布雷思做出了哪些理论创新?
3. 欧洲制度主义与美国制度主义存在哪些差异? 这些差异是什么因素造成的?
4. 简述缪尔达尔的制度演化理论。
5. 试评霍奇逊对制度主义的复兴和发展所做出的理论贡献。

---

① Wilber and Harrison, “The Methodological Basis of Institutional Economics: Pattern Model, Storytelling, and Holism”, *Journal of Economic Issues*, March 1978, pp. 80-81.

② 参见贾根良:《劳动分工、制度变迁与经济发展》，122 页，天津，南开大学出版社，1999。

第七章

新熊彼特主义学派

新熊彼特主义经济学的研究对象是经济质变的动态过程以及与此相关的共同演化过程，这种过程是由各种形式和多层面的创新所驱动的。凡是那些把他们自己看作是新熊彼特主义的经济学学者，不仅赞同创新是其经济学研究的规范性原则，而且，他们都赞同这种规范性原则的三个构成要素：第一，强调在经济的所有层面上的质变，因此，他们不只是考虑结构变迁，而且要考虑排除在目前状况下阻止发展的所有约束因素，允许在新的条件下得到发展。第二，这种质变在时间上并不是连续的，而是符合间断平衡（punctuated equilibria）[①] 的思想，即平滑和有规则的发展时期和激进的变化时期交替出现。第三，这些过程表现为强有力的非线性和正反馈效应，正是由此导致了型态赋形（pattern formation）和其他形式的自发结构化（spontaneous structuring）。所谓型态赋形是指虽然存在着真正的不确定性，但这种动态过程并非没有规律可循，而是呈现出一种自发的结构化过程。[②] 在过去的30年中，经济学家们在新熊彼特主义经济学的标题下对产业动态学进行了深入的研究，目前它已经在有关创新、知识、产业变迁、经济增长和发展经济学等领域成为一门成熟和普遍被公认的学科。新熊彼特主义经济学的形成和发展与熊彼特是密不可分的。因此，我们在第一节首先扼要简述熊彼特经济学的起源、主要理论、成就和不足。然后，再用三节内容讨论新熊彼特主义经济学，第二节简述该学派的形成、思想来源和宗

① “间断平衡”意味着“自然界存在着飞跃”，这一理论是在古生物学研究中提出的一种进化学说。1972年，针对古生物化石缺少中间演化类型，美国古生物学家斯蒂芬·杰·古尔德和尼尔斯·埃尔德里奇提出了这种新的进化论解释。“间断平衡”理论认为，生物的进化并不总像达尔文所言是一个缓慢的连续渐变积累过程，而是长期的渐进演化与短暂的剧变（即爆发性的新物种形成）交替出现的过程，因此，该理论是对达尔文进化论的完善，而非挑战。

② 参见 Horst Hanusch，Andreas Pyka，*Elgar Companion to Neo-Schumpeterian Economics*，Edward Elgar，2007，pp. 6-7.

旨，并讨论了新熊彼特学派对熊彼特的批评和发展，在此基础上，第三节讨论新熊彼特主义经济学的主要理论，但由于篇幅所限，本节只介绍国家创新体系和佩蕾丝对技术革命与金融资本的研究成果，最后一节对新熊彼特主义经济学的成就、不足和未来发展方向做出评析。

第一节　熊彼特的经济学说

约瑟夫·阿洛伊斯·熊彼特（Joseph Alois Schumpeter，1883—1950），美籍奥地利人，1883年出生于奥匈帝国摩拉维亚省（今捷克境内）特利希镇的一个织布厂主的家庭，1901—1906年就读于维也纳大学，攻读法律和经济。当时他的同学好友中有后来成为奥地利社会民主党领导人的奥托·鲍威尔，以及后来成为德国社会民主党人、第二国际首领之一的希法亭。1919年，熊彼特出任由考茨基、希法亭等人领导的德国社会民主党社会化委员会顾问，并于该年3—10月担任以奥托·鲍威尔等人为首的由奥地利社会民主党参加组成的奥国混合内阁的财政部长。1921年，熊彼特任私营比德曼银行行长，1924年银行破产，他的私人积蓄不得不受牵连而用于偿债，直到1932年到美国后才还清债务。1925年，熊彼特又重新回到学术界，先应邀拟赴日本的大学任客座教授，但不久改赴德国任波恩大学教授，直到1931年又短期访日讲学。1932年熊彼特迁居美国，任哈佛大学经济学教授，直到1950年1月逝世。他曾于1937—1941年任计量经济学会第一届会长，1948—1949年任美国经济学会会长。如果不是过早去世，他还会担任预先商定的即将成立的国际经济学会第一届会长。

一、熊彼特学说的起源和自相矛盾

熊彼特是一个早慧的学者，自1906年从维也纳大学毕业到1914年的八年间，他出版了三部著作。1908年出版的《理论经济学的本质与概要》研究的是经济学方法论，1912年出版的《经济发展理论》成为经济学的经典之作，1914年的《经济学说和方法：一个历史性的纲要》是一部经济理论简史。正如阿瑟·斯皮托夫所说的，“人们很少知道是哪一点更为引人入胜：一个25岁和27岁的人撼动了他所爱的学科的基础，或者一个30岁的人书写了那门学科的历史”①。在这些青春岁月中，熊彼特创造力的源泉是什么？熊彼特认为，在他学术生涯接下来的日子中，他主要的工作就是要弄明白他在年轻时就产生的那些想法。熊彼特本人的经历也证明了这一点：他后来的著作如《经济周期》和《经济分析史》基本上都是在锤炼他在青年时代开拓的那些概念。

在笔者看来，熊彼特创造力的重要源泉之一就是通过对几种不同来源的思想源流的杂交，综合性地发展了他自己的经济学理论体系，其思想是在方法论多元主义的氛围中孕育的，他似乎自相矛盾地接受了互相对立的经济学理论。在其思想来源中，最早也是第一个对熊彼特产生影响的经济学流派是新古典经济学，熊彼特的第一部著作就反映了这种深刻

① 转引自理查德·斯威德伯格：《熊彼特》，31页，南京，江苏人民出版社，2005。

的影响。第二个来源是德国历史学派经济学，包括施穆勒、桑巴特和通常被看作是经济社会学家的马克斯·韦伯的影响。第三个来源是马克思关于资本主义演化思想提供的挑战以及奥地利马克思主义者奥托·鲍尔和鲁道夫·希法亭的影响，熊彼特在《经济发展理论》日文版（1934）前言中说明了他是如何探寻“经济体系能量的源泉的，这个源泉自身将打破任何可能达到的均衡……我当初并不清楚……这些思想和目的正是马克思的学说中所蕴含的”①，他还不无自谦地说：“但是，我的结构只包括他的研究领域的一小部分。”②第四个来源是奥地利学派的市场经济理论。③ 第五个来源是尼采的“超人”理论以及作为其背景的德意志文化中“创造性毁灭”思想的影响。④ 请参看图 7—1。

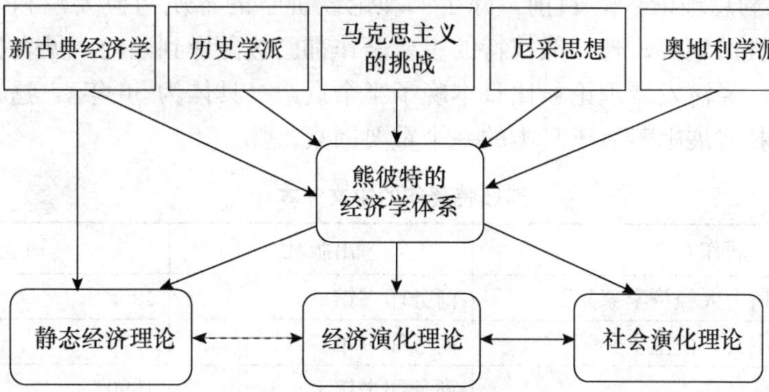

图 7—1　熊彼特经济学体系和经济演化理论的来源

熊彼特在青年时代对互相对立的经济学理论体系的兼容并包使他的一生充满着矛盾和悖论。在他的第一部著作中，他推崇的是瓦尔拉斯的均衡经济学，并试图通过数学形式主义重建经济学。但在 1908 年之后，他很快就发现了瓦尔拉斯理论体系的巨大缺陷，这使他转向了动态理论。赖纳特认为，熊彼特使英语世界感到非常新颖的思想，实际上对德国经济学传统来说并不陌生，也不是那么具有原创性：不仅德国历史学派和奥地利经济学给他以启迪，而且，尼采的思想也对他产生了巨大影响，“实际上，作为熊彼特经济学主要特征的企业家（变革的促进者）和企业家的‘权力意志’及创造性毁灭都来自于尼采”⑤。在德奥经济学的传统中，熊彼特把尼采的思想转换成经济学语言，这就催生了《经济发展理论》这部经济学名著的诞生。

而对于经济学的数学形式主义问题，熊彼特一直到晚年才改变了看法。在哈佛大学任教期间，他不仅是哈佛大学经济学系大力推行经济学数学化的始作俑者，而且也是筹办计量经济学会的最热心者。然而，1949 年熊彼特在一次会议上谈到他的研究方法时，却再

---

① 转引自赖纳特、贾根良主编：《穷国的国富论：演化发展经济学论文选》（下卷），4 页，北京，高等教育出版社，2007。

② 熊彼特：《经济发展理论》，68 页，北京，商务印书馆，1990。

③ 奥地利学派不能归入新古典经济学，两者之间的区别和历史起源，请见贾根良：《演化经济学：经济学革命的策源地》，太原，山西人民出版社，2004。

④ 参见赖纳特、贾根良主编：《穷国的国富论：演化发展经济学论文选》（下卷），第 19 章《经济学中的创造性毁灭：尼采、桑巴特和熊彼特》，北京，高等教育出版社，2007。

⑤ 赖纳特、贾根良主编：《穷国的国富论：演化发展经济学论文选》（下卷），320 页，北京，高等教育出版社，2007。

也没有提及计量经济学，“这使古德温和萨缪尔森极为震惊”[①]。虽然熊彼特像马歇尔一样，把演化经济学看作是经济学家们未来的“麦加”[②]，但熊彼特终生摇摆于均衡经济学和演化经济学之间，他试图建立一种经济学理论体系调和两者的矛盾，然而，这实际上是枉然的。长期以来，当代新熊彼特主义经济学的开拓者纳尔逊一直就没有对熊彼特的这种自相矛盾发表看法，但在他 82 岁高龄时，他得出的结论是：熊彼特似乎认为他的经济动态理论与新古典的价格均衡理论（尽管针对的是不同现象）是可以坦然共存的，但在他本人看来，把这两种理论整合在一起是不可能的。[③]

我国介绍和研究熊彼特的中文文献最早是由王唯中教授在 1943 年撰写的《熊配达[④] J. Schumpeter 之利息理论》[⑤]，目前，除了《理论经济学的本质与概要》和《经济学说和方法：一个历史性的纲要》外，熊彼特的主要著作都已被翻译到国内，见表 7—1。我国翻译出版熊彼特的《经济发展理论》比日本晚了半个世纪（具体为 56 年），这在某种程度上是解释中国在科技发展上落后于日本的一个重要因素。

表 7—1　　熊彼特著作的中文译本

著作	出版社	初版年份
《从马克思到凯恩斯十大经济学家》	商务印书馆	1965
《资本主义、社会主义和民主主义》	商务印书馆	1979
《经济发展理论》	商务印书馆	1990
《经济分析史》（第一卷至第三卷）	商务印书馆	1991、1992、1995
《经济周期循环论》	中国长安出版社	2009

二、熊彼特经济理论的主要内容

熊彼特一生勤于学业，建树颇丰。而在其理论贡献中对后人启迪和影响最大的，就是他在 1912 年出版的成名作《经济发展理论》中初创，而后在 1939 年的《经济周期》中系统完成，并通过生前最后一部力作《资本主义、社会主义和民主主义》（1942），在作为一种文化进程的资本主义整体背景上发挥到极致的“创新理论”（innovation theory）。

熊彼特首先假设在完全竞争经济中存在着一种没有利润、利息、投资和非自愿失业的静止均衡状态，称之为“循环流转”——就像血液在生物有机体中循环一样，年复一年地在相同的轨道上运行。随之而来的经济发展会打破这种静止均衡状态。在熊彼特看来，“仅仅是经济的增长，如人口和财富的增长所表明的，在这里也不能称作是发展过程。因为它没有产生在质上是新的现象，而只是有同一适应过程。”[⑥]“我们所指的‘发展’只是

① 理查德·斯威德伯格：《熊彼特》，275 页，南京，江苏人民出版社，2005。

② 熊彼特说“动态分析仍处于初级阶段；它是‘未来的沃土’”，见理查德·斯威德伯格：《熊彼特》，44 页，南京，江苏人民出版社，2005。

③ 参见纳尔逊：《为什么熊彼特对当今主流经济学的影响一直如此微弱，为什么这种状况可能正在改变》，见陈劲、贾根良、王焕祥主编：《中国如何理解熊彼特：纪念〈经济发展理论〉100 周年》，杭州，浙江大学出版社，2013。

④ 熊配达即熊彼特的早期中文译名。

⑤ 王唯中：《熊配达 J. Schumpeter 之利息理论》，第 4 卷，载《中农月刊》，1943（8）。

⑥ 熊彼特：《经济发展理论》，71 页，北京，商务印书馆，1990。

经济生活中并非从外部强加于它的，而是从内部自行发生的变化。"[①] 在此，经济发展仅仅被定义为是经济生活本身所发生的非连续变化与移动，是某种破坏均衡而又恢复均衡的力量作用的结果。这种推动经济发展的内在力量就是创新。

什么是创新呢？按照熊彼特的观点，所谓创新就是建立一种"新的生产函数"。生产函数即生产要素的一种组合比率（$P=f(a, b, c, \cdots, n)$），也就是说，将一种从来没有过的生产要素和生产条件的"新组合"引入生产体系。

熊彼特列举了创新的五种存在形式：(1) 引进新产品或提供一种产品的新质量；(2) 采用新技术或新生产方法；(3) 开辟新市场；(4) 获得原材料的新来源；(5) 实现企业组织的新形式。

熊彼特是在资本主义动态发展的广阔背景下运用创新概念的。他把资本主义理解为一个在破坏中创新、在创造中毁灭的生命过程，强调生产技术的革新和生产方法的变革在资本主义经济发展过程中至高无上的作用，把这种创新或生产要素的新组合视为资本主义最本质的特征，从而认为：如果没有创新，资本主义就无从谈起，既没有资本主义的产生，也没有资本主义的发展。

显然，创新不是某项单纯的技术或工艺发明 (invention)，而是一种不息运转的机制；它是一个经济概念，而不是技术概念。熊彼特将"创新"和"发明"这两个概念严格区别开。他说，"发明"是新技术的发现，而"创新"则是将发明应用到经济活动中去。一种新发明只有当它被应用到经济活动中去，为生产当事人带来利润时，才成为"创新"。单就科学技术发明而论，我们这个历史久远的东方古国确实不乏引以骄傲自豪之处。一部《中国科学技术史》皇皇千万言，即使李约瑟教授为之倾注了毕生的心血，也记不尽勤劳智慧的中国人民对人类科学技术进步的伟大贡献。然而，正如鲁迅先生在论及我国古代贡献人类的四大发明时所感叹的：罗盘针并不是用于航海和开拓世界市场，而是用于看风水之类的迷信活动；火药的发明没有摧毁古老帝国的封建墙垣，而是用于除旧迎新、生丧嫁娶；活字印刷术的使用则不但没有启迪民智、活跃学术，反而成了思想禁锢和制造文字冤狱的有力工具。这个事实说明，单纯的科技与工艺发明并不等于就是创新机制。

强调企业家在创新过程中的决定性作用是熊彼特创新理论的一大特色。企业家是这样一种人：他寻找机会引入新的技术、新的产品；率先推动企业组织与管理的创新，推进新资源的开发和利用。在熊彼特看来，企业家并不需要成为一个资本家，不必提供任何属于他自己的财产，也不一定是某个托拉斯的总经理，通常他也不是一个天资聪颖的发明家或研究者，仅靠他自己去发明或发现不可能产生多大的经济效益。只有那些对新企业的发展具有远见卓识和捕捉能力，对发明或资源开发高瞻远瞩，对审度其经济潜力具有特殊天资并使其在投入使用后不断臻于完善的人，才堪称企业家。

是什么驱动着企业家去从事创新活动呢？熊彼特认为，尽管企业家也为谋取额外利润而进行冒险投资，但追求利润只构成其动机的一部分。企业家的创新活动受到三种力量的驱使：(1) 建立一个私人商业王国的愿望；(2) 征服困难和表明自己出类拔萃的意志；(3) 创造和发挥自己才能带来的欢乐。在这三种力量的联合推动下，企业家具有一种"战

① 熊彼特：《经济发展理论》，70页，北京，商务印书馆，1990。

斗的冲动”，一种非特质的精神力量，这就是所谓的“企业家精神”。强调企业家的素质、才干、预见性、首创性与敢冒风险的品格对于社会生产的推进作用，构成熊彼特创新理论的又一特色。企业家从事创新活动需要具备两个条件：具备创新所必需的技术知识和以信贷形式支配生产要素的权力。当企业家克服了组织和经营一项新事业的困难，实行创新以后，他便在成本、质量、效益的竞争中占据优势，从而获得额外利润。当一个企业成功之后，其他企业为分享利益便纷纷模仿，甚至顽固采用旧的生产方式的企业为了维护自己的生存也不得不适应潮流。创新、模仿、适应的浪潮推动了经济的增长和发展。但与此同时，技术扩散和竞争又会导致价格下跌、盈利机会消失。当价格下跌到与生产费用相等时，利润又趋于零，出现一个新的均衡状态，从而提出凭借更高的技术基础开始新的创新活动的要求。

三、中观经济学革命

我们在第一章已经谈到，演化经济学试图发动“中观经济学革命”，并在“微观—中观—宏观”的框架下重建经济学体系。这一工作主要是由新熊彼特学派进行的，在汉施（Horst Hanusch）和派卡（Andreas Pyka）看来，经济学流派之间决定性的差别是经济分析的不同层次和它们之间的特定的相互关联，强调中观层次对经济体系的重要性是新熊彼特主义经济学区别于古典经济学、新古典经济学和凯恩斯经济学的重要特征之一，正是在中观层次，发生了可以被观察到的决定性的结构变迁和质变。为了理解在中观层次所发生的驱动经济发展的过程，新熊彼特主义经济学强调了知识、创新和企业家在微观层次上的重要性。[①] 演化经济学的这一洞见来自熊彼特，作为“中观经济学革命”的先驱，熊彼特认为，创新总是首先在中观层次的某些部门最活跃，然后其影响才在整个经济中扩散开来。

为了说明熊彼特“中观经济学革命”的意义，我们首先必须说明经济学的两个基本的重大主题。多普菲认为，所有的科学都是类似的，一方面它们处理的是要素之间的关系，另一方面则是整体历时演化的行为。经济学也不例外，在其最基本的形式上，它的基本问题主要有两个：一个是许多个体的经济行为如何被协调，另一个则是经济如何历时而变迁。这两个基本的重大问题是应18世纪下半叶工业资本主义两个宏大革命而产生的。首先，在没有政府干预的情况下，秩序怎样从自主个体的交互作用中突现出来？其次，随着蒸汽机和动力织机的发明，技术进步推动了快速的工业发展，这是在理论上需要得到解释的第二个历史现象。伴随着这种新的技术动力学，在就业和消费需求上出现了从农业到工业这种广泛的结构转变，并产生了深远的制度变迁。多普菲指出，熊彼特把他自己的立场作为标尺对其他经济学说如古典经济学和新古典经济学进行评价，在回答这两个问题上，在熊彼特看来，这两种经济学的基本缺陷就是没有认识到企业家在经济发展中的核心作用。[②]

---

① 参见 Horst Hanusch，Andreas Pyka，*Elgar Companion to Neo-Schumpeterian Economics*，Edward Elgar，2007，p. 1.

② 参见 K. Dopfer，“The Pillars of Schumpeter's Economics：Micro，Meso，Macro”，in Horst Hanusch，Andreas Pyka，*Elgar Companion to Neo-Schumpeterian Economics*，Edward Elgar，2007，pp. 65-77.

首先，除了亚当·斯密或多或少地把分工看作是与创新相类似的作用外，其他古典经济学家几乎完全忽视了个人的能动性和创新在经济发展中的作用。众所周知，古典经济学从其研究中得出了这样一个结论：所有的经济发展注定都要趋于一种长期停滞的状态。特别是在大卫·李嘉图和马尔萨斯的著作中，这种悲观主义的发展观似乎成了一种客观的规律，因而为古典经济学赢得了“阴郁科学”的别号。熊彼特反对这种观点，他指出，在古典经济学中完全看不到个人的作用，个人的活动至多是由总量关系所解释的现象，因而古典经济学不可能认识到：个人的创造性活动最终能逆转这种所谓的内在客观力量，人类社会不可能进入长期静止状态。熊彼特认为，经济变迁不能在古典经济学的这种客观规律基础上被解释，因为在技术和组织的进步中，本质上并不存在着发展规律发挥作用的自动的动力，而是企业家的创新活动推动着经济发展。

其次，新古典经济学虽然把个人置于经济分析的核心，但“经济人”的假设把个人看作是呆滞的和无生机的。在熊彼特看来，“经济人”只是被动地对机会做出反应，而决不会改变它，这个概念旨在解决静态分析问题，但对于解决动态问题则是完全不适合的，后者则需要熊彼特所强调的具有创造活力的“企业家”，他们的创新活动能够改变经济发展的条件并创造新的机会。笔者曾经指出，由于新古典经济学假定偏好是稳定的，因此，“如果存在真正的选择，社会个体相互之间在偏好上必须是非同质的，个人偏好也必须是可变的。而新古典经济学所讲述的是一个在给定偏好和目标约束条件下效用最大化的故事，在这种情况下，个人行为已经预先机械式地被决定了。我们不难理解，诺贝尔经济学奖得主森为什么要把这种新古典行为讽刺为‘理性傻瓜’。新古典经济学是自相矛盾的，虽然它自称为‘选择的科学’，但实际上有目的的行为和选择在其理论体系中是没有地位的，它无法容纳个人的创造性和新奇行为。”① 因此，熊彼特应该在他发明的“方法论个人主义”这个术语基础之上，进一步区分“积极的个人主义”和“被动的个人主义”，这是他与新古典经济学之间的重要差别。

此外，熊彼特还通过对凯恩斯总量分析方法论的批评，强调了中观层次在经济学体系中的重要性。“在总量均衡的基础上推论是具有误导性的，似乎总量均衡揭示了那些推动变化的因素，似乎作为整体的经济体系中的波动仅仅产生于这些总量。这样的推论构成了许多对商业周期的错误分析的基础。它使分析停留于事物的表面，妨碍了对表面之下的产业过程进行深入的分析，而这些分析才是真正重要的。它招致对一些孤立的轮廓线进行机械的、形式主义的处理，并且赋予总量以自己的生命和一种它们并不具有的因果意义……现代商业周期研究的最严重的缺点在于，没有人理解、甚至没有人在乎个别产业和企业究竟怎样兴起和衰落，它们的兴衰怎样影响着总量以及我们一般所谓的‘总的商业环境’。”② 因此，只有对中观层次的部门创新过程进行研究，才能揭示经济周期变动和资本主义发展的动态过程。

多普菲认为，在熊彼特的研究纲领中，中观居于核心地位，他为演化经济学的“中观经济学革命”奠定了基础。尤其是，在20世纪70年代以后出现的“新熊彼特主义长波理

---

① 贾根良：《演化经济学：现代流派与创造性综合》，载《学术月刊》，2002（12）。

② 转引自孟捷：《熊彼特的资本主义演化理论——一个再评价》，载《中国人民大学学报》，2003（2）。

论”继承和进一步发展了这种研究纲领。① 在这种认识基础上，多普菲、波茨和福斯特对中观经济学的研究纲领做了如下阐述：经济系统可以被看作是具有巨大复杂性的历经长期演化的规则结构，具有“通类”性质的新规则在经济系统中创生、采用和扩散的过程推动着知识的增长、经济系统及其组成部分的演化。所谓具有“通类”的规则性质是指这类规则在许多领域具有一般性和普遍性。“通类”规则的创生、采用、适应和扩散的过程主要是在中观层次上发生的。某种“通类”规则加上它的个体群就构成了演化经济学的中观单位，演化经济学的核心概念如过程、个体群、连结、变异、交互作用、知识、制度和能力等都是从中观层次上加以观察的开放的复杂系统的分析维度。当我们观察中观的变化时，我们指的是“通类”规则、知识基础和它们各自群体的变化，而微观则涉及规则携带者的组成的变化以及它们的交互作用，宏观涉及中观之间协调结构的变化。②

第二节　新熊彼特学派的发展概况

演化经济学的代表人物纳尔逊和温特曾经指出，“的确，‘新熊彼特的’这一名词是我们整个分析方法的适当名称，正像‘演化的’一词一样适当。更为准确的是，可以合乎情理地说，为了成为新熊彼特派，我们才成为演化的理论家。”③ 一般地，人们习惯上把在科学技术与创新经济学、长波、企业理论等问题的研究上遵循熊彼特思路的研究方法称作“新熊彼特主义的”或“演化的”方法，其代表人物包括纳尔逊、温特、弗里曼、伦德瓦尔、多西、佩蕾丝、多普菲、福斯特、卢桑、梅特卡夫和罗森伯格等众多经济学家。

一、学派的形成和主要思想来源

熊彼特在日记中曾写道，“采用我的部分思想就可以创建一门崭新的经济学”④，但熊彼特始终也没有创建一个新的经济学流派的意识。⑤ 实际上，无论是在熊彼特在世的时候，还是直到20世纪70年代，由于是新古典经济学正处于迅速上升的时期，因此熊彼特不会有多少追随者，从新熊彼特学派代表人物没有一人是熊彼特的学生就可以看出这一点。更有趣的是，熊彼特在哈佛大学任教时就读于此的研究生、其经济学观点对后半个世纪的经济学产生巨大影响的保罗·萨缪尔森甚至认为熊彼特是一位极为博学而深刻的学者，但却算不上一名经济理论家。⑥

---

① 参见孟捷：《熊彼特的资本主义演化理论——一个再评价》，载《中国人民大学学报》，2003（2）。

② 参见 Dopfer，K.，J. Foster and J. Potts（2004），“Micro-meso-macro”，*Journal of Evolutionary Economics*，14，263-79.

③ 纳尔逊、温特：《经济变迁的演化理论》，47页，北京，商务印书馆，1997。

④ 理查德·斯威德伯格：《熊彼特》，227页，南京，江苏人民出版社，2005。

⑤ 熊彼特在离开德国波恩大学去美国哈佛大学任教前，在学生为他举办的饯行晚宴上，曾做了题为《科学的起源与目的》的演讲。在演讲中他说道，“我从未想过要创建一个熊彼特学派。它不存在，也不应该存在。经济学是科学而非哲学，因此在经济学领域内不应该存在任何学派。”见林·艾伦：《开门：创新理论大师熊彼特》，马春文译，338页，长春，吉林人民出版社，2003。

⑥ 参见纳尔逊：《为什么熊彼特对当今主流经济学的影响一直如此微弱，为什么这种状况可能正在改变》，载陈劲、贾根良、王焕祥主编：《中国如何理解熊彼特：纪念〈经济发展理论〉100周年》，杭州，浙江大学出版社，2013。

造成这种状况的重要原因除了新古典经济学的统治地位外，还有以下三个原因。首先，创新理论以及科学技术问题是熊彼特经济学的核心，但当时许多经济学家认为，科学技术进步问题不是其专业的研究对象，它是科学家和工程师的事情，这导致了主流经济学把科学技术看作是外生的“神赐之物”，以至于罗森伯格在20世纪70年代指出，科学技术对经济学来说是一个未经打开的黑箱。其次，许多经济学家认为几乎没有统计资料引导他们从事这方面的研究。最后，自20世纪30年代世界经济大危机直到20世纪70年代，主要关注需求管理、就业和通货膨胀问题，而对科学技术几乎很少给予关注，以至于熊彼特在经济学中的地位长期处于凯恩斯巨大声誉的遮蔽之下。

但自20世纪70年代以来，随着凯恩斯经济学危机的发展，经济学家们的注意力重新转向供给方面，同时熊彼特对非线性动态系统的直觉推理契合了自然科学的变化，熊彼特的经济学说开始引起越来越多经济学家的注意。例如，罗格斯（Everett Rogers）撰写《创新与扩散》一书时，在50年代只能查找到一篇关于创新扩散的论文，但到1986年他发现了数十篇，这些研究论文大多与企业行为、增长、发展经济学及国际贸易等领域相关。1986年，经济学家们成立了国际熊彼特学会（The International Joseph Alois Schumpeter Society），每两年召开一次会议，并于1991年创建了《演化经济学杂志》，这大大有助于打开科学技术这个经济学的黑箱，研究在企业、产业、国家之内及其之间的发明创新和扩散的过程和机制。因此，一个有意识的“新熊彼特主义”学派在20世纪80年代开始形成，熊彼特成为其首要的思想来源。

“新熊彼特主义”学派的第二个思想来源是达尔文主义。熊彼特曾经质疑并强烈反对经济学运用生物学隐喻，反对在经济学中引入达尔文进化论，甚至在其遗著《经济分析史》中仍把生物学进化论断然描述为“一个受到意识形态偏见和浅薄感染如此之深，以至超过我们经济学家习以为常的领域”①，造成熊彼特对达尔文进化论产生如此偏见的重要原因，是他错把社会达尔文主义当作达尔文主义，正是前者使社会科学中的演化主义或者说达尔文主义在1910—1940年坠入了“黑暗时代”。熊彼特的经济学说虽然不是以生物学隐喻为基础的，但仍旧是一种演化论，“因为它基于两个核心概念：第一，将经济定义为突变的发展过程推动的‘有机’整体；第二，由第一点所决定，他对资本主义采取了一种非机械的历史视角，把资本主义视为一个创造性毁灭过程。”② 熊彼特还曾经赞同地指出，“强调经济过程的‘有机性质’表达了显然合理的方法论原则——譬如马歇尔就持有这样的看法”③，在笔者看来这已经接近生物学隐喻了。熊彼特在这个问题上的矛盾态度是由两个原因造成的：一是他对达尔文主义的误解，二是他担心赞成生物学隐喻将使他名声受到严重损害。

但到了“新熊彼特主义”学派兴起的前夜，也就是20世纪70年代，人们已经能够较普遍地把达尔文主义与社会达尔文主义区分开来了，达尔文主义或进化论在社会科学中的正面影响与日俱增。1982年，纳尔逊和温特在其名著《经济变迁的演化理论》中明确地

---

① 理查德·斯威德伯格：《熊彼特》，51页，南京，江苏人民出版社，2005。

② 同上书，51～52页，略有修改。

③ 同上书，52页。

把达尔文主义引入到了熊彼特经济学的研究主题之中，使用达尔文主义的“变异、选择和保留（遗传）”的分析框架对企业创新过程进行解释。纳尔逊和温特的企业理论具有三个要点：第一，企业惯例类似于基因，它是知识和经验的载体，执行着传递信息和决策原则的功能，企业依据惯例对内外环境的变化做出决策，并通过模仿、人员流动、建立新的分支机构和兼并途径使其得到复制和传播。第二，企业惯例的变革主要是通过搜寻来实现的，企业依据满意原则选择是否进行搜寻：如果能够获得满意的利润，它们就会维持其现有的惯例而不进行搜寻；如果利润率降到满意水平之下，企业就会被迫选择搜寻新的惯例来替代现有的惯例。企业惯例的变革即创新，这类似于生物学中的变异。但是，这种惯例与生物的基因不同，其突变是有目的而非随机的，具有拉马克式获得性遗传的特征。第三，企业惯例通过市场选择实现优胜劣汰。在市场中，具有不同惯例的企业之间通过竞争导致了企业群体中的“自然选择”过程：盈利率高的企业规模扩大，盈利率较低的企业规模缩小，从而引起了市场和产业的结构变迁，并推动了总体经济的增长。纳尔逊和温特运用达尔文主义的分析框架，从微观基础上对创新在经济体系中的内生化提供了解释，这对“新熊彼特主义”学派的发展产生了重要影响。自纳尔逊和温特 1982 年的著作出版以来，达尔文主义的演化分析框架被运用到了发明、创新、技术扩散、产业动力学、竞争、增长和创新的制度基础等越来越多的主题上。

“新熊彼特主义”学派的思想还有其他三个来源：首先是复杂性科学。社会经济系统是典型的复杂性系统，在过去 20 年，复杂性科学发展了描述和分析复杂性系统的工具，这些工具日益被应用于研究社会经济现象，新熊彼特学派在把复杂性科学引入到经济学中一直就走在经济学界的前列。其次是系统论的深刻影响。新熊彼特学派把学习和竞争看作是一个相互作用和集体激励的过程，涉及由企业、大学、公共研究实验室和政府作用政府结构等所组成的创新网络，这也可以被称作是创新体系或创新系统（innovation systems），这种系统论体现在从企业到国际等各个层次的研究上。最后，经典发展经济学和经济思想史上李斯特的经济学说等对“新熊彼特主义”学派也产生了某种影响。

二、新熊彼特学派对熊彼特的批评和发展

正如熊彼特自己所建议的，人们不应把他的著作看作是一种教条，而只不过是需要根据新的证据加以引申和修正的一套思想。这个建议是“新熊彼特”学派乐于遵从的，他们毫不犹豫地批评了熊彼特的一些重要命题，并在新的经验研究基础之上，按照其精神对其著作展开了批评式的讨论，这主要集中于以下几个方面。

第一，熊彼特研究的重点不在于新知识如何产生，而是如何实现的过程，因此他明显地低估了新知识及其创造过程。新知识如何产生？研究、发现、试验和采用之间是什么关系？所有这些并未被给予充分说明，实际上正如熊彼特自己在《经济发展理论》所声明的，他并不是要探究“是哪一些这样的变化实际上使得现代经济制度成为现在这个样子的？也不去问：这种变化的条件是什么？而是要说明这种变化是怎样发生的，它们又将会引起什么样的经济现象。”① 然而，正如怀特海所指出的，“19 世纪最大的发明就是找到了

① 熊彼特：《经济发展理论》，69 页，北京，商务印书馆，1990。

发明的方法"[1]，如果忽视制度变化对新知识产生的主要影响，它将无助于对经济发展内生累积过程的说明，在这种意义上来说，创新对熊彼特来说仍是外生的。

第二，有研究表明，尼采及其支持者的"超人"理论对熊彼特产生了强烈的影响。熊彼特把人区分为两类：作为社会精英的企业家和对其英雄行为进行模仿的芸芸众生，并用此解释资本主义经济周期，把创新高潮看作是企业家的群集。然而过分依赖人格化的企业家形象及其心理基础使之忽略了对更深刻原因的探讨。

第三，经济学家已区分出"两个熊彼特"：强调企业家与小企业的创新作用，作为第一次世界大战以前的青年经济学家"熊彼特"，以及强调大垄断公司优势及技术进步官僚化过程的"老年熊彼特"。在他论经济发展的书（1912 年）中，新企业的创新被看成是新组合的典型例子，1939 年在论经济周期的著作中他直率地谈到了新企业的作用，其基本宗旨是新生产函数通过新企业被引入到经济系统中来，只要有新思想，新企业就能建立。但在 1942 年《资本主义、社会主义和民主主义》一书中，他不再谈论新企业的建立或新企业家的进入，相反他认为创新已成为官僚化和惯例式的工作，是大公司受训的专业人士的事情。实际上熊彼特低估了新的小企业在重大创新中的重要性。我们在 20 世纪已清楚地看到，尽管存在着并不断出现大的垄断的常常是跨国公司，但技术变迁仍为小企业提供了丰富的机会，它在推动信息革命取得重大进展方面产生了不可低估的作用。

"新熊彼特"与熊彼特所做工作的一个重大区别是，他们对科学技术在经济发展中的作用做了大量经验研究，从中概括出了有关创新的一些典型化事实，这主要表现在以下五个方面，理论工作的一个主要方面是对其进行解释。

第一，创新活动的不确定性特征是第一项典型化事实。创新所包括的一个基本要素是不确定性，这不仅仅是指缺乏有关已知事实是如何发生的信息，更根本的因素还包括存在着尚不知道如何解决的技术经济问题，准确地追踪行为结果是不可能的（"……假如我这样做，那将必然发生……"）等。

第二，"存在着某些尚未利用的机会"这样的直觉和信念并不总是令人失望：现代经济中技术进步的历程，至少是自产业革命以来，在这个方面提供了引人瞩目的证据。事实上，技术创新一直可以从科学进步（从热力学到生物学、电子学、相对论和量子力学等）创造的机会中得来，本世纪以来，这种趋势更加明显，因而主要的新技术机会越来越依赖于科学知识的进步是当代创新的第二项典型化事实。

第三，自 19 世纪末德国企业首创研究开发部门以来，新产品和新工艺的研究活动在本质上已发生了很大变化：研究与创新活动复杂性的增加使得正式组织（企业研究开发实验室、政府实验室、大学等）作为创新产生的最佳环境比个体创新者更为有利。另外，在或多或少的综合制造类企业中，工商企业部门的正式研究活动也趋向于一体化，这是创新活动的第三项典型化事实。

第四，除了前面这类和各个方面对它的补充外，相当数目的创新和改进产生于"边干边学"和"边用边学"，即人和组织，主要是企业，可以通过各种实践过程，或通过解决生产问题的非正式活动，或通过满足特殊顾客的要求，克服各类"瓶颈"等学习如何使

---

① A. N. 怀特海：《科学与近代世界》，59 页，北京，商务印书馆，1959。

用、改进和生产，这是第四项典型化事实。

第五，似乎技术进步的模式还可能被描述成对市场条件变化的简单而灵活的反应：(1) 尽管对专门的创新来讲，变化的意义很大，但似乎技术进步的方向是由已在使用中的技术的发展水平所决定；(2) 决定产品和工艺适应变化的经济条件的范围正是技术本身的性质；(3) 在多数情况下，企业、组织甚至国家，实现技术进步的可能性由它们已经达到的技术水平决定。换句话说，技术进步的累积性特征是第五项典型化事实。

第三节　新熊彼特学派的主要理论

新熊彼特学派是在20世纪80年代以后逐渐形成的，但在此之前，熊彼特的追随者就已经开始了有计划的研究活动，为新熊彼特学派的形成准备了条件。在新熊彼特学派的形成过程中，有三方面的研究起到了重要作用：第一个是从20世纪60年代末开始，英国苏塞克斯大学（Sussex）的科学政策研究小组（Science Policy Research Unit，SPRU）在克里斯多夫·弗里曼的领导下，对产业技术创新与扩散进行的研究，以及在此基础上对技术、增长与贸易间动态关系的研究。第二个是在20世纪70年代以后，由于滞胀的出现，佩蕾丝等围绕"长波"问题开展的研究，从而在长波研究上形成了与马克思主义学派不同的新熊彼特学派。第三个是围绕"创新体系"的研究，这种研究是将技术创新和扩散过程与社会、制度、政治等因素结合起来进行的。由于篇幅所限，本节主要介绍国家创新体系和佩蕾丝对技术革命与金融资本关系的研究。

一、国家创新系统/体系

国家创新系统/体系这一概念的出现，说明人们对科技创新在经济发展中作用的认识已发生了质的变化，它从系统论角度深入地考察了创新的动态交互反馈过程，这一概念或研究范式的确立与知识经济的出现本质上是一致的，它对于提高发展中国家的创新能力，改革科技创新体制提供了重要的理论基础。

从创新理论发展史角度来看，以往人们对创新的认识持有一种静态的观念，这对于分析一些具体的、微观层次的简单创新活动可能是有效的，但它并不适合于理解复杂的创新活动，它是长期以来受自然科学中的还原论和经济学的均衡分析方法影响所形成的范式。创新活动的静态观点有以下三个特征：第一，认为创新遵循从研究到试验开发，再到生产，最后到销售这样一种线性过程，从而把科学研究、技术发明与创新割裂开来了。第二，创新与扩散的误导性区分：第一步是重要创新的开发及初步商业化；第二步是这些创新的广泛应用（即扩散）。前者集中于工业化国家，而在发展中国家技术发展只有达到国际前沿时才变得重要，在此之前，因为发展中国家被认为只与技术的扩散或已有技术的选择有关，与创造性的革新和技术变迁似乎是不相干的。第三，把企业视作创新的唯一主体或场所。如"青年熊彼特"倾向于把个人视为创新主体；"老年熊彼特"则强调了垄断性大公司的主体地位。尽管有这种变化，熊彼特仍倾向于从总体上把企业视为创新的唯一主体或场所。

静态创新观在战后相当长的时间内产生了广泛的影响，但随着研究的深入，并受到自然科学革命性进展的影响，创新系统观逐渐形成。这首先表现在对传统创新观的突破上。第一，从一般系统论角度对科技进步进行分析，把它看作是一种累积的和不可逆长期变化的“组织复杂性”的过程。系统论的观点强调了互为因果的交互作用，它注意到复杂的反馈环的作用，着重分析了在正反馈情况下多重均衡的存在，以及动态反应中突变式非连续的非线性过程。第二，创新不是一蹴而就的，如果把基本创新视作传统的创新概念，那么在扩散过程仍有大量的增量创新。换言之，扩散不仅包括机器设备、生产设计和相关技能的获得，它还包括不断的，经常是渐进的技术创新，这些技术创新或为满足特定的条件，或为达到更高的标准。第三，创新主体或场所的多元化。20 世纪 70 年代之后，人们逐渐注意到创新主体的复合性，开始对创新主体的理解不仅仅局限于企业。如冯·希培尔（von Hippel）在 1976 年通过实证研究发现了用户（消费者）在创新过程中的作用，提出了“使用者即创新者”的观点。在创新主体或场所的认识上的实质性变化，始于把创新看作一个系统之时，经济合作与发展组织 1997 年在《国家创新体系报告》中指出，创新是不同主体和机构间复杂的互相作用的结果，它是系统内部各要素之间的互相作用和反馈的结果。据此我们可把创新主体看作是企业、科研机构、学校、中介机构和使用者等所组成的复合体。

国家创新体系的概念渊源可以追溯到 19 世纪德国经济学家李斯特的观点。当时，李斯特曾主张采取广泛的措施，促进技术的学习、创新以及经济增长，以使当时处于欠发达状态的德国以及其他当时的“不发达国家”能在经济上赶上英国。最早提出国家创新体系概念的是英国著名经济学家弗里曼，他发现，日本在技术落后的情况下，以技术创新为主导，以组织创新和制度创新为动力，只用了几十年的时间，便使其经济出现了强劲的发展势头，成为工业大国。这说明国家在推动企业的技术创新中起着十分重要的作用。他认为，在人类历史上，技术领先国家从英国到德国、美国，再到日本，这种追赶、跨越，不仅是技术创新的结果，而且还有许多制度、组织的创新，从而是一种国家创新体系演变的结果。换句话说，在一国的经济发展或赶超中，仅靠自由竞争的市场是远远不够的，政府不仅需要提供公共产品，而且还需要在产业政策、科技政策、贸易政策、财政金融体系和市场监管等诸多方面发挥积极作用，以推动科技创新。因此，弗里曼把国家创新体系定义为“是由公共部门和私营部门中各种机构组成的网络，这些机构的活动和相互影响促进了新技术的开发、引进、改进和扩散”。

目前，国际上对国家创新体系的研究比较有代表性的作者是伦德瓦尔和纳尔逊。伦德瓦尔认为，国家创新体系是一些要素及其相互联系作用构成的复合体，这些要素在生产、扩散和使用新的、经济上有用的知识过程中相互作用，形成一个网络系统。他还认为，国家创新体系是一个社会系统，创新体系中的中心活动是学习，学习是一种社会活动，它包含生产厂商与用户之间的相互作用；国家创新体系也是一个动态系统，以知识积极的反馈和再生产为特征。伦德瓦尔所分析的侧重点在于生产厂商与用户之间的相互作用。纳尔逊认为国家创新体系是一组制度，因此制度的设定和功能是决定创新体系效率的关键。在纳尔逊主编的著作中，一共讨论了 15 个国家的案例，并对不同国家的创新体系作了比较。但是伦德瓦尔和纳尔逊都没有给国家创新体系下明确的定义。

目前引用比较多的是经济合作与发展组织（OECD）的定义。OECD认为，国家创新体系由参加技术发展和扩散的企业、大学和研究机构组成，是一个为创造、储备和转让知识、技能和新产品相互作用的网络系统，政府对创新政策的制定着眼于创造、应用和扩散知识的相互作用过程以及各类机构间的相互影响和作用上。值得注意的是，经济合作与发展组织对国家创新体系的定义是与对知识经济的探讨内在一致的。实际上，1996年发表的著名报告《以知识为基础的经济》是该组织“国家创新体系项目”一系列研究报告之一。该报告明确指出，经济合作与发展组织制定科学、技术和产业政策的目的是使“以知识为基础的经济”充分健康地运行，这种经济直接建立在知识和信息的生产、分配和使用上。在知识经济中，生产者在可整理知识与意会知识的相互作用下推动了创新活动，国家创新体系是其重要的制度维度，它是由产业界、政府和学术界在发展科学和技术上所形成的相互关系所构成的。

国家创新体系的分析不仅是系统论的，而且也是以制度分析为基础的。在国家创新体系分析框架中，学者们对制度的定义也是新老制度经济学家们所普遍接受的，同样把作为管束人类经济行为的制度分为两大类：有形制度安排如产权、金融制度等形式化规则，以及作为文化外在形式的意识形态、价值观、习俗和习惯的非正式规则。但是，国家创新体系分析框架的创新之处却有以下三点。第一，它把制度分析与创新研究紧密结合起来了。由于新制度经济学的内在缺陷，使得它无法处理创新问题。而在老制度主义经济学中，这也是一个被忽视的问题。第二，国家创新体系分析框架继承了古典经济学把研究重点放在生产或资源创造上的传统，它所研究的制度也主要是围绕生产问题展开的。这与新制度经济学的研究以交换为核心的理论是不同的。第三，与新制度经济学以新古典经济学为理论基础不同，国家创新体系的分析是以演化经济学为基础的，或者说，它是演化经济学的一种应用。

为了发展更宽广的国家创新体系研究框架，伦德瓦尔追溯了国家创新体系概念的三种不同起源，提出了能力建设与创新的国家体系概念（National Systems of Competence Building and Innovation）。狭义创新体系的概念来自于美国学者的思路，这种思路把国家创新体系的概念主要与高技术产业联系起来，把企业、大学体系和国家技术政策置于分析框架的核心。然而，克里斯托弗·弗里曼在他对日本的分析中，引入了比美国学者更宽广的观点，考虑到了企业组织形式的国家特定性，如他强调日本企业怎样日益“把工厂作为实验室”来使用。同时，以伦德瓦尔为代表的奥尔堡大学的学者们也采用了更宽广的概念，认为创新体系植根于生产体系之中。但是，伦德瓦尔又指出，这三种分析框架都没有注意到，诸如劳动力市场、教育和培训体系等最具有国家特定性的宽广制度在一国能力建设及塑造创新过程的基础上起着关键性的作用。① 因此，伦德瓦尔提出了以生产和人力资源开发为核心的能力建设与创新的国家体系概念。

20世纪90年代初，在国家创新体系的概念基础上，卡森和他的同事们又提出了技术体系的概念；同时，在国家创新体系概念基础之上，经济学家们又发展了区域创新体系的

① 参见Edward Lorenz and Bengt-Åke Lundvall（ed.），*How Europe's Economies Learn：Coordinating Competing Models*，2006，Oxford University Press，pp. 115-116.

研究，并将其与产业动力学的研究结合起来了。1997年，弗朗哥·马莱巴（Malerba，Franco）提出了部门（有人译作产业）创新体系的概念。所有这些概念的提出和发展都极大地丰富了创新体系分析的方法和框架。比较方法和历史方法是创新体系研究的基本方法，笔者在2002年提出比较创新体系的概念，并在2011年比较详细地讨论了比较创新体系和历史创新体系的研究宗旨、方法、进展和意义。① 目前，比较和历史创新体系的研究主要是在五个层级上展开的：国家创新体系的比较研究；地区创新体系的比较研究；部门创新体系的比较研究；创新型企业的比较研究；以及诸如北欧和西欧、东亚和拉美、中东欧和拉美等区域创新体系的比较研究。②

二、技术革命与金融资本

佩蕾丝自2002年出版《技术革命与金融资本》以来，陆续发表一系列论文和讲演，对21世纪上半叶世界经济面临的难题和长期发展趋势提出了许多非常富有见地的观点，并在美国金融危机爆发前，曾多次谈到金融体系将出现重大震荡。2008年9月，在哈佛商学院百年纪念讲演中，佩蕾丝指出，为了理解目前“百年一遇”的国际金融危机，必须采用长期的历史观点，以便从历史的规律性中进行学习，并确认当前情况的独特性，这是制定正确政策的前提条件。下面我们就结合2008年开始的国际金融危机，简介《技术革命与金融资本》一书的主要观点。

1. 技术革命的巨浪以及与技术相关的泡沫经济

佩蕾丝认为，2008年以来的国际金融危机是自由市场意识形态的恶果，而自由市场意识形态则与世界经济每次发展巨浪的阶段性具有直接联系。所谓发展的巨浪是指每次技术革命从大爆炸到产业成熟所历经的扩散和社会吸收的全过程。自18世纪末以来，世界经济出现了五次发展的巨浪，它们是：1771年开始的英国工业革命；1829年开始的蒸汽动力、煤炭、铁和铁路的时代；1875年开始的以钢、重型机械制造业和电力等为标志的时代，它产生了第一次经济全球化；第四次则是从1908年开始，这是一个石油、汽车、石化产品和大量生产的时代；我们目前的第五次是信息和通信技术革命的时代，它开始于1971年英特尔微处理器的诞生，目前还有二十多年的技术拓展时期。而下一次也就是第六次发展巨浪将由生物技术、生物电子、纳米和新材料等技术革命所引发。

发展的巨浪每次要持续45～60年，虽然在技术上是极其不同的，但每次革命都遵循着类似的阶段和商业氛围。每次技术革命都提供了一种由通用技术、基础设施和经济组织原则所构成的新技术经济范式，这种新的技术经济范式能够逐渐地使整个经济现代化并逐步提高其生产率。因此，每次革命都具有双重性质：创造作为经济增长发动机的新产业以及新的技术经济范式，它首先创造了爆炸性的增长，然后使传统产业现代化并恢复活力。由于每次技术革命的扩散都要遭遇根植于上一技术经济范式的在制度上的巨大抵抗，这些

---

① 参见贾根良：《比较创新体制与比较历史创新体制——开创比较经济学研究的新框架》，载《经济理论与经济管理》，2011（5）。

② 在本书中，与弗里曼的定义一样，区域指的是诸如大陆或“次大陆”如北欧这些更大的地区，而民族国家内部的各级分区则称为地区创新体系。

制度包括老式的实践、标准、习惯、思想和惯例等，所以，每次技术革命的扩散都分裂为大致各为二三十年的两个不同时期：导入（installation）期和拓展（deployment）期，参见图 7—2。

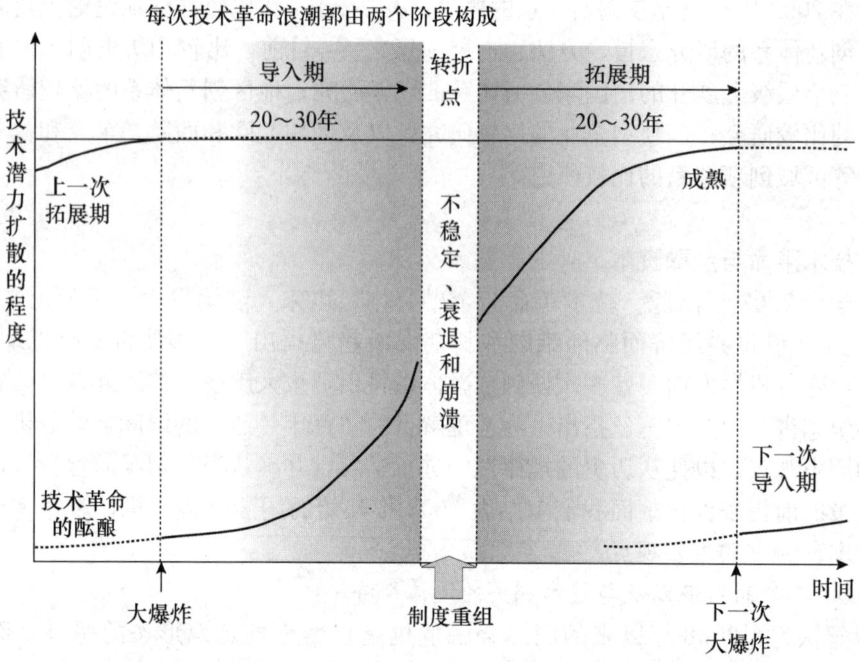

图 7—2　历次技术革命浪潮的导入期、转折点和拓展期

导入期是新旧范式的斗争时期，这是一个创造性毁灭时期，由金融资本接管过经济的控制权，强调自由放任的市场经济，在其领导下，学习新范式并遗忘旧范式，进行各种市场实验，为新技术建立基础设施，通常伴随着过度的投资和泡沫经济，但最后却终结于股票市场的崩溃。那么，在这一时期，为什么金融资本取得了控制权？与国家相比较，为什么自由市场力量占上风？这是因为在每次发展巨浪的成熟期，由于生产资本在原先革命性的技术经济范式下对固定资本、供销网络和管理经验进行了大量投资，并对这种成功产生了自满心理，因而锁定在这种潜力已趋于枯竭的技术经济轨道中，并顽固地抵制新范式的创新。而金融资本则避免了任何与实体经济的这种锁定性联系，它本质上是灵活的和自由自在的并具有投机性的短期盈利倾向。佩蕾丝认为，由于在驱动力、性质和功能上的不同，生产资本和金融资本在技术革命的导入期和拓展期发挥着截然不同的作用。

在拓展期的末端也就是成熟期到来时，由于缺乏有利可图的投资机会，产生了大量的游资。在这种情况下，锁定于原来技术经济轨道的生产资本不得不到越来越遥远的市场中去寻找机会，而一些金融资本虽然也陪伴了这种远行，但它们也在走自己的道路，寻求新奇的和冒险的投资机会。在这时，由新技术革命所产生的新型企业家们只有技术能力和雄心勃勃的野心，但缺乏资金和政治力量，而后者恰好是金融资本所拥有的，这就是为什么金融资本在导入期逐渐地接管过经济领导权的原因，它使用金融力量支持新技术企业家，并广泛地发起对已经成为障碍的现有制度框架的斗争，在这个时期，国家同样被看作是障碍物。同时，由于每次重大的技术革命都是以新型基础设施为特征的，因此，在过去240年间的每次发展的巨浪中，都出现了由金融资本所主导的对新型基础设施过度投资的狂潮阶段，如18世纪80年代的运河狂热、19世纪40年代的铁路狂热以及20世纪90年代的通信和互联网狂热等，大量的货币倾泻到这种过程中，最后在泡沫破灭后，大量堆积的纸面上的财富就消失了。

只有当技术泡沫破灭后，人们才能逐渐地醒悟到，过去引导变革的金融资本因为其投机和寻求短期利润的行为，现在已经成为经济增长的障碍。通过这种“创造性毁灭”，虽然泡沫破灭了，但新的基础设施却保留下来了，新范式也被人们接受了，主导产业也建立起来了，因此，这客观上要求生产和市场的扩张。但是，这种扩张如果能够实现，至少必须满足三个条件：第一，长期投资决策要在没有股票市场压力情况下被做出，因此，金融资本必须向生产资本移交经济的领导权。第二，生产的扩张反过来需要需求扩大，而这种需求扩大常常是以收入分配为前提的，因此它意味着福利型的政府政策。第三，为了从普遍的增长中获益，社会价值观念要从个人主义的生存竞争转变为对合作和集体福利的强调。佩蕾丝指出，这些条件就是她称之为转折点的实质。一旦这些条件被满足，每次发展巨浪的拓展期就到来了。它也持续大约二三十年，这个时期通常被称作“黄金时期”。在这个时期，新范式所包含的财富创造的整个潜力可以被充分挖掘出来，它产生了使整个社会普遍受益的经济增长。但是，如何才能实现从导入期到拓展期的过渡？在转折点会发生哪些事情呢？在讨论这些问题之前，我们首先看一下2008年泡沫经济破灭的具体情况。

2. 目前的美国金融危机与2000年的互联网泡沫在本质上的不同

在每次发展巨浪的导入期，虽然金融资本在把资源重新配置到新技术和新产业并加强新技术经济范式的力量上具有积极作用，但它也产生了以财富再分配为特征的具有消极后果的四种难以克服的冲突。第一，在导入期结束时，出现了纸上财富与实际财富不可持续的冲突，股票市场的价值严重背离其实际价值，这种冲突通过泡沫破灭只能得到部分的解决。第二，严重地偏向金融利润的倾向。美国经济分析局网站的资料说明，自20世纪80年代初以来，美国金融业在国内总利润当中所分割的比重越来越大，从80年代初的不足20%上升到30%左右，并在21世纪初一度达到45%，而同期制造业的比重则大幅度下降，一度降到10%以下，目前也低于20%，这严重地挫伤了生产资本扩张技术革命成果的动力。第三，严重的两极分化。在每次发展巨浪的导入期都会发生穷者愈穷和富者愈富的现象，特别是在泡沫破灭后更是如此。根据美国财政部数据，在第四次发展巨浪和第五次发展巨浪的泡沫经济中，也就是20世纪20年代和目前的美国，只占纳税人0.1%的人口却占有国民收入的10%，但到了拓展期，这个比例下降为6%。这种收入分配的两极分化不会因为泡沫的破灭而得到解决，反而由其所加重，其结果是在经济上导致了有效需求的严重不足和潜在供给的大量过剩。第四，收入分配的两极分化在社会政治领域导致了社会道德水准的不断恶化、暴力事件的急剧增加和发展中国家巨大的移民压力，甚至酿成严重的社会和政治动荡，从而使转折点成为各种矛盾的爆发期。

按照上述讨论，在每次大的技术泡沫破灭后，不仅要对金融进行严厉的管制，而且还必须进行广泛的社会制度变革，以便创造有利于生产资本扩张的条件，这就是历史上前四次发展巨浪在转折点曾经发生的事情。但是，目前我们所处的第五次发展巨浪却与之不同，其独特之处就在于，在这次巨浪的中途所发生的泡沫经济被劈分成了两个阶段：第一个阶段是20世纪90年代的互联网狂热以及2000年互联网技术泡沫的破灭；第二个阶段则是2003—2007年的信用扩张泡沫。换言之，历史上曾经发生的前四次大规模的泡沫经济只有一个阶段，也就是只有技术革命的狂热所产生的泡沫经济，但这次却增加了由信用扩张泡沫（简称信用泡沫）所导致的“信用崩溃”的泡沫经济。佩蕾丝指出，区分这两种不同的泡沫经济对于确认目前危机的性质、后果以及解决办法都是关键性的。

严重的技术泡沫都是特定的：每隔大约半个世纪出现一次；它们都是以实际的创新机会为基础的，并伴随着技术风险的降低；它们推动了新的基础设施的建设；它们虽然是由金融资本主导的，但却是以技术为核心的，并留下了积极的遗产：新的生产和消费模式建立起来了，新的范式被接受为“常识”，产生了新的企业巨头，诞生了新的经济增长的发动机，它们为经济的充分扩张做好了准备。因此，政府在转折点有效地解决它们所遗留的严重冲突就构成了转入技术革命拓展期的前提条件。但是，在目前第五次发展巨浪的转折点上，由于美国政府不但没有着手解决技术泡沫所产生的上述四种冲突，反而继续推行放松金融管制的自由市场制度，实施错误的低利率政策，纵容伪劣的房贷信用扩张泡沫，终于酿成了史无前例的金融大危机，这是导致美国金融危机爆发的主要原因。因此，佩蕾丝在美国金融危机爆发前的两三年内曾多次谈到，互联网泡沫的破灭不足以打击金融资本的猖狂，今后肯定要发生一到两次大规模的经济动荡才能解决问题。

除了上述原因外，中国和印度等以前被排除在资本主义经济体系之外的许多国家突然的市场开放也是造成此次金融大危机的重要原因。在目前的第五次发展巨浪中，发达国家把工作外包给中国和印度等发展中国家被看作是一种对其经济困境的“奇异治愈”，特别是对美国更是如此。一方面，它通过成本的降低和更低的消费品价格暂时缓和了发达国家市场饱和的问题；另一方面，中国等东亚地区的外汇盈余在美国金融市场的再投资助长了美国的过度消费和金融投机。这似乎是一种“良性循环”，但却是一种饮鸩止渴式的缓和矛盾的做法，一旦出现问题，就会变成恶性循环。其结果是，在发达国家失业率上升和实际工资不断下降的情况下，特别是在纸上的财富通过次级住宅信贷、衍生工具和对冲基金等所谓金融创新不断导致资产膨胀的情况下，进一步加剧了资产持有者和工资收入者之间的两极分化，我们前面谈到的在转折点时期所发生的四种冲突就变得更加严重了。

综上所述，佩蕾丝认为，目前的美国金融危机与2000年的互联网泡沫在本质上是不同的。技术泡沫是由技术革命所推动的，是经济增长过程中所内生的和无法避免的。而目前的美国金融危机则是由寻求投机对象的信用扩张泡沫所导致的，并非是不可避免的，而是放任自由市场的恶果。与技术泡沫为实体经济的未来发展创造了机会以及对实体经济不会产生破坏性影响有本质上的不同，这种信用扩张的泡沫起不到任何一种转变性作用，它从来不能产生新的财富创造能力，它只不过是通过资产膨胀进行大规模的财富再分配，因而不仅没有逆转反而加剧了收入分配的两极分化；它把投资引向了金融赌博，对生产企业产生了短期视野的压力，其结果必然导致不稳定、不平衡、系统性风险和目前的崩溃，堵塞了目前所有国家实现经济增长潜力的道路，并有可能产生类似于20世纪30年代大萧条的全球大衰退。因此，佩蕾丝指出，在目前转折点上的制度变革不能再被延迟了，我们必须把投资和创新从金融赌博中拯救出来，使其进入生产和实体经济，现在就是采取行动的时刻！

3. 转折点的制度大转型

按照佩蕾丝的这种以经济史为基础的历史模型，由于技术革命的内在动力，自英国工业革命以来，存在着一种大约每隔二三十年，自由市场和政府干预的地位就像钟摆一样，向相反方向摆动的轮回，这可真应了中国一句老话，“三十年河东，三十年河西”。在技术革命导入期开始时，由于经济停滞是如此深重，因此，为了唤起市场的动力，自由市场意识形态开始处于上升地位，例如，在 20 世纪 70 年代美欧国家的滞胀危机中，所谓“凯恩斯主义的终结”导致了新自由主义的兴起；但到了拓展期开始时，这种方向就又颠倒过来了，在导入期结束时，由于自由市场产生了严重的社会、经济和政治冲突，因此，必须出现大规模的金融资本垮台，才能大大削弱金融资本的权力，恢复并加强国家管制的力量以及对公共福利的关注，如 20 世纪 30 年代的大萧条导致了凯恩斯主义的兴起。目前的世界经济正以其独特的方式遇到了同样的问题，在金融资本垮台之后，争论已经不再是要不要管制，而是好的还是坏的管制。而且，整个社会现在需要达成一种新的共识：为了收获信息革命的丰硕成果，必须重新强调政府作用和福利型政策，进行广泛的制度变革。

我们前面已经谈到了在转折点所存在的需要克服的四种冲突和必须满足的三个条件，这是势在必行的任务。显而易见，依靠自由市场是无法达到这种目标的，这是因为在转折点所存在的四种冲突正是自由市场的结果，没有约束的自由市场将会使状况更坏。目前的自由市场意识形态就像 20 世纪七八十年代的国家原教旨主义一样已经成为世界经济增长的最大障碍。然而，尽管自由市场意识形态因金融资本的垮台和严重的社会经济问题而大伤元气，但如果要强调政府干预、集体价值观念、生产资本主导和福利型政策等这些与自由市场意识形态大相径庭的制度大转型，遭遇抵抗也是不可避免的，正如美国在 20 世纪 30 年代大萧条的转折点时实施“罗斯福新政”所遭遇的。在“罗斯福新政”时，除了抑制金融资本的猖獗外，美国政府还采取了补贴农民和穷人以及直接建立国有企业等许多措施。但这些政策遭遇到美国企业界的极度反对，他们声称罗斯福所实施的这些政府干预措施正在把美国引向共产主义。当然，因为有成功的历史经验可资借鉴，目前的美国采取类似的措施不会再遭遇较大抵抗，反而在一些新兴经济中，阻力要更大一些，转型的时间也要更长一些。

在理解每次发展巨浪所导致的制度大转型上，佩蕾丝还指出了以下值得注意的两点。第一，转折点的制度变革并不一定会导致诸如战后发达国家经济增长的“黄金时代”，而有可能产生所谓的“镀金时代”（1870—1920 年），这就是第三次发展巨浪在美国所发生的事情，其后期史称美国“进步时代”（1900—1917 年）。在这个时代，虽然采取了市场监管、最低工资、保护中下阶层利益的措施和立法以纠正自由市场经济所带来的破坏性影响，但由于改革不彻底，因此其经济增长并没有使普通老百姓较普遍地受益，这就是为什么它被称作是“镀金时代”而非“黄金时代”的主要原因。第二，转折点的制度变革虽然是由技术革命的内在特点所决定的，但其产生的制度框架却要取决于技术之外的社会政治等诸多因素。例如，发端于 1908 年的技术革命具有规模经济和标准化大量消费的特点，它内生地要求通过政府干预调节需求、促进就业和管理国民经济，但是这种共同的要求却因为不同国家所面临的社会、政治和经济发展阶段的具体情况不同，产生了社会主义、福利国家、法西斯主义和东亚“发展型国家”这四种不同的社会类型。①

第四节　简要评价

在过去三十年中，新熊彼特主义经济学得到了很大发展，它不仅在理论和政策主张上产生了重要的影响，而且也推动了许多经济学科的发展。如创新经济学主要是依靠新熊彼特主义经济学发展起来的；又如该学派以创新竞争为核心发展起来的“产业动态学”与目前以价格竞争为核心的产业经济学具有互补关系，甚至可以说是一种替代后者的“演化产业经济学”。由于篇幅所限，我们在这里只能对新熊彼特主义经济学的主要理论、政策主张、局限性和未来发展方向做出简要的评价。

一、该学派的理论创新

1. *强调创新在经济理论体系中核心作用的重要意义*

新熊彼特主义经济学秉承熊彼特的理论创新，在其理论框架中，创新竞争而非价格竞争成为其理论分析的核心，强调创新竞争而非价格竞争作为经济协调的主要机制。新熊彼特主义学者汉施和派卡甚至指出，在熊彼特经济学没有得到发展的情况下，经济发展的许多复杂现象仍是无法弄清的，因为对于其他经济学流派来说，创新现象是难以理解的。②我国已故经济学家张培刚教授对熊彼特创新理论的意义也给予了积极的评价。他指出：“熊彼特‘创新理论’最大的特点，就是强调生产技术的革新和生产方法的变革在资本主义经济发展过程中的至高无上的作用，把这种‘创新’或者生产要素的‘新组合’看成是资本主义最根本的特征，因而认为没有‘创新’就没有资本主义。这一看法，在某些方面有其可取之处。因为第一，马克思主义政治经济学从来就重视生产技术和生产方法的变革在人类历史发展中的作用，从来就认为生产力是社会发展的最革命最活跃的因素。这不仅对资本主义是这样，对社会主义以及整个人类历史也仍然应该是这样。第二，在分析中熊彼特强调了‘变动’和‘发展’的观点，并且认为‘创新’是一个‘内在的因素’，‘经济发展’是来自‘内部自身创造的’一种变动，从而强调了‘内在因素’作用。这和庸俗经济学的传统分析不大相同。”③

2. *中观经济学革命*

熊彼特是演化经济学的“中观经济学革命”的先驱，新熊彼特主义经济学现有的贡献有相当部分反映的就是熊彼特的这种原创性的研究纲领。实际上，在发展经济学中，可能

---

① 本部分内容节选自贾根良：《评佩蕾丝的技术革命、金融危机与制度大转型》，载《经济理论与经济管理》，2009（2）。如果读者对如何运用佩蕾丝的理论研究国际金融危机后的经济政策感兴趣，可以参看该文。

② 参见 Hanusch，H.，and A. Pyka，“Principles of Neo-Schumpeterian Economics”，Discussion Paper no. 278，University of Augsburg，2005. p. 6.

③ 外国经济学说研究会编：《国外经济学讲座》，第三册，6 页，北京，中国社会科学出版社，1981。

是受到熊彼特的影响，罗斯托在新熊彼特学派之前就已经指出，由于技术扩散只被特定部门所吸收，而总量方法是由许多“并不与经济中吸收的程度相联系的变量所决定”，因此，宏观经济学的分析不足以解释经济增长过程。对此，罗斯托提出了部门分析法的解决方案。但在演化经济学看来，决定性的结构变迁和质变是在经济系统的中观层次上得以发生并能被观察到的，部门和产业分析则隶属于这种微观和宏观框架都无法处理的中观领域。强调中观经济学对理解经济发展过程和资本主义演化过程的重要性是新熊彼特学派在经济学理论上的一大贡献。“微观—中观—宏观”的框架对目前的经济学课程体系建设也具有重要意义，笔者认为，作为经济学基础课程，有必要在开设微观经济学和宏观经济学的同时，开设中观经济学课程。

二、该学派的政策主张

1. 国家创新体系

国家创新体系的理论框架和分析方法自产生以来就对经济政策的制定产生了深远的影响。芬兰早在20世纪90年代初就把它应用到政策制定上，现在这个国家已经成功地把一种以资源为基础的经济转变成了一种以知识为基础的经济。国家创新体系理论对我国也产生了重要影响：1998年，江泽民总书记提出了建设中国国家创新体系的历史任务。2006年1月9日，在第三次全国科技大会上，胡锦涛总书记提出了今后二十年为建设创新型国家而奋斗的战略目标。毫无疑问，创新型国家建设战略目标的提出与国家创新体系的概念具有深刻的历史渊源。世纪之交，创新体系的研究框架和政策工具主导了欧盟在经济政策和社会政策上的研究，进入新世纪以来，创新体系的概念也进入了世界银行政策研究部门的视野。

2. 佩蕾丝关于信息革命进入拓展期的政策主张

佩蕾丝根据历史经验，把每次技术革命浪潮划分为各为二三十年的两个不同时期：导入期和拓展期。导入期是激进创新的引入时期，金融资本起着主导作用，而在拓展期，激进创新得到全面发展和扩散，并对传统产业进行改造，产业资本起主导作用。在她看来，只有在拓展期才有可能出现经济增长的“黄金时期”，但这与导入期形成的许多制度框架不可避免地发生冲突，因此，这就需要在转折点进行制度改革，见表7—2。

表7—2　　导入期和拓展期需要不同的制度

导入期	拓展期
自由竞争	政府干预
个人主义的生存竞争观	合作和集体价值观
金融资本主导	生产资本主导
社会保障市场化	福利型政策

笔者认为，佩蕾丝的这种从历史模型中推论出的政策主张是符合实际的。自国际金融危机爆发以来，目前的经济体制确实需要金融资本向生产资本移交经济的控制权；为了扩大内需，需要福利型政策；在拓展期，渐进创新成为技术创新的主要形式，这就需要调动工人、技术人员和管理人员从事创新活动的积极性，因而需要合作和集体主义价值观；导入期的自由竞争产生了产品质量和市场监管的放松等，这就需要重新加强政府干预。为了

使广大人民群众广泛地分享信息革命的丰硕成果，包括我国在内的世界经济确实需要这些政策措施。但是，由于金融资本主义的出现，这种历史模式很可能在一定程度上要失效了：在发达资本主义国家，金融资本拒绝向生产资本移交经济控制权，即使 2011 年发生了席卷美国的“占领华尔街”运动，金融资本的统治地位仍然稳如泰山；在我国，与金融资本向生产资本移交经济控制权的要求相反，金融资本支配生产资本的趋势有增无减。

三、该学派的局限性

1. 国家创新体系分析框架的局限性

许多学者认为，国家创新体系分析框架的不足之处是没有考虑到发展中国家如何成功地推进创新体系的建设问题。正如阿罗西纳和苏齐指出的，国家创新体系的分析方法可以被用于描述、分析并对相对强有力和多样化的创新体系进行比较，但在某种程度上，它并没有被应用于如何建造国家创新体系的问题。① 本特－阿克·伦德瓦尔等人也指出，在相对“完善”的创新体系中，分析特定的亚体系问题不大。如果存在着适宜的知识基础设施和知识产权，存在着很好的网络化能力和高水平的信任，那么也存在着研发的有效体系，但在发展中国家并不是这样。②

笔者认为，发展中国家的主要问题是，由于现代市场制度发育程度低，分工程度低，微观创新的力量是孤立的，弱化了它对国民经济竞争力的潜在贡献，它们在国家层次上的创新行为几乎从来不是系统的，因此不存在一种行之有效的国家创新体系。与工业化国家创新体系研究相比，发展中国家如何成功地推进创新体系建设是相当不同的。因此，在这种情况下，我们就需要对目前发达国家创新体系的历史进行比较研究，这种研究的重点不是集中在发达国家的创新体系的现在和未来上，而是集中在它们的过去上，其目的就是研究这些国家在从贫困走向富裕的过程中是如何建设国家创新体系的，以识别埃里克·S·赖纳特所说的国家富裕所“必需的通过点”③，以便为目前发展中国家的经济发展提供借鉴。为此，笔者提出了“比较历史创新体制”的研究设想。

2. 整个理论体系结构存在的缺陷

新熊彼特主义经济学在其他方面也存在很多缺陷。汉施和派卡认为，新熊彼特学派在微观和中观有许多重要贡献，但在微观和中观之间如何交互作用以及无休止地“从内部”历时变迁如何导致复杂结构在宏观上的突现等方面的研究却贡献不多。④ 挪威演化经济学家赖纳特指出，新熊彼特学派很少研究技术变迁和市场力量对国家工资水平的影响；⑤ 很

---

① 参见 Arocena，R. and Sutz，J.，“Innovation Systems and Developing Countries”，DRUID working paper，No. 02-05.

② 参见 Bengt-Åke Lundvall et al.，“National Systems of Production，Innovation and Competence Building”，*Research Policy*，2002，31，p. 226.

③ 埃里克·S·赖纳特：《国家在经济增长中的作用》，见霍奇逊主编：《制度与演化经济学现代文选——关键性概念》，北京，高等教育出版社，2005。

④ 参见 Hanusch，H.，and A. Pyka，“Principles of Neo-Schumpeterian Economics”，Discussion Paper no. 278，University of Augsburg，2005.

⑤ 赖纳特在这方面的研究请参见赖纳特、贾根良主编：《穷国的国富论：演化发展经济学论文选》（下卷），第 10 章，北京，高等教育出版社，2007。

少研究在完全竞争和垄断市场的不同条件下，创新扩散的不同方式对宏观经济产生的重要影响；熊彼特认为很重要的在创新与金融之间的关键性联系在当今也没有得到他的追随者的发展。① 笔者认为，由于缺乏对阶级、阶层和经济利益等问题的关注，由于熊彼特自己承认他的理论结构只包括马克思研究领域的一小部分，因此，熊彼特不可能成功地提出一个分析资本主义内生演化的理论框架，新熊彼特主义虽然在这个问题上取得了一些重要的进展，但仍不能完成这项工作。实际上，汉施、派卡和赖纳特对新熊彼特学派的批评反映的就是该学派在理论体系结构上所存在缺陷的具体表现。

四、未来发展方向

针对新熊彼特学派没有提供一个综合性经济发展理论的缺陷，汉施和派卡提出了“综合性新熊彼特主义经济学”的框架（comprehensive neo-Schumpeterian economics approach），强调该学派在研究方法和研究主题上的综合性。众所周知，该学派在科学、技术与创新经济学以及经典产业经济学的主题研究上取得了突出的成就，但忽视了货币金融领域和公共部门对科学、技术、创新和产业发展的重要作用，忽视了它们之间的相互影响。因此，汉施和派卡认为，新熊彼特主义经济学未来的发展方向就是在一个统一的框架下研究它们之间的协同演化，并提出了一个面向未来不确定性（the future-orientation uncertainty）的三轴心分析框架：产业部门、公共部门和金融部门所构成的系统置于未来导向且充满不确定性的环境之中，创新不仅发生在每一个系统内部，而且在动力和环境上也与其他部门相互作用，三者之间相互依赖和相互作用，使得整个社会经济系统以一种非决定论的方式协同演化。按照这种框架，该学派可以发展一种综合性的经济发展理论，参见图 7—3。

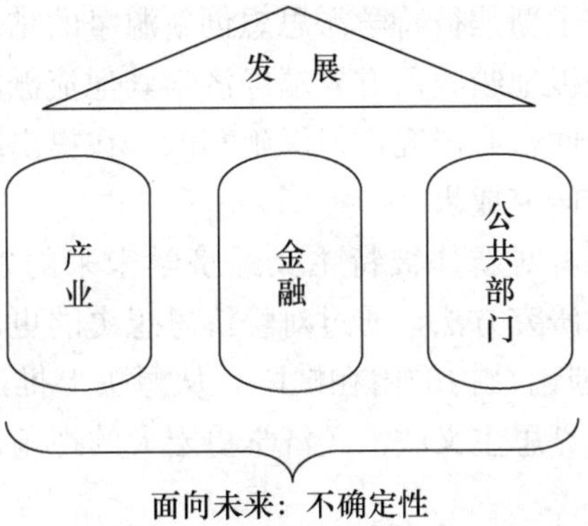

图 7—3 “综合性新熊彼特主义经济学”的三个支柱

资料来源：Horst Hanusch，Andreas Pyka，*Elgar Companion to Neo-Schumpeterian Economics*，Edward Elgar，2007，p. 1162.

在如何改善新熊彼特主义经济学理论分析框架的问题上，纳尔逊提出了技术、（企业

① 参见赖纳特、贾根良主编：《穷国的国富论：演化发展经济学论文选》（上卷），前言，北京，高等教育出版社，2007。

和产业）结构以及（支持和规制的）制度共同演化的分析模式。① 纳尔逊认为，一种新的演化增长理论必须把经济增长看作是这三个关键性方面共同演化的结果；他还使用美国战后制药业的发展等方面的案例举例说明了这种研究模式的重要性。在有关技术、结构和制度共演的分析模式上做出最好成绩的是彼得·默曼②，他不仅运用这种分析模式解释了19世纪下半叶德国有机化学工业之所以后来居上的原因，而且也通过这种经验研究发展了这种分析模式，从而获得了2004年的熊彼特奖。

在这方面，更宏大的框架则是超越一般性的经济领域，把文化和生态等更广泛的因素纳入到系统分析之中，其目的都是为了突破以技术创新和制度分析为核心的创新体系这种比较简单的系统论模式，增强演化分析框架的“宏大叙事”能力。笔者曾提出了一个由技术、经济、政治、生态地理系统和文化认知模式（包括科学）所组成的五个亚系统交互作用的系统论模型③，而弗里曼和洛卡在他们的经济史著作中为了解释资本主义的演化，则提出了一个由科学、技术、经济、政治和文化所组成的也是五个亚系统交互作用和共同演化的分析框架④。两者具有明显的同构性，正如费格伯格在评论中指出的，每个亚系统都有其自身的动力学，无须与其他社会亚系统的内在逻辑相一致，这就为研究社会亚系统之间协同演化中所存在的“匹配”与“不匹配”等一系列问题开辟了道路⑤，这明显地符合我们在第五章所讨论的“型态模型”的理论思维模式。

很明显，新熊彼特学派的上述探索对完善其理论体系是有益的，但笔者认为，要真正在理解资本主义的动态演化过程上有新的突破，就必须需要更广阔的视野。据笔者近年来的观察，自进入21世纪以来，新熊彼特学派的重大理论创新似乎已经陷入停滞状态。笔者认为，造成这种状况的原因主要有三个方面：一是新熊彼特学派在其发展过程中，逐渐远离了熊彼特政治经济学的宏大主题，导致其研究议题的狭窄；二是熊彼特政治经济学自身存在的不足，这逐渐导致了新熊彼特学派思想创新源泉的枯竭；三是该学派在某种程度上仍囿于门户之见，没有积极地吸收西方异端经济学其他流派的研究成果。例如，后凯恩斯主义经济学在货币金融方面很有研究，但汉施和派卡在提出综合性的新熊彼特主义经济学时并没有考虑借鉴他们的研究成果。

针对以上三个原因，笔者对新熊彼特主义经济学未来的发展提出以下四个建议。第一，运用“创造解释学”的研究方法，通过对经济思想史的更广泛研究，挖掘熊彼特经济学的“深层结构”，探测其理论结构的内在缺陷，从源头上推进熊彼特经济学的创新。第二，学习和借鉴马克思和马克思主义政治经济学更宏大的视角，特别是有关阶级和利益问

① 参见 Richard R. Nelson，“Economic Development from the Perspective of Evolutionary Economic Theory”，Working Papers in Technology Governance and Economic Dynamics no. 2，2006，the Other Canon Foundation，Norway；Tallinn University of Technology，Tallinn.

② 参见 Peter Murmann，*Knowledge and Competitive Advantage*：*The Coevolution of Firms*，*Technology and National Institutions*，Cambridge University Press，2003.

③ 参见贾根良：《马克思经济学研究传统与“中国经济学”的研究纲领》，载《天津社会科学》，2000（4）。

④ 参见 Freeman，C. and Louca，F.，*As Time Goes by*：*From the Industrial Revolutions to the Information Revolution*，Oxford University Press，2001.

⑤ 参见 Fagerberg，J.，“Schumpeter and the Revival of Evolutionary Economics：An Appraisal of the Literature”，*Journal of Evolutionary Economics*，2003，13：140.

题的分析，在新熊彼特主义经济学的主题上做出创新。第三，吸收和借鉴西方异端经济学其他流派的研究成果，通过演化经济学的创造性综合，推进新熊彼特学派的创新。第四，加强对经济史的深入研究，这是该学派建立资本主义内生演化理论框架的基础性工作。

思考题

1. 新熊彼特主义经济学的三个规范性原则是什么？
2. 熊彼特经济学的五个理论来源是什么？
3. 简述熊彼特的“创新理论”。
4. 为了发动“中观经济学革命”，熊彼特对古典经济学和新古典经济学分别提出了哪些批评？
5. 新熊彼特主义经济学的五个思想来源是什么？
6. 新熊彼特主义经济学的五项典型化事实是什么？
7. 国家创新体系分析框架的创新之处有哪三点？
8. 在每次技术革命巨浪导入期结束时将产生哪四种难以克服的冲突？
9. 每次技术革命的巨浪在导入期和拓展期分别需要哪些不同的制度？
10. 新熊彼特主义经济学存在哪些局限性？

第八章

新李斯特主义学派①

19世纪的著名经济学家弗里德里希·李斯特是反对以亚当·斯密为代表的古典自由主义经济学的杰出代表，对19世纪20年代至20世纪30年代的世界经济产生了深远的影响。实际上，从19世纪中叶一直到20世纪70年代新自由主义经济学兴起之前，以李斯特为代表的民族主义经济学一直就是以民族国家为基础的国际经济秩序的思想和意识形态基础，但当新自由主义全球化理论在取得貌似世界上独家学说的垄断地位后，民族主义经济学就被极大地边缘化了。然而，李斯特主义经济学并没有销声匿迹，在2008年以前的新自由主义经济学的全盛时期，一些经济学家就已秉承其基本精神，一直在探讨一种替代新自由主义全球化的世界经济发展之路，他们发展了本章所讨论的新李斯特主义经济学。国际金融危机爆发后，一些敏锐的经济学家就已经开始讨论哪种经济学说将取代新自由主义经济学，凯恩斯主义②、李斯特主义③、熊彼特主义④和平等主义⑤被看作是不同的选择。但在笔者看来，新李斯特主义不仅包含了凯恩斯主义、熊彼特主义和平等主义在替代新自由主义经济学上的诸多诉求，而且在观察美欧发达国家"再工业化"、欧盟危机、拉丁美洲和加勒比共同体的诞生以及将要发生的"去全球化"过程上提供了独特的视角，从

---

① 原载《学习与探索》，2012（3）。原题为《新李斯特主义：替代新自由主义全球化的新学说》，略有修改。本章主要以李斯特经济学为基础对李斯特主义经济学进行讨论，重商主义与美国学派的一些重要见解没有完全纳入进来。

② 参见保罗·戴维森：《凯恩斯方案》，北京，机械工业出版社，2010。

③ 参见 Erik S. Reinert, "Financial Crises, Persistent Poverty, and the Terrible Simplifiers in Economics: A Turning Point Towards a New '1848 Moment'", http://www.ttu.ee/hum, 2009.

④ 参见华民：《凯恩斯主义、自由主义和熊彼特主义：谁能引领世界重新走向繁荣?》，载《世界经济情况》，2010（9）。

⑤ 参见刘志明：《新自由主义全球化的兴起、危害与替代——国外马克思主义学者的视角及其评价》，载《红旗文稿》，2010（1）。

而有可能为未来的世界经济秩序的重建奠定思想和意识形态的基础。本章旨在于把新李斯特主义经济学的理论创新和政策主张介绍给国内经济学界，并讨论其有关重建世界经济秩序的方案所面临的难题和对我国提出的挑战。

第一节 新李斯特主义比李斯特经济学新在何处?

一、新李斯特主义：李斯特经济学的当代继承者

李斯特不仅是19世纪美国学派经济学第一代的代表人物，而且还是德国历史学派、发展经济学和演化经济学的先驱。此外，李斯特还是有关欧洲统一的最早的理论家，欧盟的形成与李斯特经济思想的影响有很大关系。在1914年以前，李斯特和马克思是德国最著名的两位经济学家和发展理论家，除了马克思的著作外，李斯特的《政治经济学的国民体系》是被翻译成世界各国文字最多的德国经济学著作。李斯特的经济思想不仅对美国、德国和日本的经济崛起产生了深远的影响，而且对19世纪末俄国、匈牙利和意大利等国的工业化也具有直接的影响；在第二次世界大战后，我国台湾和韩国的经济起飞也受到李斯特经济学说和经济政策的深刻影响。因此，李斯特的传记作者威廉·亨德森指出，李斯特作为“所有追求独立和富强的后进国的先知”这一名声确实是实至名归的①，甚至有美国学者指出，“这位长期被忽视的人物对欧洲和东亚工业文明发展的影响比马克思或亚当·斯密都大”②。

我们可以不同意上述美国学者的看法，但绝不能忽视李斯特的学说对当代经济思潮和未来世界经济发展趋势的切实影响。正如萨林（Edgar Salin）早在1935年和1962年就已经指出的，“任何人想要就欠发达国家的发展问题著书立说，首先应当师从这位增长理论与发展政治学的伟大前辈”③，在反对“华盛顿共识”的当代经济学家中就涌现出了这样一批经济学家，本·塞尔温（Ben Selwyn）把这些李斯特的当代追随者所提出的经济学说称为“新李斯特经济学”（neo-Listian economics）④。新李斯特经济学继承了李斯特的国家（民族）主义政治经济学以及对自由主义经济学批判的传统，在塞尔温提到的经济学家们之中，包括了张夏准、罗伯特·韦德（Robert Wade）、艾丽斯·阿姆斯登（Alice Amsden）、阿图尔·柯利（Atul Kohli）和梅迪·谢菲丁（Mehdi Shaeffedin）等学者，这些经济学家们坚决反对新自由主义及其全球化，并明确地提出了替代性的方案。

在塞尔温看来，张夏准在普及李斯特经济学特别是幼稚工业保护学说上贡献最大，他在

---

① 参见 W. O. Henderson，*Friedrich List*：*Economist and Visionary 1789—1846*，London：Frank Cass and Co.，Ltd.，1983，p. 163.

② 转引自梅俊杰：《自由贸易的神话：英美富强之道考辨》，373页，上海，上海三联书店，2008。

③ Roman Szporluk，*Communism and Nationalism*：*Karl Marx versus Friedrich List*，Oxford University Press，1988，p. 13.

④ 参见 Ben Selwyn，“An Historical Materialist Appraisal of Friedrich List and His Modern-Day Followers”，*New Political Economy*，Vol. 14，No. 2，June，2009. 在本书中，neo-Listian economics 译作“新李斯特经济学”，而没有翻译成新李斯特主义经济学（neo-Listism economics），是为了表达后者与前者的不同，在后者的概念中，只有赖纳特等可以称作第一代新李斯特主义学者或新李斯特主义经济学的先驱。

2002年出版了影响很大的《踢掉梯子：发展战略的历史性透视》①，该书的书名就直接来自于李斯特对英国在通过贸易保护取得工业的国际统治地位后宣传自由贸易的秘密的揭露，来自于李斯特的下述著名论断："当一个人已经攀上高峰以后，就会把他逐步攀高时所使用的那个梯子一脚踢开，免得别人跟着他上来。亚当·斯密的世界主义学说的秘密就在这里。……任何国家，如果靠保护关税与海运限制政策，在工业和海运事业上达到了这样的高度发展，因此在自由竞争下已经再没有别的国家能与它相抗衡的时候，最安全的政策莫过于踢掉它们获取成功的梯子，然后向其他国家苦口宣传自由贸易的好处，用着那种过来人后悔莫及的语气告诉它们，它过去走了许多弯路，犯了许多错误，到现在才终于发现了自由贸易这个真理。"② 张夏准写了许多文章批判新自由主义，2007年出版的《富国的伪善》对发达国家宣传一套但却又另做一套的虚伪进行了无情的揭露③，张夏准为发展中国家提供了一整套替代新自由主义的政策建议，这包括对战略性产业进行保护；重视国企的重要作用并反对私有化；注重技术能力的发展而反对过于严格的知识产权保护；对外国直接投资进行严格管制；通过对货币和资本市场的控制以及国家信贷配给使金融业服务于国家发展的需要，等等。④

但是，令人感到奇怪的是，塞尔温在讨论新李斯特经济学的时候，遗漏了新李斯特主义经济学在理论创新上最有成就的挪威经济学家埃里克·赖纳特以及由他所领导的以雷纳·卡特尔（Rainer Kattel）和沃尔夫冈·德雷克斯勒（Wolfgang Drechsler）等为首的爱沙尼亚塔林理工大学研究团体⑤，他也遗漏了美国密苏里大学的赫德森和廖子光等。廖子光在其著作中曾以赞同的笔调多次援引李斯特的学说⑥，赫德森则对孕育了李斯特经济学的美国学派深有研究⑦，他们对美元霸权的著名研究是以国家作为基本分析单位的，他们所信奉的货币国定论起源于德国历史学派的克纳普，属于真正意义上的李斯特经济学传统的国家货币金融理论。忽视这些学者使塞尔温对新李斯特经济学的评价存在着片面性，例如，塞尔温在高度评价新李斯特经济学的同时，从马克思主义经济学的角度出发，批评新李斯特政治经济学的"阿喀琉斯之踵"是对国家概念和剥削性阶级关系的理论化不足，因此，尽管新李斯特主义"可以取得比新自由主义更快的资本积累，但是，它们并不必然地服务于其学说支持者所声称的是为了后发工业化国家大多数人的利益，如果新李斯特经济政策能够以一种使世界的穷人们受益的方式得以应用，那么，它就必须与社会发展结合在一起，它不应该致力于在长期内保持资本主义的稳定，而是要成为在民主控制之下使经济社会主义化的运动的一个组成部分。"⑧

---

① 中译本书名为：《富国陷阱：发达国家为何踢开梯子?》，张夏准著，肖炼、倪延硕译，北京，社会科学文献出版社，2007。

② 弗里德里希·李斯特：《政治经济学的国民体系》，307页，北京，商务印书馆，1961。

③ 参见张夏准：《富国的伪善——自由贸易的迷思与资本主义秘史》，严荣译，北京，社会科学文献出版社，2009。

④ 参见 Chang，H-J. and Grabel，I.，*Reclaiming Development—An Alternative Economic Policy Manual*，London：Zed Press，2004.

⑤ 参见替代性经济学教规网站（http://www.othercanon.org）和塔林理工大学网站（http://hum.ttu.ee/tg/）。

⑥ 参见廖子光：《金融战争：中国如何突破美元霸权》，北京，中央编译出版社，2008。

⑦ 参见迈克尔·赫德森：《保护主义：美国经济崛起的秘诀（1815—1914）》，北京，中国人民大学出版社，2010。

⑧ Ben Selwyn，"An Historical Materialist Appraisal of Friedrich List and His Modern-Day Followers"，*New Political Economy*，Vol.14，No.2，June 2009，p.157.

塞尔温对新李斯特经济学的这种评价全面吗？笔者认为，塞尔温确实指出了新李斯特经济学存在的缺陷，即对国家概念和阶级利益分析不足，但在赖纳特、赫德森和廖子光的著作中，对工人、农民和其他中下层收入者实际工资的关注确实是其理论工作的一个重要特点。在赖纳特的理论大纲中，实际工资是衡量国富国穷的首要标准，在他看来，一国选择李斯特式高质量经济活动的目的就是为了获得更高的国民实际工资，在这两者之间的循环累积并互为因果，才能使一国迈向繁荣富强的康庄大道。① 赫德森对美国学派的高工资经济学说推崇备至，并在对新自由主义金融化的批判中捍卫劳工和产业资本的利益，他还自认为是一个马克思主义者。廖子光批评新自由主义的全球工资套利是国际金融危机爆发的重要根源，他指出，提高各国工人的工资水平是解决国际金融危机的根本之道。因此，塞尔温低估了新李斯特经济学在一定程度上实现世界各国（不只是后发工业化国家）大多数人利益上所具有的潜力。

造成塞尔温对新李斯特经济学评价不全面的重要原因是他所研究的新李斯特经济学者大都是以战后东亚特定发展经验为基础阐发李斯特经济学说的，例如，他引用阿姆斯登1990年的著作中关于“廉价劳动力是后发工业化的支柱”的论断支持他对新李斯特经济学的判断，但现在绝大多数新李斯特主义学者早已不同意这种论断。过分依赖以战后东亚特定发展经验为基础的新李斯特经济学者对新李斯特主义经济学进行研究，还导致了塞尔温忽视新李斯特经济学的新特点，也就是忽视了新李斯特经济学比李斯特经济学究竟新在何处的问题，而且，它还很容易地使人们把这种新的经济学说只看做是一种“追赶型经济学”或新李斯特发展经济学，而忽视了本章后面将要讨论的它对发达国家的适用性问题以及它有可能对发达国家产生重要影响的问题。

二、新李斯特主义经济学的创新之处

新李斯特主义经济学继承了李斯特经济学的基本经济理论，这主要体现在三个方面。第一，国家是经济分析中比个人和市场更为基本的分析单位，它不仅塑造了国内生产力的发展和市场关系，而且也是世界经济秩序的基石。廖子光先生指出，自1648年以来，在由主权民族国家组成的威斯特伐利亚世界秩序中，只有聚焦于国内发展的协调的经济民族主义，才能保证世界经济的健康发展，新自由主义的全球化将全球经济增长的发动机限制在国际贸易这根唯一的支柱上，导致其他所有促进国内发展的支柱长期停滞不前。新李斯特主义的替代性方案就是基于主权国家国内和相互间的正义原则，重建被新自由主义全球化所破坏的世界经济秩序。第二，强调生产力发展对国民财富和经济政策的决定性影响。不同的经济活动在质上（生产力上）是不同的，只有特定的经济活动才能富国裕民，这是新李斯特主义经济学的基本出发点。这一出发点直接来自于李斯特，“认为制造业‘根本’不同于农业或贸易，并把自己的学说建立在这一主张之上，李斯特是这样做的首位经济学家”②。但是，新李斯特主义超越了李斯特和经典发展经济学（1943—1970年）把国民财富的源泉限定于制造业的局限性。在当代世界，笼统地说制造业构成国民财富的基础已经

① 参见埃里克·赖纳特：《富国为什么富，穷国为什么穷》，189～190页，北京，中国人民大学出版社，2010。

② 转引自梅俊杰：《自由贸易的神话：英美富强之道考辨》，372页，上海，上海三联书店，2008。

不再成立，在全球价值链分解的今天，只有各产业的价值链高端环节才构成国家富裕的基础。新李斯特主义另一理论贡献是发展了技术创新的不同类型对国民财富的影响截然相反的学说：只有“共谋型”技术创新才能使一国各阶层普遍富裕，而导致价格下降的“古典型”技术创新在使世界各国分享其收益的同时却存在着使本国居民陷于贫困境地的危险。① 第三，强调经济政策制定、国家发展战略的选择和经济理论应用的时空特定性学说。不考虑制度、国家经济发展阶段和历史重要等时空特定性因素而制定的经济政策，要么只是一种良好的愿望而无法实现（如欧盟里斯本战略的创新政策②），要么导致了灾难性的后果（如华盛顿共识）。正是运用时空特定性学说，卡罗和卡特尔对在发展中国家流行的开放创新理论提出了质疑：这种理论对发展中国家追赶型经济发展将产生不利的影响。③ 那么，新李斯特主义经济学比李斯特经济学新在何处呢?④

1. 在对国富国穷的历史经验和当代经验事实提供系统的和李斯特主义的理论解释的基础之上，致力于解决当代问题

李斯特的经济学充满着对实践智慧和富国之术的经典总结，但缺乏对强国富民历史经验的深入的理论解释。例如，在其《政治经济学的国民体系》中文版全书的 363 页中，他用了 156 页回顾当时西方主要国家国富国穷的历史并对当时的国际经济政策进行讨论，这种研究方法是具体的、归纳的和历史的，故而是引人入胜的，虽然不乏初步的理论解释，但正如第二代美国学派的综合者帕申·史密斯在 1856 年就指出的，李斯特的著作“是经验性的……他的论点过分地依赖于特例的积累……他对政治经济学抽象原理的贡献确实不多”⑤。埃里克·赖纳特也指出：“李斯特充满了令人感兴趣的思想，他对机制的运转有直觉上的领会（他看到柠檬可以抵御坏血病，并论证了其用途），但是他并没有发展出能清楚地向我们解释事实真相的理论（他并没有指出维生素 C）”⑥。新李斯特主义经济学比李斯特经济学取得的重大进步就是致力于对这种“事实的真相”提供因果机制的解释，它不仅“寻找反复出现的历史模式，构造理论来对其进行解释，并且在考虑技术、制度和政治上的变化的同时，用这些理论来解决当代的问题”⑦。在这方面，埃里克·赖纳特是突出的代表，他不仅运用现代演化经济学的理论在李斯特主义经济学主题的研究上取得了丰硕的成果，而且，他还通过把包括重商主义、美国学派和历史学派等在内的李斯特主义经济学传统引入到演化经济学之中，在演化经济学中形成了一个“新李斯特主义”的新学派。

---

① 参见赖纳特、贾根良主编：《穷国的国富论——演化发展经济学论文选》（下卷），贾根良、王中华等译，10～15 页，北京，高等教育出版社，2007。

② 参见 Erik S. Reinert，“European Integration，Innovations and Uneven Economic Growth：Challenges and Problems of EU 2005”，http://hum.ttu.ee/tg/，2006.

③ 参见 Erkki Karo and Rainer Kattel，“Is ‘Open Innovation’ Re-Inventing Innovation Policy for Catching-up Economies?” http://hum.ttu.ee/tg/，2010.

④ 第五个新特征将在第三节的开头再讨论。

⑤ 迈克尔·赫德森：《保护主义：美国经济崛起的秘诀（1815—1914）》，85 页，北京，中国人民大学出版社，2010。

⑥ 杰弗里·M·霍奇逊主编：《制度与演化经济学现代文选——关键性概念》，232 页，北京，高等教育出版社，2004—2007。

⑦ 张夏准：《富国陷阱——发达国家为何踢开梯子?》，8 页，北京，社会科学文献出版社，2007。

2. 反对并摈弃李斯特反动的殖民主义思想

李斯特的经济学具有两面性，一方面，它是落后国家反对发达国家奴役本国人民的锐利武器，这是他进步的一面；但另一方面，出于其本国资产阶级的国家利益，他又鼓吹对更弱小和更晚发展的国家实行殖民主义，这是李斯特反动和伪善的另一面。相反，新李斯特主义经济学一以贯之地反对殖民主义和现代帝国主义，它不仅批判历史上的殖民主义，批判美国通过美元霸权掠夺其他国家的金融帝国主义行径，揭露目前发达国家"说一套而另做一套"的伪善面目，而且它还一直呼吁发达国家要允许所有发展中国家使用战略性产业政策保护和发展本国工业。在理论上，赖纳特、赫德森和廖子光的著作通过强调本国实际工资的增长，否定了殖民主义作为一国经济发展前提条件的观点。

3. 从工业保护的李斯特学说发展到包括农业、服务、技术和金融等在内的范围更加广泛的保护主义学说

20世纪特别是自20世纪80年代以来的世界经济发生了比19世纪远为复杂的深刻变化，这使发达国家与发展中国家之间的不平等交换不再局限于工业制成品贸易方面，而扩展到农业、服务、技术特别是金融等许多新的领域，因此，李斯特的保护主义学说也随之得到了发展。以农业为例，李斯特认为落后国家不必实施农业关税保护，这在当代世界是完全不适当的。发展中国家的农业无法与发达国家知识和资本密集型的农业竞争，即使是在这种情况下，与强加给穷国的自由贸易形成对比的是，发达国家却严格地限制从第三世界国家进口农产品并对本国农业实施巨额补贴。既然发展中国家的农业与发达国家无法竞争，那么，发达国家为什么还要保护其农业呢？"20世纪保护农业的原因和保护制造业的原因完全不同，认识到这一点至关重要。发展制造业是一种主动性的、进取型的保护，旨在工业化和更高的实际工资，然而对农业的保护则是一种防御性的保护，旨在防止农业部门的收入水平太过落后。……第一种保护主义是为了通过创造出来的协同效应来提高整个国家的工资水平，第二种保护主义则是为了帮助农民以及那些农业占主导地位的地区。"①显而易见，在发展中国家，不仅要保护其高端制造业，而且保护其农业的理由也远比发达国家更为强烈。

4. 从专为发展中国家经济发展提供理论指导的经济学说上升为一种也适用于发达国家的、具有普遍解释力的经济学说

与新古典西方主流经济学和新自由主义经济学不现实的假定和具有破坏性的经济政策相比较，新李斯特主义经济学是"以事物的本质、历史教训和国家的需要为根据"的，因此，它同样适用于观察并解释发达国家的经济行为。更为重要的是，正如英国在19世纪末因对其自身所宣传的自由贸易主义信条过于自信因而导致其工业力量的衰落，从而不得不经由1915年的"工业保护关税"和1932年"渥太华协定"的"帝国特惠制"最终重归贸易保护主义的老路一样②，目前的发达国家也因其错误的新自由主义经济政策使本国的

① 埃里克·赖纳特：《富国为什么富，穷国为什么穷》，68页，北京，中国人民大学出版社，2010。

② 英国在1830年就已取得的工业领先地位是经过长达上百年的保护主义实现的。1860年，英国单方面取消了所有贸易和关税上的限制，但其工业优势地位很快就受到威胁。因此，1886年，约瑟夫·张伯伦呼吁英国放弃自由贸易政策，实行关税保护政策，在全国很快就引发了一场影响深远的关税改革运动，但并没有改变英国的自由贸易政策，这一政策一直到1915年才有所改变。

国家利益受到了严重的损害，为了解决其危机，最后将不得不“部分地”承认新李斯特主义经济学的基本原理并采纳只对其国家利益有利的新李斯特主义经济政策，下面我们就对此进行讨论。

第二节　重建世界经济秩序的四项基本原则

在新李斯特主义者看来，新自由主义是造成第三世界国家日益贫困和目前发达国家发生金融危机的共同原因，新自由主义革命的破坏性力量首先在第三世界制造了灾难，然后摧毁了第二世界，最后它又通过国际金融危机的爆发对第一世界的核心国家——美国和欧盟形成了沉重的打击。① 新自由主义之所以具有这样巨大的破坏性影响，原因就在于它抛弃了对经济活动质的理解和以主权国家间正义原则为基础的以李斯特为代表的经济学传统。新李斯特主义经济学剖析了新自由主义全球化对世界经济所带来的破坏性影响，提出了重建世界经济秩序的四项基本原则。②

一、制造业及其相关服务业是现代文明的基础

文明需要报酬递增活动，财富、民主和政治自由的前提条件都是一样的：多样化的报酬递增的制造业部门和知识密集型的服务业是现代文明的基础。经济发展的出路在于工业化，这一发展经济学的经典命题反映的就是李斯特对经济活动质的不同对国家富裕决定性影响的理解，在全球价值链兴起之前，由于整个制造业的价值链都在一国之内，因此，抓住了制造业就抓住了具有报酬递增之特征的高创新率、高水平进入壁垒、高附加值、高工资和高就业的高质量生产活动，所以这一命题是成立的。但自 20 世纪 80 年代之后特别是 90 年代以来，由于全球产业价值链的迅猛发展，发展中国家在这种“新国际分工”中建立的是供应廉价和缺乏知识劳动的比较优势，承担的是已不具备报酬递增之特征的价值链低端环节，因此，即使发展中国家大量出口工业制成品，它们再也无法达到脱贫致富的目标了。相反，新自由主义为这种产业价值链全球化提供的原则是：所有经济活动的“质”都是相同的，所以从事什么活动并不重要。因此，新自由主义经济学家们无法理解李斯特的观点，他们通过华盛顿机构给发展中国家推荐了一系列不仅无助于解决贫困反而加重贫困的药方：“使价格正确”、“使私有产权正确”、“使制度正确”、“使治理正确”、“使竞争力正确”……但唯独不考虑“使经济活动正确”。在新的历史条件下，新李斯特主义认为，只有在发展中国家也建立即使是低效率但却报酬递增的、而非只提供廉价劳动的高端产业部门，世界贫困问题才能得到根本性的解决，这是重建被新自由主义所破坏的国际经济秩序的重要基础。

新李斯特主义这一原则同样也适用于发达国家，虽然发达国家面临的是与发展中国家

---

① 参见 Erik S. Reinert，Zeitgeist in Transition：An Update to How Rich Countries Got Rich and Why Poor Countries Stay Poor，The Introduction to the French Translation of the Author’s Book *How Rich Countries Got Rich and Why Poor Countries Stay Poor*. Paris，Éditions du Rocher，2012，http://hum. ttu. ee/tg/.

② 新李斯特主义基本原则还包括有关知识产权、关税和产业政策等方面的内容，由于篇幅所限，暂不讨论。

相当不同的问题。自古典政治经济学创立以来，生产性活动与非生产性活动、实体经济和虚拟经济的区分一直就是经济学的一个基本原则，生产性活动和实体经济是人类社会生产力发展的基础，这是对不同经济活动质的理解的具体体现。李斯特更是指出，财富的生产力比之财富本身，不晓得要重要多少倍。但新自由主义经济学只关注贸易和金融，关注金融财富的增长，完全排除了对世界生产的复杂性的理解。由于不再区分实体经济与金融经济，这不仅导致了新自由主义经济学对金融危机的茫然无知，导致了金融部门支配实体经济的反常现象，而且也把发达国家的投资活动引向了金融赌博，堵塞了实现经济增长潜力的道路，这是发达国家发生金融危机和主权债务危机的重要原因。正如赫德森指出的，新自由主义的关键主张即不再区分生产性收益和非生产性收益在本质上是为了掩盖金融垄断资本主义的不劳而获，这是人类历史上的一个巨大倒退，这也是导致美国和一些老牌工业化国家日益衰落的重要原因。新李斯特主义认为，从金融经济向实体经济的转变，削弱金融资本对实体经济的支配性作用，缩小金融资本与产业资本之间的利润率差距是解决目前发达资本主义国家金融危机的根本性出路，也是挽救美国和一些老牌工业化国家经济衰落的重要途径。

二、个人利益服从国家利益的基本原则

李斯特指出，只有个人利益服从国家利益，国家生产力才能得到均衡发展。① 与之相对立的新自由主义原则则是玛格丽特·撒切尔 1987 年的名言：“根本就不存在社会之类的东西，存在的只有个人。”远在 1841 年，李斯特就指出，私人利益与公共利益经常是不一致的，为了公共利益，国家有时不得不行使权力，加以限制，这种情况数不胜数，但在一百三十多年之后的新自由主义革命中，公共利益却荡然无存了。在这种情况下，“自由市场”赋予了美欧金融部门制造庞氏骗局的权利，赋予了它们想创造多少货币就创造多少，以便发放给没有资格接受贷款的个人（次级信贷）和国家（如希腊）获取巨额利润，但最后却让实体经济的纳税人买单，这种对私人利益的贪婪在创造了巨额私人财富的同时，造就了贪婪和不劳而获的风气，制造了史无前例的金融危机，对公共利益造成了前所未有的损害，动摇了资本主义制度的基础。

只有个人利益服从国家利益，国家生产力才能得到均衡发展，李斯特经济学的这个原则可以很好地来解释为什么跨国公司通过外包和离岸生产（FDI）不仅对东道国而且也对跨国公司母国的国家利益造成了损害。在新自由主义全球化中，由于发达国家和发展中国家之间劳动力不能自由流动，但却存在着自由投资和自由贸易，同时也由于发达国家和发展中国家之间存在着巨大的工资差距，所以，跨国公司在发展中国家的投资具有更高的资本报酬率，因此，跨国公司就纷纷把制造业转移到低工资成本的发展中国家，这被称作是全球工资套利。这种套利活动导致了东道国和跨国公司母国的工资水平都处于停滞不前的状况：在发展中国家，由于企业面向的是以发达国家为主的外国市场，出口赚得的是美元利润，提高工资水平并不能直接导致销售增加，这就导致了对工资水平的持续挤压；在发达国家，工资套利导致了制造业大量转移到低工资国家，产业空心化导致失业率持续增加

---

① 参见弗里德里希·李斯特：《政治经济学的国民体系》，143 页，北京，商务印书馆，1961。

和中下层收入的停滞不前，这就是为什么在国际金融危机爆发之前我们可以观察到：在世界贸易高速增长的同时，各国劳动者的收入增长缓慢。跨国公司不仅造成了发展中国家而且也造成了发达国家的内需严重不足，这是导致世界各国收入分配严重两极分化的重要成因。

由于新自由主义经济学只把工资看作成本，所以它就无法理解新李斯特主义经济学对跨国公司的生产全球化对各国国家利益损害的批评。在新李斯特主义看来，报酬递增的分工经济取决于普通民众的购买力，福特主义的实质就在于工人的工资收入就是资本的利润来源，只有当工人工资不断增长的时候，资本的利润才能不断增加，而一个工资水平停滞不前的经济迟早会因为生产能力的大量过剩而发生马克思所说的严重经济危机，因此，国民实际工资的不断增长是国家利益的核心之所在。在以民族国家为基础的工业资本主义阶段，明智的资本家都懂得普遍的高工资水平将能提高需求，也能潜在地提升他自己产品的利润；特别是由于工会力量这种与资本家利益集团"反制性抗衡力量"的制度保证，使工人工资的不断提高推动了资本替代劳动的技术创新不断发展，从而在战后最初二十多年造就了资本主义经济增长的黄金时代。但是，与这种以国家为基础的经济体制相反，新自由主义全球化时代的资本家—工人关系已发生了彻底的改变，跨国公司的全球工资套利活动彻底摧毁了"我的工人也是我的利润来源"存在的基础，创造战后美欧发达国家经济繁荣的高工资战略在世界各国都不再能够实行，世界各国的低工资也抑制了资本替代劳动的技术创新。由于工资水平的不断提高是技术创新的主要推动力，因此，跨国公司的全球工资套利活动对生产力的发展造成了危害，同时这也是凯恩斯主义宏观经济政策在解决美欧国家金融危机中见效甚微的根本原因。在新李斯特主义者看来，追求私利的跨国公司的外包和 FDI 活动破坏了各国国家生产力的均衡发展，正如廖子光指出的，新自由主义全球化不仅伤害发展中国家，而且也伤害发达国家，这就是新的世界经济秩序必须恢复国内发展的本来面目的原因，因此，在重建被新自由主义所破坏的世界经济秩序中，无论是发达国家还是发展中国家都必须严格管制并抑制跨国公司的跨国生产活动。

三、区域经济一体化的李斯特原则

一个国家首先进行工业化，然后逐渐与处于同一发展水平的国家实行经济一体化。李斯特是欧洲一体化的早期倡导者，但在李斯特的时代，在英国强大的工业力量和德国虚弱的诸多城邦之间通过贸易自由化实现一体化，只会导致德国工业长期处于落后状态，因此李斯特强调，德国应该首先统一并实行贸易保护，在德国工业发展到接近英国水平时，才能实行自由贸易，欧洲其他国家也应该首先建立发达的工业，才能相互之间实现经济一体化。因此，新李斯特主义认为，对称贸易即两个发展水平差不多的国家之间的贸易，对双方都有利，不对称的自由贸易将导致穷国专业化于贫穷，而富国则专业化于富裕；为了从自由贸易中获益，穷国必须首先建立报酬递增的产业，摆脱使自己陷入贫穷的国际分工。新李斯特主义的这一原则可以同时用来观察 2011 年欧盟危机以及拉丁美洲和加勒比共同体的诞生。

在新李斯特主义看来，欧盟目前的主权债务危机最终的根源在于违背了上述李斯特关于欧洲一体化的基本经济学原则。早在 2006 年，赖纳特和卡特尔在《欧盟东扩：欧洲试图经济自杀?》一文中指出，欧盟的一体化在早期一直遵循着李斯特的原则，但在 1997 年通过

《稳定与增长公约》之后，李斯特的经济原则被抛弃，人们转而信奉与之相对立的新自由主义全球化原则：即使是还没有完成工业化阶段的国家，自由贸易也是适当的。基于这种原则，2004 年欧盟的东扩为欧盟的重大危机埋下了隐患，原因就在于，欧盟在东扩之后，在其内部实际上就变成了“三个世界”的并存：德法为代表的第一世界；南欧国家为代表的第二世界；东欧国家为第三世界，“欧洲一体化的麻烦在于，它首先将东欧脱工业化，然后迅速与这些国家融合，这就在欧洲的后院形成了一种类似第三世界国家的失业与半失业大军的欧洲版本”①。在新李斯特主义者看来，欧盟主权债务危机的深层根源并不在于南欧国家的福利制度，而在于欧盟一体化摧垮了南欧的工业体系：东欧国家的廉价劳动力在欧盟内部制造了“寻底竞争”的过程，南欧国家因为既无技术和资本优势来提升产业结构，又无明显的劳动力优势，因此，东欧国家加入欧盟的一体化导致了其“去工业化”，而这些国家的民众习惯了高福利和高消费，但由于工业的衰败又无法为之提供经济基础，这种反差使国家财政日趋入不敷出，最终酿成严重的债务危机。② 而东欧国家的情况也好不到哪里去，“甚至爱沙尼亚，这个 2005 年加入欧盟时曾被描述成最成功的典范之一的国家，它的一个生产手机的工人的小时工资是 1 欧元，还不到在法兰克福或巴黎扫大街的工人小时工资的十分之一”③，欧盟违背李斯特原则的不对等一体化为欧盟连续不断的危机甚至解体埋下了定时炸弹，即使欧盟渡过了目前的主权债务危机，以后仍将会发生新的危机。

新自由主义全球化给拉丁美洲造成的危害是众所周知的，自由贸易和 FDI 的大量涌入摧毁了拉丁美洲国家在进口替代时期建立的资本和技术密集的民族工业，导致了该地区产业结构的低级化：一是日益成为以自然资源为基础的工业产品（钢铁、纸浆、铜和蔬菜油等）的供给者；二是在加工和组装工业模式下利用廉价劳动力为发达国家生产廉价商品。按照新李斯特主义经济学的原则，目前的拉丁美洲或者非洲各国不应该接受与发达国家的自由贸易，而是在全球化之前，首先应该创造一个中间级的大陆自由贸易组织，这个组织必须排除发达国家，在其内部实行自由贸易，对外则实行统一的关税等产业保护政策，当拉丁美洲或者非洲各国报酬递增的产业发展接近或达到发达国家水平的时候，才能进入全球化阶段。2011 年 12 月 2—3 日，拉丁美洲和加勒比全部 33 个独立国家的领导人和代表在委内瑞拉加拉加斯举行会议，宣告拉丁美洲和加勒比国家共同体正式成立，该组织接受了李斯特经济一体化原则，认识到“一个没有美国和加拿大的地区一体化组织对于拉丁美洲非常重要”，因此把这两个发达国家排除在共同体之外了。

四、主权信贷原则

货币金融主权是一国最重要的主权之一，是国家主权神圣不可侵犯的领域，只有主权国家才有权利发行作为主权信贷的不兑现纸币，货币的价值最终取决于一国政府征税的能力，一国可以通过发放主权信贷而无须外资为其经济发展进行融资，这就是新李斯特主义的国家货币理论。但是，自 1972 年以来，美元霸权的诞生粗暴地践踏了其他国家的货币

① 埃里克·赖纳特：《富国为什么富，穷国为什么穷》，230 页，北京，中国人民大学出版社，2010。

② 参见田文林：《“夹心层国家”的困惑》，载《社会观察》，2012（2）。

③ 埃里克·赖纳特：《富国为什么富，穷国为什么穷》，127 页，北京，中国人民大学出版社，2010。

主权，使世界贸易异化成为一种美国印刷的不被任何实物支撑、只由美国军事力量支持的美元纸片交换其他国家实物产品的贸易形态，这实质上是美国对其贸易伙伴的残酷剥削和掠夺。在美国霸权主导下的新自由主义全球化中，不仅劳动力，甚至资本也来自被剥削国，通过吸取出口经济体的贸易盈余，这些出口经济体失去了用自己的货币发展国内经济的能力。这种基于美元霸权之上的新自由主义全球化通过盗占主权信贷，不仅危及自1648年威斯特伐利亚和约签订以来就一直存在的民族国家世界经济体系，而且也日益将整个世界引入到经济、环境和生态的浩劫之中。① 同时，美国也需要清楚地认识到，美元霸权所造就的不可持续的、解除管制的债务资本主义是美国实力日渐衰落的重要原因，它对资本主义制度的危机负有不可推卸的责任，因此，终结美元霸权也符合美国长远的国家利益。事实证明，美元霸权是目前世界经济秩序持续动荡不安的主要根源，终结美元霸权是重建被新自由主义全球化所破坏的民族国家经济秩序的基本内容。

新李斯特主义国家货币理论为观察目前世界经济秩序的动荡不安和未来走向提供了深刻的洞察力。首先，该理论认为，主权国家的经济政策应该建立在其主权货币基础之上，只有这样，才能保证国民经济的独立性和完整性，从而有可能实现充分就业计划。这种视角无疑对当今区域货币体系如欧元区提出了某种挑战。建立区域货币体系的大部分经济分析都建立在蒙代尔等所主张的最优货币区理论之上，这种理论致命的缺陷就是没有考虑一国的货币与其主权权力之间的关系，从而也忽视了一国货币主权对其国家经济政策的决定性影响。事实上在欧元即将诞生之前以及诞生不久，就有一批学者在货币国定论这个理论框架下，探讨了放弃各国主权货币而组成欧洲货币联盟将带来的为人们所忽视的后果，这一视角为欧盟危机所证实并将继续为之所证明。其次，国家货币理论认为，一国可以通过主权信贷为国内发展提供资金，实现充分就业和经济平衡的高速增长，而且不受恶性通货膨胀的惩罚，但是，该理论只有在基本上属于封闭的国内货币体制中才能完全成立。因此，在开放经济条件下，这需要一套系统的经济政策：坚决拒绝金融自由化，实施金融保护主义，终结出口导向型经济，保持进出口的动态平衡，实行资本项目管制，严禁国内企业到海外上市，严厉打击热钱活动等等，在这方面，发展中大国通过重走内需主导的内向型经济道路在实施主权信贷上具有得天独厚的优势，美国19世纪的经济崛起之路为我国提供了重要的借鉴。

赖纳特在其《富国为什么富，穷国为什么穷》2012年的法文版前言中写道，重建被新自由主义全球化所破坏的世界经济秩序“需要一种新的时代精神”，就这种新的时代精神是什么而言，凯恩斯在1933年具有开创性的论文《国家的自给自足》是再好也不过的导言。与今天一样，1933年也是一个突然醒悟的时代，需要一种认识到去全球化的时代精神：商品在更大程度上必须在国内生产，金融也必须具有更多的国家特征，为此，凯恩斯推荐了去全球化的政策建议，“因此，我赞同最小化国家间经济纠结的观点，思想、知识、科学、好客和旅行，这些事情就其本性而言应该是国际的。但是，商品应该尽可能在国内生产，最重要的是，金融应该是国家的。在同时，那些寻求摆脱这种国家间纠结的人应该是谨慎的并徐缓而行，他不应该是把植物连根拔起，而是通过整枝法使植物向着不同

① 参见廖子光：《金融战争：中国如何突破美元霸权》，北京，中央编译出版社，2008。

方向生长。因此，因为这些强有力的理由，我倾向于这种信念：在转变完成后，比 1914 年更大程度的国家自给自足和国家间的经济分隔要比其他方式更好地促进和平的事业。无论如何，经济国际主义的时代在避免战争上并不是特别成功的，如果经济国际主义者反驳说，它的不完善从未给它一个公平的机会，那么，可以合理地指出，在未来的一些年份里，几乎是不存在这种机会的。"① 赖纳特指出，国民经济的自给自足当然不能从字面意义上来理解，而是意味着回到从 1945 年到大约 1973 年占统治地位的极其成功的世界发展模式，在这种模式中，"福特主义使美国走上不断提高工业工资之路，从产业工人中造就了美国中产阶级"②，它同时也意味着发展中国家都需要建立独立自主的和报酬递增的制造业和先进服务业，这也就是要重建由国民经济学作为其意识形态之基础的世界经济秩序。

第三节　重建国际经济秩序的难题与中国面临的挑战

一、民族国家：凯恩斯主义政策奏效的基本前提

综合以上讨论，我们可以看到，新自由主义全球化已经使发达国家与发展中国家之间的关系由"赢—输"状态转变为"双输"状态，新李斯特主义经济学试图为解释这种变化并寻求替代性的方案提供了一种也适合于发达国家的具有普遍性的新学说，这种新学说也为试图替代新自由主义的凯恩斯主义、熊彼特主义和平等主义的诉求提供了广泛的基础。例如，凯恩斯主义实施的前提条件是以民族国家为基础的经济体制，凯恩斯在其《货币论》（1930）中赞许性地引用了克纳普及其货币国定论，并简要地阐明了其国家货币论的立场；在其《国家的自给自足》中，他回顾了自己如何从将自由贸易作为道德律和真理的信奉者中解放出来的心路历程。更能说明问题的是，新李斯特主义所信奉的现代国家货币论最初就是由海曼·明斯基和兰德尔·雷等后凯恩斯主义经济学家发展起来的。实际上，新李斯特主义试图以李斯特的国民经济学为基础，在其理论发展中综合凯恩斯主义、熊彼特主义和马克思主义的许多重要理论，这可以说是新李斯特主义与李斯特不同的又一重要特征。

正如李斯特的民族（国家）主义经济学和马克思主义经济学在 19 世纪到 20 世纪 30 年代作为反对古典自由主义经济学的两大经济学思潮具有其质的规定性一样，我们不能强求新李斯特主义经济学也是社会主义学说的一种，虽然其经济理论是"劳工友好的"，但赖纳特等人发展的新李斯特主义学说并不赞成"经济社会主义化"的目标，他们的目的是要重建一种以现实为基础的超越"左右两派"的经济学理论，恢复被新自由主义所破坏的以工业资本主义和混合经济为特征的资本主义的活力，因此，就其实质而言，其目的仍是

---

① Keynes, John Maynard (1933), "National Self-Sufficiency", in *The Collected Writings of John Maynard Keynes*, XXI, Macmillan, London, 1972. 转引自 Erik S. Reinert, Zeitgeist in Transition: An Update to How Rich Countries Got Rich and Why Poor Countries Stay Poor, The introduction to the French translation of the author's book *How Rich Countries Got Rich and Why Poor Countries Stay Poor*, Paris, Éditions du Rocher, 2012, http://hum.ttu.ee/tg/.

② 廖子光：《金融战争：中国如何突破美元霸权》，142 页，北京，中央编译出版社，2008。

要挽救资本主义制度的衰败，这是其内在的局限性。但在目前尚未出现一种替代新自由主义全球化的社会主义新学说的情况下，新李斯特主义经济学的出现无疑具有重要的进步意义，它对我国应对世界经济秩序动荡不安的局面提供了重要的借鉴，我们下面就讨论重建世界经济秩序所面临的难题和对我国提出的挑战。

二、新李斯特主义经济学的八个基本结论

1. 新李斯特主义的理想在短期内几乎没有实现的可能，世界经济秩序将面临着长期混乱和动荡不安的局面

目前，虽然新自由主义已经声名狼藉，但由于它代表着美元霸权、金融寡头利益集团和国际垄断资本的利益，新自由主义决不会轻易退出历史舞台，这是不以人们良好的意愿为转移的。国际金融危机爆发后，美国、欧盟和日本的表现就为此提供了鲜明的例证：美国凭借美元霸权和美元国际储备货币的地位，通过“量化宽松”的货币政策解决其金融危机；而欧洲央行和日本也利用其货币的国际储备货币地位通过“印钞票”，或者购买主权国家债券解决欧盟危机，或者阻止日元升值。这些措施都是赤裸裸的以邻为壑的转嫁危机的政策，它导致了其他国家的外汇储备的价值缩水并在新兴经济体中制造了大规模的通货膨胀。而美国和欧盟国家的政府被垄断资本所虏获，为挽救危机使用公共财政拯救金融投机大亨，赤裸裸地向劳动阶层和实体经济转嫁危机。虽然美元霸权不符合美国的长远利益并最终将导致其日益衰落，但利欲熏心的本性使它不可能和平地放弃这种不劳而获的特权；目前在发达国家也看不到出现一种像大萧条时期那样在挽救资本主义危机上具有远见的类似于罗斯福政府的政治力量的可能性。因此，在相当长一段时间内，世界经济秩序仍将由金融寡头利益集团和国际垄断资本所支配，特别是美、欧、日利用其货币作为国际储备货币的地位，仍会推行其金融帝国主义的政策，世界经济秩序将面临着长期混乱和动荡不安的局面。

2. 重建国际货币金融体系是重建国际经济秩序的难点，但在相当长时期内是无法解决的，中国应制定独立自主的长期应对战略

金融自由化是新自由主义全球化的重点内容，其目的就是为了达到具有国际储备货币地位的国家和国际金融寡头利益集团对其他国家经济的控制，如阿根廷等一些国家的经济“美元化”高达70%以上，使其完全丧失了利用主权货币为其经济发展融资的主权，就充分说明了金融自由化的严重危害。此外，国家货币理论告诉我们，目前在我国仍具有很大市场的所谓创建亚元和创建与主权脱钩的世界货币的观点只不过是一种虚幻的想象而已，因为它完全忽视了货币具有国家属性的基本特点。至于人民币国际化，新李斯特主义者也是坚决反对的，因为只有很强大的经济和金融系统才能应对本国货币国际化所带来的挑战，而中国至少在三十年内不具备这种能力；而且，除非中国也搞帝国主义，否则中国不需要人民币国际化。[①] 无疑，目前国际货币体系的混乱局面将长期存在，针对这种状况，廖子光提出了人民币结算的战略，但目前实施的结果说明，单纯的人民币结算容易受到货币投机的冲击，因此必须辅助以其他制度安排，在这方面我国可以借鉴美国大萧条时期的清算协定（实际上类似于现在的货币互换）和支付协定等制度安排；而如果要确保主权信

---

① 参见廖子光：《恢复中国历史性大国地位的战略》，载《国外理论动态》，2011（12）。

贷的实施，我国必须终结出口导向型经济，在对外贸易上奉行动态的进出口平衡战略[①]，在这方面有大量问题需要深入研究。

3. 美欧发达国家的“再工业化”将进一步强化我国在国际分工中的不利地位

国际金融危机爆发后，美欧国家鉴于虚拟经济的过度发展削弱了其经济实力并成为其金融危机的重要原因，不得不再次重视制造业的地位，纷纷提出“再工业化”。但从美欧发达国家的政策举措来看，“再工业化”绝不是简单地依靠政府力量增加制造业比重，而是着重于加强制造业的竞争力：一是继续巩固与强化目前在全球产业价值链分工（“新国际分工”）中在技术、产品质量、品牌、环保等诸多高端环节的既有优势；二是努力在战略新兴产业的角逐中抢占制高点。美欧发达国家在对付发展中国家上，却从不信奉新自由主义所谓所有经济活动在质上都是相同的假定，深谙不同质量的经济活动对国民财富的决定性影响，“再工业化”实际上是进一步强化了它们在目前这次全球化浪潮中产生的“新国际分工”中对高质量经济活动的垄断地位。在“新国际分工”出现之前，报酬递增的高质量经济活动主要表现为制造业，所谓的殖民地在经济上的含义就是被严禁从事这种高质量经济活动的国家，这些国家因而沦为发达国家原材料的来源地和工业制成品的销售地。但在目前以利用发展中国家廉价劳动力为特征的生产全球化中，由于信息技术革命、全球产业价值链的迅速发展和全球企业的出现，高端农业、知识密集型服务业与高端制造业一样也具有了报酬递增和不完全竞争的特点，相反，发展中国家在所有这些产业价值链低端环节上所从事的经济活动已经不具备报酬递增之特点，发达国家与欠发达国家之间的国际分工和国际贸易就从“工业制成品交换初级产品”转变为“高端产品交换低端产品”，但这种新国际分工并没有改变自殖民主义时代以来国际贸易不平等交换的性质。我国通过所谓廉价劳动力的比较优势和引进 FDI 加入全球产业价值链使我国对外贸易结构呈现出“进口高端产品并出口低端产品”的特征，我国转变对外经济发展方式的目标就是要改变这种在国际分工中的不利地位，美欧发达国家的“再工业化”使我国试图在与发达国家的贸易中通过产业升级达到这种目标的道路已完全被堵死。

4. 跨国公司的离岸生产和外包活动在发达国家将会受到一定程度的抑制，世界各国针对中国的保护主义将会不断增加

由于注意到跨国公司的全球工资套利活动对美国就业和工资水平的不利影响，曾经是自由贸易理论宗师的诺贝尔经济学奖得主萨缪尔森 2004 年在著名的《经济展望》杂志上对自由贸易理论提出质疑，在他看来，如果全球化使大量美国公民的工资遭受工资降低之苦，那么这就是整个美国的失败，这样的自由贸易就不符合美国的国家利益，萨缪尔森指出，“这将成为如此之大的问题，以至于全球化某种形式的放慢将成为政界的选择”[②]。2012 年 1 月 24 日，美国总统奥巴马发表充满贸易保护主义色彩的国情咨文，国情咨文号召美国企业将就业岗位留在美国国内，扭转就业岗位“外包”的趋势，美国政府将对此提供税收政策等方面的优惠。国情咨文还特别多次提到中国，认为本届美国政府增加针对中国的贸易案（几乎是上届政府的两倍）已经取得一定效果，奥巴马宣布建立一个贸易执法

---

① 参见贾根良：《世界经济大萧条与中国经济发展战略的革命》，载《国外理论动态》，2011（12）。

② 转引自廖子光：《金融战争：中国如何突破美元霸权》，110 页，北京，中央编译出版社，2008。

部门，专门负责调查所谓像中国这样的国家的“不公平贸易行为”。需要对中国实施贸易保护主义这种呼声不仅来自像克鲁格曼这样的西方主流经济学家，而且也得到了新李斯特主义代表人物赖纳特这样的异端经济学家的倡导，他认为，与英国在19世纪下半叶因实施单方面的自由贸易政策而丧失其霸权一样，现在美国和欧洲经济霸权的衰落也是实施自由贸易政策的结果，允许这些国家存在一定程度的贸易保护主义事实上符合中国的长期利益，因为中国商品的一些主要海外市场的购买力的萎缩并不符合中国的长期利益。目前，在许多发展中国家，针对我国的贸易保护主义情绪也日益高涨，因为在它们看来，中国廉价的工业制成品出口正在摧毁它们的工业。虽然这些保护主义思潮并不了解廉价工业制成品出口除了就业外并没有给我国带来什么好处，但我国海外市场的增长减速是无法避免了。然而，中国作为自由贸易的坚定捍卫者，难道能够逃脱自由贸易政策最终必然导致经济实力下降这种历史的宿命吗？

5. *改变我国在国际分工中全球价值链低端的不利地位和应对针对我国的保护主义浪潮的根本途径是保护和充分开发我国广阔国内市场规模的巨大优势，这是我国实施内需主导型经济发展新战略最重要的原因*

广阔市场规模的重要性可以在第二次世界大战结束后至今欧盟的规模不断扩大和最近拉丁美洲共同体的成立中得到启发，欧盟和拉丁美洲共同体建立的目的是什么？无非是要达到对外保护其市场和对内自由贸易的目的而已。如果单从人口规模来看，欧盟（截止到2010年1月27个成员国人口总计5.011亿）与拉丁美洲和加勒比共同体（人口总计5.9亿）人口加在一起也不如中国市场规模巨大，而且，欧盟和拉丁美洲共同体内部在发展过程中必定充满了矛盾和冲突，根本就无法像中国一样实施统一的财政和货币政策，也无法形成更具协同效应的多样化分工，但即使是这样，它们还要坚持不懈地追求区域经济一体化，这个中原因不能不令我们深思：超大规模的国内市场是老祖宗留给我们的最宝贵遗产，也是我国经济崛起的根本性力量之所在，我们珍惜和保护我们的国内市场了吗？经济欠发达国家的高端产业很少能通过海外市场发展起来，而大国可以通过国内市场的增长为之提供持久的动力，例如，美国工业的从无到有并取得国际领先地位就是通过这种对国内市场的独占建立起来的，而高端产业的建立通过迂回生产和由此所带动的服务业发展要比我国目前的劳动密集型产业出口战略创造更多的就业机会。① 我国没有必要害怕海外的保护主义浪潮，因为我国正需要大力压缩产业价值链低端环节和低端产业的产能规模，只有这样才能为高端产业和价值链高端环节的发展腾出空间，而后者的发展不仅可以为原先用于出口的低端制造业提供新的市场，而且它们也能与农业之间形成互为市场的良性循环，这是利用我国不断成长的庞大国内市场规模的重要途径，因此我国有必要重新实行保护高端产业的进口替代政策，高度重视农业和农村发展，通过国内经济的大循环实现经济的腾飞。

6. *我国保护国内市场的世纪性难题*

以贸易保护为基础的进口替代是落后国家产业升级的基本途径和自主创新的基础，如果我国永远实施自由贸易政策，那么，高端产业（或产业价值链高端环节）的进口替代就

---

① 参见贾根良：《国际大循环经济发展战略的致命弊端》，载《马克思主义研究》，2010（6）。

无法展开；而如果要实施进口替代战略，那么就必须对高端产业的国内市场进行关税保护，但按照目前外国直接投资在中国的发展趋势，这种关税将无法达到保护民族企业的目的，反而保护的是跨国公司的既得利益，这就是我国在将来如果对国内市场进行保护将不得不面对的世纪性难题，这个难题就是拉丁美洲国家长期陷入“中等收入国家陷阱”不能自拔的主要原因。拉丁美洲在1960—1980年的进口替代工业化时期取得了远比新自由主义全球化时期（1981—2001年）好得多的经济成就：前一时期年均经济增长率达到2.9%；而在后一时期年均经济增长率却只有0.4%。[①] 但为什么同是贸易保护主义，美国在三十年的时间里（1865—1894年）崛起为工业强国，而拉丁美洲通过同样的三十年（1945—1975年）却仍没有摆脱依附型经济的命运呢？原因就在于拉丁美洲国家在消费品工业的进口替代工业化上虽然是相当成功的，但却因为跨国公司支配了其资本品工业，所以拉丁美洲就无法在其高端产业展开进口替代和自主创新。与19世纪下半叶美国保护主义的进口替代工业化时期严厉拒绝外国直接投资不同，拉丁美洲的进口替代却指望外国直接投资给其带来福音。其结果是，虽然拉丁美洲实施贸易保护主义的目的是让民族企业独享国内市场的工业化收益，但是，在外资企业控制了拉丁美洲国内经济的情况下，这种贸易保护反而成了跨国公司在关税保护之下利用垄断地位在拉丁美洲国内市场攫取巨额利润的工具。因此，拉丁美洲试图通过贸易保护改变其不利国际分工地位的努力又完全被外国直接投资所瓦解，这是拉丁美洲进口替代工业化战略在其后期陷入困境的主要原因，也是拉丁美洲即使实行贸易保护也无法改变依附型经济命运的根本原因；同时，它也是19世纪的美国之所以能够超过英国成为世界头号工业强国的秘诀：在实行贸易保护的同时必须排斥外国直接投资。[②] 我国将永远实行自由贸易政策吗？如果不能得到肯定的回答，那就应该通过限制外资的措施给未来我国保护国内市场的政策预留空间。

7. 新李斯特主义经济学的错漏

新李斯特主义经济学作为一种新学说仍有待于深入发展，它对新自由主义的替代性方案仍有待于进一步完善，因此，这一学说存在着错漏是不可避免的。例如，作为新李斯特主义经济学的两位代表人物，赖纳特和张夏准似乎已经把我国看作是奉行李斯特主义经济政策的典范，笔者认为，这是不符合事实的，造成这种状况的原因一是他们并没有对中国经济进行过研究，就接受了西方非李斯特主义经济学者关于中国崛起的过于夸大的看法，二是他们忽视了笔者在前面谈到的美元霸权和全球产业价值链已经使历史上落后国家致富的经典途径不再可行，如在过去抓住制造业就抓住了国家富强的根本，但现在只有高端制造业才具有这个特点。如果他们按照新李斯特主义经济学对我国经济进行深入研究，就会发现我国面临着巨大的挑战，现在我国仍需要新李斯特主义经济学的启蒙。此外，赖纳特提出，“中国内部也将产生这种雁阵机制——从沿海到内地——实现产业升级”[③]，这种看法并不适合于我国，我国应该发展国内区域间水平分工，不能再延续东部沿海向西部产业转移的“雁阵模式”的老思路，例如，西部在以能源和资源为基础的第六次技术革命中可

① 参见Esteban Pérez Caldentey and Matías Vernengo，2008，*Back to the Future：Latin America's Current Development Strategy*，p.4。根据图1和表1计算所得。

② 参见贾根良：《美国在经济崛起前排斥外国直接投资的原因解析》，载《广东商学院学报》，2010（4）。

③ 埃里克·赖纳特：《富国为什么富，穷国为什么穷》，3页，北京，中国人民大学出版社，2010。

以一马当先，建立全国最先进的高科技基地，因此，西部在发展能源基地和资源深加工基地时，产业价值链高端必须在当地发展，这些报酬递增的产业价值链是西部脱贫致富和缩小东西部差距的根本途径。总的来说，目前的新李斯特主义经济学对国家内部发展机制的研究还很薄弱，对于我国这样一个超大规模的发展中国家来说，这个问题异常重要，特别是我国扩大内需的新战略呼唤着国内发展政策的创新，这是新李斯特主义经济学在我国创造性发展的重要机遇。

8. 李斯特主义经济学在传入我国的时间上大大晚于日本，这是我国在近代史上应对西方列强的挑战上迟缓软弱以及与日本命运截然不同的一个重要思想根源

李斯特的著作总结了自文艺复兴以来到他生活的时代西欧主要国家发奋图强、富国强兵的历史经验，包括美国学派在内的李斯特主义经济学传统实际上也是建设现代民族国家的政治学说。在19世纪末，正如爱尔兰反对英国的民族主义者视李斯特的《政治经济学的国民体系》为“福音书”，希望“爱尔兰人人手一册”一样，它是当时反对殖民主义并追求国家独立的国家精英们的指路明灯。因此，李斯特主义经济学在我国和日本传播时间和程度上的差距深刻影响了两国在近现代史上的不同命运，与我国在1927年才翻译出版李斯特的《政治经济学的国民体系》以及亨利·凯里的思想迄今在我国还没有得到过系统介绍不同，亨利·凯里的保护主义思想早在1870年就通过《保护税说》一书介绍给了日本读者，李斯特的《政治经济学的国民体系》在19世纪80年代末就在日本翻译出版了①，但在中国却大约晚了四十年。笔者认为，这是中日两国作为现代民族国家建构起点出现巨大时间差的重要原因之一，我国的现代民族国家建构起始于孙中山先生领导的辛亥革命，但在民国时期，现代民族国家的建构实际上仍处于懵懵懂懂之中，直到1949年新中国成立，这种现代民族国家的建构才真正完成，但现在我国的大多数国家精英并不了解李斯特的学说及其对我国的重要意义，从而陷入了被新自由主义任意摆布的境地。而在日本，自明治维新开始不久，日本作为现代民族国家的建构就以迅猛之势展开，这种差别不能不说与李斯特主义经济学在日本被国家精英们所普遍接受具有根本性的联系，正如马克思的一句名言所说的，“思想的闪电一旦彻底击中这块素朴的人民园地，德国人就会解放成为人”②，在日本，李斯特经济学就成了日本的国家精英们迎接西方挑战的思想闪电。例如，第二代美国学派的综合者帕申·史密斯在1871—1877年曾担任日本天皇的顾问，当他离任返回美国时，“美国的保护主义经济理论体系已经在（日本的）政治家、政府官员以及学者中达成了普遍共识”③。又如，作为日本明治维新著名领导人的大久保利通在访问德国期间接受了李斯特的学说之后，自称“东洋俾斯麦”，奋不顾身地投入于扶植民族工业的事业，对近代日本的经济发展居功甚伟。李斯特主义经济学对日本经济的崛起产生了巨大的影响。

在今天，李斯特的经济思想在指导发展中国家的经济发展上仍闪耀着熠熠光辉，而新李斯特主义经济学则是李斯特主义经济学传统的创造性发展，目前它已经成为反对帝国主

---

① 泰萨·莫里斯-铃木：《日本经济思想史》，66、67页，北京，商务印书馆，2000。

② 《马克思恩格斯选集》，2版，第1卷，15～16页，北京，人民出版社，1995。

③ 转引自迈克尔·赫德森：《保护主义：美国经济崛起的秘诀（1815—1914）》，157页，北京，中国人民大学出版社，2010。

义和坚持独立自主经济发展道路的锐利思想武器，其主要代表人物赖纳特和张夏准的许多著作都被翻译成了许多国家的文字，他们的著作都获得了欧洲演化政治经济学协会颁发的“缪尔达尔奖”，著名的《金融时报》2007年曾组织专栏专门讨论他们的经济思想。张夏准还被誉为“最近十五年经济学界最令人兴奋的思想家”，并与著名演化经济学家纳尔逊于2005年获得里昂惕夫经济学奖。另两位代表人物赫德森和廖子光是美元霸权理论的创建者，在目前的国际金融危机中因对新自由主义和美元霸权的批判而声名鹊起，在我国影响很大。作为一个发展中国家，中国经济学界乃至整个知识界都应该深入研究并发展这种新学说对中国崛起所提供的治国方略和具体措施。

思考题

1. 塞尔温对新李斯特主义经济学的评价为什么是不全面的?
2. 新李斯特主义经济学对李斯特经济学的继承表现在哪三个方面?
3. 与李斯特经济学相比，新李斯特主义经济学的创新主要体现在哪四个方面?
4. 简述新李斯特主义经济学重建世界经济秩序的四项基本原则。
5. 为什么说民族国家是凯恩斯主义政策奏效的基本前提?
6. 简述新李斯特主义经济学的八个基本结论。

第九章

内需主导型经济的演化经济学原理

内需问题是我国在亚洲金融危机爆发后的 1998 年底首次提出的，在 2008 年国际金融危机爆发后，我国再次提出扩大内需问题，并将其逐步地升格为长期战略方针：“十二五”规划提出要构建扩大内需的长效机制；2011 年底闭幕的中央经济工作会议强调，要牢牢把握扩大内需这一战略基点，把扩大内需的重点更多地放在保障和改善民生、加快发展服务业、提高中等收入者比重上来。那么，如何通过构建扩大内需的长效机制，实现我国扩大内需这一长期战略目标呢？在国际金融危机爆发之时，笔者曾注意到这样一种现象：自我国在 1998 年底提出启动内需的口号以来，经济学界对扩大内需问题已经进行了大量研究，但直到国际金融危机爆发之时，我国为什么不仅一直无法启动内需，而且内需反而越来越萎缩呢?[①] 在过去的三年中，笔者逐步认识到，内需问题是一个非常复杂的系统性工程，特别难以解决，但面对世界经济长期萧条和我国海外市场不断萎缩的前景，这个问题又不得不解决，这是我国一再提出内需问题的重要原因。因此，为了拓宽视野，笔者在本章中试图通过对迄今为止的西方经济学说史中的相关论述进行梳理，并以相关国家的历史经验作为例证，从实体经济角度入手，从演化经济学的理论出发，建立一个对内需问题较为全面的理论分析框架。然后，按照这个框架，从四个主要方面分别对我国内需不振的深层次发展模式和体制根源进行解释，并提出具有针对性的政策建议，最后则对本章进行总结。

第一节　内需分析的演化框架与历史经验

德国经济学家和经济史家迪尔特·森哈斯在《欧洲经验：发展理论的历史性批判》

① 参见贾根良：《评佩蕾斯的技术革命、金融危机与制度大转型》，载《经济理论与经济管理》，2009 (2)。

中，通过对19世纪20年代到20世纪70年代的世界发展经验的比较研究（该书没有涉及对非洲和日本、德国、法国等少数国家的比较研究），得出了这样一个结论：凡是能够成功地实现经济崛起的国家，无不在政策制定上把开发国内经济潜力和国内经济一体化置于优先地位。[①] 然而，正如著名发展经济学家罗伯特·韦德指出的，今天我们使用“一体化”这个词排他性地是指外部一体化，我们假定与世界经济更多的一体化总是好的，因此，发展研究最奇怪的现象之一就是对内部一体化的沉默。但实际上，经济发展从本质上讲就是内部一体化。在韦德看来，内部一体化不单单是指国内市场的统一，它还具有两个更重要的特点：第一，在国内各产业部门之间存在着更密切的投入产出联系，例如在农村和城市、消费品和中间产品之间高水平的部门间的紧密联系；第二，它具有一种更高比例的国内产品出售给国内工资收入者的需求结构，在工资、消费和生产之间存在着高水平的社会建构。

按照韦德的看法，除了经济规模过小的国家外，建立在内部一体化基础之上的一国经济也必然是内需主导型的经济。韦德认为，只有在内部高度一体化的经济中，资本家与工人之间才能建立起利益和谐关系，因为资本家、工人和政府都能认识到，工资增长作为销售和需求的源泉是其共同利益之所在，而不只是把工资看作生产成本。但在一种高度外部一体化的经济中，情况则恰好相反，工资被简单地看作是成本而非需求的源泉，生产的目的是为了向全球市场出口，这种纯粹外向型的经济结构不但难以形成国内产业部门之间的密切联系，而且还会因对劳工的过度压榨造成尖锐的阶级冲突。韦德指出，发展中国家的外部一体化不会自动推动内部一体化，相反，它更有可能阻碍和破坏内部一体化。因此，发展的关键问题是发展中国家如何创造一种内部高度一体化的国民经济[②]，这是内需主导型经济研究的基本出发点。

韦德对上述两种不同的一体化方式的区分，对于研究发展中大国的经济发展模式特别是内需问题具有重要意义。但是，韦德对此并没有展开进一步的研究，而目前的经济学文献则完全缺乏对韦德问题的关注。那么，是否有可能以“国内经济一体化”概念为核心，建立一种分析内需问题的理论框架呢？在迄今为止的西方经济学说史中，除了19世纪美国学派的保护主义“内需说”以外[③]，几乎就不再有直接论述内需问题的经济理论，但在有关市场范围（市场规模）、工资和发展战略的论述中，包含着可以转换为内需研究的相关理论，本章试图通过对这些理论的阐释和进一步发挥，拓宽韦德的研究思路，提出四个依次递进的关于“国内经济一体化”的命题，并辅之以相关国家的历史经验和教训作为例证，构建一种对我国内需问题进行分析的理论框架。[④]

---

① 参见 Dieter Senghaas, *The European Experience: A Historical Critique of Development Theory*, New Hampshire: Berg Publishers Ltd., 1985, pp. 151; pp. 161-162.

② 参见 Robert Hunter Wade, “What Strategies are Viable for Developing Countries Today? The World Trade Organization and the Shrinking of ‘Development Space’”, Crisis States Programme, Working papers series no. 1, June 2003. http://www.google.com.hk/url? sa=t&rct=j&q=internal+integration++Robert+Hunter+Wade&source.

③ 参见迈克尔·赫德森：《保护主义：美国经济崛起的秘诀（1815—1914）》，贾根良等译，59页，北京，中国人民大学出版社，2010。

④ 由于本章的主要目标和篇幅的限制，本章暂不讨论马克思和凯恩斯的相关理论以及主权信贷在扩大内需中的作用问题。同样，由于篇幅所限，本章对内需主导型经济的历史经验研究也只能是例证性的，更全面的研究需要专文加以讨论。

一、内需受国内市场的统一程度所限制

命题1：内需受国内市场一体化程度的限制，统一国内市场可以有效地扩大内需。这一命题实际上是斯密定理的推论，亚当·斯密在《国富论》第三章中提出了著名的斯密定理：分工受市场范围的限制。斯密从地理面积的大小、人口的多寡和交通廉价与否讨论了作为市场范围的地理空间对分工的重要作用，他还隐含地预见到商业流通体制等制度因素对市场范围的重要性，但他对此并没有进行讨论。斯密定理的政策结论是显而易见的：在一国之内，消除妨碍国内商品、人员和资本流通的各种障碍，可以有效地扩大内需市场。概括起来说，它至少具有以下三种重要作用：第一，降低交易成本。道格拉斯·诺思在《1600—1850年海洋运输生产率变化的原因》一文中，通过对海洋运输成本的多方面统计分析，发现在这一时期尽管海洋运输技术没有大的变化，但由于海洋运输变得更安全和市场经济变得更完善，海洋运输成本有很大下降，从而使得海洋运输生产率大有提高。[①] 诺思的这种分析同样适用于发展中大国的国内市场一体化问题。第二，提高规模报酬递增水平，推动国内区域间水平分工的发展和生产率的提高。劳动分工最直接的经济性要求是分工专业化后的单位成本最小，这导致了生产率的提高，但每项分工只有在形成其经济规模的情况下，才能使其单位成本最小，而每项分工所需的经济规模无疑要取决于其产品的市场规模，因此，国内市场一体化程度的提高为其规模报酬递增过程提供了动力和条件。第三，降低产品价格，刺激消费需求的增长。

统一国内市场在发达国家的经济崛起过程中曾发挥了非常重要的作用。1834年德国关税同盟的建立对德国经济的统一以及后来的政治统一都发挥了关键性的作用；美国国内不存在地方保护主义的广阔国内市场规模曾是美国崛起的重要因素，在此都没有必要再加以讨论。然而，在这里值得说明的是，英国工业革命是在保护国内工业的重商主义制度之下诞生的，但德国新历史学派的代表人物施穆勒却指出，重商主义“在它的核心深处，不在于关税壁垒、保护性关税或者航海法案，而是在于某些远为重要的事情——即在于（它所产生的）社会及其组织、国家及其制度体系的整体性转变，在于用民族国家的经济来替代区域性和地方性的经济”[②]，用笔者本章的话来说就是在于国内经济的一体化。著名的重商主义研究者赫克谢尔也指出，“凡将经济生活限制于特定地区，并且妨碍贸易在国界之内进行的事务”，都是重商主义所反对的，重商主义迫使国界之内的城镇和省份的贸易更为自由。[③] 因此，英国重商主义不仅是实施工业保护主义的对外政策，而且也是对内自由贸易的政策，这是因为，如果要发展本国的工业，就必须对于国内交通的便利给予特别的注意，必须废除或减轻各种通行税和落地税等苛捐杂税，并且还要撤销基尔特式的都市经济所建立的种种障碍，以国家之独占替代都市之独占，以法令统一国内所有经济事务，制定工业标准和条例，对生产和质量进行监督，保护消费者利益[④]，所有这些对内政策的

---

① 参见道格拉斯·诺思：《经济史中的结构与变迁》，译者的话，5页，上海，上海三联书店、上海人民出版社，1994。

② 斯莫拉（施穆勒）：《重商制度及其历史意义》，郑学稼译，61页，北京，商务印书馆，1936。引文对原译文有较大修改。

③ 参见许宝强、渠敬东选编：《反市场的资本主义》，30页，北京，中央编译出版社，2001。

④ 参见斯班：《经济学说史》，区克宣译，3页，上海，大东书局，1932。

目标只有一个，那就是通过统一国内市场，推动国内市场的一体化。

二、内需由实际工资和生产率的良性循环所决定

命题 2：内需由实际工资和生产率的良性循环所决定。换言之，内需受生产和消费的一体化程度所限制，保持实际工资和生产率的同步增长是扩大内需的根本性措施。由于实际工资是内需最重要的指标，因此，这一命题实际上是杨格定理的推论：市场规模由实际工资所决定，而实际工资受生产率的限制，反过来生产率又受到实际工资的限制，实际工资与生产率之间互为因果的循环累积过程就是经济发展的根本性机制。杨格定理的诞生是因斯密定理的缺陷而产生的：亚当·斯密说明的只是“外延式的”发展过程，而在人口不再增加（甚至减少）和贸易的区域无法再扩大的情况下，“内涵式”的分工将如何发展？斯密定理对此却无法说明。① 正如著名发展经济学拉格纳·纳克斯指出的，斯密“看到了分工同在生产过程使用资本一事有密切的联系。他实际上等于说使用资本的程度受到市场容量的限制，在这里他指出了一条十分重要的根本真理。但是这并不是全部真理。这个问题还有另外一面，那就是，市场的范围（亦即容量）倒转过来又在很大程度上取决于分工（亦即使用资本的程度）……他避开了这样的循环关系，而提出了一种直线式的因果关系”②。杨格指出，作为经济进步的核心，报酬递增的分工经济取决于市场规模，但何谓市场规模呢？市场规模“不是单纯的面积或人口，而是购买力，即吸收大量年产出的能力”③。这句话最重要的含义是：实际工资是市场规模最重要的因素，它与生产之间具有循环累积的因果关系。因此，内需最终是由实际工资与生产率之间的良性循环所决定的，保持实际工资和生产率的同步增长是扩大内需的根本性措施。

杨格定理实际上是美国学派的高工资经济学说的发展，后者旨在于解释像 19 世纪经济下半叶美国这样的高工资经济为什么比欧洲和其前殖民地的廉价劳动力经济在工业制成品的售价上要低，原因就在于生产率的增长超过了工资的增加；它还致力于说明，“高工资是生产率提高的前提条件”④，工人阶级的高工资符合资本家的利益，以此敦促资本家开发内需，而无须依附于英国市场的需求⑤，也不需要对外扩张。然而，美国学派的这种理想在 19 世纪的美国并没有得到实现，直到 1914 年，当福特汽车公司把工人的工资提高一倍以上的时候，美国学派的高工资经济学说才有了实践者，由此产生了所谓的福特主义：工人必须得到更高的工资，这样他们才能买得起自己生产的产品，从而为美国国内所有生产商的产品创造市场。但这种局部的实践并没有能够阻挡大萧条的发生，而到了第二次世界大战后最初的二十多年中，由于与凯恩斯主义经济政策和福利国家制度相结合，福

① 参见贾根良：《劳动分工、制度变迁与经济发展》，15 页，天津，南开大学出版社，1999。

② 讷克斯（纳克斯）：《不发达国家的资本形成问题》，谨斋译，21 页，北京，商务印书馆，1966。值得指出的是，纳克斯在其著作中所谓的资本是指工具、仪器和机器设备等各式各样能够大大增加生产力效果的资本品，而不是我们今天从货币角度理解的资本。

③ 阿林·杨格：《报酬递增与经济进步》，见贾根良：《劳动分工、制度变迁与经济发展》，226 页，天津，南开大学出版社，1999。

④ 迈克尔·赫德森：《保护主义：美国经济崛起的秘诀（1815—1914）》，贾根良等译，第二版导言，10 页，北京，中国人民大学出版社，2010。

⑤ 这一点对目前的中国很有借鉴意义，中国无须依赖向美国的大规模出口。

特主义在美欧发达资本主义国家才得到了较为全面的贯彻，这些国家把阿林·杨格的“实际工资与生产率之间的良性循环”打造成了一个强有力的创造财富的引擎。但是，20 世纪八九十年代的新自由主义却把世界经济推进了“低工资”的陷阱，这不仅是 2007 年以来国际金融危机爆发的主要原因，而且也是导致目前帝国主义行径日益高涨的基本原因，正如赫德森指出的，帝国主义是以其内需不能产生增长作为前提的，美国目前在近东、中亚（以及亚洲）建立军事霸权的行径说明，控制资源和抽取租金的经济观而非美国学派的高工资经济学说支配了目前美帝国主义的好战行为。①

三、内需受资本品价值链高端的国内一体化所限制

命题 3：资本品工业（也就是马克思所说的生产资料工业）的高端价值链是所有部门生产率进步的关键，在实际工资和生产率的良性循环（命题 2）中居于核心地位，换言之，内需受资本品工业的价值链高端环节与国民经济的一体化程度的限制，它不仅是提高中等收入者比例的关键，而且也是保障和改善民生的基础。这一命题是笔者对埃里克·赖纳特有关“替代性经济学教规”② 核心思想的进一步发展。正如演化经济学家卢森博格在研究了 19 世纪美国经济史之后指出的，资本品工业是创新和收益递增的主要来源③，也有学者曾将各产业部门划分为技术创造行业和技术使用行业，赖纳特指出，技术创新并不必然导致国民财富的增进，只有携带新技术经济范式的产品创新特别是资本品工业的创新也就是技术创造行业的技术创新才能使一国致富。资本品工业由于具有高度进入壁垒和动态不完全竞争的特点，技术进步的绝大部分收益将以利润或工资收入的形式归生产国国内的生产者（包括资本家和工人）所占有，这种技术进步的收益扩散方式被称作是“共谋型”分配方式；而作为技术使用行业，消费品工业的技术创新或者是没有产生动态不完全竞争，或者因为激烈的竞争导致了使消费者受益而使生产者受损的价格下降，这种价格下降使其产业的利润和工资都有可能下降，这种技术进步的收益扩散方式被称作是“古典型”分配方式。④ 赖纳特还指出，发达的资本品工业不仅是财富创造的引擎，而且，它还通过系统协同效应，使消费品工业、农业和服务业等部门的劳动者分享到其科技创新的收益。我们可以观察到，发达国家的理发师、出租车司机和农民的实际工资要比生产率相同的发展中国家的同行高出很多倍。原因何在？原因就在于在一国之内所有产业的劳动力都共享着一个统一的劳动力市场，由资本品工业的创新所产生的“不断涌来的收入潮水浮起了所有的船”，这就是发达的资本品工业保障民生的功能。

德国经济学家森哈斯通过对阿根廷和澳大利亚的比较说明了资本品工业在提高中等收入者比重和突破“中等收入国家陷阱”上的重要作用。与我国目前的情况相类似，这两个

---

① 参见迈克尔·赫德森：《保护主义：美国经济崛起的秘诀（1815—1914）》，贾根良等译，325 页，北京，中国人民大学出版社，2010。

② 参见赖纳特、贾根良主编：《穷国的国富论——演化发展经济学论文选》（上、下卷），贾根良、王中华等译，北京，高等教育出版社，2007。

③ 参见 Nathan Rosenberg，“Technological Change in the Machine Tool Industry：1840—1910”，*the Journal of Economic History*，V. 23，I. 4，Dec.，1963.

④ 参见 Erik S. Reinert，“Evolutionary Economics，Classical Development Economics，and the History of Economic Policy：A Plea for Theorizing by Inclusion”，2005，working paper，no. 1，http://hum. ttu. ee/tg/.

国家在19世纪都是出口导向型经济，在20世纪20年代，两国的人均收入在世界上的排名不相上下：阿根廷居世界第五，澳大利亚第六，但到了1977年，前者却只是后者的1/4.5。两个国家之间为什么会产生如此巨大的差异呢？原因就在于澳大利亚在经过出口导向的经济发展阶段后，在20世纪最初十年采取了大力扶植和发展作为技术创新基础的国内资本品工业等“调结构”的战略举措，由于这种高端产业的发展，推动了国内一体化的经济结构的出现，由此催生了作为内需主导力量的包括技术工人、白领工人在内的中等收入者比重的上升，从而使得工资收入在澳大利亚1975年的GDP中占到68%；但在阿根廷，由于资本品工业被外资所支配，因此，它就无法产生澳大利亚在国内经济一体化上所取得的成效，这不仅使其工资收入在1975年的GDP中只占46%的份额，而且也导致了政治上的四分五裂，这是长期以来阿根廷陷入依附型经济和“中等收入国家陷阱”而不能自拔的根源。①

四、内需受中间性生产需求所限制

命题4：内需受国内企业间和产业间相互提供的中间性生产需求的限制，换言之，内需受多样化分工体系的生产一体化程度的限制，国民经济平衡发展②可以有效地扩大内需。命题3中的科技创新和系统协同效应如何通过整个国民经济体系中各部门之间的联系效应和战略性互补，从而累积性地扩大内需？本命题就是对这一作用机制的讨论，它在杨格定理中已经隐含地存在，著名发展经济学拉格纳·纳克斯的名著《不发达国家的资本形成问题》就是通过对杨格定理的深入讨论，对这一命题进行了充分的阐发，因此，我们也可以称之为杨格-纳克斯定理。众所周知，纳克斯认为，对第二次世界大战后的发展中国家来说，初级产品出口导向型发展战略和劳动密集型工业品出口战略存在着严重的缺陷，因此他在该书中提出了第三种战略，即工业产出为国内市场生产，也就是内需主导型的工业化战略，纳克斯的这本著作讨论的就是我们今天所说的扩大内需战略中的资本形成问题。值得指出的是，纳克斯所谓的资本形成是指机器设备等资本品而非金融意义上的资金供给问题。在纳克斯看来，欠发达国家由于劳动生产率低，群众贫困，所以国内市场有限，“解决的办法似乎是，对若干不同部门进行平衡投资，使有更多的资本和技术，从而能更有效地工作的人们彼此成为顾主。……一种在不同生产部门进行相互支持性投资的格局，能扩大市场规模，填补低收入国家国内市场不足的空白，简单地说，这就是平衡增长的概念。”③ 在一种内需主导型的经济中，由于存在着韦德所说的“在国内各产业部门之间存在着更密切的投入产出联系”，因此，通过各产业部门之间相对平衡的增长，国内企业之间和产业部门之间就可以通过相互提供中间性生产需求的战略性互补，累积性地扩大国内市场规模。

过去，由于人们把纳克斯的平衡增长战略与大规模的政府干预或计划经济联系在一

---

① 参见 Dieter Senghaas, *The European Experience: A Historical Critique of Development Theory*, New Hampshire: Berg Publishers Ltd., 1985, pp. 146-151.

② 为了避免误解，本章的“国民经济平衡发展”是指国民经济各部门之间比较协调和相对平衡的发展，因为在市场经济条件下，基本上是通过市场机制调节着部门间的比例关系，因此不可能存在绝对的平衡发展；即使是在传统计划经济体制下，绝对的平衡发展也是不可能的。

③ 转引自杨敬年编：《西方发展经济学文献选读》，9页，天津，南开大学出版社，1995。

起，所以人们采取了“把婴儿连同洗澡水一起泼掉”的态度而抛弃了国民经济平衡增长的概念。但实际上，他相信完全依靠市场力量是不可能达到平衡增长的，因此他把政府作用看作是推动平衡增长的一种选择，但他又说，作为创造诱导性投资的手段，平衡增长主要是与私人企业系统相关。因此，纳克斯只是简单地表明，平衡增长是创造内需市场和资本形成所必需的。实际上，纳克斯和发展经济学的另一位开拓者——罗森斯坦-罗丹——1943年的著名论文《东欧和东南欧的工业化问题》讨论的都是落后国家如何通过国内产业间互补性的生产需求的平衡发展创造内需市场的问题，但后来，发展经济学中有关“平衡增长与不平衡增长”的著名争论却使人们严重地忽视了他们论著的这种初衷。在国际金融危机爆发后，我们今天重读他们的经典论著，就会发现经济学界对他们思想的认识遗漏了对目前世界经济具有更重要启发价值的深邃思想。①

在这里，我们再次以美国从1815年到1914年崛起为世界上头号工业强国的历史经验说明命题4对扩大内需的重要性。美国的崛起是通过典型的以内需为主导的内向型经济实现的：第一，外贸依存度一直很低，长期保持在12%～14.1%之间。第二，国内消费是经济增长的引擎。在第一次世界大战以前的岁月里，虽然英国出口了四分之一的工业品，但美国出口的还不到十分之一。② 第三，企业严重的内向倾向，美国公司只有在建立起全国性的销售分配网络之后，才对国外市场感兴趣。③ 在这种内向型的美国经济崛起过程中，国民经济的平衡增长对推动内需市场规模的扩大曾发挥了关键性的作用，“在这一时期的美国经济发展过程中，各个经济部门自发地形成比较协调、相互促进的关系。农业和工业两大部门之间，工业中轻重工业之间，农业中种植业和畜牧业之间，以及农业、轻工业和重工业的关系上，发展比较平衡，相互促进，推动了整个经济的发展。”④

理论的发展是为了解决实际问题的需要而产生的，本章从命题1到命题4通过对西方经济学史中相关理论的简单讨论，对我国扩大内需的主要问题提供了一个综合性的分析框架。实际上，我国扩大内需的主要问题在2011年12月12—14日召开的中央经济工作会议上都有所反映，主要包括四个方面：一是要把扩大内需的重点更多地放在保障和改善民生、加快发展服务业、提高中等收入者比重上来（与命题3和命题4相关）；二是着力扩大内需特别是消费需求，加强城乡市场流通体系建设，提高流通效率，降低物流成本（与命题1和命题2相关）；三是牢牢把握加快改革创新这一强大动力，着力推进产业结构优化升级，抓住时机尽快在一些重点领域和关键环节取得突破，着力提高原始创新能力（与命题3相关）；四是着力推动区域协调发展（与命题4相关）。本章所提供的分析框架可以囊括所有这些政策焦点所涵盖的问题。因此，本章从第二到第五节将分别以上述四个命题为框架，通过对我国内需不振的深层次根源进行深入分析，论述我国扩大内需的四大战略途径：统一国内市场、以实际工资增长作为经济增长的发动机、资本品工业高端价值链的自主创新和国民经济平衡发展，并提出具有可操作性的政策建议。

---

① 参见贾根良：《扩大内需、平衡增长与主权信贷——重读〈不发达国家的资本形成问题〉》，载《光明日报》，2012-06-08。

② 参见福克纳：《美国经济史》，下卷，38页，北京，商务印书馆，1989。

③ 参见纳尔逊：《经济增长的源泉》，277页，北京，中国经济出版社，2001。

④ 樊亢、宋则行主编：《外国经济史：近代现代》（第二册），45～46页，北京，人民出版社，1965。

第二节　统一国内市场：扩大内需的必由之路

我们在前面已经论述，一个高效率的国内统一市场可以大幅度降低交易成本、提高企业的生产率和降低产品价格，从而大幅度地刺激国内消费需求的增长。但目前我国国内市场的分割却严重地阻碍了内需市场的开发，例如，许多人曾经注意到，我国的许多外销商品与内销商品相比，不只是价格低廉而且质量也好得多，相对于中国人的收入水平，这种现象无疑是极其不正常的。又如，由于国际金融危机导致外销困难，国内一些营销商从外贸企业采购到一些产品，上市后被抢购一空。但是，即使是在这种情况下，出口转内销仍被外贸工厂看作是下乘之选。① 最近有报道说，几年前由于国际金融危机而被迫开拓国内市场的外贸企业已有大半铩羽而归。② 本节首先探讨我国国内市场分割的原因，然后提出政策建议。

一、造成我国国内市场分割的主要原因

众所周知，我国人口占世界人口的五分之一，超过美国、欧盟、日本和俄罗斯的人口总和，单从人口规模上来说，我国是世界上最大的内需市场，但为什么有那么多企业无视国内庞大的市场规模而偏爱出口呢？总的来说，造成大量外贸企业对开拓国内市场望而却步的原因主要有三个方面：高昂的物流成本、商业流通渠道严重不畅和地方保护主义，它不仅大幅度地推高了社会交易成本和内销商品的价格，严重地抑制了国内消费需求的增长，而且也阻碍了国内专业化分工的发展。

1. 高昂的运输成本是我国生产的产品在国内比国外昂贵的重要原因之一

统计显示，2010 年我国社会物流总费用为 7.1 万亿元，占国内生产总值（GDP）的比重为 18.1%，比发达国家要高一倍左右，许多商品的价格变化，不再取决于生产和供求，而是取决于运输成本。③ 高昂的社会物流费用的负担绝大部分通过商品价格的上涨被转嫁到了老百姓头上。据报道，全国所有收费公路对运输鲜活农产品的车辆免费放行的措施在 2010 年 12 月 1 日实施后，蔬菜批发价格立马就下降了 10%左右。国家发改委经济贸易司副司长耿书海在 2011 年 1 月 19 日召开的 2011 年中国物流发展报告会上指出，我国各种过路过桥费已高达运输企业总成本的 1/3。曾经有人吃惊地发现：从中国运货到美国的运费竟然比从广州运货到北京还便宜，虽然这还不是导致我国生产的产品在国内比国外昂贵的最重要原因，但我国交通运输的各种收费无疑已经严重地阻碍了国内商品流通的发展。

2. 在国内商业流通体制上，沉疴日久的“潜规则”几近成为体制的痼疾，极大地提高了商品交易成本

国内商业流通体制的潜规则包括高达商品销售额 20%～30%的高昂进场费、约占商品

---

① 参见王思璟：《打破行业“潜规则”：外贸工厂转投国内零售商》，载《21 世纪经济报道》，2009－04－01。

② 参见李妍：《外贸企业：内销之路尚漫漫》，载《国际商报》，2011－02－09。

③ 参见陈圣莉：《暴利路桥业后遗症：上万亿运输费打入商品成本》，载《经济参考报》，2011－05－05。

销售额10%的各种名目的杂费以及“没有止境的货款拖欠”等问题。国内营销商特别是家乐福、沃尔玛等外资企业通过垄断流通渠道，吞噬掉了生产企业辛辛苦苦赚来的大部分利润，2011年初频频传出不堪重负的中小供应商纷纷“逃离”家乐福的消息就说明了问题的极端严重性。实际上，我国商业流通体制中的这些“潜规则”是由外资企业在我国率先建立的，而在发达国家，它却被视作垄断行为遭到禁止。针对这种状况，虽然商务部在2011年一直计划出台第三次修订的《零售商、供货商商品购销合同规范》，但业内人士普遍认为这仍无法解决国内商业流通体制的顽疾。笔者认为，问题的根源在于我国制造业不仅在进出口而且在国内市场上都没有渠道控制权和价格定价权，而后者又多为外资企业所掌控，如果不从制造业的产业价值链和市场结构等系统思维入手，这一问题将无法解决。

3. 有增无减的地方保护主义所导致的国内市场分割仍然严重地阻碍着高度一体化的国内统一市场的形成

总起来说，造成国内市场分割的原因主要有两个。第一个原因是对外开放所导致的国际经济一体化对国内经济一体化的不利影响。在加入WTO之前，我国的地方保护主义问题并没有得到解决，由于各省之间产业结构雷同情况相当严重，因此，在加入WTO之后，跨国公司就把我国各省廉价劳动力和廉价自然资源迅速地纳入其全球产业价值链之中，其结果是我国各省的国际一体化程度大幅度地提高，而国内市场的一体化程度却进一步被弱化了，这种状况导致了外资在我国畅通无阻，而国内市场的分割却有增无减。我国目前对外贸易中仍严重存在的低价竞销、多头对外与肥水外流的局面就是在这种情况下形成的，它是造成我国制造业企业不仅在进出口上没有渠道控制权和商品定价权，而且在国内市场上也在一定程度上丧失其影响力的重要原因。

造成我国国内市场分割的第二个原因是GDP作为考核地方政府官员的指标所导致的保护主义盛行。这种地方保护主义的形式多种多样，甚至沦为外商垄断我国市场最有力的工具。例如，据报道，国产盾构机的出口比获得国内订单还容易，其原因就在于随着全国各大城市轨道交通建设以及城际铁路、水利工程、过江隧道等项目的规模不断加大，盾构机作为挖隧道的专用大型工程机械，其市场需求也成倍数增长，因此，目前各大城市在修地铁的同时都成立了自己的盾构机厂，但这些工厂由于没有掌握盾构机的技术，它们要么和外资品牌合资，要么进口其产品，国产企业参加项目招投标，虽然在技术和价格上都占优但却拿不到标，其产品被迫远走异国他乡。2010年11月14日，中国工程机械工业协会副秘书长茅仲文在接受《经济参考报》记者专访时表示，“除了大连和少数几个城市，目前，德国海瑞克几乎垄断了其他城市的盾构机市场。地方保护成为了外商垄断我国市场最有力的工具。”他还指出，“正在进行庞大基础设施建设的我国市场几乎被外资品牌垄断。其实类似情况也存在于其他机械，盾构机是突出代表之一。”① 该报记者报道说，不久前工信部刚刚召开了针对这一现象的研讨会，希望能找到行之有效的解决办法。但遗憾的是，无论是工信部还是工程机械工业协会，似乎暂时都还想不出更好的办法。

---

① 尹乃潇：《地方保护主义成了外资品牌“保护伞”》，载《经济参考报》，2010-11-15。

二、统一国内市场的政策建议

针对这种情况，笔者曾撰文指出，在地方保护主义盛行、国内市场分割、商业流通体系严重不畅、道路通行关卡林立和跨国公司在我国畅通无阻而我国企业却生存困难的情况下，扩大内需是难以实现的。历史经验说明，提高国内市场一体化程度是建立扩大内需长效机制的基础，改善国内市场环境是扩大内需的必经之路。① 在这一点上，蔡洪滨也提出了和笔者相同的看法，他认为国内存在着巨大的潜在消费需求，之所以没有被满足，原因就在于国内市场分割，但与笔者不同的是，他还指出，目前有关解决内需不足的流行看法如提高劳动报酬在国民收入分配中的比重、提高社会保障水平和调整收入分配格局，因为涉及深层次的体制改革问题，在近期之内很难得到解决，因此不可能成为解决内部需求不足的有效药方。② 蔡洪滨的这种看法并非没有道理，与提高劳动报酬在国民收入分配中的比重等这些根本措施相比较，统一国内市场将大幅度地降低交易成本和商品价格，这对于刺激消费需求来说无疑是事半功倍和相对简单易行的有效方法。就物流成本而言，《证券时报》评论员曾指出，物流成本畸高对物价攀升的"贡献"以及对中国经济造成的伤害，要比所谓的"输入型通胀"严重得多，降低物流成本要远比个税减负更能促进内需；该评论员还指出，早在2009年3月，国务院就颁布了《物流业调整与振兴规划》，但时至今日，物流业的高成本顽症不仅没有改善，反而有进一步恶化的趋势。③ 那么，如何解决物流业高成本和国内市场分割的顽症呢？由于篇幅所限，笔者仅提出以下两条具体的建议。

（1）建议以后停止修建收费（高速）公路，借鉴美国经验，由中央政府和地方政府从财政中共同出资修建免费（高速）公路，目前的绝大部分收费（高速）公路也要制定计划逐步地转变为免费（高速）公路。众所周知，美国是私有化程度最高并高度强调地方政府分权的国家，但与更强调政府公共职能的我国相比，奇怪的是，作为世界上高速公路里程最多的国家，美国收费公路比例却非常低。原因何在？1956年，美国通过了《联邦资助公路法案》，根据这一法案，美国州际高速公路由联邦政府和州政府按照9∶1的比例出资，这实际上主要是由中央政府利用公共投资免费提供高速公路这一公共产品。美国这一法案遵循着在历史上曾导致其成功崛起的"内部改善"的基本经济学原理：在基础设施上免费的公共投资所获得的回报不能通过它产生的收益来测量，而是应该按照它在降低整个经济的总体成本上的作用来衡量。免费的公共投资的目的在于降低基础设施的服务价格，进而使生活和商业经营成本最小化，降低商业流通成本和商品价格，提高国内市场运转的整体效率和竞争力，推动内需市场的大力发展。目前，世界上70%的收费公路在中国，它不仅严重地阻碍了国内市场的统一，而且也滋生了大量的腐败，并成了地方政府债务的隐患，而中央政府税收多年来高速增长，2011年财政收入已经超过10万亿元人民币，我国已经有充足的财政可以提供免费（高速）公路。

（2）通过国内自由贸易、改革商业流通体制，构造国家产业价值链，彻底打破地方保护主义，统一国内市场，迅速推动国内经济一体化的深入发展。

---

① 参见贾根良：《内部改善：扩大内需的必由之路》，载《光明日报》，2011-07-15。

② 参见蔡洪滨：《扩内需难在何处?》，载《财经》，2011-11-28。

③ 参见《证券时报》评论员：《降物流成本比个税减负更能促内需》，载《证券时报》，2011-05-13。

以构造国家产业价值链为例，像我国这样的超大规模的发展中国家在世界上是罕见的，由于具有广大的和迅速成长的国内市场规模，这就为我国以内需为基础，打造独立自主的国家价值链创造了得天独厚的先天条件，我国企业家应该高度注重本土市场，通过兼并、重组和发展综合型大型企业，打造由本土企业控制其高端环节和流通渠道的国家产业价值链，改变跨国公司垄断我国商业流通体系的现状，这是从根本上由民族企业掌握渠道控制权和价格定价权并大幅度降低商业流通费用的基本途径。

第三节　工资增长：内需主导的战略基点

2011 年的中央经济工作会议强调，要牢牢把握扩大内需这一战略基点，其基本含义就在于扩大内需对我国转变经济发展方式和自主创新具有重大战略意义，本章第一节的命题 3 已经指出：保持实际工资和生产率的同步增长是扩大内需的根本性措施，而生产率的提高与经济发展方式和自主创新密切相关。那么，如何认识工资增长对后者的重大战略意义呢？转变经济发展方式和自主创新在构建扩大内需的长效机制中又具有什么地位呢？前者正是本节的着眼点所在，而笔者将在下节对后者加以讨论。

一、工资增长对扩大内需的战略意义

根据经合组织的定义，一个国家的竞争力就是在实际工资提高的同时仍然在世界市场上保持竞争力，但利用低工资成本参与国际分工的比较优势理论却彻底地颠倒了这种国际竞争力的逻辑。由于低工资成本的低端产品在国际市场上大量过剩，发展中国家的企业不得不通过竞相削价扩大出口，而产品价格的降低反过来又迫使企业只能通过削减工人工资来降低成本，其结果是造成内需越来越萎缩，而内需的萎缩又迫使企业不得不依赖国外市场需求，因而利用低工资劳动力成本参与国际分工的国家就会陷入这种恶性循环难以自拔，这也是我国消费率持续下降和外贸依存度居高不下的根本原因。

自国际金融危机爆发以来，美元霸权理论家廖子光就一直在倡导通过大幅度提高工资打破这种恶性循环，他指出，低工资导致内需不足，而内需不足导致了在美元霸权之下对出口的过度依赖，而对出口的过度依赖又产生了压低工资的内在要求，这种恶性循环使中国经济已经陷入了结构性陷阱之中。除非我们进行大胆的、勇敢的和独立的思考，并采取大胆的行动突破这种陷阱，否则，中国经济将会长期陷入“中等收入国家陷阱”而不能自拔。具体而言，如果国内工资长期得不到提高，那么扩大内需、转变对国外市场的依赖等就无法做到。中国制造业的生产能力已经非常强大，现在需要的就是通过提高工资，使原来为出口的生产能力转变为为国内需求生产。①

实际上，我国政府已经注意到廖子光提出的问题，近年来一直在通过提高工资推动内需的发展，国际劳工组织在 2010 年发布的《2010—2011 年全球工资报告》显示，金融危机后全球工资增速几近折半，但中国增速“引涨”全球工资，超欧美国家达 5 倍之多（见

---

① 参见廖子光：《恢复中国历史性大国地位的战略》，载《国外理论动态》，2011（12）。

图 9—1)；在我国，“十二五”规划也已经确定最低工资标准年均增长率要在 13%以上，这表明我国政府致力于让广大民众分享改革开放的成果并通过提高工资推动内需发展的决心。国际金融危机爆发后，发达国家在过去通过过度消费和财政赤字维系经济增长的局面再也无法持续下去了，而新自由主义所造成的收入分配两极分化使世界各国都面临着内需严重不足的问题，因此，目前世界经济发展最大的制约因素是需求约束而非供给约束，这造成了我国外需市场在今后相当长一段时间内将日益萎缩，在我国投资拉动目前已经达到极限的情况下，通过不断提高工资推动国内消费增长就成为我国目前扩大内需的重要选择。

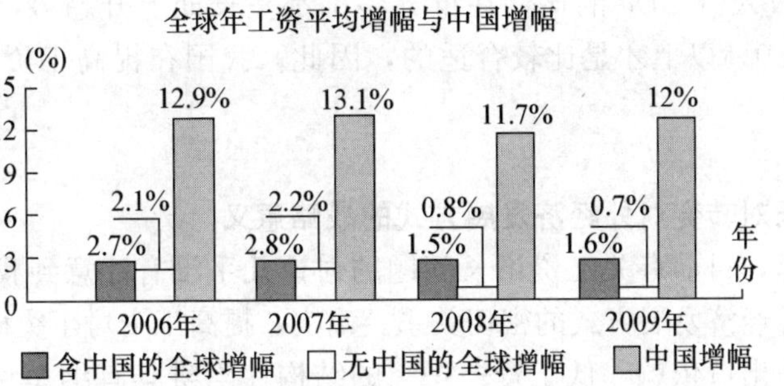

图 9—1

资料来源：黎史翔、王进雨：《国际劳工组织发布报告：中国工资增长被疑高估》，http://business.sohu.com/20101220/n278397106.shtml。

提高工资涉及与利润的关系，目前人们注意到的只是工资和利润之间的此消彼长关系，虽然人们对工资在 GDP 中所占比例的下降趋势几乎很少有异议，但对下降的程度在估算上却存在很大争议。按照中华全国总工会集体合同部部长张建国提供的数据，我国居民劳动报酬占 GDP 的比重，在 1983 年达到 56.5%的峰值后，就持续下降，2005 年已经下降到 36.7%，22 年间下降了近 20 个百分点。而从 1978 年到 2005 年，与劳动报酬占比持续下降形成鲜明对比的则是资本报酬占 GDP 的比重上升了 20 个百分点。① 但财政部财政科学研究所所长贾康则指出，劳动报酬占比下降并没有像这些数据显示的那么大，我国的劳动报酬占比 2005 年应为 50.58%，低于大多数发达国家，在世界上处于中等偏上水平，目前世界上最高的是美国，达到 56.92%。尽管如此，贾康仍认为，我国劳动报酬占比仍呈逐年下降趋势，这一现象应当引起重视，政府应当加大国民收入分配调整力度，提高居民收入在国民收入中的比重，提高个人工资在初次分配中的比重。②

但是，目前的讨论几乎没有注意到工资提高对利润增长的促进作用。正如杨格定理指出的：报酬递增的分工经济取决于普通民众的购买力，所以，福特主义的实质就在于工人的工资收入就是资本的利润来源，只有当工人的工资合理的增长，资本的利

① 参见李静睿：《数据显示我国劳动者报酬占 GDP 比例连降 22 年》，载《新京报》，2010－05－12，http://news.sina.com.cn/c/2010-05-12/024420251101.shtml。

② 参见《财政部官员称我国劳动报酬占 GDP 比重被低估》，载《人民日报》，2010－05－18，http://news.sohu.com/20100518/n272176752.shtml。

润才能不断增加，虽然利润在GDP中的占比有可能有所下降，但利润总额却是增加的，而一个工资增长不断下降乃至停滞的经济迟早会因为生产能力的大量过剩而发生马克思所说的严重经济危机。因此，笔者认为，即使承认贾康的看法，我们也不能把美国目前的比例作为标杆，正如国际劳工组织指出的，工资占GDP比例的下降在过去20多年中是一个全球性的现象，这与新自由主义经济学只把工资看作成本的经济政策密切相关，与垄断资本通过全球化利用发展中国家的低工资进行全球工资套利有关，它导致了全球工资水平的持续下跌。在这种情况下，美国也不例外，而在战后所谓的资本主义“黄金时代”甚至20世纪70年代，美国这一比例要高达70%多。但由于考虑到战后以来政府财政收入占GDP的比例在世界各国都呈长期上升趋势，因此，工资占GDP的比例至少要在60%以上才是比较合适的，因此，我国在提高工资占GDP的比重上还有相当大的空间。

二、工资增长对转变对外经济发展方式的战略意义

更为重要的是，目前有关工资增长问题的讨论几乎没有注意到我国劳动报酬占GDP比重的下降与对外经济发展方式的密切关系。确实，提高工资对于突破我国所陷入的“低工资—内需不足—出口依赖—低工资……”的结构性陷阱具有纲举目张的战略意义，但是，提高工资并不能自动地调整对出口导向型经济的依赖，如果没有在对外经济发展方式上的重大调整，这一战略将会受到很大掣肘。众所周知，作为世界上最大的发展中国家，我国的对外贸易条件自20世纪90年代末以来就一直处于长期恶化的趋势，因此我们首先运用伊曼纽尔的不平等交换理论对这种贸易条件的恶化进行简单解释，然后再讨论我国的对策。

伊曼纽尔认为，南北方国家之间的不平等交换来自南北方之间的工资不平等，这主要是由两个制度性因素所决定的：其一，北方国家存在着比南方强大很多的工会组织，而南方的工会不是不存在就是不起作用，因此，在全球化时代，北方国家在一定程度上仍保留着福特制和福利国家制度，虽然这种制度不断地遭到侵蚀，而在发展中国家，由于当地政府对外资的热烈欢迎和给予各种优惠，国际垄断资本却进行着低工资和没有福利保障的“外围福特制”生产。其二，南北间的劳动力不能自由流动，但却存在着投资自由，而资本的报酬在南北方国家应相等，甚至由于南方国家把低工资作为竞争优势，因此资本具有更高的报酬，这是跨国公司之所以纷纷把制造业转移到低工资成本国家进行工资套利的原因。这两种制度因素导致了尽管北方国家的工资占GDP的比重在一定程度上也下降了，但南北方国家之间的工资差距却无法缩小，事实上是在不断地扩大，这是导致南方国家贸易条件恶化的主要原因。

在缺乏强大工会的情况下，发展中国家通过政府干预强制提高工资对于改变其不利的贸易条件和转变经济发展方式确实是关键性的，但几乎没有发展中国家这样做，然而，当许多国家都在努力维持低工资成本的时候，“唯独新加坡试图提高工资，以此作为一项有意识地迫使产业向附加值更高的领域转移的政策。1975年的经济衰退后，新加坡政府试图通过降低工资吸引外商投资。外资虽然进来了，却基本上集中在低工资的产业。……1979年，新加坡推出一个为期三年的工资调整政策，由政府‘建议’工资每年提高20%。

这项政策奏效了——还延长了两年。”[①] 新加坡的“国民收入倍增计划”对于新加坡摆脱众多发展中国家陷入的“低工资陷阱”起到了关键性的作用。

我国在通过提高工资特别是外资企业的工资推动（对外）经济发展方式的转变上比新加坡具有更大的操作空间。首先，我国出口产品的价值被严重低估，与新加坡致力于产业升级的性质不同，我国目前提高出口部门的工资在很大程度上是旨在恢复出口商品应有的价值，因此不会降低出口规模。例如，当印度在2010年裁决对我国建筑陶瓷抛光砖征收售价247%的反倾销税时，主要出口厂家广东佛山新中源陶瓷有限公司负责人对《瞭望新闻周刊》记者说：“我们公司的产品，即使以出厂价的两倍销售，依然比印度产品便宜。”[②] 在这种情况下，该公司工人的工资提高两倍也不会影响企业的销售。其次，由于三年来我国内需市场已有了较大的发展，更由于我国是一个超大型的发展中大国，地域广阔，区域之间发展不平衡，因此，这对于我国首先在沿海出口部门特别是外资企业强制性地大幅度提高工资水平提供了广阔的回旋空间，我国可以更好地应对工资提高所带来的冲击。

与目前政府被迫应付人民币汇率升值和大幅度扩大进口的政策不同，笔者在本章中建议政府大胆地采取大幅度地提高出口部门特别是外资企业的工资水平的措施[③]，因为后者确实能有效地推动经济发展方式的转变，而前者不仅不能，反而将使我国陷入日益被动的局面之中。首先，由于工资增长，将促使企业从低工资成本竞争转向技术创新竞争，技术创新所产生的生产率增长将为工资的进一步提高奠定基础，而工资的再次提高又将推动技术创新，从而在技术创新与工资增长之间形成一种正反馈的良性循环，可以同时达到转变经济发展方式和扩大内需的双重目标。其次，工资增长将达到稳定汇率、平衡贸易和从出口依赖的经济中摆脱出来的三重目标。[④] 最后，人民币汇率被迫升值和大幅度扩大进口特别是扩大对机器设备和高端技术的进口改变不了对我国非常不利的“进口高端产品并出口低端产品”的对外经济发展方式，而提高工资可以有力地推动对高端产品的进口替代，从而达到推动自主创新的目的，笔者在第四节将对此展开讨论。

但是，要实施通过大幅度提高出口部门特别是外资企业的工资水平推动中国整体工资水平上升的战略，就必须要有相配套的政策措施，这是一项复杂的系统性工程。首先，需要解决我国对外贸易的自由竞争与跨国公司垄断国际贸易之间的矛盾，这是我国出口产品的价值在国际市场上被严重低估的主要原因之一，也是导致我国在国际贸易中没有定价权的重要原因。为此，我国必须加强对对外贸易的统筹工作，可以通过充分发挥产业协会的作用、建立大型企业集团或者仿效石油输出国组织，建立中国进出口产品特别是劳动密集型产品出口的卡特尔等措施达到我们的目的。其次，我国出口产品价值在国际市场上被严重低估以及我国在国际贸易中没有定价权的问题与我国出口产品的大量产能过剩及整个国民经济结构的失衡之间存在着密切的联系，笔者将在本章的第五节对此加以讨论。

---

① 纳谢德·福布斯、戴维·韦尔德：《从追随者到领先者——管理新兴工业化经济的技术与创新》，沈瑶等译，84页，北京，高等教育出版社，2005。

② 钟玉明、郭奔胜、项开来：《巨额反倾销税下的低工资》，载《瞭望新闻周刊》，2010-05-24，http://news.xinhuanet.com/fortune/2010-05/24/c_12134002.htm。

③ 最近三年来，我国工人的罢工大都发生在外资企业也说明了外资企业的工资水平可能比其他所有制企业更低。

④ 参见贾根良：《解决“美元陷阱”和人民币汇率问题的正确思路》，载《广东商学院学报》，2010（4）。

第四节　资本品价值链高端的关键作用

我们现在已经讨论了工资增长作为产品销售“市场”和利润来源的重要性，也讨论了工资增长在推动技术进步和转变我国经济发展方式上的战略意义，这是问题的一个方面，但我们还有问题的另一个方面，这就是工资增长必须以生产率的提高为基础，命题 2 所谓的“工资增长与生产率提高的良性循环”揭示的就是这种互动关系。然而，根据命题 3，并不是所有的生产率提高都能构成工资增长的基础，著名的普雷维什-辛格假说就揭示了这一点，他们认为，发展中国家初级产品出口的贸易条件相对于发达国家工业制成品出口呈现出长期恶化的趋势（普雷维什-辛格假说），造成这种状况的主要原因就在于，发达国家制造业劳动生产率的提高改善了工人的工资收入和资本利润，而发展中国家初级产品的劳动生产率提高却降低了初级产品的出口价格，新技术的采用和生产率的提高使发展中国家的经济状况反而恶化了。因此，他们提出，发展中国家经济发展的出路在于工业化，普雷维什-辛格的这一命题就成为了经典发展经济学（1943—1970 年）的一个基本法则。

一、资本品工业的重要性：历史比较的例证

演化经济学家赖纳特对制造业和初级产品部门的劳动生产率提高为什么导致这两个部门的工资收入和资本利润发生相反变化的原因给出了更详细的解释，见表 9—1。赖纳特指出，自然资源非常丰富的澳大利亚人非常清楚地了解专事初级产品部门生产的危害，因此坚持建立自己的制造业部门，即使它不能与英国和美国的工业相竞争，但这是防止“资源诅咒”所必需的。①

表 9—1　　　　制造业和初级产品的部门特征及其根源

制造业	初级产品（农产品和自然资源）
报酬递增	报酬递减
动态不完全竞争	“完全竞争”（商品竞争）
价格稳定	极度的价格波动
一般是熟练的劳动力	一般是非熟练的劳动力
创建中产阶级	创建“封建的”阶级结构
不可逆的工资（工资“黏性”）	可逆工资
技术变迁为生产者带来更高的工资（“福特工资制度”）	技术变迁为消费者带来更低的价格
产生巨大的协同作用（联系，集群）	产生很少的协同作用

资料来源：埃里克·赖纳特：《富国为什么富，穷国为什么穷》，118 页，北京，中国人民大学出版社，2010。并见该书第 204～205 页更详细的图表。

但是，普雷维什-辛格命题即发展中国家经济发展的出路在于工业化在现实中却遇到

① 参见埃里克·赖纳特：《富国为什么富，穷国为什么穷》，123～124 页，北京，中国人民大学出版社，2010。

两个难以解释的现象，第一个是拉丁美洲国家在20世纪30年代就开始了其工业化（有些国家更早些，如阿根廷），特别是在战后一直到新自由主义兴起，工业化是拉丁美洲国家孜孜以求的目标，但同样作为资源丰富的国家，芬兰、瑞典和澳大利亚等都成为了富裕国家，而拉丁美洲国家却为什么陷入了“中等收入国家陷阱”而不能自拔呢？看起来原因并不在于埃里克·赖纳特笼统上所说的制造业部门，而在于这些资源丰富的国家是否存在一个自主的资本品工业部门，正如前面提到的德国经济学家森哈斯的案例研究所揭示的。第二次世界大战后，拉丁美洲国家在消费品工业的进口替代工业化上是成功的，但在资本品工业的进口替代上却遭遇了严重的危机，重要原因之一就是跨国公司支配了其资本品工业。芬兰、瑞典和澳大利亚虽然资源出口在其出口结构中也占有相当高的比例，但由于都存在着自主的资本品工业部门，所以没有陷入拉丁美洲国家难以摆脱的“资源诅咒”，例如，人口只有500万的芬兰和人口只有1 000万的瑞典不仅出口纸浆，而且更是出口木材采伐和造纸的机器设备，它们还分别具有在国际上著名的信息技术企业——诺基亚和爱立信。

演化经济学家理查德·R·纳尔逊早在其1993年主编的《国家创新体制：一项比较研究》中经过比较研究得出结论说，资本品工业的进步“为范围广泛的——从高速列车到蜂窝电话到商业银行——下游产业的技术创新提供着基石和关键的机遇。……如果一个国家希望自己的企业将来在下游产业变得强大，该国最好是不要让外国企业控制关键的上游技术。”[①] 演化经济学的研究已经充分证明，技术创新是国民财富和工资增长的不竭源泉，而自主的资本品工业部门的技术创新则为国民经济各个部门的技术创新及收益提高提供了基础，它是生产性服务业发展、高等教育扩张和中等收入者比重上升的主要推动力，因此，它在内需增长的长效机制中居于核心地位。2011年底闭幕的中央经济工作会议提出，我国要把扩大内需的重点更多地放在保障和改善民生、加快发展服务业、提高中等收入者比重上来，因此，我们在这里强调资本品工业自主创新的关键作用是非常有必要的。

如果没有一个自主的资本品工业部门，企图通过工资增长推动经济发展方式的转变就会成为无源之水和无本之木，拉丁美洲的教训就说明了这一点。在拉丁美洲，民众主义是与自由主义相对立的经济政策，在20世纪30年代登上拉丁美洲的政治舞台[②]，其执政的核心就是“以人为本”、“以民为本”，增加（最低）工资和提高社会福利是其主要的政策手段，目前，左派政府在拉丁美洲的上台使民众主义在拉丁美洲的影响力进一步扩大[③]。樊纲等人把拉丁美洲民众主义提高低收入群体的收入水平看作是拉美陷阱的表现之一，提醒中国政府要警惕出现拉丁美洲“福利赶超”的不利后果。[④] 但是，樊纲等人对民众主义经济政策所带来不利后果的解释是不正确的，民众主义经济政策在拉丁美洲之所以无法成功，其主要原因就在于外国直接投资通过控制拉丁美洲各国的资本品工业和各产业价值链的高端环节，不仅占有了全部技术创新租金，而且也攫取了额外的利润，因此断绝了拉丁美洲各国提高居民收入水平的源泉，在这种情况下，如果要改善国民福利，其表面现象就必然表现为樊纲等人所说的“福利赶超”。

---

① 理查德·R·纳尔逊：《经济增长的源泉》，332页，北京，中国经济出版社，2001。

② 参见贾根良主编：《拉丁美洲市场经济体制》，224～227页，兰州，兰州大学出版社，1994。

③ 参见江时学等：《拉美发展前景预测》，17～19页，北京，中国社会科学出版社，2011。

④ 樊纲、张晓晶：《“福利赶超”与“增长陷阱”——拉美的教训》，载《管理世界》，2008（9）。

二、我国制造业困境的资本品工业根源及对策

普雷维什-辛格命题难以解释的第二个现象是由辛格本人和其他经济学家所发现的：自20世纪80年代以来，发展中国家的制造业得到较快发展，生产率进步很快，但发展中国家工业制成品的贸易条件也在恶化，发展中国家仍然无法摆脱贸易条件恶化的命运。① “在1988年至2001年之间，收入越低的群体，遭遇的价格下跌的趋势越严重；但是中国制造的产品价格下降趋势甚至超过最低收入组国家，与此相似的是，技术含量越低，价格可能下跌得越厉害。出乎意料的是，资源依赖型产品的价格不如技术含量低的产品价格那样趋向于下降。”② 但大约从1998年开始，发展中国家的总体国际贸易条件趋于改善，而我国的总体国际贸易条件却急剧恶化（见图9—2③），发展中国家总体国际贸易条件改善的主要原因之一是我国作为世界制成品出口基地对自然资源和原材料需求激增的结果。

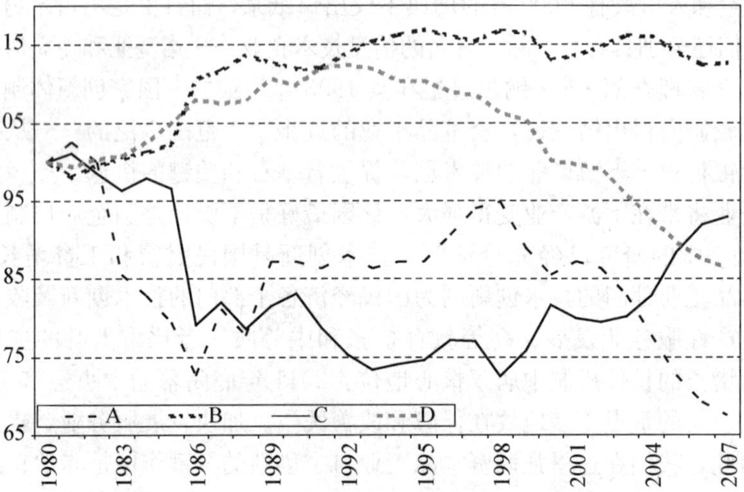

图9—2 中国以及相关经济体的国际贸易条件

说明：A＝中国；B＝发达国家；C＝发展中国家；D＝东亚新兴工业化经济体。

资料来源：中国数据来自世界银行《世界发展指数》数据库（World Bank，*World Development Indicators*，data base）；其他数据来自国际货币基金组织《世界经济展望》数据库（IMF，*World Economic Outlook*，data base）。

那么，是什么因素造成了发展中国家特别是我国的工业制成品贸易条件的长期恶化呢？除了以往经济学家们在讨论发展中国家初级产品贸易条件恶化时所谈到的工会力量弱小、工资套利和跨国公司对国际贸易的垄断因素外，卡普林斯基认为，全球范围内工业制成品的产能过剩是其重要原因，而中国工业制成品的大量出口则是造成这种产能过剩和贸易条件恶化的主要原因。④ 对于我国由于结构失衡所造成的工业制成品产能过剩问题，我们将在下一节讨论，但是，卡普林斯基并没有注意到，我国不仅出口服装、玩具等消费

① 参见Sarkar，Prabirjit and Hans W. Singer，“Manufactured Exports of Developing Countries and Their Terms of Trade since 1965”，*World Development*，1991，19（4）：333-340.

② 卡普林斯基：《夹缝中的全球化：贫困和不平等中的生存与发展》，200页，北京，知识产权出版社，2008。

③ 卢荻：《世界发展危机与“中国模式”》，载《政治经济学评论》，2010（4）。

④ 参见卡普林斯基：《夹缝中的全球化：贫困和不平等中的生存与发展》，中文版导言、译者序和187～228页，北京，知识产权出版社，2008。

品，而且还大量地出口包括机械和信息产业产品等资本品货物，这就提出了一个问题，自主的资本品工业部门作为摆脱“中等收入国家陷阱”和扩大内需长效机制的关键这一命题还能成立吗？

这就需要对我国资本品货物出口的性质做出判断：它与芬兰和瑞典等国家的资本品货物出口在性质上一样吗？2009 年底，《瞭望新闻周刊》记者在走访我国沿海省市装备制造业后得出了这样一个结论：我国资本品工业在很大程度上已经变成了发达国家的高端组装和中低端加工基地，在技术绝对垄断的外资挤压下，中国装备制造业的发展呈现出“低端混战、高端失守”的状态，自主创新困难重重，资本品工业自身所需要的核心基础元器件、大型铸锻件和自动化控制装置发展滞后，关键配套受制于人，大型、精密、高效装备仍依赖进口。① 这种状况造成了我国“进口高端技术和高附加值的资本品，出口低附加值的消费品和出口（无自主技术的）低附加值资本品”的局面。显而易见，我国资本品工业所起的作用是不可与历史上澳大利亚、芬兰和瑞典自主型资本品工业所起的作用同日而语的，它在相当程度上已经无法承担摆脱“中等收入国家陷阱”的历史重任并作为扩大内需之基础。

是什么因素造成了我国工业发展特别是资本品工业的“去技术化”过程呢？要回答这个问题，我们首先要弄清楚：从英国工业革命一直到日本和韩国的崛起，为什么抓住了工业特别是资本品工业就抓住了国家致富的关键？原因就在于在那时，由于整个工业特别是资本品工业的产业价值链都在一国之内，因此，抓住了工业就抓住了具有报酬递增之特征的高创新率、高水平进入壁垒、高附加值、高工资和高就业的高质量生产活动，因此，在 20 世纪 80 年代以前，“进口原材料并出口工业制成品”就是落后国家脱贫致富的不二法门。但是，由于全球产业价值在 20 世纪 80 年代之后特别是 90 年代以来的迅猛发展，发展中国家在这种“新国际分工”中承担的是已不具备报酬递增之特征的价值链低端环节，因此它们再也无法达到脱贫致富的目标了，因为在历史上也曾经是欠发达国家的英国、德国、美国和日本等现在的所有发达国家之所以相继崛起，本质上并不在于它们抓住了工业，而是在于抓住了隐藏在工业背后的本质：只有抓住资本品价值链高端等报酬递增的高质量经济活动，国家才能致富；否则，国家将陷入贫困之中而不能自拔，这就是我国为什么一直在强调自主创新和转变经济发展方式的历史和理论根源。

我国资本品工业高端价值链的落后直接造成了我国目前所面临的许多严重困境。例如，它是造成我国消费品工业在国际市场上日益丧失竞争力的直接原因。众所周知，我国曾经在国际市场上风云一时的彩色电视机工业因平板电视新技术的出现在前几年遭遇到严重危机，现在我国的纺织业将要面临同样的困境。据报道，由于巴基斯坦、孟加拉国和土耳其等国的劳动力成本比我国更低，2011 年已有大量产能开始向这些国家转移，10 年前最有国际竞争力的纺织业现在面临的产业升级压力也最大，但我国并没有升级所需的自主技术，“据一位排名国内前十的化纤企业的工程师对本刊记者透露：该厂不仅大型设备得从国外进口，而且防静电油剂等耗材及一些小部件也要从日本买。以生产涤纶丝用的喷丝板为例，就是一个布满小眼的钢板，眼要细，漏丝还要通畅，看似简单要求，中国的机械加工工艺就达不到。

---

① 参见陈冀、贾远琨：《外资垄断“锁喉”中国装备业》，载《瞭望新闻周刊》，2009－12－02。

‘宇宙飞船我们都能自己造，为什么一个小眼儿打不好？但这显然不是纺织企业和行业的问题。’”① 由此可见，我国机械工业等资本品工业的落后是我国纺织业在国际市场上日益丧失竞争力的主要原因。此外，我国资本品工业高端价值链的落后也是造成我国生产性服务业发展严重滞后、“三农”问题难以解决和大学生就业日益困难的重要原因。②

本节从理论与历史经验相结合的角度，讨论了关于国家致富基础的产业和经济活动的基本特征，遵循逻辑与历史相统一的原则，通过对相关经济学说的批判性考察，把国家致富的关键因素从一般而言的工业化推进到资本品工业，再从资本品工业深入到其价值链高端，论证了资本品工业价值链高端的自主创新在扩大内需长效机制的关键地位。限于篇幅，本节只提出两点政策建议。第一，保护和扶植民族资本品工业的价值链高端，大幅度降低对外国直接投资的依赖程度。拉丁美洲的经验说明，外国直接投资是导致其资本品工业部门自主性丧失的基本原因，而我国目前对外资的依赖程度日益加深，这不能不引起我们的高度警惕。第二，对资本品工业价值链高端有计划地实施进口替代工业化。进口替代是产业升级的重要途径和自主创新的基础，但自上世纪90年代末以来，我国实际上已经放弃了对资本品工业价值链高端的进口替代。显而易见，一国的资本品工业价值链高端及其核心技术如果不能实现国产化，该国是不可能建立起自主的资本品工业部门的。正如许多发展中国家不能因为民主化不成功就不再追求民主化一样，我们不能因为拉丁美洲进口替代工业化不成功的经验就因噎废食，何况还有韩国、我国台湾和许多国家进口替代工业化的成功经验可供我国借鉴呢？

第五节　国民经济平衡发展与扩大内需

国际金融危机爆发后，“调结构、扩内需和保增长”成为我国经济政策制定的主调，虽然在内容和重点上有所变化，但是，目前在有关扩大内需的学术研究和政策制定上，人们并没有注意到“调结构”将如何直接创造内需市场的问题，具体地说就是没有注意到国内企业间和产业间如何通过提供互补性的需求直接扩大内需问题。归纳起来，“调结构”的含义目前主要有以下几种：调整过于倚重外需的经济结构，但却是从宏观总量而言的；调整“重投资需求，轻消费需求”的结构；调整区域结构，推动区域间协调发展；调整收入分配结构；调整投资结构，降低高能耗和高污染产业的比例，提高战略性新兴产业和节能环保产业在产业结构中所占比例。然而，这些“调结构”的含义都没有包含通过调整产业间供求关系从而更好地提供互补性生产需求的问题，这个问题正是本节的着眼点。正是从这一着眼点出发，笔者将主要着墨于如何解决目前棘手的外需与内需的结构平衡问题，并为此提出新的政策建议。③

---

① 林小骥：《WTO博弈之纺织业：不能再回避陷阱问题》，载《中国企业家》，2011-12-05。

② 参见贾根良：《国际大循环经济发展战略的致命弊端》，载《马克思主义研究》，2010（6）。

③ 无疑，通过发展区域间多样化的水平分工，推进国内经济一体化在空间上的纵深发展，推动我国东部和中西部之间的国内经济大循环，可以有效地开发中西部内需市场的巨大潜力。但由于篇幅所限，本章暂不涉及该问题，笔者将有专文对此加以讨论。

一、历史经验与我国内外需失衡的困境

为了更好地说明这个问题，我们还是先从借鉴美国经济崛起时期的历史经验谈起。在命题 4 中，我们已经指出，国民经济的平衡发展是美国在这一时期的基本特点之一，但这个特点的形成要追溯到美国从初级产品（主要是农产品）出口导向型经济向内需主导型经济的转变，在当时，美国农产品的出口不仅由于国外需求的不稳定和外国移民更多地涌入农业领域，因此经常性地导致农产品生产过剩和收益下降，而且也导致了土壤肥力的下降和环境的破坏。为了解决这一困境，美国当时采取了保护和扶植工业发展的国策，达到了“调结构”的三重目的：首先，工业人口的不断增加为农产品创造了一个不断成长的国内市场，从而大大地增强了抵御外部需求下降风险的能力；其次，工业发展导致大量农民被转移到城市工业，这不仅减轻了农产品供给过剩的压力，而且也因此导致农业劳动生产率的提高，农民的收入也得到了提高；最后，由于前两个目标导致了农民收入的不断增长，以及由于对工业采取了高关税保护的政策，因此美国农民只能购买本国工业品，这就为美国在国际市场上毫无竞争力的幼稚工业提供了有保证的和不断增长的国内市场。美国工业的国际领先地位就是通过这种对国内市场的独占建立起来的，由此可见，美国在这一时期由农业和工业之间以及工业内部各部门之间相互提供的市场对美国工业的赶超发挥着非常重要的作用。

目前，我国产业价值链低端（包括加工贸易）工业制成品出口导向型经济面临着与美国初级产品出口导向型经济转型之初非常类似的困境：生态环境遭到破坏，自然资源大量被消耗，产能大量过剩导致贸易条件持续恶化，陷入了生产增加但出口收入下降的“贫困性增长”的陷阱。在海外市场不断萎缩的情况下，这种情况将更加严重。特别是与当时美国的情况相比，我国还陷入了更令人痛心的“美元陷阱”之中：我国连年的贸易顺差导致了国民财富的严重流失。在美元霸权的支配下，美国开动印钞机大量印制美元绿纸片，低价购买我国出口产品，而我国由此形成的美元贸易顺差不仅夺走了我国在教育、医疗、社会保障和农业补贴等方面所急需的资金①，而且其价值也因美元的不断贬值而不断耗散，正如余永定先生指出的，这无异于我国把贸易顺差产品直接扔到大海里，同时由中国人民银行直接印人民币发给这些出口企业②。

连年的贸易顺差是造成我国内需不足和严重通货膨胀并发症的重要原因。以 2010 年我国贸易顺差 1 831 亿美元为例，按当年末 1 美元兑 6.622 7 元人民币的汇率计算，贸易顺差总额为 12 126.2 亿元人民币，假如 2010 年我国实现贸易平衡（也就是贸易顺差为零），该年贸易顺差部门的产品投放国内市场，那么，按 2010 年末中国城乡 7.9 亿的就业人员计算，平均每个就业者将增加 1 777 元工资；而如果按 2010 年末我国 2.2 亿农民工计算，每位农民工将增加 5 512 元人民币收入，这也就是说，按保守计算，如果该年农民工平均工资增加 40%，不会发生任何通货膨胀，而由于农民工消费倾向最高，由此所形成的扩大内需效应是任何其他措施所无法达到的。但实际情况却是，由于 2010 年巨额贸易顺差的存在，我国农民工不仅不能增加 40%的工资，反而却因外汇占款而增发人民币所造成

---

① 参见贾根良：《外储问题的根本在于外资和美债》，载《中国经济周刊》，2011（38）。

② 参见余永定：《见证失衡：双顺差、人民币汇率和美元陷阱》，北京，生活·读书·新知三联书店，2010。

的通货膨胀使其实际收入下降，实际收入的下降反过来又加重了内需不足。

二、“扩大进口战略”的弊端

为了解决因连年巨额贸易顺差所导致的财富损失和通货膨胀并发症问题，我国政府在2011年采取了扩大进口的战略，并于2011年底推出了2012年大范围下调进口商品关税的措施。[①] 无疑，扩大进口的战略将有助于贸易平衡，如果单纯从这个角度来看，这不失为一种好的解决办法。但是，单纯的扩大进口并不能解决产业价值链低端工业制成品出口过剩所内生的贸易条件恶化和生态环境恶化问题，而且，它不仅无法解决由于我国出口产品海外市场在未来的持续萎缩而产生的失业问题，反而会加重失业问题，因为进口将冲击国内相关产品生产企业的生产，从而减少国内就业。

更为重要的问题是，扩大进口的战略能否推动经济发展方式的转变和自主创新？目前我国进出口贸易结构的特征是“出口低端产品并进口高端产品”，在发达国家经济崛起的经济政策史和经济思想史中，这种贸易结构因为是“出口本国报酬递减的产品并进口外国报酬递增的产品”，因而被看作是“坏的贸易”[②]，这正是我国对外经济发展方式所要转变的对象。按照命题3，资本品的自给自足或在出口占比中不断增加是扩大内需长效机制的关键，我们可以把2012年730种进口商品平均关税率降低为4.4%的商品划分为两大类，第一类是能源资源性产品、用于促进消费和改善民生的日用品和与公共卫生相关的产品，这些产品进口将改善国内供给，对转变经济发展方式没有不利影响；第二类则是资本品，包括战略性新兴产业所需的关键设备和零部件以及大马力拖拉机等在内的农业生产资料，对这类产品降低进口关税将冲击我国亟须扶植的资本品工业，对转变经济发展方式不利。但是，如果打算在短期进口之后，在此基础上开展进口替代，这是无可厚非的，而且在目前国际金融危机的条件下，由于发达国家经济萧条，我国在进口价格等问题的谈判上将处于有利地位，这无疑是一个准备进口替代的好时机。相反，如果没有这个打算，只是希望通过进口平衡贸易，并认为这种进口长期化是正常的，那么，我国转变对外经济发展方式和自主创新将会受到很大抑制。

另外，还需要引起特别注意的是扩大进口战略对我国贸易结构和国际收支所带来的深远影响。首先，因为我国的贸易顺差主要是由加工贸易所产生的，一般贸易和其他贸易一直都处于逆差状态，因此，扩大进口战略将导致我国对加工贸易的依赖，这与我国大力压缩加工贸易的既定目标是自相矛盾的。其次，我国贸易顺差主要是由在华跨国公司的加工贸易所形成的，如果把扩大进口作为一种战略长期实施，是否会加重对外国直接投资的依赖，并在未来某些时候导致外汇危机？例如，以2010年我国1 831亿美元的顺差构成为例，外商投资企业占2010年我国贸易顺差的68%，顺差额为1 243亿美元；而我国民营企业和国营企业贸易顺差总计仅588亿美元，占比为32%。由于外商投资企业所形成的贸易顺差实际上代表着外资对我国资产的索取权，是我国间接的对外资的隐性债务，因此，

---

① 参见郭丽琴、付晶晶：《“扩进口”发力：财政部下调730多种进口商品关税》，载《第一财经日报》，2011-12-16，http://finance.eastmoney.com/news/1350,20111216182652996.html。

② 参见埃里克·赖纳特：《富国为什么富，穷国为什么穷》，北京，中国人民大学出版社，2010。

一旦外资外逃和外商投资企业不再通过结汇制把美元交给中国人民银行，而我国进口比例如果无法压缩，这将有可能发生外汇危机。

三、国民经济平衡增长的政策建议

相对于我国连年巨额贸易顺差所导致的财富损失和通货膨胀而言，笔者并不反对扩大进口战略，因为这总不失为一种解决办法，但这种战略对长期发展将会产生不利影响，因此，我们需要寻求更好的途径，在这种途径中，扩大进口可以成为其中的一部分。笔者认为，要解决我国进出口价值总量的长期失衡，我们必须注意到我国产业价值链低端工业制成品大量产能过剩的困境是与我国经济结构其他方面的失衡相伴而生的：资本品工业高端产品大量进口；大豆、玉米等大宗农产品的大量进口；由“大进大出、两头在外”所导致的服务业特别是生产性服务业发展滞后产生的结构失衡①，这些结构失衡也必须解决，因此，我们必须把这些结构失衡通盘考虑，采取一揽子的战略，而不仅仅是为了解决连年巨额贸易顺差所产生的问题。

我们首先讨论如何解决我国价值链低端工业制成品在我国出口结构中“一枝独大”的问题。我们前面的讨论已经说明，扩大进口战略在解决贸易顺差上的副作用较大，也无法解决贸易条件恶化、生态环境恶化和资源耗竭问题，而要解决所有这些问题，只有压缩低端工业制成品的出口规模，别无他途。为此，我们可以采取以下三种办法。首先，大幅度减少出口退税，并尽快取消出口退税。出口退税不仅与我国压缩加工贸易的既定目标背道而驰，而且也主要是补贴了外资企业，因为加工贸易顺差主要是外资企业所形成的，例如，据商务部资料，2009 年，外资企业加工贸易占加工贸易顺差总额的比重为 84%。其次，逐步实施禁止不可再生资源出口的资源战略，当我国为巨额外汇储备贬值而发愁的时候，根本就没有必要再通过出口自然资源增加贸易顺差。最后就是第三节已经提出的大幅度提高出口部门特别是外资企业工人工资水平的措施。

上述措施会不会导致大范围的失业？如果实施上述措施，对失业问题将如何处理？第一，我们前面已经谈到，我国出口商品价值在国际市场上被严重低估，虽然我国许多出口商品不会像我国建筑陶瓷抛光砖那样产品价格提高两倍还比印度产品便宜，但大部分商品仍有相当大的提价空间，这种提价不会导致失业。第二，跨国公司通过垄断贸易获得了几倍甚至十几倍于我国出口企业的利润，因此取消出口退税和提高工资就是迫使它们对中国工人和企业让利，因此不会产生更多的失业。第三，由于发达国家对中国出口产品的依赖和对基本消费品在相当程度上的刚性需求，销售量不会因上述措施而有较大的减少。第四，取消出口退税后，原先中央财政为此准备的资金可以转作失业救济准备金，以备支付失业救济之用。例如，2010 年我国财政就为出口退税支付了 7 300 亿元人民币，如果按每位失业人员支付每月 1 200 元计算，这些出口退税转作失业救济准备金后，可以支付每年至少 5 000 万因上述措施而失业的人员，但上述措施决不会造成 5 000 万人口的失业。第五，仍以 2010 年我国贸易顺差 1 831 亿美元计算，由于实施上述措施，出口企业产品出口

---

① 参见刘书瀚、贾根良、刘小军：《出口导向型经济：我国生产性服务业落后的根源与对策》，载《经济社会体制比较》，2011 (3)。

转内销，假如贸易顺差减少一半，由此国内商品供给增加 6 000 亿元人民币，5 000 万失业人员可以再增加 6 000 亿元人民币（每人每月再增加 100 元救济金），而且不会产生通货膨胀。第六，由于大幅度提高了出口部门特别是外资企业工人工资水平，工人消费的增加将刺激国内生产，从而扩大就业。总之，实施上述措施将不会导致大范围的失业，较小范围的失业问题可以被妥善处理。

在实施上述措施的同时，我们可以对资本品工业高端产品实施进口替代，这不仅将为我国资本品工业的自主创新提供广阔的平台，而且，由于资本品工业高端产品的发展是生产性服务业发展的基础，生产性服务业也将因此得到更快的发展；与此同时，大幅度地减少大豆、玉米等大宗农产品进口，并恢复此类商品的国内生产规模，这些措施将大范围地增加大学生、研究生、农民和服务业的国内就业，这不仅将弥补上述措施所造成的失业，而且将创造更多的就业岗位，就业岗位的增加也将增加劳动者的收入，这无疑将增加对原先用于出口的消费品的需求，从而刺激原先用于出口的企业为国内生产，其生产率、工资和利润都将得到提高；而资本品工业高端产品、农业和服务业的企业发展也将增加对原先用于出口的资本品的生产性需求。① 这样，我国资本品工业、农业与原先用于出口的廉价工业制成品之间就可以逐步地形成互为市场的良性循环，从而彻底扭转内外需失衡的局面，不仅可以实现国民经济各部门之间的平衡发展，有力地扩大国内产业和企业之间生产性需求的内需市场，而且还可以为我国资本品工业高端产业的自主创新提供广阔的国内市场空间。

第六节　结　语

国际金融危机爆发后，世界经济就明显地处于一个重大的转折时期了。自 20 世纪 90 年代中期以来，全球化和金融自由化在导致世界贸易高速增长的同时，也导致了世界各国劳动者的收入增长缓慢甚至停滞，它不仅在发展中国家而且也在发达国家造成了内需的严重不足。在国际金融危机爆发前，美欧发达资本主义国家通过宽松的信贷政策，大量进口我国和其他发展中国家的廉价消费品，维系着其国民过度消费的生活方式。国际金融危机的爆发使这种“发达——不发达”之间的“生活——生产”模式受到一定程度破坏，并最终揭露出新自由主义在发达国家造成内需严重不足的破坏性影响。国际金融危机爆发后，美国和欧盟国家的政府与垄断资本相勾结，为挽救危机采用了使用公共财政拯救投机金融大亨的金融财政政策，赤裸裸地向雇佣劳动转嫁危机，终于酿成了 2011 年的新危机——主权债务危机，使美欧发达资本主义国家的内需不足问题进一步恶化。② 为了解决其危

① 扩大进口的战略不仅不具有这些就业和收入提高效应，反而会减少国内就业。实际上，扩大进口的战略是扩大了对别国产品的需求，有利于解决别国而不是本国的内需不足问题。尽管这样，扩大进口还是必要的，实际的政策制定可以是折中平衡的，也就是说可以把扩大进口与本章的思路折中结合，例如财政部在 2012 年大范围下调某些商品进口关税的同时，可以大幅度提高大豆、玉米等农产品的进口关税，这样就为我国恢复和支持该类商品的国内生产提供了可操作的空间。

② 参见许建康：《“衰”上加“衰”，世界要大乱？》，载《社会观察》，2011（12）。

机，美欧发达资本主义国家在向其他国家转嫁危机的同时，最终将不得不在未来不断加大对其内需市场的保护主义力度，恢复国民经济优先于国际贸易的“去全球化”过程有可能成为世界经济发展的长期趋势。

如果“去全球化”过程成为现实，内需不足将成为世界各国经济发展中最大的制约因素，扩大内需将成为世界各国的普遍性要求。因此，哪个国家越率先较好地解决了内需不足问题，哪个国家在21世纪最初十年的世界经济“大萧条”中率先走出危机就越占据先机。我国已经把扩大内需作为长期战略，这为我国应对“去全球化”过程提供了有利的时机，但是，除余永定等少数学者外，国内经济学界和政策制定部门似乎并没有认识到存在着“去全球化”的可能性，这不仅对我国应对这种可能的挑战带来措手不及的后果，而且对扩大内需战略的实施也产生了非常不利的影响。例如，自20世纪90年代以来，在我国流行至今的“用开放倒逼改革”的观点仍支配着人们的观念，这种观念使我们在过去二十多年中几乎都把注意力放在了与全球化接轨上，几乎排他性地关注国际经济一体化，而严重地忽视了国内经济一体化进程，以至于在我国已经进行了三十多年改革的情况下，统一国内市场问题至今仍困难重重，甚至使地方保护主义成为外商垄断我国市场最有力的工具，诸如此类的现状对我国构建扩大内需的长效机制构成了严重的障碍。

为了建立扩大内需的长效机制，我们需要大力解放思想。事实证明，由于深受新自由主义的影响和其理论的内在缺陷，西方主流经济学对我国扩大内需和转变经济发展方式很难提出建设性的意见。因此，我们必须不拘一格地从经济学理论特别是经济学说史中汲取营养，借鉴世界各国成功和失败的历史经验，为我国扩大内需战略出谋划策。本章史海钩沉，以经济学说史中很少被注意到但却具有真知灼见的经济学说为基础，并从实体经济角度入手，以“国内经济一体化”作为内需增长的核心理念，试图构建一个在内需分析上比较全面的理论分析框架，以期对我国扩大内需问题进行深入研究。但是，由于扩大内需问题是一项复杂的系统性工程，它需要在产业、贸易、创新和财政金融等许多领域采取整体推进的系统性经济政策，其理论分析的需要也是多方面的，因此，本章在这方面的努力只算是一个初步的尝试，有可能存在漏洞和缺陷；对许多问题的讨论也是初步的，例如，本章提出的国民经济平衡发展思路与我国目前实施的扩大进口战略之间的关系仍需深入研究。

思考题

1. 什么是内部一体化和外部一体化？这种区分对于研究内需问题有何意义？

2. 简述演化经济学有关内需问题的四个基本命题。

3. 运用历史经验证明演化经济学有关内需问题的四个基本命题对一国经济发展的重要性。

4. 造成我国国内市场分割的主要原因是什么？你能在本书提出的政策建议之外，提出新的建议吗？

5. 经合组织对竞争力是如何定义的？为什么说工资增长对扩大内需具有重要战略意义？

6. 资本品工业对落后国家的工业化为什么是关键性的？

7. 什么是我国资本品工业的“去技术化”过程？为什么这种“去技术化”过程使它丧失了摆脱“中等收入陷阱”的历史作用？为什么资本品工业价值链高端的自主创新在我国扩大内需中居于关键性地位？

8. 为什么说连年的贸易顺差是造成我国内需不足和严重通货膨胀并发症的重要原因？

9. 为什么说“扩大进口战略”对我国长期经济发展是不利的？

10. “去全球化”有没有可能成为世界经济发展的长期趋势？

第十章

演化经济学论第三次工业革命与中国的战略选择

在演化经济学家看来，所谓第三次工业革命是以新能源革命、制造业智能化革命、生物电子、新材料和纳米技术革命为核心的工业革命，它给工业化带来的影响要比信息技术革命（或“信息化”）更为深远。本章第一节首先论述演化经济学对“第三次工业革命”的认识以及第六次技术革命浪潮是否到来的问题，然后在第二节讨论面临“第三次工业革命”的挑战我国新型工业化的内涵在哪些方面需要大力充实和拓展。在此基础上，为了讨论我国如何应对“第三次工业革命”，第三节和第四节以美国和德国在第二次工业革命的成功经验为基础，探讨著名演化经济学家佩蕾丝有关技术革命“机会窗口”的意义和不足，并运用于对我国光伏产业和机器人产业进行案例研究，讨论我国第三次工业革命主导部门在发展模式上所存在的严峻挑战。最后，通过对历史经验和教训进行演化经济学分析，对我国实现“新型工业化道路”的新途径提出相关政策建议。

第一节　演化经济学对三次工业革命的定义和时期划分

一、“第三次工业革命”现有定义的缺陷

自美国未来预测大师杰里米·里夫金在2011年出版《第三次工业革命》[①] 一书和英国《经济学家》杂志编辑保罗·麦基里在2012年4月发表《制造和创新：第三次工业革命》一文以来，“第三次工业革命”已经引起了人们较普遍的关注，并成为我国2012年下半年的热点经济问题。但是，笔者在有关“第三次工业革命”的两次专题讨论会上发现，大多

① 杰里米·里夫金：《第三次工业革命：新经济模式如何改变世界》，北京，中信出版社，2012。

数人对它的理解或者集中在里夫金一书对“第三次工业革命”的定义上，换言之，集中在“新能源革命”和低碳经济角度上，或者集中在麦基里有关制造业数字化革命上，而国外演化经济学家和“康德拉季耶夫长波”研究者有关技术革命与工业革命关系的研究成果并不为人所了解。因此，我们首先需要对三次工业革命的概念和时期划分进行简要讨论。

实际上，“第三次工业革命”的术语早已有之。虽然有个别学者对使用“工业革命”一词是否妥当提出过异议，但对绝大多数学者来说，使用“工业革命”一词主要是为了便于划分“经济时代”，并使用“关键技术”及其技术经济范式作为划分的基础。虽然托马斯·K·麦格劳①和布鲁兰德等②在历次工业革命的时期划分上略有差别，但他们早就根据技术革命和康德拉季耶夫长波的特征，把三次工业革命的时期划分如下：第一次工业革命（1760—1850年），以蒸汽机革命为特征；第二次工业革命（1850—1950年），以电力和石油技术革命为特征；第三次工业革命（1950年以来），以计算机革命为特征。经济史学家图泽尔曼和钱德勒也倾向于把第一次和第二次康德拉季耶夫长波合称为“第一次工业革命”。按照他们的方法，第三和第四次长波构成“第二次工业革命”，第五次长波也即信息技术革命的长波就是“第三次工业革命”。③

从经济史的角度来看，历次工业革命都是百年周期，第五次长波只构成了“第三次工业革命”的前半段，它将与第六次长波共同组成“第三次工业革命”，见表10—1。演化经济学家佩蕾丝也是康德拉季耶夫长波理论的研究者，为了避免长波理论的概念性缺陷④和对历次康德拉季耶夫长波经济数据序列过于机械的理解，她以每次诱发技术革命浪潮的重大技术突破（大爆炸）作为起点，划分了五次技术革命浪潮，作为与康德拉季耶夫五次长波相类似的说明。佩蕾丝的重要贡献是提出了对此后长波问题研究影响深远的“技术经济范式”概念，并把历次技术革命浪潮划分为两个时期：导入期和拓展期。然而，佩蕾丝过于谨慎，她很少谈到第六次技术革命浪潮，但在2009年的一次讲演中，她谈到这是一次以生物技术、纳米、生物电子和新材料为核心的技术革命。⑤

表10—1　　　　三次工业革命与六次技术革命浪潮

技术革命开始年份	该时期的流行名称	核心国家	诱发技术革命的大爆炸	工业革命及其区间	工业革命的主导部门体系
第一次革命(1771)	产业革命	英国	阿克莱特在克隆福德设厂	第一次工业革命(1771—1875)	消费品工业体系
第二次革命(1829)	蒸汽和铁路时代	英国（扩散到欧洲大陆和美国）	蒸汽动力机车“火箭号”在利物浦到曼彻斯特的铁路上试验成功		

① 参见托马斯·K·麦格劳编：《现代资本主义——三次工业革命中的成功者》，赵文书、肖锁章译，14～16页，南京，江苏人民出版社，2000。

② 参见克里斯丁·布鲁兰德等：《创新的演变》，见詹·法格博格等主编：《牛津创新手册》，344页，北京，知识产权出版社，2009。

③ 参见克利斯·弗里曼等：《光阴似箭——从工业革命到信息革命》，150页，北京，中国人民大学出版社，2007。

④ 参见卡萝塔·佩蕾丝：《技术革命与金融资本》，67～75页和29、40页，北京，中国人民大学出版社，2007。

⑤ 参见Carlota Perez，“Tomorrow's Capitalism：Growth after the Finance Crisis，Presentation at the Institute for Public Policy Research”，London，June 2009，http://www.carlotaperez.org/download/perez_IPPR_June2009.pdf.

续前表

技术革命开始年份	该时期的流行名称	核心国家	诱发技术革命的大爆炸	工业革命及其区间	工业革命的主导部门体系
第三次技术革命（1875）	钢铁、电力、重化工业时代	美国和德国追赶并超越英国	卡内基酸性转炉钢厂在宾夕法尼亚的匹兹堡开工	第二次工业革命（1875—1971）	重工业体系
第四次技术革命（1908）	石油、汽车和大规模生产时代	美国（起初与德国竞争世界领导地位），后扩散到欧洲	第一辆T型车从密歇根州底特律的福特工厂出产		
第五次技术革命（1971）	信息和远程通信时代（包括机器人）	美国（扩散到欧洲和亚洲）	在加利福尼亚的圣克拉拉，英特尔的微处理器宣告问世	第三次工业革命（1971—21世纪70年代?）	绿色与智能工业体系?
第六次技术革命（20?）	生物技术、纳米、生物电子和新材料（佩蕾丝，2009）、可再生能源、3D打印机	美国、日本、欧盟和中国??	??		

二、演化经济学的定义及其历史观

马修斯运用技术经济范式的分析框架提出了这样一个重要问题："可再生能源技术浪潮：新技术经济范式正在形成吗?"① 按照佩蕾丝的看法，每次技术革命浪潮都会产生一种新的技术经济范式，因此，马修斯认为，作为第六次技术革命浪潮的先驱，目前正在发生的可再生能源革命是第六次技术经济范式正在诞生的标志。在这篇论文中，马修斯批评佩蕾丝对新能源和绿色技术没有给予足够重视，他指出，在目前再也没有比能源系统和所有技术系统的绿色化更重要的技术革命了，工业革命实质上是能源革命，第一次工业革命是用煤（蒸汽机）替代水力、体力和畜力；第二次工业革命是电力化，目前是可再生能源和能源效率的革命，里夫金在他有关以可再生能源为基础的第三次工业革命的论述中采用的就是这种看法。②

笔者基本上赞同马修斯对佩蕾丝的批评，正如佩蕾丝过去的长期合作者弗里曼在2002年指出的，"21世纪，整个世界所面临的日益严重的环境问题也使经济和政治发展形态与20世纪占支配地位的形态相当不同"③，可再生能源革命的意义不可低估。能源和资源问题（佩蕾丝谈到的纳米技术革命、新材料甚至生物技术和生物电子都与资源问题相关）将是第六次

① Mathews, J. A.. 2012. "The Renewable Energies Technology Surge: A New Techno-economic Paradigm in the Making?" Working Papers in Technology Governance and Economic Dynamics. No. 44. http://technologygovernance.eu/eng/the_core_faculty/working_papers/.

② 参见 Mathews, J. A.. 2012. "The Renewable Energies Technology Surge: A New Techno-economic Paradigm in the Making?" Working Papers in Technology Governance and Economic Dynamics. No. 44, p. 17.

③ 赖纳特、贾根良主编：《穷国的国富论：演化发展经济学论文选》（下卷），169页，北京，高等教育出版社，2007。

技术革命浪潮所要解决的核心问题。笔者一直在跟踪研究第六次技术革命浪潮[①]，表 10—1 就是综合以上诸多研究成果和笔者的看法，从经济史角度提出的对三次工业革命的时期划分。

按照演化经济学家和经济史学家们的看法，第三次工业革命实际上在 20 世纪 70 年代就已经开始，因此，笔者并不赞同里夫金和麦基里所谓第三次工业革命正在到来的看法，正确的说法应该是第六次技术革命浪潮将要到来。但是，在本章中，笔者仍沿袭了他们所谓“第三次工业革命”的概念，因此，从表 10—1 中，我们可以看出，它实际上是由第五次技术革命浪潮的展开期和整个第六次技术革命浪潮所构成，它在新技术革命上不仅包括了里夫金所谈到的“新能源革命”以及麦基里以机器人、3D 打印机和新材料为核心的“制造业智能化革命”，而且也包括了纳米技术革命、生物技术和生物电子等技术革命。其中，机器人技术仍属于信息技术的拓展，并不能归入第六次技术革命浪潮的主导技术，而 3D 打印机作为后者，无疑仍处于早期探索阶段。

现在的问题是：第六次技术革命浪潮是否如马修斯所判定的那样正在进入导入期？按照佩蕾丝的理论，重大技术突破的出现是导入期开始的重大标志。这种技术大爆炸是否已经发生？笔者认为，新能源革命的技术大爆炸很可能是氢储能技术的重大突破，以至于使里夫金的分布式能源体系出现爆炸式发展，因此，第六次技术革命浪潮仍没有进入导入期。无疑，笔者的这种判断是否准确仍还有待于观察和讨论。但马修斯论文具有重要意义，它旨在提醒我们，第六次技术革命浪潮的导入期存在着与第五次技术革命浪潮展开期发生重叠的可能，这正如在第二次工业革命中，第三次技术革命浪潮展开期的成熟阶段与第四次技术革命浪潮导入期的爆发阶段发生重叠一样，见图 10—1。然而，无论第六次技术革命浪潮目前是否已经进入导入期，第三次工业革命都将深刻地影响我国对发达国家的技术经济追赶过程，而这直接关系到对我国“新型工业化道路”的再认识问题。

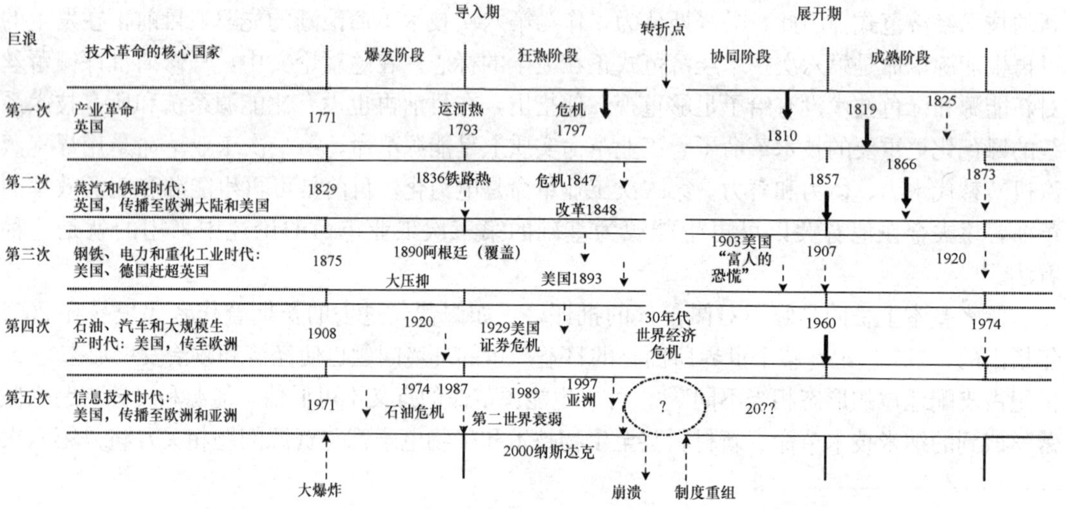

图 10—1　五次连续浪潮中一再出现的相同阶段和主要的金融危机

资料来源：卡萝塔·佩蕾丝：《技术革命与金融资本》，86 页，北京，中国人民大学出版社，2007。

① 参见贾根良：《评佩蕾斯的技术革命、金融危机与制度大转型》，载《经济理论与经济管理》，2009（2）。

第二节　我国“新型工业化道路”的新内涵

一、“新型工业化道路”需要增加新内涵

我国“新型工业化道路”的提出是相对于传统工业化道路而言的，是人们意识到发达国家的工业化经验在指导当今发展中国家工业化崛起时难以为继而产生的意识觉醒。这一概念在我国最早提出是在 2002 年党的十六大报告中，即“坚持以信息化带动工业化，以工业化促进信息化，走出一条科技含量高、经济效益好、资源消耗低、环境污染少、人力资源得到充分发挥的新型工业化路子”。新型工业化道路的提出不仅是对“先污染、后治理”的传统工业化道路反思的结果，更重要的是它基于这样一种演化经济学的原理：“每次技术革命都提供了一套相互关联的、通用性的技术和组织原则，并在实际上促成了所有经济活动的潜在生产率的量子跃迁。每次技术革命都使得整个生产体系得以现代化和更新，从而在每 50 年左右都使总的效率水平提高到一个新的高度。”① 信息革命无疑具有这种重要作用，它有助于大幅度提高我国工业化的整体水平。

十六大提出的新型工业化是基于我国经济发展遇到来自就业、资源和环境等方面的压力，同时也面临信息技术革命这种新的历史机遇等多方面因素进行全面综合分析所得出的结论，对其内涵的理解着重于提高科技含量与信息化、可持续发展、人力资源开发利用以及最终提高经济效益等方面，强调统筹信息化与工业化的关系，通过信息化带动工业化等方面内容。十七大则进一步明确将工业化与科学发展观相融合，并提出：为了走出一条具有中国特色的新型工业化道路，需要人与自然、经济、社会之间的和谐发展，可见我国新型工业化道路的内涵已经涵盖了对解决能源和环境这一重要问题的考虑。显而易见，我国在十年前提出新型工业化道路是非常具有战略眼光和远见卓识的。

但是，十年前我国在提出新型工业化道路时，由于可再生能源革命、制造业智能化革命还未显露其较大的影响，更不用说第六次技术革命浪潮中其他技术革命的影响了，因此，人们在对新型工业化道路的认识上，也就不可能涵盖这些重大技术革命对其内涵的广泛影响。现在，我们非常有必要通过对“第三次工业革命”的深入研究，大力丰富和发展新型工业化道路的新内涵。笔者认为，这至少应该充实以下三种新内涵。

二、可再生能源革命与“信息化”同样重要

我国十六大提出新型工业化道路是为了“以信息化带动工业化”，借第五次技术革命浪潮的领军者——信息技术之力，对我国传统的“三高一低”的工业化进行改造和升级，使之达到低污染、低消耗和高效益。这是在我国照搬西方传统工业化的大规模、高能耗、高污染的模式无以为继的情况下，对这种传统工业化模式进行反思的必然选择。然而近十年以来，虽然我国工业的信息化水平不断提高，单位 GDP 的能源消耗不断下降，但是能

---

① 卡萝塔·佩蕾丝：《技术革命与金融资本》，14 页，北京，中国人民大学出版社，2007。

源消耗总量仍然不断上升，环境生态压力日益增大。尤其是最近几年，我国在能源自给率不断下降和对外依存度不断提高的同时，进口各种资源的价格都出现了大幅上涨。反观国内，资源环境和生态压力则进一步加大，我国建设“资源节约型、环境友好型社会”面临巨大挑战。

究其原因，部分是因为信息技术在工业化中的应用虽然可以大幅提高资源能源的利用效率，但是这种提升在根本上还是以扩大工业化规模、拉升 GDP 为目的的。信息技术的应用一方面降低了能耗，但另一方面却导致对工业化成果需求的大幅提升，这被称为技术进步的“反弹效应”。换句话说，只要技术进步是为传统经济发展方式服务的，那么技术进步的环境友好型就会大打折扣。这就要求我们必须转变经济发展方式，对我国新型工业化的内涵进行重新认识和深化。

当前新能源革命正是这样一场旨在从根本上解决人类能源和环境问题的革命。伴随着新能源技术的持续推进和飞速发展，第六次技术革命浪潮的主要方向已逐渐清晰，即第六次技术革命浪潮的本质之一就是旧生产函数的“绿化”，是着力解决能源、资源和生态环境问题的技术革命。在当前全球工业化生产范式由“资本和信息技术密集型”向“绿色技术密集型”范式转变的浪潮下，绿色技术革命应当成为我国未来新型工业化道路的关键性选择之一。十六大提出的以信息技术为主导的新型工业化道路对能源和资源问题的认识基本上仍局限于提高效率方面，并没有着重于新能源和新资源的创造方面。因此，为了抓住即将到来的第六次技术革命浪潮的机会窗口，我国未来的工业化道路有必要将新能源的开发提升到与信息技术的大力应用同等重要的高度，从而走出一条“全新的”新型工业化道路，使得“以信息化带动工业化”的“传统”新型工业化道路得以被重新认识和全面提升。我国能否抓住机遇，一举实现新型工业化并完成对发达国家的赶超，这与我国目前能否应对新能源开发的诸多挑战是直接相关的，因此在未来新型工业化道路中，新能源的开发问题将成为重中之重。

三、“智能化”：第三次工业革命的新特征

国际金融危机爆发后，美国和欧盟都纷纷提出“再工业化战略”，其核心是促进第三次工业革命高潮的到来，这些国家制定了一系列有关研发、投资、商业化、基础设施建设、人才培养和再就业等计划在内的政策，这对作为“世界工厂”的我国形成了严峻的挑战。以制造业数字化革命为例，虽然 3D 打印机对我国在国际分工中以劳动密集型为主的制造业的影响似乎还很遥远，但近年来机器人在生产中的大幅度采用已经很明显地说明，我国以廉价劳动力为基础的“比较优势”将遭受大规模被废弃的巨大危险。在过去三十年中，发达国家通过把劳动密集的产业价值链低端环节转移到我国等低要素成本的发展中国家，以便完成简单、重复性的生产任务，而我国则通过承接这种国际产业转移，实现了高速增长。但这一模式在第三次工业革命中将难以为继，生产制造环节将由更多、更高效、更智能的资本品和装备产品进行，它不仅完成简单、重复性的工作，还将完成更为灵活、更为精密的任务，生产制造环节的成本有可能将比廉价劳动力更低，而利润却将更高，这是制造业开始回流发达国家的重要驱动因素。

制造业智能化革命在使一些劳动密集型产业消失的同时，也将大量劳动力转移到机器

人、新能源、3D打印机、纳米、新材料和生物电子等新兴产业的装备制造业和研发部门，并更多地转移到与之相关的生产性服务业。机器人和3D打印机在制造业领域的采用可以称为“信息化”甚至“数字化”，但这种“信息化”却导致了劳动密集型产业等许多传统产业的消失，在这种情况下，如果还是“以信息化带动工业化、以工业化促进信息化”来概括新型工业化道路就不能抓住第三次工业革命的核心。由于制造业数字化革命凸显的是作为第三次工业革命主导产业的装备制造业、研发部门及其生产性服务业的重要性，而这些部门的核心工作则是研发并制造替代生产、服务和家务劳动中“脑力劳动”的机器人的智能等方面的机器设备，也就是使整个经济系统智能化，因此，“智能化”要比“信息化”的概念能够更好地反映第三次工业革命的新特征。信息化是智能化的基础，而智能化则是信息化发展的必然趋势，智能化而非信息化将成为第三次工业革命的本质内容之一，例如，所谓能源互联网实际上就是目前的智能电网在将来的进一步发展。有关这种“智能化”的内涵仍有待于深入探讨。

四、新材料和纳米技术革命的意义

把新材料和纳米技术革命等纳入到我国“新型工业化道路”的视野之中，这对解除我国工业化的资源限制具有重大意义。纳米科技（Nano-ST）是20世纪80年代末诞生并正在崛起的新科技，它的基本含义是在纳米尺寸（0.1～100纳米，1纳米为十亿分之一米）范围内认识和改造自然，通过直接操作和安排原子、分子制造出新的物质，并根据需要制造出各种新材料。超导材料、生物医用材料、电子材料、光电子材料以及复合材料等新材料的出现是劳动对象和劳动资料的一场革命，它不仅改变了旧的劳动对象，而且增加了新的劳动对象。新材料和纳米技术革命不仅将制造出新物质，而且也将会大幅度提高物质资源的利用效率，这对人均资源匮乏的我国工业化来说不啻于重大的福音。抓住这种物质革命，在使我国普通老百姓过上发达国家居民的生活水平的同时，将不会出现奥巴马所担心的“成为地球的灾难”。

第三节　历史上的“新型工业化道路”与演化分析框架

我国新型工业化道路的实质是要抓住新技术革命的历史机遇，避免重走发达国家传统工业化的老路子，实现对发达国家的技术经济追赶，甚至实现跨越式发展。因此，新型工业化道路对中国崛起和中华民族的伟大复兴具有重大历史意义。正如佩蕾丝曾经指出的，发展中国家的发展机会随着发达国家相继的技术革命而产生并发生变化，第三次工业革命不仅使新型工业化道路的内涵发生了上述重大改变，而且也将使其实现途径发生重大变化。面对第三次工业革命的挑战，我国的新型工业化道路应该做出怎样的应战？史鉴使人明智，在回答这个问题之前，我们首先通过对19世纪下半叶的美国和德国在第二次工业革命中的“新型工业化”进行讨论，说明新工业革命的机会窗口对新型工业化的意义和新型工业化得以成功的基本原因。

一、19世纪末美国和德国的新型工业化道路

第二次工业革命开始于1875年，随后的30年“是生产技术大革新和工业生产飞跃发展的时期。特别是美国、德国这两个年轻的资本主义国家，在工业生产上出现了跳跃式的发展，相形之下，英国显得更加落后了。”① 所谓“跳跃式发展”这个术语，在西方经济学中就是“蛙跳”，目前我国类似的说法就是“跨越式发展”。正如演化经济学家弗里曼指出的，“在19世纪中叶，没有人能够预见到英国的相对衰落。甚至是弗里德里希·李斯特也没有预见到，因为作为欧洲大陆追赶理论的杰出支持者，李斯特到死都相信，德国从不可能超过英国。”② 在当时，美国和德国只不过是分别在1865年和1871年刚刚完成统一，而英国工业的优势看来是不可挑战的。那么，美国、德国的迅猛崛起和英国的相对衰落是如何发生的呢？

几乎所有的经济史教科书都指出了这样一个事实：抓住第二次工业革命主导部门技术革命的机会是美国和德国工业之所以出现跳跃式发展、迎头赶上并超过英国和法国等老牌工业化国家的决定性因素。在19世纪的最后三十年，美国一系列新工业部门迅速发展起来，其中，电力电气工业是在第三次技术革命中兴起的产业，在这方面，美国从一开始就走在世界前列，到1894年，美国工业产值已居世界第一。美国从欧洲工业的边缘地区和模仿者发展成为工业领头人，其实践为世界其他地方提供了典范。在德国，从1871年统一到第一次世界大战，德国工业出现跳跃式发展，充分利用第三次技术革命的成就，在钢铁、化学、电气、内燃机等方面都走在世界前列，承担了开拓者的角色。到第一次世界大战前夕，德国已在最新技术基础上建立起完整的工业体系，成为欧洲第一工业强国。③

但是，到第一次世界大战前夕，美国和德国在第一次工业革命的大部分传统产业上却仍落后于英国。以棉纺织业为例，美国虽然在技术上也有很大改进，但直到第一次世界大战前，其生产仍不能满足国内需求，在大量出口新兴工业产品的同时，它仍是棉织品净进口国。在德国，纺织业技术革新迟缓，一直到1914年德国的手织机还没有完全被淘汰。④ 发展经济学家刘易斯指出，“（在）1880年左右，在旧工业方面，英国的生产率要比德国高得多。因此，对德国来说，提高生产率是很容易的事。但是，在英国，旧技术已经达到了它所能达到的程度。在棉纺织业，以及在炼铁焦炭的利用方面，生产率已经在十九世纪八十年代达到了相当高的水平。在这方面，德国的生产率仍很落后，而且，甚至在1913年也还没有完全赶上英国。”⑤

二、“机会窗口”的演化经济学原理

由此可见，美国和德国并没有按照比较优势原则，重复英国的工业化道路。相反，它

---

① 樊亢、宋则行主编：《外国经济史：近代现代》（第二册），77页，北京，人民出版社，1965。

② 赖纳特、贾根良主编：《穷国的国富论：演化发展经济学论文选》（下卷），168页，北京，高等教育出版社，2007。

③ 参见王珏：《世界经济通史》（中卷），173、175、226、227页，北京，中国人民大学出版社，2005。

④ 参见上书，177、227页。

⑤ 阿瑟·刘易斯，《增长与波动》，170～171页，北京，华夏出版社，1987。

们却从第三次技术革命浪潮的新技术和新产业入手，抓住第二次工业革命的历史机遇，走了一条与我国目前所提出的“新型工业化道路”相类似的道路，这是它们之所以出现跳跃式发展的重要原因。对于美国和德国为什么能抓住第二次工业革命的历史机遇而取得成功，佩蕾丝和苏蒂通过区分落后国家实现经济追赶的两种机会窗口来加以说明。① 一种是当某种技术体系在发达国家趋于成熟后，发展中国家就具备了劳动力成本低廉的比较优势，这种方式的追赶被称为“第一种机会窗口”。但是在这种情况下，由于发达国家已经占据了技术创新的制高点，发展中国家无论怎样追赶，也难以缩小与发达国家的生产率和经济差距，用佩蕾丝的话说就是，“在成熟的技术上不可能存在追赶机会”②，美国和德国的经验很好地说明了这个问题。

在佩蕾丝和苏蒂看来，对发展中国家的跨越式发展真正具有意义的，则是处于酝酿阶段的新技术革命所提供的“第二种机会窗口”，见图 10—2 的第一阶段甚或第二阶段。在这种机会窗口中，虽然大量的和主要的新技术最初出现在技术上最先进的国家，但由于其技术体系处于最原始的早期阶段，科技知识大都是公共的并停留在实验室阶段，知识的意会性程度很低，处于这个阶段的新技术革命几乎会将所有国家都“拉回到同一起跑线上”。某些新兴的发展中国家由于更像是“一张白纸”，甚至能比率先崛起的国家更加适应新技术经济范式的要求，而后者则往往严重受困于旧范式的锁定效应，正如 19 世纪下半叶英国的情况所说明的。因此，如果发展中国家在这个阶段能够以更快的速度进入新的技术体系，就能实现跳跃式发展，甚至有可能取代先行者的技术和制度领导地位，19 世纪下半叶美国和德国的新型工业化道路遵循的就是这种演化经济学原理。在佩蕾丝和苏蒂看来，除了美国和德国外，法国和许多欧洲小国在 19 世纪的工业化、日本和韩国在 20 世纪七八十年代的实践都为“第二种机会窗口”在追赶成功上的重要作用提供了有力的支持③，芬兰是 20 世纪 90 年代的新例证，虽然这些国家并没有取代先行者的技术和制度领导地位。

除了德国在电力和内燃机的科学研究及技术革新上从一开始就和英国大致相当外，德国和美国都不是 1875 年开始的第三次技术革命浪潮中其他新技术的最初发明者；即使是从一开始就走在世界前列的电力电气工业，美国在技术发展上也不占有领先优势④，但德国和美国都取代了先行者的地位，从而成为技术革命的领导者。以合成染料工业为例，在 19 世纪 70 年代以前，英国是世界上最发达的国家，其次是法国，德国进入该产业比英国晚了十年，但德国自 1869 年发明了合成茜素后，就开始了迅猛的自主创新阶段，至 20 世纪初，德国化学工业几乎独家垄断了全球染料市场。又如，美国在钢铁业上也不是最初重大技术创新的发源地，但却最为有效地吸收和应用了这些技术进步。⑤

---

① 参见 C. 佩蕾斯、L. 苏蒂（1988）:《技术上的追赶：进入壁垒和机会窗口》，见 G. 多西等编，《技术进步与经济理论》，钟学义等译，566～592 页，北京，经济科学出版社，1992。

② 赖纳特、贾根良主编:《穷国的国富论：演化发展经济学论文选》（下卷），181 页，北京，高等教育出版社，2007。

③ 参见 G. 多西等编:《技术进步与经济理论》，571～572 页，北京，经济科学出版社，1992。

④ 参见 G. N. von Tunzelmann，*Technology and Industrial Progress*，Edward Elgar，1995，p. 191.

⑤ 参见贾根良、杨威:《战略性新兴产业与美国经济的崛起——19 世纪下半叶美国钢铁业发展的历史经验及对我国的启示》，载《经济理论与经济管理》，2012（1）。

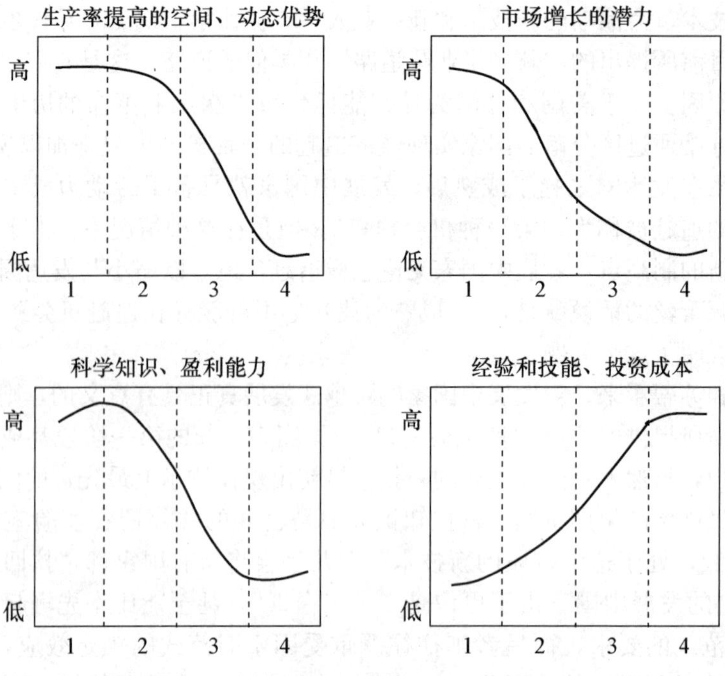

图 10—2　技术潜力的变化和不同的机会窗口

资料来源：根据赖纳特、贾根良主编：《穷国的国富论：演化发展经济学论文选》(下卷)，第 181 和 182 页的两个图综合而成。

那么，德国和美国是如何抓住第三次技术革命浪潮的机会窗口的呢？这主要取决于两个基本的因素。第一，通过自主创新，在新技术经济范式发展的早期，在核心技术和关键设备的发明上取代先行者的领先地位，这是德国和美国新型工业化取得成功的基本条件。显而易见，如果在图 10—2 的第一和第二阶段不能取得核心技术和关键设备的领先地位，也就不可能抓住生产率提高、市场增长潜力和高利润空间所能提供的跳跃式发展的机会窗口。第二，国内市场的重要性。除了英国自由贸易为德国合成染料工业提供的特殊历史机遇外，这两个国家在第三次技术革命浪潮的其他新兴产业上都是通过国内市场为其核心技术和关键设备的创新创造领先市场实现跳跃式发展的。这种情况在美国尤为突出，“由于普遍实施高水平的保护关税，巨大的美国市场得到有效的保护，欧洲产品很难进入。(美国巨大、丰富的市场)……使美国在国际比较中具有独特的优势。有些技术创新源于欧洲，但由于可以在美国市场中实现规模经济，其发展却是在美国进步最快，这种例子为数众多。”①

第四节　我国第三次工业革命主导部门面临的严峻挑战

国务院在 2010 年 10 月发布的《关于加快培育和发展战略性新兴产业的决定》是我国

① 纳尔逊：《经济增长的源泉》，277、284 页，北京，中国经济出版社，2001。

在新型工业化道路上的重大举措，该决定提出了要大力发展节能环保、新一代信息技术、生物、高端装备制造、新能源、新材料和新能源汽车在内的七大战略性新兴产业，并尽快掌握其关键性核心技术。笔者认为，我国现在有必要通过对第三次工业革命的深入研究，新增并调整战略性新兴产业的重点领域。但本章目前所关心的问题是：面对第三次工业革命的挑战，我国在这些战略性新兴产业上的实践能否实现国务院所要求的“尽快掌握其关键性核心技术”，抓住工业革命所提供的“第二种机会窗口”，从而完成我国新型工业化道路的历史使命？很显然，国务院所提出的这些战略性新兴产业是第三次工业革命主导部门的有机构成部分，例如，光伏产业和机器人产业分别是新能源和新一代信息技术的代表性产业，也是第三次工业革命中的两个先导性主导部门，因此，我们下面就以这两个产业为例，对此进行初步研究。

一、“新国际分工”与“机会窗口”理论的修正

对于我国的新型工业化道路来说，“第二种机会窗口”至关重要。因此，为了能对我国光伏产业和机器人产业的发展模式进行理论分析，我们首先对佩蕾丝的两种“机会窗口”的真实含义进行辨析。所谓“第二种机会窗口”是由新技术革命的激进创新所提供的，抓住这种机会窗口就必须从产业价值链的高端入手，正如德国和美国的经验所说明的，虽然后来者刚开始并不是新技术的最初发明者，但却很快地通过自主创新等措施和广阔的国内市场规模等条件占据技术革命的制高点，这包括拥有设备制造和核心技术的自主知识产权，并能掌控整个产业价值链。而“第一种机会窗口”则是按照维纳的产品生命周期理论提出的：当产品成熟后，整个产品的生产就转移到发展中国家，这就使后者利用劳动力和其他要素成本低廉的比较优势进行生产并向发达国家出口，从价值链低端融入国际分工体系。很显然，在佩蕾丝的理论中，“第一种机会窗口”只与传统产业相关，与新技术革命和新兴产业无关。

但是，在佩蕾丝和苏蒂于1988年提出两种“机会窗口”理论时，以产品内分工和全球价值链为特征的“新国际分工”还没有得到明显的发展，所以，他们的理论也就没有考虑到这种新发展对不同“机会窗口”产生的影响。由于模块化生产方式的出现①和全球价值链在20世纪90年代初以来的迅猛发展，发达国家的跨国公司不用再等待产品成熟，就可以把新兴产业的新产品加工和组装等环节作为一个产业转移到发展中国家；而发展中国家在新兴产业的早期就可以通过廉价劳动力加入到这种新产品的全球化生产体系之中。在这种情况下，“第一种机会窗口”在新兴产业中也就出现了，它不再是一个只与传统产业相关的概念。问题的关键是：发展中国家是否可以在新兴产业中把“第一种机会窗口”作为切入点，在跨国公司所掌控的全球价值链中通过从低端到高端的逐步升级，实现技术经济追赶甚至跳跃式发展的战略目标？

目前，许多学者如格雷菲②和刘志彪③等通过案例研究发现，发展中国家的企业参与

---

① 参见贾根良、秦升：《中国“高技术不高”悖论的成因及其政策建议》，载《当代经济研究》，2009（5）。

② 参见 Gereffi，Gary and Olga Memedovic（2003），“The Global Apparel Value Chain：What Prospects for Upgrading for Developing Countries”（Report），Vienna，Austria：United Nations Industrial Development Organization（UNIDO）.

③ 参见刘志彪：《中国贸易量增长与本土产业的升级》，载《学术月刊》，2007（2）。

全球价值链分工可以实现工艺和产品的升级，但对发展中国家能否实现功能升级和部门间升级却缺乏经验支持，而这两种升级对于从产业价值链低端到高端的升级至关重要；有研究如霍布德[①]和刘志彪[②]等人的论文表明，全球价值链甚至构成了本土企业推进这两种升级的障碍。也许有人会对此提出反驳：韩国和芬兰的信息技术产业不就是通过全球价值链成功地实现对发达国家的技术经济追赶和跳跃式发展的吗？

确实，韩国和芬兰由于国内市场狭小，20世纪80年代在信息技术范式迅速变革的时代不得不主要通过国际市场为其技术创新提供动力，但它们却是在保护国内市场（芬兰在1987年之前禁止外国电子产品进入本国市场）的情况下，通过严格限制外国直接投资并从核心技术自主创新和价值链高端入手切入全球价值链的，而全球自由贸易特别是中国等许多发展中国家开放国内市场则为其抓住“第二种机会窗口”提供了前所未有的历史性机遇：按照“分工（技术创新）受市场规模限制”的斯密定理，如果各国实行贸易保护主义，由于国内市场狭小，韩国和芬兰的信息技术产业是根本不可能取得成功的，正是全球自由贸易特别是中国开放广阔的国内市场为这两个国家核心技术自主创新和价值链高端发展战略提供了根本性的市场保障。

综合以上讨论，我们可以得出这种结论：与佩蕾丝所谓的“在成熟的技术上不可能存在追赶机会”一样，在新技术和新产业中，由新国际分工所提供的“第一种机会窗口”也不存在追赶的可能，更不可能存在跳跃式发展的历史机遇。我国的新型工业化道路要想取得成功，就必须从新技术和新产业的核心技术和价值链高端入手，这是“第二种机会窗口”原本的含义；而要抓住“第二种机会窗口”的历史性机遇，就必须高度重视市场的重要性。但遗憾的是，与历史上所有实现技术经济追赶成功的国家不同，我国目前在战略性新兴产业的发展思路上仍沿袭着利用劳动力成本低廉比较优势参与国际分工的老路，缘木求鱼般地企图在第三次工业革命的主导部门上通过“第一种机会窗口”渐进式地应对这场革命，并严重地忽视了市场的重要性，这将使我国有可能痛失利用第三次工业革命的“机会窗口”实现跳跃式发展的历史机遇。我们下面就以我国光伏和机器人这两个产业在2012年所暴露出的问题对此加以说明。

二、中国光伏和机器人产业的案例研究

我国光伏产业在过去的十年中得到了飞速发展，目前已成全球最大太阳能面板生产国，虽然这是不小的成就，但却是畸形的“冠军”。首先，光伏产业的发展模式仍是利用廉价劳动力的成本优势，采取牺牲环境保护以及地方政府在土地、税收和贷款上提供优惠条件的手段，通过加入全球价值链的低端环节而异军突起的，这实际上利用的是最近二十年在新兴产业中新出现的“第一种机会窗口”。其次，我国光伏产业仍然走的是“两头在外”的出口导向型经济发展模式老路，在全球价值链中处于“被虏获”的地位。我国光伏产业加工制造所需的机器设备和硅原料从国外进口，产品的90%也销往国外市场，“以欧

---

① 参见 Hobday, M., *Innovation in East Asia*: *The Challenge to Japan*, Cheltenham: Edward Elgar, 1995.

② 参见刘志彪、张杰：《从融入全球价值链到构建国家价值链：中国产业升级的战略思考》，载《学术月刊》，2009 (9)。

盟各国为例，2011年，对华出口光伏设备及原材料总值达75亿美元。在近年的光伏贸易方面，欧盟也基本处于顺差状态。而从整个光伏产业的价值链看，以规模、制造为优势的中国，生产大多集中在组件端，中国仅占整个光伏价值链的8%～10%。”①

总而言之，我国光伏产业虽然属于战略性新兴产业，但与“第二种机会窗口”相距甚远，实际上在国际分工中仍处于“担水劈柴”的地位，因此无法承担起技术经济追赶的重任，更不用说跳跃式发展了。首先，我国光伏产业虽不乏技术创新，但基本上都是工艺创新，这种创新提高生产率的结果是导致了使世界各国消费者受益但本国生产者受损的价格下降，并不能带来国民福利的提高。② 其次，由于缺乏核心技术，成本大战的结果是整个产业重蹈作为我国制造业痼疾的“暴生暴滥”的覆辙，战略性新兴产业也很快就被做“滥”了。③ 由于产能过剩，我国整个光伏产业在2012年出现了全行业亏损，面临着生死存亡的考验。最后，由于严重依赖国外市场，当美欧国家在2012年挥舞起“双反”的保护主义大棒时，我国整个光伏产业顷刻之间又面临着“灭顶之灾”。

制造业数字化革命是第三次工业革命的核心之一，而机器人则与3D打印、新材料构成了其核心技术。那么，我国机器人产业又如何呢？与光伏产业恰恰相反，最近刚完成的一份研究报告指出，由于中国市场对机器人需求正快速上升，据预计到2014年我国对机器人的需求将成为“全球最大”。上海是目前中国最大的机器人产业聚集区，但上海的机器人产业目前基本上已被跨国公司牢牢掌控，上海虽发育出了30多家本地的中小型机器人企业，但绝大部分却是背靠跨国公司从事下游配套组装和服务。④ “中国真正有规模、实现大批量生产的工业机器人企业几乎没有，主要是生产工业机器人的关键性零部件如高精度减速器、伺服电机等受制于人。而采用国外关键零部件生产的国产机器人，价格上并没有多少优势，所以客户大多选择国外的机器人。”⑤ 上海机器人研究所所长方明伦和王迎春课题组以上海为例分析了造成这种状况的原因。⑥

(1) 掌握机器人的核心技术需要长期的积累与沉淀，但目前国内的研发还处于零散、分隔和不连续状态，且基本上局限于实验室。

(2) 有影响力、有研发能力的上海国企、央企不积极介入。它们目前仍然趋于合资或者购买进口产品，对自主研发的热情不高，这就导致上海的机器人市场严重缺乏本土产品，目前上海市场几乎被日本与欧洲机器人产品垄断。

(3) 令人匪夷所思的关税政策。机器人整机进口为零关税，而零部件进口却要缴纳关税，这对国内企业尤其整机企业的生存和发展不利，不利于机器人的进口替代。

(4) 国内发展机器人产业注重引进外资，但事实表明，“以市场换技术”并未奏效，相反，外资已经完成了对通用机器人技术路线的锁定，中国企业被迫处于被动的跟踪模仿

① 网易财经：《中国制造仅占欧盟整个光伏价值链的8%～10%》，http://money.163.com/12/0727/06/87DAGKJ3002524SQ.html，2012-07-27。

② 参见贾根良：《资本品工业的自主创新：扩大内需战略的关键》，载《经济学家》，2012 (11)。

③ 参见高世楫、张永伟：《发展战略性新兴产业关键在发展模式的转变》，载《中国发展观察》，2012 (4)。

④ 参见张懿：《机器人需求正快速上升，“上海牌”机器人如何争胜?》，载《文汇报》，2012-07-18。

⑤ 《机器人迎井喷式发展、国内厂商盼出台扶持政策》，载《深圳商报》，2012-09-17，http://www.caigou.com.cn/Exhibition/Detail/107299.shtml。

⑥ 参见唐烨、张腾扬：《上海机器人地图·研发篇》，载《解放日报》，2012-08-05。

阶段。为了应对中国等新兴市场的迅速扩大，外企一方面扩大本国产能，另一方面通过设厂等战略扩大在中国的存在。①

第五节 历史经验的演化经济学分析与战略选择

一、历史经验的演化经济学分析与启示

技术革命的“机会窗口”对国家命运具有决定性的影响。在19世纪最后30年，由于美国和德国抓住了第三次技术革命浪潮的“第二种机会窗口”，走出了一条新型工业化的道路，最终在钢铁、电力和重化工业等战略性新兴产业上共同建立起了国际领导地位。但是，与美国和德国不同，英国虽然是第一次工业革命的领导者，而且在第三次技术革命浪潮的基础科学和新技术的实验室研究方面也具有领先地位，但却最终被美国和德国全面赶超，一直到第一次世界大战结束后，英国工业结构依旧停留在第一次工业革命时期，“英国半数以上的出口商品仍旧是煤、钢铁、机械和纺织业的产品。自然，在新产品方面英国就被新工业国家夺走了地盘。而且，英国在传统产业中也逐渐丧失了优势。”② 显而易见，第三次工业革命是目前国际竞争的制高点，与德美、英国的历史经验和教训相比较，我国的新型工业化道路应该从中得到什么启示呢？

(1) 第三次工业革命真正的“机会窗口”在于“第二种机会窗口”，这种“机会窗口”不仅是跳跃式发展的关键所在，而且对于保持我国“世界工厂”的地位也具有决定性的作用。英国为什么在第三次技术革命浪潮中被美国和德国全面赶超，从而不仅在新兴产业，而且在传统产业上也逐渐丧失了“世界工厂”的优势地位呢？这是因为美国和德国在新兴产业上的领先技术为改造传统产业提供了绝对优势，使其传统产业的技术得到了更快和更全面的革新。对于我国制造业目前在成本和价格上的国际竞争力来说，在本书第一章曾引用的熊彼特这段话说得好：“有价值的竞争不是（价格）这种竞争，而是关于新商品、新技术、新供给来源、新组织类型……的竞争——也就是占有成本上或质量上的决定性有利地位的竞争，这种竞争所打击的不是现存企业的利润和产量，而是在打击这些企业基础，危及它们的生命。这种竞争和其他竞争在效率上的差别，犹如炮击和徒手攻门间的差别。”③ 因此，全球产业价值链虽然为我国廉价劳动力提供了新的“第一种机会窗口”，但这种“机会窗口”却严重地阻塞了我国新型工业化道路在“第二种机会窗口”上的选择，对此我们应该高度警惕。

(2) 核心技术的突破是抓住“第二种机会窗口”的两个关键点之一，所以从价值链高端和核心技术入手是跳跃式发展的前提条件。核心技术实际上就是演化经济学家们所说的突破性技术，它们基本上都是出现在技术体系发展的早期阶段，这是“第二种机会窗口”的基本含义。在这个阶段，后发国家后来居上的机会不仅在于谁率先在市场上使发明和专

---

① 参见王迎春等：《发展机器人产业、走向RT时代——“第三次工业革命”切入口的上海选择》，载《世界科学》，2012 (7)。

② 王珏：《世界经济通史》（中卷），436页，北京，中国人民大学出版社，2005。

③ 熊彼特：《资本主义、社会主义和民主主义》，106～107页，北京，商务印书馆，1979。

利商业化（这就是熊彼特关于创新的概念），谁就赢得了先机，而且更重要之处则在于这种发明即使已经商业化，但其技术轨道要么还没有形成，要么即使已经形成，但仍存在着技术轨道转换的巨大机会，因此“第二种机会窗口”是后发国家实现追赶和跳跃发展的唯一机会窗口。从核心技术供给的角度来看，后发国家如果要实现后来居上就必须有新的和特殊的制度创新，以 19 世纪末的德国合成染料工业为例，纳尔逊认为，企业建立研发实验室的制度创新和雇用的化学家数量远多于英国是其成功的原因①，而在默曼看来，则在于德国不成功的专利法、科学资助和关税游说努力的结果②。

（3）市场机会是抓住“第二种机会窗口”的另一关键点，也是核心技术突破最重要的条件，对发展中的后发大国来说，市场重于技术。就美国崛起而言，巨大的国内市场规模对核心技术的突破所起的作用要远大于制度创新，这主要是由以下三个因素所决定的。首先，要素比例的差别。马克思曾经观察到，在 19 世纪下半叶，英国由于工资太低，使用机器反而会使生产变贵，因此英国发明的机器只能在北美得到使用。③ 其次，技术发展在实现规模经济上对市场规模的要求。纳尔逊所谓的有些技术创新源于欧洲，但由于可以在美国市场中实现规模经济，其发展却是在美国进步最快，这种例子为数众多，其原因就在于此。最近的例子则是：德国的高铁技术在国际上处于领先地位，但在德国和欧盟却无用武之地，而在中国却可以取得快速的技术进步。最后，技术轨道转换的重大机遇。由于原有技术轨道的路径依赖和锁定，新的技术轨道往往在技术先发国无法得到发展，但在后发国可以迅速壮大，而巨大的国内市场规模又可以巩固这种新技术轨道的领先地位，诱发一系列新的发明和创新，反过来占领甚至垄断技术先发国的市场，生物学中的“异地物种形成原理”可以为之提供科学的解释④，而德国和美国 19 世纪下半叶的历史经验则为之提供了充分的证明。

（4）严格限制外国直接投资的启示。迄今为止，大凡成功崛起的国家在其崛起时期无不严格限制外国直接投资，这尤以美国为甚。⑤ 美国经济史专家利普西指出，“美国在 19 世纪许多行业技术落后于欧洲国家，令人惊讶的是，这些行业中基本没有直接投资，而直接投资是开发优势技术的天然渠道”⑥。美国第 28 任总统伍德罗·威尔逊对此是不会感到惊讶的，因为他在 1913 年就指出，“曾有人说拉丁美洲给外国资本以特许权，但从未曾有人听说美国给外国资本以特许权……这是因为我们不给它们这种权利，投资于某个国家的资本会占有并且统治该国”⑦。在某些人看来，威尔逊也许言过其实了，但显而易见的是，假如美国不对外国直接投资进行严格限制，西欧特别是英国的资本难道不会利用其发达的

① 参见约翰·福斯特、J·斯坦利·梅特卡夫：《演化经济学前沿——竞争、自组织与创新政策》，26～29 页，北京，高等教育出版社，2005。

② 参见 Johann Peter Murmann, *Knowledge and Competitive Advantage: The Coevolution of Firms, Technology, and National Institutions*. New York: Cambridge University Press, 2003.

③ 参见《马克思恩格斯全集》，中文 1 版，第 23 卷，431 页，北京，人民出版社，1972。

④ 参见贾根良：《演化经济学：经济学革命的策源地》，230～232 页，太原，山西人民出版社，2004。

⑤ 参见贾根良：《美国在经济崛起前排斥外国直接投资的原因解析》，载《广东商学院学报》，2010（3）。

⑥ 斯坦利·L·恩格尔曼等主编：《剑桥美国经济史（第二卷）：漫长的 19 世纪》，493 页，北京，中国人民大学出版社，2008。

⑦ 爱德华多·加莱亚诺：《拉丁美洲被切开的血管》，2 页，北京，人民出版社，2001。

科技优势，在美国市场垄断技术创新并阻止美国企业的自主创新吗？美国还能在科学技术落后于西欧的情况下，利用其巨大的国内市场规模在引进新技术的基础上实现一系列重大技术创新吗？

在实行高关税保护和排斥外国直接投资的情况下，一旦国外先进技术通过“反向工程”（马歇尔称作是再发明，我国学者称为“二次创新”）被引进，美国巨大的国内市场就为这种技术的进一步创新提供了肥沃的土壤，西欧的技术领导地位就不得不让位于美国。反观我国，核心技术和关键设备是我国各产业长期以来的“老大难”问题，路风和余永定的研究说明，这与对外国直接投资的技术依赖具有直接的因果关系[1]，我国机器人产业的现状再次证明了这个论断的正确性。

（5）英国自由贸易的教训。经济史学界对英国工业力量在20世纪初的衰落有很多探讨[2]，笔者认为，英国在19世纪下半叶对其自身所宣传的自由贸易信条过于迷信是导致其工业力量衰落的最重要原因。众所周知，英国在1830年取得的工业领先地位是经过长达上百年的保护主义实现的。为了自身利益，英国在1860年单方面取消了所有贸易和关税上的限制。然而，其工业优势地位很快就受到威胁。1886年，约瑟夫·张伯伦呼吁英国放弃自由贸易政策，实行关税保护政策，在全国很快就引发了一场影响深远的关税改革运动，但这并没有改变英国的自由贸易政策。正是在这种情况下，英国这个当时合成染料的最大需求国为国内市场需求狭小的德国合成染料工业取得成功提供了难得的历史机遇：在1900年前后20年期间，英国染料市场的80%被德国所占领，剩余的20%的市场还有相当大一部分被德国独资企业或英德合资企业所占领。因此，这就导致了“在许多情况下，新兴产业在英国的投资都是外国人进行的”[3]。英国试图通过自由贸易政策挤垮与之竞争国家的工业，但最后却导致了自身工业力量的衰落。很显然，美国吸取了英国的教训，在1914年取得工农业的国际领先地位后又继续实施高关税保护政策三十多年，即使是在今天，它在高调宣传自由贸易的“真理”的同时，仍在有选择地实施贸易保护主义。我国光伏产业遭遇美欧保护主义的狙击就说明，试图像德国合成染料工业那样，通过自由贸易发展我国战略性新兴产业的历史条件已经不复存在。

（6）英国全球化战略对我国“走出去”战略的警示。英国在第二次工业革命中落伍的重要原因就在于其试图通过全球化战略，使第一次工业革命的产品占领全世界的各个角落，但结果却严重忽视了第二次工业革命，导致英国企业对其新兴产业的投资严重不足，因此到19世纪末，第二次工业革命的主导产业兴起于实施保护主义的德国和美国。目前的中国与19世纪末的英国很相似，唯一的差别则在于英国当时是第一次工业革命技术领先国，而我国现在并不是第二次工业革命的技术领先国。我国目前的对外投资主要是资源、能源和劳动密集型技术，出口主要是劳动密集型产品，即使是高科技产品也是劳动密集型部分，因此，目前的“走出去”战略很可能对中国迎接第三次工业革命产生很大的不

① 参见路风、余永定：《“双顺差”、能力缺口与自主创新——转变经济发展方式的宏观和微观视野》，载《中国社会科学》，2012（6）。

② 参见克利斯·弗里曼等：《光阴似箭——从工业革命到信息革命》，257～262页，北京，中国人民大学出版社，2007。

③ 查尔斯·P·金德尔伯格：《世界经济霸权：1500—1990》，79页，北京，商务印书馆，2003。

利影响。在第三次工业革命爆发的前夜，我国企业应该把投资重点集中在未来第三次工业革命核心技术和设备制造业方面，吸取英国全球化战略的教训。

二、结论与战略选择

（1）从演化经济学的视角来看，所谓“第三次工业革命”是指以第六次技术革命浪潮为主体并融合信息技术革命重大成果的工业革命，与第二次工业革命相类似，第六次技术革命浪潮的导入期与第五次技术革命的拓展期很可能目前正在发生重叠，这使人们产生了第六次技术革命浪潮提前到来的错觉，但第六次技术革命浪潮的导入期是否已经来临仍有待于观察。

（2）目前我国有关新型工业化道路的内涵和实现途径仍是以2002年时对第五次技术革命浪潮中的主导技术——信息技术革命为基础加以定义的，并没有反映出目前已逐渐清晰的以第六次技术革命浪潮为核心的第三次工业革命对工业化道路的巨大影响。据此，本章提出，“新型工业化”的新内涵至少应在“信息化”这个核心概念基础之上，增加以下三个要素：可再生能源革命或绿色技术革命具有与“信息化”同等重要的地位；“智能化”比“信息化”具有更丰富的内涵；新材料和纳米技术革命在解除自然资源匮乏对我国工业化的严重限制上具有重大意义。

（3）抓住新技术革命的历史机遇，避免重走发达国家工业化的老路，这是我国新型工业化道路的实质，第二次工业革命时期美国和德国“跳跃式发展”的成功经验为此提供了重要借鉴。正是基于这种历史经验，演化经济学家佩蕾丝提出了两种机会窗口的理论，按照这种理论，“第一种机会窗口”只与传统产业相关，但由于产品内分工和全球价值链的迅猛发展，这种“机会窗口”在战略性新兴产业中也大量地出现了，所以佩蕾丝的理论应该加以修正。

（4）通过对我国第三次工业革命的主导部门如太阳能和机器人产业的案例研究揭示了我国战略性新兴产业严重忽视了对其至关重要的“第二种机会窗口”，并通过与第二次工业革命兴起时德国、美国和英国的历史经验及其教训进行比较，对遵循比较优势理论、信奉自由贸易教条和大力引进外国直接投资的传统新型工业化道路提出了质疑：历史上大凡成功崛起的国家都要走保护国内市场、严格限制外国直接投资和创造绝对优势的发展道路，这是突破“中等收入陷阱”的唯一道路，中国焉能例外？

（5）演化经济学的理论分析和历史经验教训说明，依托民族产业和庞大的国内市场，从控制产业价值链高端入手，以新技术产业化为龙头，重塑中国第三次工业革命主导部门的竞争优势，是中国与美、日、欧共同成为第三次工业革命领导者的必经之路。我国人口占世界人口的五分之一，超过美国、欧盟、日本和俄罗斯的人口总和，是世界上最大的内需市场，这种巨大的国内市场规模是我国在自主创新和跳跃性发展上无与伦比的绝对优势。为了保护和开发这种巨大的国内市场，抓住第三次工业革命的历史性机遇，我国的新型工业化道路就有必要在发展模式、外资政策、金融体系、产业政策和贸易政策等诸多方面做出重大调整，本章的目的就在于抛砖引玉，推动对中华民族伟大复兴具体实现途径的深入探讨。

思考题

1. 什么是第三次工业革命？为什么说第三次工业革命是百年周期？

2. 根据第三次工业革命的新发展，我国的新型工业化道路应该增加哪三方面的新内涵？为什么？

3. 落后国家经济追赶的两种机会窗口是什么？佩蕾丝和苏蒂有关“第一种机会窗口”的看法为什么需要修正？

4. 在第二次工业革命中，德国和美国为什么能够实现“跳跃式发展”？我国目前第三次工业革命主导部门的发展模式能否达到与德国和美国相同的目标？为什么？

5. 为了迎接第三次工业革命的挑战，我国应该从经济史中吸收哪些经验和教训？

图书在版编目（CIP）数据

演化经济学导论/贾根良著. —北京：中国人民大学出版社，2014.11
中国人民大学经济学系列教材
ISBN 978-7-300-20140-5

Ⅰ. ①演… Ⅱ. ①贾… Ⅲ. ①经济学-高等学校-教材 Ⅳ. ①F0

中国版本图书馆 CIP 数据核字（2014）第 239028 号

中国人民大学经济学系列教材
演化经济学导论
贾根良 著
Yanhua Jingjixue Daolun

出版发行	中国人民大学出版社		
社　　址	北京中关村大街 31 号	**邮政编码**	100080
电　　话	010－62511242（总编室）		010－62511770（质管部）
	010－82501766（邮购部）		010－62514148（门市部）
	010－62515195（发行公司）		010－62515275（盗版举报）
网　　址	http://www.crup.com.cn		
	http://www.ttrnet.com(人大教研网)		
经　　销	新华书店		
印　　刷	中煤涿州制图印刷厂北京分厂		
规　　格	185 mm×260 mm 16 开本	**版　　次**	2015 年 1 月第 1 版
印　　张	14 插页 1	**印　　次**	2015 年 1 月第 1 次印刷
字　　数	325 000	**定　　价**	24.00 元

教学支持说明

中国人民大学出版社经济分社与人大经济论坛（www. pinggu. org）于2007年结成战略合作伙伴后，一直以来都以种种方式服务、回馈广大读者。

为了更好地服务于教学一线的任课教师与广大学子，现中国人民大学出版社经济分社与人大经济论坛做出决定，凡使用中国人民大学出版社经济分社教材的读者，填写以下信息调查表后，发送电子邮件、邮寄或者传真给我们，经过认证后，我们将会向教师读者赠送人大经济论坛论坛币200个，向学生读者赠送人大经济论坛论坛币50个。

教师信息表	学生信息表
姓名：	姓名：
大学：	所读大学：
院系：	所读院系：
教授课程：	所读专业：
联系电话：	入学年：
Email：	QQ等联系方式：
论坛id：	Email：
使用教材：	论坛id：
论坛识别码（请抄下面的识别码）：	使用教材：
	论坛识别码（请抄下面的识别码）：

我们的联系方式：

Email：gaoxiaofei11111@sina. com

邮寄地址：北京市中关村大街甲59号文化大厦1506室经济分社，100872

传真号：010-62514775

附：人大经济论坛（www. pinggu. org）简介

人大经济论坛依托中国人民大学经济学院，于2003年成立，致力于推动经济学科的进步，传播优秀教育资源。目前已经发展成为国内最大的经济、管理、金融、统计类在线教育和咨询网站，也是国内最活跃和最具影响力的经济类网站：

- 拥有国内经济类教育网站最多的关注人数，注册用户以百万计，日均数十万经济相关人士访问本站。
- 是国内最丰富的经管类教育资源共享数据库和发布平台。
- 提供学术交流与讨论的平台、经管类在线辞典、数据定制和数据处理分析服务、免费的经济金融数据库、完善的经管统计类培训和教学相关软件。

论坛识别码：pinggu _ com _ 1545967 _ 4210768